Die Wechselkursentwicklung im Rahmen
des EWS im August 1993

Europäische Hochschulschriften

Publications Universitaires Européennes
European University Studies

Reihe V
Volks- und Betriebswirtschaft

Série V Series V
Sciences économiques, gestion d'entreprise
Economics and Management

Bd./Vol. 2620

PETER LANG
Frankfurt am Main · Berlin · Bern · Bruxelles · New York · Oxford · Wien

Peter Rentrop-Schmid

Die Wechselkursentwicklung im Rahmen des EWS im August 1993

Möglichkeiten und Grenzen einer Erklärung mittels gängiger Wechselkursmodelle

PETER LANG
Europäischer Verlag der Wissenschaften

Die Deutsche Bibliothek - CIP-Einheitsaufnahme

Rentrop-Schmid, Peter:

Die Wechselkursentwicklung im Rahmen des EWS im August 1993 : Möglichkeiten und Grenzen einer Erklärung mittels gängiger Wechselkursmodelle / Peter Rentrop-Schmid. - Frankfurt am Main ; Berlin ; Bern ; Bruxelles ; New York ; Oxford ; Wien : Lang, 2000

(Europäische Hochschulschriften : Reihe 5, Volks- und Betriebswirtschaft ; Bd. 2620)
Zugl.: Bayreuth, Univ., Diss., 1999
ISBN 3-631-35785-0

D 703
ISSN 0531-7339
ISBN 3-631-35785-0

Meinen Eltern

I Inhalt

II Verzeichnis der Abbildungen

III Verzeichnis der Tabellen:

IV Verzeichnis der Abkürzungen

2SLS	zweistufige Regressionsanalyse mit Hilfe der Methode der kleinsten Quadrate
B	Belgien
BdF	Banque de France
BFR	Belgischer Franc
BIP	Bruttoinlandsprodukt
BVS	Bundesanstalt für vereinigungsbedingte Sonderaufgaben
D	Deutschland
DDR	Deutsche Demokratische Republik
DEM	Deutsche Mark
DK	Dänemark
DKR	Dänische Krone
ECU	European Currency Unit

EFWZ	Europäischer Fond für Währungspolitische Zusammenarbeit
ESVG	Europäisches System Volkswirtschaftlicher Gesamtrechnungen
EU	Europäische Union
EWI	Europäisches Währungsinstitut
EWS	Europäisches Währungssystem
EWWU	Europäische Wirtschafts- und Währungsunion
F	Frankreich
FFR	Französischer Franc
GBP	Britisches Pfund
ITL	Italienische Lira
OLS	einstufige Regressionsanalyse mit Hilfe der Methode der kleinsten Quadrate
RGW	Rat für gegenseitige Wirtschaftshilfe

u.ä.m.	und ähnliches mehr
usw.	und so weiter
UZD	unerwartetes zukünftiges Zinsdifferential
WWSU	Wirtschafts-, Währungs- und Sozialunion

V Verzeichnis der Symbole

A	Anlagebetrag eines Investors im Ausland
B	inländische Staatsschuldtitel
$b(i_t, i_t^*)W$	Anteil inländischer Staatsschuldtitel B am Gesamtvermögen W eines Anlegers in Abhängigkeit ihrer Ertragsrate im In- bzw. Ausland
$d = \left(\frac{f_{t,t+i} - s_t}{s_t} \right)$	Swapsatz (Kosten für die Wechselkurssicherung einer Anlage im Ausland
E	Kombination von Effekten subjektiver Erwartungen
E_m	market expectations
$E(p_{t+1} \| I_t)$	erwarteter Preis der Variable in t+1 auf Basis der Informationen der Periode t
$E(r_{t+1} \| I_t)$	erwartete Rendite der Variable zum Zeitpunkt t+1 auf Basis der Informationen der Periode t
$E_t(s_{t+i})$	aufgrund der verfügbaren Informationen der Periode t gebildete Erwartung über den Kassakurs der Periode t+i

$E_{t-1}(x_t \mid I_{t-1})$	Erwartungswert über die Realisation der Variablen x in der Periode t bei dem in der Periode t-1 vorhandenen Informationsstand
F	ausländische Wertpapiere
f	Parameter der Anpassungsgeschwindigkeit der Wirtschaftssubjekte an neue Informationen, eine Variable betreffend
$f(i_t, i_t^*)W$	Anteil ausländischer Wertpapiere F am Gesamtvermögen W eines Anlegers in Abhängigkeit ihrer Ertragsrate im In- bzw. Ausland
$f_{t,t+i}$	in der Periode t für den Fälligkeitstermin der Periode t+i gebildeten Terminkurs
i_t	aktueller Inlandszinssatz der Periode t
i_t^*	aktueller Auslandszinssatz der Periode t
M	inländisches Geld
$m(i_t, i_t^*)$	Anteil inländischen Geldes M am Gesamtvermögen W eines Anlegers in Abhängigkeit seiner Ertragsrate im In- bzw. Ausland

p_f	Futurespreis eines Gutes
p_{t+1}	zukünftige Preisfolge der Variable
r	individuelle Risikoprämie
r_{t+1}	zukünftige Renditefolge der Variable
s_t	aktueller Kassakurs der Periode t
s_{t+i}	Kassakurs der Periode t+1
x^{en}	von den Wirtschaftssubjekten erwarteter Normalwert der Variablen x
$x^e_{t-1,t}$	Erwartung für die Variable x für den Zeitpunkt t, gebildet in t-1
x_{t-n}	Vergangenheitsrealisationen der Variablen x in t-1,..., t-n
x_{t+1}, z_{t+1}	Erwartungsfehler über den Gewinn bzw. die Rendite eines Gutes zum Zeitpunkt t+1 ('excess markte value')
α	Konstante der Schätzgleichung (Achsenabschnitt)

β	Koeffizient des Regressors der Schätzgleichung (Steigung der Regressionsgeraden)
β_{1-n}	Gewichtungsfaktoren der Vergangenheitsrealisationen der Variablen x zum Zeitpunkt t-n
φ_t	Risikoprämie für die Einnahme einer Fremdwährungsposition zum Zeitpunkt t
λ	Koeffizient des um zwei Perioden verzögerten Terminkurses der Schätzgleichung (zweiter Regressor)
π	Koeffizient des erwarteten und des unerwarteten Zinsdifferentials der Schätzgleichung (zweiter Regressor)
υ_{t+i}	Zufallsgröße

1 Gegenstand und Gang der Untersuchung

1.1 Gegenstand der Untersuchung

Das Ziel des europäischen Einigungsprozesses, das im Vertrag über die Europäische Union von Maastricht festgelegt worden ist, stellt die politische Integration und die Errichtung der Europäischen Wirtschafts- und Währungsunion (EWWU) dar.

Die politische Einigung Europas, die sich z. B. auf die Verkehrs- und Umweltpolitik bezieht, bleibt bisher noch hinter den beiden Kernstücken der ökonomischen Einigung, der Wirtschafts- und Währungsintegration, zurück. Die Angleichung der relevanten Wirtschaftsstrukturen und die Währungsintegration mit dem Ziel eines gemeinsamen Marktes sowie eines einheitlichen Zahlungsmittels, dem Euro, findet hingegen im Rahmen des Binnenmarktprojektes und des Europäischen Währungssystems (EWS) statt.

Die innere und äußere Stabilität des EWS ab 1987 war ausschlaggebend für die Wiedergeburt der Währungsunionsidee Ende der achtziger Jahre, die schließlich zu den Maastrichter Beschlüssen im Dezember 1991 führte.

Nach dieser Phase der Stabilität innerhalb des EWS kam es dann im September 1992 zu den ersten starken Turbulenzen, die zum Ausscheiden des britischen Pfundes (GBP) und der italienischen Lira (ITL) aus dem Wechselkursmechanismus führten.

Zehn Monate später, im Juli 1993, folgte die zweite große Krise des EWS, als deren Konsequenz die Schwankungsmargen der Währungen um ihre bilateralen Leitkurse von ± 2,25 % (± 6 % für die spanische Pesete und den portugiesischen Escudo) auf ± 15 % erweitert wurden.

Die Wechselkurstheorie sah sich aufgrund dieser und anderer Phänomene, wie z. B. der starken Schwankungen des US-Dollar Mitte der achtziger Jahre, mit mehreren Problemen konfrontiert: erstens war der Anteil der Wechselkursbewegungen, der mit Hilfe der zur Verfügung stehenden Modelle prognostiziert werden konnte, sehr gering. Zweitens waren ihre Prognosen bezüglich des Ausmaßes und der Richtung von Wechselkursänderungen fehlerhaft. Und schließlich waren diese Modelle nicht einmal ex post in der Lage, die Wechselkursbewegungen mit Hilfe der beobachtbaren Daten über die Fundamentalfaktoren[1] zu rechtfertigen.[2] Die wissenschaftliche Diskussion, die seit der zweiten Hälfte der achtziger Jahre verstärkte Aufmerksamkeit auf die Wechselkursschwankungen verwendete, befaßte sich insbesondere mit drei Fragen: erstens wurde untersucht, worin die Ursachen der Wechselkursschwankungen zu sehen sind. Zweitens wurde erörtert, ob von instabilen Wechselkursen negative Wirkungen auf den internationalen Handel ausgehen. Drittens stellte sich die Frage, welche wirtschaftspolitischen Konsequenzen aus den starken Wechselkursschwankungen zu ziehen sind.

---

[1]Als Fundamentalfaktoren werden die Elemente bezeichnet, die die Wechselkurse determinieren. Dabei handelt es sich um gesamtwirtschaftliche Größen wie z. B. die Inflationsrate. Für sie werden in der vorliegenden Arbeit die Begriffe Fundamentalvariablen, Fundamentals, Bestimmungsfaktoren und Determinanten synonym verwendet.

[2]Den konkurrierenden Modellen der Wechselkurstheorie, mit ihren Annahmen und Aussagen, die sich zumindest z. T gegenseitig ausschließen, ist gemeinsam, daß keines über längere Zeiträume und mehrere Währungen hinweg bestätigt worden ist. Vergleiche dazu: Meese, Richard A.; Rogoff, Kenneth (1983): "Empirical Exchange Rate Models of the seventies: Do they fit out of Sample?", in: Journal of International Economics, Vol. 14, No.: 1/2, 1983, S. 3-25. Es finden sich allerdings auch einzelne Fällen, in denen die Theorien als aussagefähig betrachtet werden können. Vergleiche dazu: Gärtner, Manfred (1990): "Makroökonomik flexibler Wechselkurse", Berlin u. a., Springer-Verlag.

Die Wechselkurstheorie war offensichtlich nicht in der Lage, die genannten Phänomene der Realität, speziell die starke Volatilität der Wechselkurse zu erklären. Im Falle des EWS konnten die im Vorfeld der Bandbreitenerweiterung am 2. August 1993 eingetretenen erheblichen Veränderungen der Wechselkursrelationen scheinbar nicht durch die Entwicklung der den Währungen zugrundeliegenden Fundamentaldaten nachvollzogen werden. Diese hatten sich kurzfristig nicht gravierend verändert.

Vor dem Hintergrund dieser wissenschaftlichen Diskussion verfolgt die vorliegende Arbeit das Ziel, einen Beitrag zur Diskussion der Ursachen jener Wechselkursschwankungen zu liefern, die scheinbar auch ex post nicht mittels des Verlaufes der Fundamentalvariablen erklärt werden können.

Angesichts dessen werden die Ursachen der Volatilität der Wechselkurse des französischen Franc (FFR), des belgischen Franc (BFR) und der dänischen Krone (DKR) gegenüber der deutschen Mark (DEM) vor der Erweiterung der Schwankungsmargen des EWS am 2. August 1993 untersucht. Dabei ist es jedoch nicht das Ziel der Arbeit, Wechselkursrelationen für die Zukunft voraussagen zu können. Es soll vielmehr ein Versuch unternommen werden, sie ex post mittels einiger ihnen zugrundeliegenden Variablen zu erklären. Um diese Zielsetzung zu erreichen, werden die relative Entwicklung dieser im Verlauf der Arbeit festzulegenden Faktoren sowie die einiger ihrer mutmaßlichen Determinanten herangezogen. Dazu kommen drei unterschiedliche Verfahrensweisen zur Anwendung.

Zunächst erfolgt eine ökonometrische ex post Analyse des Wechselkursverlaufes der genannten Währungen gegenüber der DEM mit Hilfe des "News"-Ansatzes der modernen Wechselkurstheorie. Diese dient dazu, die Entwicklung der Wechselkurse aus einer kurzfristigen Perspektive zu beleuchten. Das Ziel der Verwendung des "News"-Ansatzes ist es dabei, zu überprüfen, ob die Entwicklung der Währungsrelationen kurzfristig über eine Veränderung der den Marktteilnehmern zur Verfügung stehenden entscheidungsrelevanten Informationsmenge über die kurzfristigen Zinsen der Länder erklärt werden kann.

Es besteht jedoch die Vermutung, daß eine Erklärung der Wechselkursentwicklung über die kurzfristige Veränderung des Informationsstandes der Marktteilnehmer nicht bzw. nur bedingt in der Lage ist, die Gegebenheiten der betrachteten Länder sowie die mittel- bis langfristige Entwicklung ihrer fundamentalen Daten ausreichend zu berücksichtigen und deshalb der Zielsetzung dieser Arbeit - der Erklärung der explosionsartigen Veränderung der Wechselkursrelationen im Vorfeld der Bandbreitenerweiterung des EWS - nicht gerecht werden kann.

Aus diesem Grund wird eine wirtschaftstheoretische Untersuchung der festgelegten Fundamentaldaten der betrachteten Länder sowie deren Relationen, die durch die Analyse einiger Bestimmungsfaktoren der Fundamentaldaten abgerundet wird, durchgeführt. Dies geschieht durch die Einnahme einer mittel- bis langfristigen Perspektive bei der Analyse dieser Daten.

Ergänzt wird diese Untersuchung durch eine Betrachtung der wirtschaftspolitischen Situation der betroffenen Länder. Diese erfolgt, um Soft-Facts, die für die Situation der Währungen innerhalb des EWS eine große Bedeutung haben, in die Betrachtung einfließen lassen zu können, da diese weder durch die ökonometrische noch durch die wirtschaftstheoretische Analyse berücksichtigt werden können.

Insgesamt besteht die Einschätzung, daß die Notwendigkeit einer von den bisherigen theoretischen Analysen differierenden Interpretation von Ereignissen wie der Bandbreitenerweiterung besteht. Die Vermutung, daß eine Kombination oder Ergänzung mehrerer Perspektiven bzw. Verfahrensweisen dies leisten könnte, erscheint gerechtfertigt.

Zusätzlich waren starke Wechselkursschwankungen geeignet, das EWS, das den Kern des Projektes der EWWU dargestellt hat, zu zerstören. Dies wiederum hätte erhebliche politische und wirtschaftliche Auswirkungen sowohl für Deutschland als auch für Europa gehabt, da dadurch die Einführung der einheitlichen Währung gänzlich zur Disposition gestellt worden wäre.

1.2 Gang der Untersuchung

Die Ausführungen zur Bearbeitung der dargelegten Problematik vor dem Hintergrund der angestrebten Zielsetzung gliedern sich in 5 Teile.

Im Anschluß an diese Einleitung werden zunächst im 2. Abschnitt die theoretischen Grundlagen für das Kapitel 3 gelegt. Diese bestehen aus der Erklärung verschiedener Umweltzustände[3] und Hypothesen der Erwartungsbildung, der Effizienz[4] von Märkten sowie der Prediktoreigenschaft der Terminkurse für die zukünftigen Kassakurse[5].

Die Umweltzustände der vollkommenen Voraussicht, des Risikos und der Unsicherheit werden geschildert, da verschiedene Erwartungsbildungshypothesen ihre Existenz auf unterschiedliche Rahmenbedingungen gründen, in die sie eingebettet sind.

Für die Bildung von Erwartungen kommen wiederum differierende Hypothesen in Frage, von denen einige beispielhaft verbal und formal geschildert werden. Dabei

---

[3]Der Begriff Umweltzustand beschreibt die formalen Rahmenbedingungen bezüglich des Grades der Wahrscheinlichkeit des Eintritts bestimmter Konsequenzen von Entscheidungen und/oder zukünftiger Ereignisse.

[4]Markteffizienz bedeutet, daß die Preisbildung auf dem betrachteten Markt unter Ausnutzung aller relevanten Informationen stattfindet. Das Ergebnis dessen ist, daß die Preise zu jedem Zeitpunkt alle verfügbaren Informationen widerspiegeln.

[5]Der Ausdruck Prediktoreigenschaft beschreibt die Fähigkeit der Terminkurse, die zukünftigen Kassakurse unter bestimmten Voraussetzungen vorherzusagen.

liegt der Schwerpunkt auf der rationalen[6] Erwartungsbildung, da diese sowohl für die Effizienz von Märkten als auch für die Prediktoreigenschaft der Terminkurse für die zukünftigen Kassakurse Voraussetzung ist.

Bezüglich der Theorie informationseffizienter Märkte werden in der vorliegenden Arbeit zwei verschiedene Hypothesen geschildert sowie kritisch gewürdigt: der erste Ansatz von EUGENE F. FAMA arbeitet im Umweltzustand des Risikos wiederum mit der Hypothese rationaler Erwartungen und stellt einen der Grundbausteine der Wechselkurstheorie dar. Seine Schilderung sowie Verwendung im Rahmen dieser Arbeit fußt darauf, daß er sowohl für die Prediktoreigenschaft der Terminkurse als auch für die im 3. Kapitel beschriebenen Wechselkursmodelle grundlegend ist.

Der zweite Ansatz der Theorie effizienter Märkte stammt von HOLBROOK WORKING und analysiert das Marktgeschehen innerhalb des Umweltzustandes der Unsicherheit und ist in der Lage, auf die Voraussetzung rationaler Erwartungen zu verzichten. Er findet in dieser Arbeit Erwähnung, da durch seine Ausgestaltung heterogene Erwartungen der Marktteilnehmer ermöglicht werden. Im Anschluß an die Ausführungen zur Informationseffizienz von Märkten wird dieser die Bewertungseffizienz der beiden theoretischen Ansätze gegenübergestellt.

Der dritte Teil des 2. Abschnitts behandelt die Prediktoreigenschaft der Terminkurse für die zukünftigen Kassakurse. Diese ist von Bedeutung, da von den beiden in dieser Arbeit verwendeten Ausprägungen der Wechselkurstheorie unterstellt wird, daß die Terminkurse der Währungen die Erwartungen der Marktteilnehmer bezüglich der zukünftigen Kassakurse repräsentieren.

---

[6]Rationalität bedeutet, daß alle verfügbaren relevanten Informationen für die Erwartungsbildung verwendet werden.

Als Abrundung des Kapitels wird ein kurzes Fazit gegeben, das die gefundenen Ergebnisse zusammenfaßt sowie deren Relevanz für spätere Untersuchungsschritte verdeutlicht.

Im Anschluß an den Grundlagenteil werden im 3. Abschnitt der Arbeit ein traditionelles und ein modernes Wechselkursmodell verbal sowie formal aufbereitet. Diesbezüglich werden, nach einer kurzen Systematisierung der traditionellen und der modernen Wechselkurstheorie, zunächst die theoretischen Voraussetzungen für die beiden Kategorien von Wechselkursmodellen, die aus methodischen Gründen zur Kategorie der klassischen Ansätze zusammengefaßt werden[7], erläutert. Dazu zählen ihr Referenzsystem, ihre Prämissen sowie einige Anforderungen an den "News"-Ansatz.

Anschließend wird zuerst die Zinsparitätentheorie in Form der gedeckten sowie der ungedeckten Zinsparität Erwähnung finden. Die Zinsparitätentheorie wird verwendet, da sie unterschiedliche Ertragsraten für Finanzaktiva im In- und Ausland für Wechselkursänderungen verantwortlich macht. Diese Modelleigenschaft ist von Bedeutung für die Ausführungen im 4. Kapitel der Arbeit, da die kurzfristigen Zinssätze der betrachteten Länder dort als 'Sammelbecken' der Fundamentalvariablen der Wechselkurse aufgefaßt werden und angenommen wird, daß ihre Relationen die Wechselkurse maßgeblich beeinflussen.

Daran anschließend wird die moderne Theorie über den 'News'-Ansatz repräsentiert. Er macht das Eintreffen neuer, unvorhergesehener Informationen auf Devisenmärkten für Wechselkursschwankungen verantwortlich. Der 'News'-Ansatz stellt die moderne Ergänzung der Zinsparitätentheorie dar, da er die Möglichkeit beinhaltet, die Wechselkursbildung in abgewandelter Form ebenfalls über das Differential der internationalen Zinsen zu erklären.

[7]Eine Erläuterung dieser Zusammenfassung erfolgt in der Einleitung zu Kapitel 3.

Die ökonometrische Prüfung des "News"-Ansatzes, die im dritten Teil dieses Kapitels erfolgt, erstreckt sich über einen Zeitraum von zehn Jahren (1987-1997) und umfaßt die Wechselkurse des FFR, des BFR und der DKR gegenüber der DEM. Sie dient dazu, den systematischen Einfluß neuer, unvorhergesehener Informationen auf die Wechselkursbildung ex post zu untersuchen. Nachdem der Zeitraum und das Datenmaterial der Analyse geschildert worden sind, wird das Modell des 'News'-Ansatzes zunächst formal geschildert. Seine ökonometrische Untersuchung findet in vier Schritten statt. Dabei handelt es sich um die Überprüfung der Prediktoreigenschaft der Terminkurse, der Effizienz von Märkten sowie der Volatilität der Kassakurse und deren Vorhersagbarkeit. Der letzte Schritt der Empirie erstreckt sich auf die eigentliche Überprüfung des systematischen Einflusses neuer, unvorhergesehener Informationen auf das Differential der internationalen kurzfristigen Zinsen und - als deren Folge - auf die Wechselkurse. Die einzelnen Schritte werden zu gegebenem Zeitpunkt erläutert.

Auch für dieses Kapitel wird ein kurzes Fazit gegeben, das die gefundenen Ergebnisse zunächst zusammenfaßt und daran anschließend die Konstruktionselemente der ungedeckten Zinsparität sowie des "News"-Ansatzes kritisch würdigt. Dies dient der Analyse der Eignung beider Theorien zur 'Vorhersage' von Wechselkursen.

Im 4. Abschnitt der Arbeit wird zunächst die Funktionsweise des EWS geschildert, da diese erhebliche Auswirkungen auf die Wechselkursbildung innerhalb des Systems hat. Die Konstruktion des EWS beinhaltet zwei Problembereiche, die ebenfalls erläutert werden, da sie entscheidend für die politische Handhabung des Systems sind.

Da der Einfluß neuer, unerwarteter Informationen auf die Wechselkurse zwar grundsätzlich als signifikant angenommen werden kann, diese Feststellung jedoch keine Prognose über die zukünftigen Kassakurse und deren weitere Entwicklung gestattet, wird im zweiten Teil des 4. Abschnittes der Arbeit dann die Entwicklung einiger Determinanten der Wechselkurse der betrachteten Währungen gegenüber der DEM dargestellt. Dabei handelt es sich um die im Vertrag von Maastricht über die Europäische Union festgelegten Konvergenzkriterien sowie zwei weitere Faktoren: das Wachstum der Bruttoinlandsprodukte (BIP) und die kurzfristigen Zinssätze für Euro-Monatsgeld der entsprechenden Währungen.

Die Fundamentalfaktoren der krisenbetroffenen Länder werden zunächst in Relation zu den entsprechenden deutschen Werten gesetzt. Auf diese Art und Weise werden ökonomische Veränderungen innerhalb der vier Länder und Regelmäßigkeiten in ihrer gesamtwirtschaftlichen Entwicklung gegenüber derjenigen Deutschlands sowie eventuell daraus resultierende Anpassungsbedarfe für die Wechselkurse im EWS herausgearbeitet.

Die tatsächliche Entwicklung der Zinsdifferentiale und Wechselkurse wird dargestellt und es wird innerhalb einer sich anschließenden Diskussion der Zielsetzung des EWS überprüft, ob der Wechselkursmechanismus in der Lage ist, ihr gerecht zu werden.

Nachdem dies geschehen ist, wird versucht, herauszufinden, ob in der Entwicklung der Bestimmungsfaktoren der Fundamentals der Partnerländer Deutschlands etwaige Übereinstimmungen bzw. Abweichungen bestehen, die die Entwicklung der Fundamentalvariablen bzw. die der Wechselkurse erklären können. Dabei wird auf einige von seiten der jeweiligen Staaten zu beeinflussende Faktoren eingegangen. Diese wirtschaftstheoretische Untersuchung dient dazu, die Verantwortung der Staaten für die von ihnen zu setzenden Rahmenbedingungen, die das ökonomische Umfeld der Länder und in der Folge auch die Bewertung ihrer Währungen maßgeblich beeinflussen, herauszustellen.

Die beiden zuletzt genannten Teilschritte dienen der Veranschaulichung der mittel- und langfristigen Entwicklungen der von der Krise betroffenen Volkswirtschaften und ihrer Wechselkurse gegenüber der DEM.

Der letzte Teil des 4. Abschnitts umfaßt die Schilderung und Interpretation der kurzfristigen wirtschaftspolitischen Situation (vornehmlich Deutschlands) zwischen September 1992 (Ausscheiden des GBP und der ITL aus dem Wechselkursmechanismus des EWS) und der Bandbreitenerweiterung im August 1993. Hier wird das Augenmerk auf die asynchronen wirtschafts- und geldpolitischen Handlungsspielräume und ihre Ausschöpfung durch die politisch Verantwortlichen gerichtet.

Im Anschluß daran wird innerhalb einiger abschließender Bemerkungen das Ergebnis der Arbeit formuliert sowie eine Einschätzung der Zukunft der Europäischen Währungsunion und ihrer Währung, dem Euro, gegeben.

2 Erwartungsbildung, Markteffizienz und Prediktoreigenschaft der Terminkurse

Akteure auf organisierten Märkten richten ihre Handlungen, also Käufe und Verkäufe bestimmter Finanzaktiva oder -dienstleistungen, nach ihren persönlichen Erwartungen über zukünftige Entwicklungen der Preise dieser Aktiva. Die Erwartungen, die dabei gebildet werden, stützen sich auf Informationen, das entsprechende Aktivum oder eine bzw. mehrere der ihm zugrundeliegenden Variablen betreffend. Zu diesen Informationen zählen, soweit es sich um Währungen handelt, auch solche politischer Natur.

Da die Marktteilnehmer von solchen Informationen in der Regel unvorhergesehen Kenntnis erlangen, handelt es sich bei der Mehrzahl der Transaktionen auf den Devisenmärkten um spekulative Tätigkeiten.[1] Diese Aussage ist nicht unproblematisch für Annahmen über die Erwartungsbildung der Marktteilnehmer, da diese die Grundlage ihrer Kauf- bzw. Verkaufsentscheidungen bildet. Die Erwartungen und die zur ihrer Bildung benötigten Informationen können sich - in Abhängigkeit

[1] Über die Anzahl und die Volumina spekulativer Transaktionen gibt es verschiedene Untersuchungen, die zu differierenden Ergebnissen kommen. Die Spannweite reicht dabei von ca. 33 % (Schulmeister (1989)) bis 95 % (BIS (1993)) aller Transaktionen auf diesen Märkten. Einhellig kommen jedoch alle Untersuchungen zu dem Urteil, daß die spekulativen Transaktionen das Geschehen auf den Devisenmärkten dominieren. Vergleiche dazu: Schulmeister, Stephan (1989): "Spekulationstechniken im Devisenhandel und Dollarkursschwankungen", Monatsberichte, Österreichisches Institut für Wirtschaftsforschung, Vol. 62, No. 3, S. 145-154, oder BIS (1993) (Bank for International Settlements): "Central Bank Survey of Foreign Exchange Market Activity in April 1992", Basle, 1993.

von der gewünschten Transaktionsart - auf unterschiedliche Sachverhalte beziehen:[2]

- einzelne Preise und deren Veränderung im Zeitablauf im Falle der einfachen Spekulation oder
- auf Differenzen zwischen (1) Preisen für die gleiche Währung an verschiedenen Handelsplätzen und (2) Preisen für eine Währung auf Termin und den entsprechenden Kassapreisen im Falle der räumlichen oder zeitlichen Arbitrage.

Im Rahmen der fundamentalen Theorie, die hier zunächst betrachtet werden soll, stützt sich die Erwartungsbildung ausschließlich auf Informationen, betreffend die Fundamentalvariablen der Währungen. Die Fundamentalvariablen, wie sie die Wechselkurstheorie erfaßt, sind deshalb die einzig relevanten Informationen zur Wechselkursbildung. Daraus folgt, daß Aussagen über die Erwartungsbildung nur auf ihnen aufbauen können.
Für das Zustandekommen von Handel ist es jedoch erforderlich, daß die Marktteilnehmer unterschiedliche Erwartungen über die Zukunft gebildet haben. Ohne diese Heterogenität der Erwartungen ist Handel schlicht unmöglich, da sich kein 'Tauschpartner' für eine Transaktion finden würde.[3] Im Sinne der fundamentalen

[2]Vgl.: Streit, Manfred E.; Graw, Ehrentraud (1989): "Terminkontrakthandel", in: Oberender, Peter (Hrsg.): "Marktökonomie: Marktstruktur und Wettbewerb in ausgewählten Branchen der Bundesrepublik Deutschland", München, Vahlen, 1989, S. 531-571, S. 556 f.

[3]Vgl.: Streit, Manfred E.; Graw, Ehrentraud (1989): "Terminkontrakthandel", in: Oberender, Peter (Hrsg.): "Marktökonomie: Marktstruktur und Wettbewerb in ausgewählten Branchen der Bundesrepublik Deutschland", München, Vahlen 1989, S. 531-571, S. 557 f. Dort ist von "Handel zu subjektiv falschen Preisen" die Rede. Diese Aussage bezieht sich auf Ter-

Theorie bedeutet dies, daß nur jeweils eine der beiden Handelsseiten die richtige Entscheidung treffen kann, da es nur einen fundamental begründbaren Kurs für ein Finanzaktivum gibt. Die richtige Entscheidung zu treffen bedeutet, auf der Basis der verfügbaren relevanten Informationen rational zu entscheiden.

Daraus folgt, daß eine der beiden Marktseiten entweder nicht über alle Informationen verfügt oder nicht rational entscheidet.

Als Konsequenz ergeben sich wiederum zwei Alternativen: die erste bedeutet, daß rationale Spekulation die Existenz einer anderen Gruppe voraussetzt, die suboptimal handelt.[4] Diese suboptimal handelnde Gruppe wird auf Dauer aus dem Markt verdrängt. Die zweite Alternative besagt, daß, falls sich ausschließlich rationale Akteure am Markt befinden, Spekulation überhaupt nicht existiert. Diese Aussage kann jedoch keine empirische Bestätigung finden, wie oben bereits vermerkt wurde.

Im folgenden sollen zunächst verschiedene Umweltzustände und Hypothesen der Erwartungsbildung kurz geschildert werden, um deren Konsequenzen für die Effizienz von Märkten sowie die Prediktoreigenschaft der Terminkurse zu beleuchten. Dabei werden anschließend zwei verschiedene Ansätze zur Markteffizienz behandelt, von denen der erste mit homogenen, rationalen, der andere mit heterogenen Zukunftserwartungen arbeitet. Die Ansätze werden jeweils geschildert und dann einer kritischen Würdigung unterzogen.

Im Anschluß daran werden die Konsequenzen der geschilderten Inhalte für die Prediktoreigenschaft der Terminkurse bezüglich der zukünftigen Kassakurse un-

minkontrakte, ist jedoch auf den Fall der einfachen Spekulation auf dem Kassamarkt übertragbar.

[4]Vgl.: Menkhoff, Lukas (1992): "Feedback Trading auf Devisenmärkten", in: Jahrbücher für Nationalökonomie und Statistik, Bd. 210, 1992, S. 127-144, S. 128.

tersucht, die sowohl für die traditionelle als auch für die modernere Wechselkurstheorie von Bedeutung sind.

2.1 Umweltzustände und Hypothesen der Erwartungsbildung

"Ökonomische Theorie, die sich nicht darauf beschränkt, stationäre Gleichgewichte oder gleichgewichtige Wachstumspfade zu betrachten, sondern eine Analyse der Dynamik kürzerfristiger Anpassungsprozesse unter Ungewißheit einschließt, muß sich auf der Mikro- wie der Makroebene mit dem Phänomen der Erwartungen auseinandersetzen."[5]

Bevor autoregressive, quasi-rationale und rationale Erwartungsbildung geschildert werden, sollen die Umweltzustände der vollkommenen Voraussicht, des Risiko und der Unsicherheit geklärt werden, da ihre Bedeutungen entscheidend für die einzelnen Aussagen über Erwartungsbildung und Rationalität sind.

KNIGHT unterschied erstmals zwischen vollkommener Voraussicht (Sicherheit), Risiko und Unsicherheit.[6] Im folgenden soll nun eingehender dargestellt werden was unter diesen verschiedenen Umweltzuständen zu verstehen ist und welche Wirkungen sich aus ihnen für die weitere Betrachtung innerhalb dieser Arbeit ergeben. Erst wenn die Konsequenzen einer Annahme in der ökonomischen Analyse geklärt und bewertet worden sind, kann eine Entscheidung darüber getroffen werden, ob sie relevant ist oder verworfen werden muß.

---

[5]Neumann, Manfred J. M. (1979): "Rationale Erwartungen in Makromodellen - Ein kritischer Überblick", in: Zeitschrift für Wirtschafts- und Sozialwissenschaften, Jg. 99, 1979, S. 371-401, S. 371.

[6]Vgl.: Knight, Frank H. (1921): "Risk, Uncertainty and Profit", Neuauflage: Chicago 1971, S. 224 ff.

Da jedoch in keinem der Umweltzustände quantitative Daten über die von den Marktteilnehmern gehegten Erwartungen vorliegen bzw. nur durch Umfragen mit all ihren Nachteilen und Fehlern erhältlich sind, wurde ein Ausweg über die Formulierung plausibler Erwartungsbildungshypothesen gewählt. Diese Erwartungsbildungsschemata dienen der Berechnung der für entsprechende Tests benötigten Daten.

Die Kategorie der autoregressiven Modelle setzt sich aus einer Vielzahl verschiedener Modelle zusammen, von denen hier nur die der extrapolativen, adaptiven und regressiven Erwartungsbildung kurz in ihrer jeweiligen Grundform verbal wie formal bearbeitet werden sollen. Diese drei Ausprägungen wurden gewählt, da sie von unterschiedlicher Lernfähigkeit der Individuen ausgehen.

Insgesamt stellen die autoregressiven Modelle eine einfache Weltsicht dar. Eines haben sie alle gemeinsam: sie verwenden eine stark eingeschränkte Informationsbeschaffung, da sie gerade nur gegenwärtige und vergangene Realisationen der zu schätzenden Variable aus der Umwelt entnehmen. Dabei werden die am Ende einer Periode für die darauffolgende Periode gebildeten Erwartungen als gewogene Summe der in den Vorperioden realisierten Werte ermittelt. Die einzelnen Modelle unterscheiden sich dann nur in der Verteilung der Gewichtungsfaktoren, in der Länge der verteilten Zeitverzögerungen und in den verwendeten Algorithmen.[7] Der Erwartungsfehler, die Differenz zwischen Erwartung und Realisation,

---

[7]Vgl.: Caspers, Rolf (1978): "Grundlagen der Preiserwartungstheorie", in: Das Wirtschaftswissenschaftliche Studium, 7. Jg., H. 11, S. 510-517, S. 514.

spielt in den meisten Modellen, abgesehen von der adaptiven Erwartungsbildung, keine Rolle.[8]

Das Konzept der rationalen Erwartungen geht auf MUTH zurück.[9] Es bildet das Gegenstück zu den Hypothesen der autoregressiven Erwartungsbildung, die, wie bereits angesprochen, von begrenzter Information der Individuen, systematischen Fehlern bei der Prognosebildung und Vernachlässigung (kostenlos) vorhandener Informationen ausgehen. Bei diesem Konzept stehen den Individuen alle benötigten und relevanten Informationen zur Erwartungsbildung zur Verfügung.

Im Gegensatz dazu geht die Idee quasi-rationaler Erwartungsbildung, die auf AKERLOF und YELLEN[10] zurückgeht, davon aus, daß die Individuen aufgrund vielfältiger Beschränkungen ihre Erwartungen nur begrenzt rational im MUTH-schen Sinne bilden können.

Die angesprochenen Umweltzustände und Erwartungsbildungshypothesen werden nun im folgenden geschildert.

---

[8]Vgl.: Wolter, Stefan C. (1996): "Erwartungsbildung in der Ökonomie: eine theoretisch-empirische Analyse der Erwartungsbildung", Verlag Haupt, Bern, Stuttgart, Wien 1996, S. 22.

[9]Vgl.: Muth, John F. (1961): "Rational Expectations and the Theory of Price Movements", in: Econometrica, Vol. 29, 1961, S. 315-335.

[10]Vgl.: Akerlof, George A.; Yellen, Janet L. (1985): "A Near-Rational Model of the Business Cycle with Wage and Price Inertia", in: The Quarterly Journal of Economics, Supplement, Bd. 100, S. 823 - 838.

2.1.1 Vollkommene Voraussicht, Risiko und Unsicherheit

2.1.1.1 Vollkommene Voraussicht

Der Begriff vollkommene Voraussicht beschreibt einen Zustand, in dem das, was zukünftig geschehen wird, bekannt ist. Es handelt sich dabei also um eine Situation, in der ein im vorhinein feststehendes Ergebnis mit einer Wahrscheinlichkeit von 1 eintritt.[11]

In der Realität existieren jedoch nur wenige dieser Gewißheiten, die in der Regel auf Naturgesetzmäßigkeiten zurückzuführen sind.

Im ökonomischen Alltag ist mit dieser Sicherheit nicht zu rechnen. Dies liegt vor allem daran, daß der ökonomische Alltag jedes einzelnen von den Reaktionen anderer Menschen abhängig ist, die nicht exakt vorhersehbar sind, über die aber vom jeweiligen Individuum Erwartungen gebildet werden. Dementsprechend bestehen alle Entscheidungen, deren Auswirkungen in der Zukunft liegen, auch aus einem spekulativen Element, welches die vollkommene Voraussicht verhindert. Es handelt sich in aller Regel um Entscheidungen unter Risiko oder Unsicherheit.

Die Konsequenz der Annahme vollkommener Voraussicht für die Effizienz von Märkten[12] wäre die Bestätigung der Prämisse rationaler Erwartungen, da die

---

[11]Vgl.: Eisenführ, Franz; Weber, Martin (1994): "Rationales Entscheiden", Springer-Verlag, Berlin, Heidelberg, 1994, S. 93; Eisenführ/Weber bezeichnen den Ausgang einer Entscheidung unter Sicherheit, also bei vollkommener Voraussicht, als genau eine Konsequenz einer Alternative.

[12]Auf die Problematik effizienter Märkte wird im zweiten Abschnitt dieses Kapitels explizit eingegangen. Trotzdem soll hier ein Vorgriff erfolgen, da die Konsequenzen der Situationsbedingungen vollkommener Voraussicht, Risiko und Unsicherheit für diese Thematik von Bedeutung sind.

Marktteilnehmer ihre Erwartungen ohne systematische Prognoseirrtümer bilden würden.[13] Die Abweichungen von den realisierten Werten ergäben im Durchschnitt null, und ineffiziente Märkte wären auf Modellfehlspezifikationen zurückzuführen.

Es kann jedoch weder im Modell noch in der Realität von vollkommener Voraussicht ausgegangen werden. Da diese Annahme abgelehnt werden muß, ergibt sich für die Markteffizienz das Problem des Testens verbundener Hypothesen. Es kann bei einer Ablehnung der Effizienzhypothese nicht gefolgert werden, ob die Erwartungen der Marktteilnehmer nicht rational gebildet wurden oder ob eine Modellfehlspezifikation vorlag.

Markteffizienz muß bei Abwesenheit vollkommener Voraussicht nicht abgelehnt werden, die Wahrscheinlichkeit ihrer Ablehnung vergrößert sich jedoch, weil die vollkommene Voraussicht im Vergleich zu rationalen Erwartungen die stärkere Bedingung ist.

Die gleichen Konsequenzen ergeben sich für die Prediktoreigenschaft[14] der Terminkurse für die zukünftigen Kassakurse, die ebenfalls auf der Hypothese ratio-

[13]Die Bedingung der vollkommenen Voraussicht ist jedoch stärker als die der rationalen Erwartungen, die im allgemeinen für die Modellierung von Markteffizienz verwendet wird, da sie noch nicht einmal von zufälligen Abweichungen der realisierten von den erwarteten Werten ausgeht. Abweichungen sind aufgrund der Zukunftssicherheit immer gleich null. Bei Risiko und Unsicherheit handelt es sich um schwächere Bedingungen als die der rationalen Erwartungen. Hier wird von bekannten bzw. unbekannten Erwartungswerten ausgegangen, um die die realisierten Werte schwanken.

[14]Auf die Prediktoreigenschaft der Terminkurse wird im dritten Abschnitt dieses Kapitels explizit eingegangen. Trotzdem soll hier wiederum ein Vorgriff erfolgen, da die Konsequenzen der Situationsbedingungen vollkommener Voraussicht, Risiko und Unsicherheit auch für diese Thematik von Bedeutung sind.

naler Erwartungen aufbaut.[15] Sie braucht ebenfalls nicht zwingend abgelehnt zu werden, jedoch steigt die Wahrscheinlichkeit dessen unter den Bedingungen einer unsicheren Zukunft.

2.1.1.2 Risiko

Der Begriff Risiko wird verwendet, um eine Entscheidungssituation zu beschreiben, deren verschiedene Konsequenzen in Form einer Wahrscheinlichkeitsverteilung bereits vor der tatsächlichen Entscheidung bekannt sind. Den einzelnen Konsequenzen können dabei jeweils eindeutige Wahrscheinlichkeiten zugeordnet werden. Sie streuen mit einer bekannten Varianz um den Erwartungswert der Verteilung. Die Verteilung kann a priori bekannt sein, wie im Falle eines Münzwurfes, auf sie kann aber auch durch Informationen aus der Vergangenheit und der Gegenwart geschlossen werden.

Das Risiko der Abweichung des ex post realisierten Wertes von seinem Erwartungswert besteht dann nur in der zufälligen Streuung um diesen, also der Varianz. Sie ist das Maß, mit dem Risiko gemessen wird.

Für die Effizienz eines Marktes bedeutet das, daß rationale Erwartungsbildung der Marktteilnehmer möglich ist. Dadurch, daß Risiko im Vergleich zur Rationalität jedoch die schwächere Bedingung ist, wird rationale Erwartungsbildung weniger wahrscheinlich. Nur wenn die Erwartungswerte der Verteilungen mit den ex post realisierten Werten langfristig übereinstimmen und die Streuungen um die Erwartungswerte im Durchschnitt null ergeben, kann auch die Rationalitätshypothese angenommen werden. Dann wären wiederum Modellfehlspezifikationen für Marktineffizienzen verantwortlich.

---

[15]Vgl.: Gaab, Werner (1983): "Devisenmärkte und Wechselkurse: eine theoretische und empirische Analyse", Springer-Verlag, Berlin, 1983, S. 234.

Abgesehen von rein zufälligen Übereinstimmungen, müssen diese Voraussetzungen jedoch stark angezweifelt werden.

Für die Prediktoreigenschaft der Terminkurse für die zukünftigen Kassakurse gelten diese Ausführungen analog. Es besteht abermals kein Zwang zur Ablehnung dieser Eigenschaft, aber ihre Bestätigung dürfte sich unter der Bedingung des Risikos als schwierig erweisen.

2.1.1.3 Unsicherheit

In der Literatur wird im allgemeinen zwar zwischen Risiko und Unsicherheit im KNIGHTschen Sinne unterschieden, die Unterscheidung ist jedoch rein theoretischer Natur. Es wird argumentiert, Unsicherheit sei zu wenig konkretisierbar. Zudem verfügten Entscheider aufgrund ihrer Erfahrungen und/oder speziellen Informationen über die zur Wahl stehenden Alternativen über Vertrauen hinsichtlich der Umweltzustände, die zumindest durch subjektive Wahrscheinlichkeiten ausgedrückt werden könnten. Sei dies nicht der Fall, verfüge der Entscheider also weder über Erfahrungen, Vertrauen und/oder spezielle Informationen, so könne nicht davon ausgegangen werden, daß eine Konsequenz wahrscheinlicher sei als eine beliebige andere. Somit handele es sich abermals um eine Entscheidung unter Risiko.[16]

Dieser Argumentation soll hier nicht gefolgt werden, da dies dem Verzicht der Marktteilnehmer auf Informationsaktivitäten über vergangene und gegenwärtige Sachverhalte gleichkäme bzw. Lernvorgänge ausschließen würde. Abgesehen davon sind Alternativen vorstellbar, in denen unendlich viele Konsequenzen auftreten können, die dann zwar alle die gleiche Wahrscheinlichkeit haben könnten,

[16] Vgl.: Laux, Helmut (1991): "Entscheidungstheorie", 2. Auflage, Springer-Verlag, Berlin, Heidelberg, 1991, S. 124.

deren konkrete Eintrittswahrscheinlichkeit aber nicht bestimmbar ist, da gerade eine unbekannte Zahl von Konsequenzen möglich ist.

Eine Situation der Unsicherheit besteht also dann, wenn der Erwartungswert der Wahrscheinlichkeitsverteilung der Konsequenzen einer Entscheidung objektiv nicht ermittelbar ist oder die dazu benötigten Informationen nicht ausreichen. Es ist für den Entscheider zwar möglich, sich eine Vorstellung über die Konsequenzen zu machen, er kann ihnen jedoch keine konkreten Wahrscheinlichkeiten zuordnen. KNIGHT drückt dies wie folgt aus: "We know that estimates (Unsicherheit, der Verf.) or judgements are liable to err. Sometimes a rough determination of the magnitude of this "liability" is possible, but more generally it is not. In general, any determination of the value of an estimate must be merely empirical, secured by the tabulation of instances, thus reducing it to a probability of the second or statistical type (Risiko, der Verf.)."[17]

Das Risiko besteht dann nicht nur in der zufälligen Streuung der Konsequenzen um den Erwartungswert, sondern zusätzlich in der Streuung des Erwartungswertes selbst, der gerade nicht besteht bzw. nicht ermittelbar ist. Das Maß für die Unsicherheit ist dann die Streuungsbreite des Erwartungswertes.

Damit kommt einer subjektiven Komponente Bedeutung zu: dem Vertrauen, aus Gegenwartswerten gute Zukunftsprognosen ableiten zu können.[18] Aus diesem Grunde nennt KNIGHT diese Kategorie von Wahrscheinlichkeitssituation "estimates".

Die Konsequenzen, die diese Umweltbedingung für die Effizienz von Märkten und die Prediktoreigenschaft der Terminkurse hat, sind erheblich. Da weder der

[17]Knight, Frank H. (1921): "Risk, Uncertainty and Profit", a. a. O., S. 225.

[18]Vgl.: Keynes, John M. (1936): "Allgemeine Theorie der Beschäftigung, des Zinses und des Geldes", 7. Auflage, Duncker und Humblot, Berlin 1994, S. 128.

Erwartungswert noch die Wahrscheinlichkeitsverteilung der verschiedenen Konsequenzen der Entscheidungen bekannt sind, wird den Gegenwartswerten des zu prognostizierenden Preises eine größere Bedeutung zugemessen, als sie ihnen bei genauerer Betrachtung der Vergangenheit zustünde. Gegenwärtiges Wissen ist sicherer als Vermutungen über die Zukunft, was dazu führt, daß mögliche Änderungen des gegenwärtigen Zustandes in der Zukunft vernachlässigt werden, es sei denn, es gibt genügend starke Hinweise auf eine zukünftige Änderung.

Das Ergebnis dessen ist, daß die heutigen Preise als korrekte Zukunftsprognose der Vergangenheit angesehen werden. Es handelt sich also um eine Überbetonung der Gegenwart, die - aufgrund der unsicheren Zukunft - plötzlichen und starken Veränderungen unterliegt.

Angesichts dieser Gegenwartsverbundenheit kann von Rationalität der Erwartungen nicht mehr gesprochen werden, da sich die Erwartungsbildung über die Zukunft nur auf Vergangenheit und Gegenwart bezieht und diese "Übereinkunft"[19], wie KEYNES sie nennt, keinerlei gesicherte Informationen über die Zukunft liefern kann. Deshalb sind Prognosefehler eher die Regel als die Ausnahme und deren Abweichungen vom tatsächlichen Wert im Durchschnitt nicht gleich null. Für die Effizienz von Märkten bedeutet das, daß wiederum verbundene Hypothesen getestet werden, was zur gleichen Zuordnungsproblematik bei ineffizienten Märkten führt, wie oben bereits angesprochen.

Der Umweltzustand der Unsicherheit hat für die Prediktoreigenschaft der Terminkurse für die zukünftigen Kassakurse die Auswirkung, daß der gegenwärtige Kassakurs die beste Voraussage des zukünftigen Kassakurses ist und der Terminkurs als Prognoseinstrument unbrauchbar wird.

---

[19]Vgl.: Keynes, John M. (1936): "Allgemeine Theorie der Beschäftigung, des Zinses und des Geldes", a. a. O., S. 128.

2.1.2 Autoregressive Erwartungsbildung

2.1.2.1 Extrapolative Erwartungsbildung

In der einfachsten Form autoregressiver Modelle, der extrapolativen Erwartungsbildung, wird die Zukunftserwartung über die zu schätzende Variable häufig nur aus dem zuletzt realisierten und dem gegenwärtigen Wert derselben abgeleitet. Sie kann aber auch aus mehreren (in der Regel ist dann die Anzahl der einzubeziehenden Vergangenheitsrealisationen festgelegt) oder allen verfügbaren Vergangenheitsdaten, die Variable betreffend, bestehen. Dabei werden die vergangenen Realisationen geometrisch oder arithmetisch abnehmend gewichtet, da Daten, die weiter entfernt sind, weniger Gewicht für die nahe Zukunft zugesprochen wird als aktuellen Daten. In allgemeiner Form stellt sich dieses Prognoseverfahren (Einperiodenerwartung) wie folgt dar:[20]

$$x^e_{t-1,t} = \alpha + \beta_1 + \beta_2 x_{t-2} + \ldots + \beta_n x_{t-n} \qquad (2.1)$$

Der Nachteil bei der Verwendung extrapolativer Prognoseverfahren besteht darin, daß ein systematischer Fehler auftreten kann. In solchen Fällen (permanente Umweltänderung) schätzen die Wirtschaftssubjekte nie mehr den richtigen Wert, sondern hinken mit ihrer Schätzung immer hinter den tatsächlichen Werten her.[21]

---

[20] $x^e_{t-1,t}$ stellt die Erwartung für die Variable x für den Zeitpunkt t, gebildet in t-1, dar; α bezeichnet eine Konstante, die nicht signifikant von null verschieden sein sollte; β_{1-n} bezeichnen die Gewichtungsfaktoren der Vergangenheitsrealisationen und $x_{t-1,\ldots,t-n}$ bezeichnen die Realisationen der Variablen in t-1,..., t-n.

[21] Wolter bezeichnet dieses Phänomen als Überreaktion, da "bei diesen einfachen Modellen der Erwartungsbildung davon ausgegangen wird, daß der (die) zuletzt beobachtete(n) Wert(e) sich auch in die Zukunft fortsetzt(en). Bei diesen Modellen werden deshalb Wendepunkte in

Für die Hypothese der extrapolativen Erwartungsbildung gibt es vielfältige Abwandlungen, die hier jedoch keine Erwähnung finden sollen, da dies aufgrund des erheblichen Umfanges dem davon zu erwartenden Nutzen für diese Arbeit nicht gerecht werden würde.

2.1.2.2 Regressive Erwartungsbildung

Bei regressiven Erwartungen unterstellt man, daß die Wirtschaftssubjekte eine Vorstellung über einen langfristig 'richtigen' bzw. 'gleichgewichtigen' Wert der Variablen haben. Dieser als 'normal' empfundene Wert wird von neuen Informationen nur sehr langsam verändert. Der Erwartungsbildungsprozeß (Einperiodenerwartung) läßt sich wie folgt darstellen:[22]

$$x^{e}_{t-1,t} = x_{t-1} + f\left(x^{en} - x_{t-1}\right)\text{, wobei } 0 < f \leq 1 \qquad (2.2)$$

Diese Hypothese über die Bildung von Erwartungen wurde von vielen Ökonomen als plausibel angesehen.[23] Wird eine unendliche Anpassungsgeschwindigkeit der Erfahrungen der Wirtschaftssubjekte mit vergangenen Realisationen an die In-

der Regel um eine Periode überschossen oder eben verpaßt." Siehe Wolter, Stefan C., a. a. O., S. 22.

[22]Vgl.: Schlotthauer, Karl-Heinz (1981): "Inflationserwartungen: wirtschaftspolitische Bedeutung, theoretische Erklärungsansätze und theoretische Befunde", Hamburg: Verlag Weltarchiv, 1981, S. 88. Dabei bezeichnet f die Anpassungsgeschwindigkeit, mit der die Individuen die Rückbildung auf das 'Normalniveau' erwarten; x^{en} bezeichnet den von den Wirtschaftssubjekten erwarteten 'Normalwert' der Variablen.

[23]Vgl.: Schlotthauer, Karl-Heinz (1981): "Inflationserwartungen: wirtschaftspolitische Bedeutung, theoretische Erklärungsansätze und theoretische Befunde", a. a. O., S. 86 und die dort angegebene Literatur. Schlotthauer verweist auf Keynes (1936), Cassel (1928), Hicks (1950) und Friedman/Schwartz (1963).

formationen der Gegenwart unterstellt (in diesem Fall ist f = 1), so reduziert sich (2.2) zu:

$$x^{e}_{t-1,t} = x^{en} \tag{2.3}$$

Für den Sonderfall f = 0 degenerieren die Erwartungen der Wirtschaftssubjekte zu statischen Erwartungen, so daß generell mit einer Rückkehr zu dem von ihnen als 'normal' angesehenen Wert gerechnet wird.

Auch für die regressive Erwartungsbildungshypothese gibt es zahlreiche Erweiterungen und Verbindungen mit anderen Hypothesen der autoregressiven Erwartungsbildung, die hier ebenfalls keine nähere Behandlung erfahren sollen.

2.1.2.3 Adaptive Erwartungsbildung

Im Gegensatz zu den bisher behandelten Erwartungsbildungshypothesen beinhaltet die adaptive Erwartungsbildung Lernprozesse bei den Individuen.[24]

Dabei vergleichen die Wirtschaftssubjekte ihre Erwartungen in der Vergangenheit mit den tatsächlich eingetretenen Werten der Variablen und passen ihre Zukunftserwartungen um den gewichteten Erwartungsfehler ihrer vorherigen Prognose an. "The expected rate of change in prices is revised per Period of time in proportion to the difference between the actual rate of change of prices and the rate of change that was expected."[25] Formal stellt sich dies wie folgt dar:

$$x^{e}_{t-1,t} = x^{e}_{t-1} + a\left(x_{t-1} - x^{e}_{t-1}\right), \text{ wobei } 0 < a \leq 1 \tag{2.4}$$

[24]Vgl.: Cagan, Phillip (1956): "The Monetary Dynamics of Hyperinflation", in: Friedman, Milton (Hrsg.): "Studies in the Quantity Theory of Money", Chicago, 1956, S. 25-117. Cagan leitete das Grundmodell für die adaptive Erwartungsbildungshypothese her.

[25]Cagan, Phillip (1956): "The Monetary Dynamics of Hyperinflation", a. a. O., S. 37.

Es findet also in jeder Periode eine Anpassung der Erwartungen an die Realität der Vorperiode statt.

Da der Parameter (a) für die Lernprozesse der Individuen entscheidend ist, gelten für ihn Einschränkungen. Seine Beschränkung auf Werte zwischen null und eins trägt zum einen der Anforderung Rechnung, daß die Erwartungen der tatsächlichen Entwicklung folgen, sowie der, daß die Korrektur der Erwartungen maximal auf den Wert des vorherigen Erwartungsirrtums beschränkt ist. Auf diese Art und Weise führt die adaptive Erwartungsbildung zu einer asymptotischen Annäherung an den richtigen Schätzwert, und ein negativer Lernparameter (a = -1), der ein lernunfähiges Wirtschaftssubjekt bedeuten würde, wird von vornherein ausgeschlossen.

Durch rekursives Einsetzen vergangener Erwartungswerte läßt sich zeigen, daß das adaptive Erwartungsbildungsmodell formal mit dem extrapolativen übereinstimmt.[26]

Interessanterweise unterstellt der Lernmechanismus keine Lernfortschritte der Individuen aus Einsicht in die Zusammenhänge der Bildung der Variablen, sondern baut ausschließlich auf Assoziationen der Wirtschaftssubjekte auf, für die keinerlei Einsicht in etwaige Wirkungszusammenhänge notwendig ist. Dies wird dadurch deutlich, daß die neuen Erwartungen grundsätzlich denen aus der letzten Periode entsprechen, jedoch um den Erwartungsfehler der letzten Periode korrigiert werden. So wird der systematische Fehler, der durch fehlende Anpassung

[26]Für eine entsprechende Herleitung vergleiche Caspers, Rolf (1978): "Grundlagen der Preiserwartungstheorie", a. a. O., S. 516, oder Wolter, Stefan C. (1996): "Erwartungsbildung in der Ökonomie", a. a. O., S. 24 f. Dieser Sonderfall ist jedoch für die weiteren Ausführungen nicht weiter von Interesse.

bei laufender Änderung der Variablen im extrapolativen Modell entsteht, vermieden.

2.1.3 Rationale Erwartungsbildung

Im MUTHschen Konzept der rationalen Erwartungen wird nun angenommen, daß den Wirtschaftssubjekten alle zur Erwartungsbildung über zukünftige Realisationen ökonomischer Variablen relevanten Informationen zur Verfügung stehen bzw. daß sie sich die entsprechenden Informationen beschaffen.[27] Diese werden dann mit Hilfe des 'richtigen' ökonomischen Modells zu einer Prognose verarbeitet.

Im Falle deterministischer Modelle entspricht dies der vollkommenen Voraussicht.[28] Dies ist aber in der Realität nicht der Fall, denn dort handelt es sich um

[27]Vgl.: Neumann, Manfred J. M. (1979): "Rationale Erwartungen in Makromodellen - Ein kritischer Überblick", a. a. O., S. 377. Von Transaktionskostenüberlegungen, wie sie von De Grauwe angestellt werden (Die Existenz von Transaktions- und Informationskosten führt laut De Grauwe zu einem "band of agnosticism", innerhalb dessen sich die Marktteilnehmer aufgrund von Kostenüberlegungen auch bei Erwartungsänderungen gegen eine Portfolioumschichtung entscheiden, da die zusätzlichen Transaktionskosten den durch Umschichtungen zu vermeidenden Verlust übersteigen.), soll hier abgesehen werden, da es um die bloße Darstellung des Konzeptes der rationalen Erwartungen geht, jedoch nicht um seine verschiedenen Ausprägungen. Zum "band of agnosticism" siehe: De Grauwe, Paul (1989): "International Money - Postwar Trends and Theories", Oxford, 1989, S. 160-182. Zu anderen Ausprägungen der Hypothese rationaler Erwartungen siehe: Schlotthauer, Karl-Heinz (1981): "Inflationserwartungen: wirtschaftspolitische Bedeutung, theoretische Erklärungsansätze und theoretische Befunde", a. a. O., S. 98-128 und die dort angegebene Literatur.

[28]Vgl.: Häberle, Lothar (1982): "Wirtschaftspolitik bei rationalen Erwartungen. Konsequenzen einer kritischen Analyse der Theorie rationaler Erwartungen für die Wahl wirtschaftspolitischer Strategien", Köln, 1982, S. 41.

stochastische Modelle, die Schwankungen der Realisationen einer Variablen berücksichtigen. Es ist nur der Fall der Ungewißheit von Bedeutung.
Es handelt sich dann um einen Prozeß, in dem die Individuen ihre eigenen Prognosen aus der Vergangenheit ständig überprüfen und verändern, um systematische Vorhersagefehler zu vermeiden.[29]
Der zentrale Unterschied zu den autoregressiven Modellen besteht nun darin, daß die Wirtschaftssubjekte nicht nur aus den Erfahrungen der Vergangenheit, die zu prognostizierende Größe betreffend, lernen, sondern zusätzlich in der Lage sind, alle vergangenen und gegenwärtigen Informationen und die aus ihnen resultierenden Änderungen - auch für exogene Determinanten - in ihre Erwartungsbildung für die Zukunft einfließen zu lassen. Dabei handelt es sich dann um alle Einflußfaktoren, die auch das tatsächliche Ereignis beeinflussen. Ihre Anpassungsfähigkeit verbessert sich dementsprechend stark; ihre Anpassungsgeschwindigkeit wird (nahezu) unendlich. Dies impliziert eine sofortige Änderung ökonomischer Größen bei antizipierter zukünftiger Änderung ihrer Bestimmungsfaktoren, was wiederum aus der Verwendung aller ökonomisch relevanten Größen innerhalb des Erwartungsbildungsprozesses folgt. Da das 'korrekte' Modell zur Prognosebildung verwendet wird, die dem gleichen Muster folgt mit dem bereits die Entwicklung der Determinanten gebildet wurde, haben die Wirtschaftssubjekte Kenntnis vom Prozeß, der Struktur sowie der (aller) Determinanten der zu prognostizierenden Variable.
Für das Aggregat des Gesamtmarktes gilt laut MUTH das Gesetz der großen Zahl, das systematische Abweichungen von dem durch das 'richtige' Modell berechenbaren Wert der Variablen nicht zuläßt. Es gibt durchaus unterschiedliche

[29]Vgl.: Sargent, Thomas J. (1993): "Bounded Rationality in Macroeconomics", Oxford University Press, New York, 1993, S. 21.

Erwartungen über ein und denselben zu prognostizierenden Sachverhalt, im Durchschnitt gleichen sich die systematischen Optimisten und Pessimisten jedoch gegenseitig aus.[30]

"The hypothesis can be rephrased a little more precisely as follows: that expectations of firms (or, more generally, the subjective probability distribution of outcomes) tend to be distributed, for the same information set, about the prediction of the theory (or the "objective" probability distributions of outcomes)."[31]

Genaugenommen handelt es sich also nicht um eine Erwartungsbildung unter Unsicherheit, sondern unter Risiko im obigen Sinne, da die subjektive Wahrscheinlichkeitsverteilung der Marktteilnehmer über die zukünftige Realisation einer Variablen mit der objektiven Wahrscheinlichkeitsverteilung der Realisation übereinstimmt.

MUTH setzt weder voraus, daß die Erwartungen der Marktteilnehmer perfekt sind, noch, daß sie identisch sind. Er benutzt die folgenden Charakterisierungen:[32]

(1) die Zufallsfehler sind normalverteilt,

(2) es existieren sichere Äquivalente für die zu prognostizierenden Variablen und

(3) die Gleichungen des Systems, einschließlich die der Erwartungsgleichungen, sind linear.

---

[30]Vgl.: Muth, John F. (1961): "Rational Expectations and the Theory of Price Movements", a. a. O., S. 321.

[31]Muth, John F. (1961): "Rational Expectations and the Theory of Price Movements", a. a. O., S. 316.

[32]Vgl.: Muth, John F. (1961): "Rational Expectations and the Theory of Price Movements", a. a. O., S. 317.

Rational im MUTHschen Sinne sind dann die Erwartungswerte, die mit den aus der Theorie der Erwartungsbildenden ableitbaren Prognosewerten übereinstimmen.

Formal stellt sich die Hypothese rationaler Erwartungen wie folgt dar:

$$x^e_{t-1,t} = E_{t-1}(x_t | I_{t-1}) \qquad (2.5)$$

Dabei stellt $E_{t-1}(x_t | I_{t-1})$ den Erwartungswert über die Realisation von x in der Periode t bei dem in der Periode t-1 vorhandenen Informationsstand dar.

Im Gegensatz zu den autoregressiven Modellen wird hier zur Bildung von Zukunftserwartungen eine ökonomische Theorie zur Ableitung von Aussagen über den betrachteten Sachverhalt benötigt. Es wird angenommen, daß der Durchschnitt der Wirtschaftssubjekte das Modell kennt oder zumindest so handelt, als kenne er es.

2.1.4 Quasi-rationale Erwartungsbildung

Ein Grundpfeiler der Wirtschaftstheorie besteht in der Annahme, rational handelnde Wirtschaftssubjekte maximieren durch ihre Entscheidung den erwarteten Nutzen einer Alternative. Diese Sichtweise wird jedoch immer mehr in Frage gestellt, da es empirisch beobachtbare Anomalien, Irrationalitäten bzw. Biases gibt, die mit dem Konzept der rationalen Erwartungen nicht vereinbar sind, aber auch nicht als vernachlässigbare Einzelfälle wegdefiniert werden können.[33]

[33]Die Begriffe "Anomalie", "Irrationalität" und "Bias" werden analog zu den Ausführungen Oehlers verwendet, der zusätzlich eine Vielzahl von Beispielen auflistet und systematisch untersucht. Die Ausdrücke werden benutzt, um zum einen Verletzungen der Axiomatik der Erwartungsnutzentheorie aufzuzeigen und zum anderen die Rationalität solcher Entscheidungen aus Sicht des einzelnen Entscheiders zu verdeutlichen. Dabei wird aus der Sicht des

Diese Art menschlichen Entscheidungsverhaltens, die nicht mit den Aussagen MUTHS übereinstimmt, da deren empirische Stützung in der Regel schwach ausfällt, wird von der stärker einzelwirtschaftlich orientierten, jüngeren Wirtschaftstheorie behandelt. Bisher fehlt es jedoch an einem schlüssigen Gegenkonzept zur Hypothese rationaler Erwartungen. Dennoch soll hier eine knappe Darstellung der Situation erfolgen.

AKERLOF und YELLEN definieren "Near-Rationality"[34] wie folgt: "Near-rational behavior is behavior that is perhaps suboptimal but that nevertheless imposes very small individual losses on its practitioners relative to the consequences of their first-best policy."[35]

Nimmt man an, daß Devisenmarktakteure durch Zeit-, Konkurrenz- und Gewinndruck sowie Informationsüberflutung in besonderer Weise überfordert sind, aber dennoch unter den Bedingungen unvollständiger Information und hoher Unge-

von v. Neumann/Morgenstern entwickelten Axiomensystems argumentiert. Siehe dazu: Oehler, Andreas (1992): ""Anomalien, "Irrationalitäten" oder "Biases" der Erwartungsnutzentheorie und ihre Relevanz für die Finanzmärkte", in: Zeitschrift für Bankrecht und Bankwirtschaft, 4. Jg., H. 2, 1992, S. 97-124, S. 100; und zur Axiomatik der Erwartungsnutzentheorie bzw. der Risikonutzentheorie: Neumann, J., v.; Morgenstern, O. (1947): "Theory of Games and Economic Behavior", Princeton, 1947.

[34]In der verhaltenswissenschaftlich orientierten Literatur konkurrieren die Begriffe "Near"-, "Bounded"- und Quasi-Rationalität. Sie bezeichnen jedoch alle den gleichen Sachverhalt. Es handelt sich jeweils um eine Abwandlung rationalen Verhaltens, das auf der Individualebene durchaus rational sein kann. Rationalität wird dabei nicht einfach beschränkt, sondern es tritt etwas an ihre Stelle, das das Verhalten der Individuen bestimmt. Dies kann z. B. Bedürfnisbefriedigung der Individuen sein, die zwar subjektiv rational, nicht aber 'ojektiv' rational im Muthschen Sinne ist.

[35]Akerlof, George A.; Yellen, Janet L. (1985): "A Near-Rational Model of the Business Cycle with Wage and Price Inertia", a. a. O., S. 825.

wißheit entscheiden müssen, so hat quasi-rationales Entscheidungsverhalten mehrere Bestimmungsfaktoren:[36] erstens handelt es sich um individuelle Verhaltensweisen, die sich im Marktprozeß als fehlerhaft erweisen; zweitens existieren allgemeine menschliche Schwächen, die unabhängig von der speziellen Entscheidungssituation, aber dennoch zeitstabil sind; drittens handeln alle Marktteilnehmer im sozialen Kontext, der auch ihre persönlichen Entscheidungen beeinflußt.[37] Verzerrungen bezüglich rationaler Entscheidungen können also sowohl auf der Individualebene als auch auf der Marktebene entstehen. Letztere werden in der Regel unter dem Phänomen der Massenpsychologie subsumiert.

'Irrationale' Entscheidungen einzelner Marktteilnehmer können im Verhaltensablauf bis zur tatsächlichen Entscheidung begründet sein. Differenziert man diesen Ablauf nach Phasen, so können generell sieben Schritte unterschieden werden, wobei in jeder dieser Stufen Anomalien auftreten können:

(1) Informationssuche

(2) Informationswahrnehmung

---

[36] Vgl.: Menkhoff, Lukas (1995): "Spekulative Verhaltensweisen auf Devisenmärkten", Verlag Mohr, Tübingen, 1995, S. 68.

[37] Ausführlich beschriebene und erläuterte Beispiele individueller Anomalien finden sich bei Oehler, Andreas (1992): ""Anomalien, "Irrationalitäten" oder "Biases" der Erwartungsnutzentheorie und ihre Relevanz für die Finanzmärkte", a. a. O., S. 100-109. Oehler unterteilt diese in Anomalien bei der Informationswahrnehmung und solche bei der Informationsverarbeitung. Umfangreiche Erörterungen der beiden anderen Bestimmungsfaktoren quasi-rationalen Verhaltens finden sich unter anderen bei Maas, Peter; Weibler, Jürgen (1990): "Börse und Psychologie: Plädoyer für eine neue Perspektive", Köln: Deutscher Instituts-Verlag, 1990 sowie bei Thaler, Richard H. (1991): "Quasi Rational Economics", New York, Russel Sage Foundation, 1991.

(3) Informationsverarbeitung

(4) Informationsspeicherung

(5) Informationsumsetzung

(6) Entscheidungsfindung

(7) Impuls

Beispielhaft sollen hier für die Informationssuche bzw. -wahrnehmung die Anomalien der selektiven Quellennutzung und der selektiven Wahrnehmung als regelmäßige menschliche Verhaltensweisen angeführt werden, die dazu führen, daß nicht alle relevanten Informationen aufgespürt werden. Die Folgen selektiver Quellennutzung und Wahrnehmung für die übrigen, sich anschließenden Phasen verdeutlichen, wie viele Ursachen quasi-rationale Erwartungsbildung haben kann. Im weiteren Ablauf kann es während jedes einzelnen Schrittes zu vielfältigen anderen Irrationalitäten kommen, die hier jedoch keine weitere Erwähnung finden sollen.[38]

Die zweite Gruppe von Bestimmungsfaktoren quasi-rationaler Entscheidungen betrifft die menschlichen Schwächen der Entscheider. Hier kann die individuelle Neigung zur Reduktion komplexer Entscheidungssituationen als Beispiel dienen. Addiert man dies zur selektiven Wahrnehmung hinzu, so kommt es fast systematisch zu Verfälschungen der Realität mit all ihren Folgen für die Rationalität der Erwartungsbildung.

Und schließlich bleibt noch die dritte Kategorie der Bestimmungsfaktoren quasi-rationaler Entscheidungen, nämlich die Einbettung des Individuums in den sozia-

---

[38]Es wird wiederum auf die Ausführungen von Oehler, Andreas (1992): ""Anomalien, "Irrationalitäten" oder "Biases" der Erwartungsnutzentheorie und ihre Relevanz für die Finanzmärkte", a. a. O., S. 100-109 verwiesen.

len Kontext des Marktes. Der Druck, den eine Gruppe auf einen einzelnen Marktteilnehmer ausüben kann, ist erheblich und kann zu weiteren, rational nicht begründbaren Fehlerwartungen führen.
Als Fazit bleibt festzuhalten, daß, obwohl das Konzept der rationalen Erwartungen methodisch für die Analyse von Märkten geeignet ist, da es formal einfach zu handhaben ist, es in der Realität Einschränkungen dieser Sichtweise gibt. Der einzelne Marktteilnehmer entscheidet unter Berücksichtigung seines individuellen Informationsstandes, seiner individuellen Leistungsfähigkeit und Kapazität subjektiv rational.

2.2 Effizienz der Devisenmärkte

An die im vorherigen Abschnitt dieses Kapitels in Form von Hypothesen getroffene Systematisierung verschiedener Umweltzustände angelehnt, handelt es sich auf den Devisenmärkten um eine unsichere Umwelt, in der Entscheidungen getroffen werden, deren Tragweite über die Gegenwart hinausgeht. Um überhaupt Entscheidungen treffen zu können, müssen Erwartungen über die Zukunft gebildet werden. Die Art und Weise, wie und auf Grundlage welcher Informationsqualitäten und -quantitäten diese Erwartungen gebildet werden, ist Gegenstand der Theorie effizienter Märkte. In der traditionellen Wechselkurstheorie ist Markteffizienz von zentraler Bedeutung. Sie bedeutet, "...that security prices at any time "fully reflect" all available Infomation"[39].
Das Ergebnis dessen ist, daß es auf effizienten Märkten nicht möglich ist, 'übermäßige' bzw. systematische Gewinne zu erzielen. Nun determinieren aber nicht nur Angebot und Nachfrage den Preis eines Finanzaktivums, sondern auch viele

[39]Fama, Eugene F. (1970): "Efficient Capital Markets: A Review of Theory and Empirical Work", in: Journal of Finance, Vol. 25, 1970, Bd. 1, S. 383-417, S. 383.

andere Daten, die für eventuelle Käufer bzw. für den oder die Verkäufer relevant sein können.[40] Langfristig kann Knappheit als Determinante der Marktpreise für Finanzaktiva angesehen werden. Kurzfristige Preisfluktuationen sind jedoch nicht ausschließlich dadurch erklärbar. So erscheint Knappheit nicht als geeignete Erklärung für die Wechselkursfluktuationen im Vorfeld der Bandbreitenerweiterung im EWS im August 1993.

Im speziellen Fall der Devisenmärkte liefert die Tatsache, daß auf diesen Märkten umfangreiche spekulative Aktivitäten stattfinden, einen Hinweis darauf, daß die Preisbildung nicht ausschließlich auf die Knappheit der Währungen zurückzuführen ist. Zudem sind diese prinzipiell unendlich vermehrbar. Die Erwartungen der Marktteilnehmer bezüglich der zukünftigen Preise oder deren Veränderung scheinen von erheblicher Bedeutung zu sein.

Durch das Auftreten spekulativer Transaktionen auf Devisenmärkten stellt sich die Frage, ob die Effizienz dieser Märkte tatsächlich mit Hilfe der vollständigen Verarbeitung aller verfügbaren Informationen durch die Marktteilnehmer korrekt abgebildet wird.

Diesbezüglich werden im allgemeinen zwei Ansätze unterschieden: zum einen beruht der Ansatz von EUGENE F. FAMA darauf, daß alle verfügbaren Informationen "...sofort aufgegriffen, verarbeitet und dabei bezüglich ihrer Konsequenzen für die zukünftige Preisentwicklung interpretiert werden.".[41]

---

[40]Vgl.: Working, H. (1958): "A Theory of Anticipatory Prices", in: American Economic Review, Vol. 48, 1958, Papers and Proceedings, S. 188-199, S. 189.

[41]Graw, Ehrentraud (1984): "Informationseffizienz von Terminkontraktmärkten für Währungen", Verlag Lang, New York, Frankfurt a. M., 1984, S. 34.

Zum anderen wurde von HOLBROOK WORKING ein weiterer Ansatz entwikkelt, der die individuelle Erwartungsbildung der Marktteilnehmer als zentrales Element enthält.
Diese beiden Ansätze sollen dargestellt und auf ihre Relevanz für den weiteren Verlauf dieser Arbeit überprüft werden. Zusätzlich wird die von ihnen postulierte Informationseffizienz von Märkten deren Bewertungseffizienz gegenübergestellt.

2.2.1 Ansatz von Fama

2.2.1.1 Darstellung

EUGENE F. FAMA entwickelte einen formalen, statischen Ansatz zur Überprüfung der Informationseffizienz von Märkten.
Er definierte Markteffizienz wie folgt: "A market in which prices always "fully reflect" available Information is called "efficient".".[42]
Spiegeln die Preise zu jedem Zeitpunkt alle verfügbaren Informationen wider, so ist es nicht möglich, systematische, im Sinne von weit über der Marktrendite liegende Gewinne zu erzielen, da alle Informationen effizient durch die Marktteilnehmer verarbeitet und bezüglich der zukünftigen Preisentwicklung interpretiert werden.
FAMA ging davon aus, daß die Marktgleichgewichtsbedingungen mit Hilfe der erwarteten Renditen ausgedrückt werden können.[43] Das Ergebnis der Informati-

[42]Fama, E. F., (1970): "Efficient Capital Markets: A Review of Theory and Empirical Work", a. a. O., S. 383.

[43]Vgl.: Fama, E. F. (1970): "Efficient Capital Markets: A Review of Theory and Empirical Work", a. a. O., "Most of the available work is based only on the assumption that the con-

onsverarbeitung durch die Marktteilnehmer kann formal entweder in Form von Preisen (p_t) oder in Form von Renditen (r_t) ausgedrückt werden:

$$p_{t+1} - E(p_{t+1}|I_t) = x_{t+1} \tag{2.6}$$

$$E(x_{t+1}|I_t) = 0 \tag{2.7}$$

bzw. in Form von Renditen:

$$r_{t+1} - E(r_{t+1}|I_t) = z_{t+1} \tag{2.8}$$

$$E(z_{t+1}|I_t) = 0 \tag{2.9}$$

Dabei stellen p_{t+1} bzw. r_{t+1} die zukünftigen Preis- bzw. Renditefolgen des betrachteten Gutes dar, die durch die zukünftigen Preise bzw. Renditen abzüglich der Erwartungswerte derselben aufgrund der gegenwärtig verfügbaren Informationen gebildet werden.

Die Folgen (x_{t+1}) bzw. (z_{t+1}) bilden ein "fair game"[44] in bezug auf die Informationsfolge I_t. Sie sind der "excess market value"[45] eines Gutes zum Zeitpunkt t+1, da sie die Differenz der beobachteten (p_{t+1} respektive r_{t+1}) und der erwarteten ($E(p_{t+1}|I_t)$ respektive $E(r_{t+1}|I_t)$) Preise bzw. Renditen zum Zeitpunkt t auf der Basis der Informationen I_t, also den Erwartungsfehler, darstellen.

ditions of market equilibrium can (somehow) be stated in terms of expected returns." S. 384.

[44]Eine Folge $\{e(t), t = 1,2,3,...\}$ heißt "absolut fair" ("fair game"), wenn gilt: $E(e(1)) = 0$ und $E(e(t+1)|e(1),...,e(t)) = 0$. Siehe dazu: Feller, W. (1971): "An Introduction to Probability Theory and its Applications", Vol. 2, 2. Auflage, New York, u. a., 1971, S. 209.

[45]Vgl.: Fama, E. F. (1970): "Efficient Capital Markets: A Review of Theory and Empirical Work", a. a. O., S. 385.

Da Markteffizienz erfordert, daß der Erwartungsfehler gleich null ist und daß die x_t- bzw. z_t-Werte keine serielle Korrelation aufweisen, so daß die Zeitreihen von x_t bzw. z_t unter diesen Bedingungen als "fair game" bezeichnet werden können, entstehen für die Anleger zwar hin und wieder unerwartete Gewinne und Verluste, doch treten keine systematischen Gewinne oder Verluste auf, da unausgenutzte Gewinnchancen nicht mehr existieren.[46] Es können jedoch Gewinne einzelner Marktteilnehmer entstehen die durch entsprechende Verluste anderer im Zeitablauf ausgeglichen werden, da der Erwartungswert all dieser Abweichungen vom Normalwert gleich null sein muß.

Um den Markt empirisch auf Effizienz zu testen, bedarf es weiterer Präzisierungen der Definition effizienter Märkte. Diese Präzisierungen beziehen sich auf das zugrundeliegende Gleichgewichtsmodell und den Gehalt der Informationsmenge I_t. Bezüglich des Gleichgewichtsmodells werden in der gängigen Literatur häufig vier Ansätze in Verbindung mit Aktien- und Devisenmärkten aufgeführt: das Martingal-, Submartingal-, Supermartingal- und das Random-Walk-Modell. Bei den genannten Modellen handelt es sich um stochastische Prozesse, auf die im weiteren nicht explizit eingegangen werden soll. Es soll nur soviel gesagt werden: falls es sich bei der Entwicklung der Preise bzw. Renditen um ein Martingal handelt, werden Preis- bzw. Renditesteigerungen und Senkungen für die Zukunft als gleich wahrscheinlich eingeschätzt, d. h. die beste Vorhersage des zukünftigen Preises p_{t+1} (der Rendite r_{t+1}) auf der Basis der Informationen I_t ist der gegenwärtige Preis p_t (die Rendite r_t).

[46]Vgl.: Frenkel, Michael (1994): "Wechselkursvolatilität und Terminkursverzerrungen: Empirischer Befund und Erklärungsansätze", Nomos Verlagsgesellschaft, Baden-Baden 1994, S. 53.

Handelt es sich um positive konstante Renditen, so wird für die Folgen p_t bzw. r_t die Submartingaleigenschaft angenommen, bei negativen konstanten Renditen wird die Supermartingaleigenschaft für die Folgen angenommen.

Im Unterschied zu den Martingalmodellen wird beim Random-Walk-Modell angenommen, daß die Preisänderungen (Renditeänderungen) voneinander unabhängig sind und daß die Abweichungen identisch verteilt sind. Die Martingalmodelle verlangen nur Unkorreliertheit der Preis- bzw. Renditeänderungen und einen Erwartungswert der Änderungen von null.[47]

Bezüglich des Gehaltes der Informationsreihe I_t, die der Preisbildung zugrunde liegt, werden drei Grade an Effizienz unterschieden:[48]

"Weak Form Efficiency" liegt vor, wenn ausschließlich vergangenheitsbezogene Daten in die Preisbildung einfließen und dabei keine außergewöhnlichen Gewinne erzielt werden.

"Semistrong Form Efficiency" ist gegeben, wenn die Preise alle vergangenen Informationen beinhalten und sich flexibel an aktuelle Informationen anpassen.

Schließlich handelt es sich um "strong Form Efficiency", wenn auch sogenannte Insider-Informationen in die Preisbildung mit einbezogen werden.

2.2.1.2 Kritische Würdigung

FAMA geht von einem friktionslosen Markt aus. Kosten für Informationen oder Transaktionen existieren nicht. Alle Marktteilnehmer interpretieren die eingehen-

---

[47]Vgl.: Graw, Ehrentraud (1984): "Informationseffizienz von Terminkontraktmärkten für Währungen", a. a. O., S. 36-40.

[48]Vgl.: Fama, E. F. (1970): "Efficient Capital Markets: A Review of Theory and Empirical Work", a. a. O., S. 383.

den Informationen 'richtig' und identisch in bezug auf den laufenden und den erwarteten Preis (Wechselkurs).[49] Daraus resultieren die konstitutiven Bedingungen, auf denen das Modell basiert:[50]

(1) alle objektiv vorhandenen Informationen sind kostenlos verfügbar.
(2) es existieren keine Transaktionskosten.
(3) alle Marktteilnehmer sind Preisnehmer.
(4) alle Marktteilnehmer handeln rational.

Verknüpft man die Bedingungen (1) und (4), so haben alle Marktteilnehmer homogene Erwartungen.[51] Das bedeutet weiterhin, daß die Markteffizienzhypothese mit der Hypothese rationaler Erwartungen verknüpft ist.[52] Aus dieser Tatsache ergibt sich das Problem der empirischen Überprüfung verbundener Hypothesen, so daß die mit der Markteffizienzhypothese verbundenen Gleichgewichtsmodelle gleichzeitig mit der Hypothese rationaler Erwartungen überprüft werden müssen. Dies hat zur Folge, daß aus einer Ablehnung der Effizienzhypothese nicht geschlossen werden kann, ob die Erwartungen der Wirtschaftssubjekte nicht rational gebildet wurden oder ob die Marktteilnehmer das falsche Modell verwendet

[49] Vgl.: Fama, E. F. (1970): "Efficient Capital Markets: A Review of Theory and Empirical Work", a. a. O., S. 387.

[50] Vgl.: Neumann, Manfred J. M.; Klein, Martin (1982): "Probleme der Theorie effizienter Märkte und ihrer empirischen Überprüfung", in: Kredit und Kapital, 15. Jg., H. 2, 1982, S. 165-187, S. 168 f.

[51] Vgl.: Fama, Eugene F.; Miller, Merton H. (1972): "The Theory of Finance", Hinsdale, Illinois, 1972, S. 335.

[52] Vgl.: Graw, Ehrentraud (1984): "Informationseffizienz von Terminkontraktmärkten für Währungen", a. a. O., S. 43.

haben. Es können Fehler 1. und 2. Art auftreten: dabei wird die Effizienzhypothese entweder als Folge einer Modellfehlspezifikation abgelehnt, obwohl der Markt effizient war, oder sie wird aufgrund einer Fehlspezifikation angenommen, trotz tatsächlicher Ineffizienz des betrachteten Marktes.

Wie bereits dargestellt, geht FAMA davon aus, daß die Erwartungen der Marktteilnehmer homogen sind, was sie in der Realität nicht sind. Spiegelten die Preise in jeder Situation alle verfügbaren Informationen wider, so käme kein Handel zustande, da das Ziel der Marktteilnehmer (Gewinnmaximierung) nicht erreichbar wäre. Infolgedessen müssen die Preise im FAMAschen Sinne ineffizient sein, da es sonst zu keinerlei Informationsaktivitäten der Marktteilnehmer käme, wodurch sich einzelne Marktteilnehmer Vorsprünge (temporäre Informationsmonopole) erarbeiten könnten, um so Gewinne zu erzielen.[53]

Die Marktteilnehmer exponieren dann ihr temporäres Informationsmonopol der Kenntnis der übrigen Wirtschaftssubjekte entweder durch Verlautbarung der entsprechenden Information(en), um andere Marktteilnehmer zeitlich verzögert zu gleichgerichteten Transaktionen zu bewegen, oder durch Anzeige und Durchführung ihrer Transaktionswünsche, wodurch das Monopol ebenfalls schrittweise eliminiert wird. Die möglichen Gewinne durch temporäre Informationsmonopole stellen überhaupt erst einen Anreiz zu Informationsaktivitäten für die Wirtschafts-

[53]Vgl.: Streit, Manfred E. (1983): "Heterogene Erwartungen, Preisbildung und Informationseffizienz auf spekulativen Märkten", Zeitschrift für die gesamte Staatswissenschaft, Bd. 139, 1983, S. 67-79, S. 76. Streit bezieht seine Ausführungen auf Terminkontraktmärkte. Für den speziellen Fall der Informationsaktivität trifft dies jedoch genauso auf Devisenkassamärkte zu.

subjekte dar. Diese Informationen sind aber in der Regel nicht kostenlos erhältlich.[54]

Zudem kommt es durch die Wahl differierender Handelsstrategien zu verschiedenartigen Informationsaktivitäten der Marktteilnehmer, die in der Realität Informationskosten unterschiedlicher Höhe verursachen. Das bedeutet, daß sowohl die Bedingung kostenloser Information aufgegeben werden muß als auch die der vollständigen Information aller Marktteilnehmer. Es findet Informationsgewinnung statt, indem kein Individuum alle relevanten Informationen allein aufspürt, sondern diese dezentral innerhalb eines arbeitsteiligen Prozesses entdeckt werden.[55]

Zusätzlich existieren in der Realität Transaktionskosten, die eine sofortige Anpassung der Portfolios an den 'Optimalzustand' (im Sinne von Gewinn- bzw. Renditemaximierung) verhindern, weil sich die Marktteilnehmer aufgrund von Kostenüberlegungen auch bei Erwartungsänderungen durch neue Informationen gegen eine Portfolioumschichtung entscheiden, da die zusätzlichen Transaktionskosten den durch Umschichtungen zu vermeidenden Verlust übersteigen. Die entstehenden Verluste werden dann durch die alternativ anfallenden Transaktionsko-

[54]Die von Neumann/Klein vorgenommene Aufteilung der relevanten Informationen in drei verschiedene Arten (zentral veröffentlichte, dezentral veröffentlichte und temporär monopolisierte), die zu unterschiedlichen Kosten beschafft werden können, soll hier nicht im Detail vertieft werden. In diesem Zusammenhang ist ausschließlich von Bedeutung, daß die Informationsaktivitäten mit Kosten verbunden sind. Siehe: Neumann, Manfred J. M.; Klein, Martin (1982): "Probleme der Theorie effizienter Märkte und ihrer empirischen Überprüfung", a. a. O., S. 171.

[55]Vgl.: Streit, Manfred E.; Graw, Ehrentraud (1989): "Terminkontrakthandel", a. a. O., S. 558.

sten überkompensiert.[56] Es muß also auch die modelltheoretisch nützliche Eigenschaft kostenloser Transaktionen aufgegeben werden.

Um die Effizienzhypothese testen zu können, wurde zuvor darauf hingewiesen, daß sowohl die Informationsmengen als auch das entsprechende Gleichgewichtsmodell näher spezifiziert werden müssen. Bezüglich der Informationsmengen bestehen grundlegende Probleme dieser Spezifizierung: erstens ist es nicht möglich, die Vollständigkeit der jeweiligen Informationsmengen, die für die unterschiedlichen Formen der Effizienz benötigt werden, zu garantieren. Eine Beurteilung dessen würde eine übergeordnete, allwissende Persönlichkeit erfordern, die perfekt informiert ist und welche die vollständige Information der Marktteilnehmer überwacht. Zweitens kann nicht sichergestellt werden, daß alle am Preisbildungsprozeß beteiligten Wirtschaftssubjekte in der Lage sind, die entsprechenden Informationen wahrzunehmen, sie zu verarbeiten, zu speichern, sie umzusetzen, die marktmäßig rationale Entscheidung zu treffen und den rationalen Impuls zu tätigen.

Betrachtet man weiterhin die Spezifizierung des 'wahren' Gleichgewichtsmodells, bei dem alle Marktteilnehmer sowohl das Modell als auch das dazugehörige Gleichgewicht kennen, so wird aus diesen Formulierungen bereits deutlich, daß diese Bedingung ebenfalls aufgegeben werden muß. Schon die Existenz unterschiedlicher Handelsstrategien (z. B. Fundamentalanalyse vs. charttechnische Analyse) verhindert ihre Erfüllung.

---

[56]Vgl.: De Grauwe, Paul (1989): "International Money - Postwar Trends and Theories", a. a. O., S. 160-182. De Grauwe bezeichnet dieses Verhalten als "near rational", da es zwar im Sinne Muths nicht rational ist, aber aufgrund der vermiedenen Transaktionskosten auch nicht als irrational bezeichnet werden kann.

Wie aus den obigen Ausführungen deutlich wird, können Handel, Preisbildung und Spekulation auf Devisenmärkten durch FAMAS Ansatz nicht erklärt werden. Dennoch wird hier nicht auf eine Schilderung verzichtet, da er als Grundbaustein der ökonomischen Theorie Voraussetzung für die in Kapitel drei aufgeführten Wechselkursmodelle ist und deshalb für die empirische Überprüfung des "News"-Ansatzes in Kapitel drei unerläßlich ist.

2.2.2 Ansatz von Working

2.2.2.1 Darstellung

HOLBROOK WORKINGS Ansatz ist verbaler und dynamischer Natur. Sein zentrales Element ist die Erwartungsbildung der Marktteilnehmer.[57] Er differenziert zwischen subjektiven und aggregierten Erwartungen, den sogenannten "market expectations":

$$p_f = E - r \tag{2.10}$$

Dabei stellt p_f den Futurespreis eines Gutes dar, der durch eine Kombination von Effekten subjektiver Erwartungen (E) abzüglich einer individuellen Risikoprämie (r) gebildet wird.

Empfindet man nun den Futurespreis dieses Gutes als eine Kombination der subjektiven Erwartungen aller Marktteilnehmer, so erhält man die aggregierten Erwartungen, die sogenannten "market expectations" (E_m):

$$E_m = E - r \tag{2.11}$$

[57]Vgl.: Working, H. (1958): "A Theory of Anticipatory Prices", a. a. O., S. 188.

Diese sind jedoch nicht gleich den subjektiven Erwartungen, sofern die individuelle Risikoprämie der Marktteilnehmer von null verschieden ist ($r \neq 0$).[58]
WORKING nahm an, daß die Händler auf den zu untersuchenden Märkten vollkommen rational handelnde Wirtschaftssubjekte sind, die über einen außerordentlich guten Informationsstand verfügen.
Da sie sich gewinnmaximierend verhalten, befinden sie sich ständig auf der Suche nach neuen Informationen, um mit deren Auswertung und Interpretation Preiserwartungen bilden zu können. Ändern sich im Zeitablauf die Informationen und somit auch die Preiserwartungen der Händler, so kann es zu durchaus volatilen Preisreihen auf diesen Märkten kommen.[59] WORKING brachte damit zum Ausdruck, daß es sich bei den Preisschwankungen nicht notwendigerweise um irrationales Verhalten der Marktteilnehmer handeln muß.[60] Die "market expectations" stellen also eine Kombination der unterschiedlichsten subjektiven Preiserwartungen und Risikoprämien dar.
Die aggregierten Erwartungen müssen nicht immer korrekt sein, wofür die verschiedensten Gründe verantwortlich sein können. Es kann sich z. B. um systematische Verzerrungen handeln, die WORKING in vier verschiedene Gruppen einteilt: "general bias", "conservative bias", "bias arising from inadequacy of infor-

[58]Vgl.: Working, H. (1949): "The Investigation of Economic Expectations", in: American Economic Review, Papers and Proceedings, Vol. 39, 1949, S. 150-160, S. 152.

[59]Vgl.: Working, H. (1958): "A Theory of Anticipatory Prices", a. a. O., S. 189.

[60]Vgl.: Heri, Erwin H. (1982): "Bestimmungsgründe kurzfristiger Wechselkursfluktuationen", Hamburg, 1982, S. 107.

mation" und "exaggerative bias".[61] Zusätzlich können fehlerhafte Erwartungen zufälliger Natur sein oder eine Kombination beider Varianten darstellen.

Da das Handelsmotiv auf der Individualebene an spekulativen Märkten das Streben nach Gewinnen ist, werden einzelne Marktteilnehmer nur dann eine Position eingehen, wenn sie aufgrund der ihnen zur Verfügung stehenden Informationen einen Gewinn erwarten. Dieser Zusammenhang gilt selbstverständlich für beide Marktseiten, d. h., Verkäufer erwarten Preissenkungen, Käufer Preissteigerungen. Verfügten jedoch alle Marktteilnehmer über die gleichen Informationen, interpretierten diese gleich und handelten dementsprechend, hätten sie homogene Erwartungen. Daraus folgt, daß keiner der Marktteilnehmer bereit wäre, die für einen Kauf bzw. Verkauf notwendige Marktgegenseite einzunehmen, d. h., es fände kein Handel statt.[62] Hinzu kommt, daß die Menge an potentiell verfügbaren Informationen die Aufnahme- und Verarbeitungskapazität der Marktteilnehmer übersteigt.

Das Ergebnis dessen ist, daß die Wirtschaftssubjekte über eine unterschiedliche Menge an Informationen mit differierendem Gehalt verfügen. Aufgrund der unterschiedlichen Informationsmengen und -gehalte kommt es zu unterschiedlichen

---

[61]Vgl.: Working, H. (1949): "The Investigation of Economic Expectations", a. a. O., S. 152 ff. gibt ausführliche Erklärungen zu den verschiedenen Verzerrungsarten und deren Ursprüngen.

[62]Da es verschiedene Gruppen von Marktteilnehmern gibt, bestehen diesbezüglich auch Ausnahmen. Sogenannte Routine-Hedger, die ausschließlich nach der Absicherung ihrer eingegangenen Fremdwährungspositionen trachten, bilden ebenfalls Erwartungen, machen ihre Positionen aber nicht von diesen abhängig, sondern öffnen bzw. schließen ihre Positionen auf dem Kassa- oder Terminmarkt, ohne von Preis-änderungen beeinflußt zu sein. Siehe dazu Streit, Manfred E. (1983): "Heterogene Erwartungen, Preisbildung und Informationseffizienz auf spekulativen Märkten", a. a. O., S. 72.

subjektiven Preiserwartungen, wodurch wiederum Handel erst ermöglicht wird.[63] Ob Gewinne erzielt werden können, hängt dann davon ab, ob die Zukunft korrekt antizipiert worden ist.

Soll nun die Effizienz eines Marktes getestet werden, so reicht es nach WORKING aus, zu überprüfen, ob eine Preisänderung erfolgreich prognostiziert werden kann bzw. ob den Preisänderungen bestimmte Muster zugrunde liegen, die wiederkehrender Natur sind. Ist dies der Fall, so werden diese individuellen Informationsvorsprünge sukzessive durch den Markt abgebaut, so daß die Muster allen Marktteilnehmern zugänglich sind und die Preisänderungen von allen gleich gut bzw. schlecht prognostiziert werden können. Somit bleiben keine unausgenutzten Gewinnchancen mehr bestehen, das zuvor aufgedeckte Muster verschwindet auf diese Weise.[64]

Auf idealen Märkten bestehen keine systematischen Abweichungen mehr, sondern nur noch Unkorrektheiten in den Erwartungsbildungen der Marktteilnehmer, die, wie die daraus resultierenden Preisänderungen, rein zufällig sind. Deshalb sind Preisänderungen selbst für professionelle Marktteilnehmer nicht zuverlässig prognostizierbar. Solche Zustände bezeichnet WORKING als Indikator, "...that the market approaches the ideal perfection."[65]. Im Umkehrschluß bedeutet dies,

---

[63]Handel findet auf diesen Märkten in den Augen der Marktteilnehmer zu 'falschen' Preisen statt, da beide Marktseiten eine für sie positive Änderung des Preises erwarten. Siehe dazu: Streit, Manfred E. (1983): "Heterogene Erwartungen, Preisbildung und Informationseffizienz auf spekulativen Märkten", a. a. O., S. 71.

[64]Vgl.: Streit, Manfred E.; Graw, Ehrentraud (1986): ""Halbstrenge" Effizienz des Terminkontraktmarktes für Währungen", in: Zeitschrift für Wirtschafts- und Sozialwissenschaften, Jg. 106, H. 1986, S. 25-39, S. 29.

[65]Working, H. (1974): "Measurement of Cycles in Speculative Prices", in: Food Research Institute, Vol. 8, S. 37-59, S. 39.

daß Märkte dann ineffizient sind, wenn Preisänderungen prognostizierbar sind. Es besteht also die Möglichkeit, die Preiszeitreihen auf ihren Zufallscharakter hin zu überprüfen und so Effizienz bzw. Ineffizienz nachzuweisen. Zu diesem Zweck können wiederum das Martingal bzw. das Random-Walk-Modell verwandt werden.

2.2.2.2 Kritische Würdigung

Die beiden größten Vorzüge des WORKINGschen Ansatzes liegen in der Einbindung heterogener Erwartungen und in der ihm innewohnenden Dynamik.
Daraus ergibt sich im Vergleich zu FAMAS Ansatz ein entscheidender Vorteil: er ist dazu geeignet, sowohl spekulative Verhaltensweisen als auch kurzfristig starke Wechselkursschwankungen auf Devisenmärkten zu erklären. Demzufolge kann mit Hilfe statistischer Methoden überprüft werden, ob die Wechselkurszeitreihen durch stochastische Prozesse erzeugt werden. Dies gilt insbesondere für das Random-Walk-Modell. Wird dieses angenommen, so wird auch die Effizienz des Marktes angenommen.[66] Hier wird zugleich die Dynamik des Ansatzes deutlich: er zielt darauf ab, (ex post) wiederkehrende Muster aufzudecken.
Auch unter Ausnutzung aller informationsgestützten Gewinnchancen durch die Marktteilnehmer muß bei starken kurzfristigen Wechselkursschwankungen eine Informationsart preiswirksam werden, die nicht bereits durch Informationsaktivitäten und die aus ihnen resultierenden Gewinnchancen wirksam werden konnte. Hierbei kann es sich nur um Informationen handeln, die sowohl bezüglich ihres Inhaltes als auch bezüglich ihres zeitlichen Auftretens unbekannt und unvorhersehbar sind. "Der WORKINGsche Ansatz liefert nicht mehr und nicht weniger als

---

[66]Vgl.: Graw, Ehrentraud (1984): "Informationseffizienz von Terminkontraktmärkten für Währungen", a. a. O., S. 57.

eine Mustervorhersage im Sinne *Hayeks* (1964) (im Original ebenfalls kursiv, d. Verf.). Der empirische Gehalt der WORKINGschen Theorie besteht in dem, was sie im Hinblick auf den Preisverlauf bei Informationseffizienz ausschließt: Regelmäßigkeiten bei aufeinanderfolgenden Preisänderungen."[67]
Im Unterschied zu FAMA versucht sich WORKING nicht an einer vermeintlich 'omnipotenten' Modellkonstruktion über den Rückgriff auf unendlich viele Informationen der Vergangenheit und Gegenwart und deren Auswirkungen auf die Erwartungsbildung der Marktteilnehmer. WORKING nimmt den Preisbildungsprozeß als gegeben hin und verwendet die gleichen statistischen Methoden, um Muster (Ineffizienz) oder das Fehlen derselben (Effizienz) nachzuweisen.
Ein Problem des WORKINGschen Ansatzes besteht in der Aggregation der Individualerwartungen zur "market expectation". Dieses Problem ist bisher nicht gelöst worden. Trotz dieser Einschränkung wird dem Ansatz der Vorzug gegeben, da seine Annahmen bezüglich der Informationsbeschaffung und -verarbeitung und der sich daran anschließenden Erwartungsbildung durch die Wirtschaftssubjekte der Realität näher kommen als die des FAMA-Ansatzes. Zusätzlich verzichtet WORKING auf die Spezifikation eines statischen Gleichgewichtsmodells, an das der Ansatz von FAMA streng gebunden ist.

2.2.3 Informationseffizienz versus Bewertungseffizienz der Devisenmärkte

Unter der Voraussetzung, daß der Fundamentalwert eines Aktivums seinem Liquidationserlös und den erwarteten zukünftigen Zahlungen, die der Besitz des Aktivums verbrieft, die durch einen Diskontierungsfaktor, der die Unsicherheit der zukünftigen Ausschüttungen berücksichtigt, abgezinst werden, entspricht, be-

---

[67]Streit, Manfred E.; Graw, Ehrentraud (1986): ""Halbstrenge" Effizienz des Terminkontraktmarktes für Währungen", a. a. O., S. 29.

zeichnet die Bewertungseffizienz, daß der Marktkurs eines Aktivums seinem Fundamentalwert entspricht.[68]

Nun kann es bei verschiedenen Marktteilnehmern aufgrund unterschiedlicher individueller Beurteilungen identischer Situationen und Informationen zu divergierenden Fundamentalwerten kommen. Hat ein Marktteilnehmer beispielsweise einen höheren Grenzsteuersatz auf o. a. Ausschüttungen als ein anderer, so wird er die Gegenwartswerte zukünftiger Zahlungen, die im Zusammenhang mit dem Besitz des Aktivums stehen, niedriger einschätzen als ein anderer Marktteilnehmer und dementsprechend einen höheren Diskontierungsfaktor veranschlagen, der zu einem niedrigeren (individuellen) Fundamentalwert des Aktivums führt. Diese unterschiedlichen Bewertungen werden zum Fundamentalwert aggregiert.[69]

Entspricht der so gewonnene Fundamentalwert dem Kurs des Aktivums wird von einem bewertungseffizienten Markt gesprochen.

Für die FAMAsche Bedingung der Informationseffizienz wird gefordert, daß alle verfügbaren Informationen 'vollständig' und 'richtig' im Preis enthalten sind. Daraus folgt, daß die Preise nicht ausschließlich von diesen Informationen abhängig sind, sondern daß Preisänderungen von bereits bekannten Informationen unabhängig sind.[70]

---

[68]Bienert, Horst (1996): "Der Marktprozeß an Aktienbörsen: Bewertungseffizienz und Umverteilung", Wiesbaden: Gabler, 1996, Neue betriebswirtschaftliche Forschung, Bd. 189, S. 20. Siehe dazu auch Tobin, James (1984): "On the Efficiency of the Financial System", in: Lloyd´s Bank Review, Vol. 152, 1984, S. 1 - 15.

[69]Die Aggregation des Fundamentalwertes geschieht aus der Sicht eines allwissenden Beobachters, dem alle Teilinformationen zur Verfügung stehen.

[70]Vgl.: Bienert, Horst (1996): "Der Marktprozeß an Aktienbörsen: Bewertungseffizienz und Umverteilung", a. a. O., S. 28.

Infolgedessen ist es sogar möglich, daß sämtliche Fundamentalinformationen bezüglich des gehandelten Aktivums vollkommen ignoriert werden und der Markt dennoch als informationseffizient bezeichnet werden kann, da ja die Preisänderungen von bereits bekannten Informationen unabhängig sind.

Das bedeutet wiederum, daß - soweit ein Markt im obigen Sinne informations**in**effizient ist - dies ein Hinweis auf Bewertungs**in**effizienz desselben ist. Ist für einen Markt Informationseffizienz nachgewiesen worden, sagt dies jedoch nichts über seine Bewertungseffizienz aus.

Aus diesen Erläuterungen wird deutlich, daß Informationseffizienz im FAMAschen Sinne eine notwendige, jedoch bei weitem keine hinreichende Bedingung für die Bewertungseffizienz eines Marktes darstellt.

Sofern möglich und notwendig, können die aus den Präferenzen und Einstellungen resultierenden Käufe und Verkäufe der Individuen, die Rückschlüsse auf den von Ihnen individuell kalkulierten Fundamentalwert zulassen, zu einem marktlichen Fundamentalwert aggregiert werden.

Was bedeutet jedoch Bewertungseffizienz für den WORKINGschen Ansatz zur Informationseffizienz von Märkten?

In diesem Fall ist ein Markt informationseffizient, wenn keine Möglichkeit besteht, eine Preisänderung erfolgreich zu prognostizieren bzw. wenn den Preisänderungen keinerlei Muster zugrunde liegen. Solche Zustände bezeichnet WORKING als Indikator eines perfekten Marktes.

Beide Bedingungen können erfüllt werden, da Preisänderungen von bereits bekannten Informationen unabhängig sind - und somit nicht prognostizierbar waren. Damit ist jedoch noch keine Aussage bezüglich der Bewertungseffizienz getroffen worden.

Wie bereits festgestellt, verwendet Working heterogene Erwartungen. Dies führt bezüglich der Informationseffizienz dazu, daß die aktiven Marktteilnehmer, die zu dem (neuen) Preis gehandelt haben, diesen als fehlerhafte Prognose in bezug auf die zukünftige Wertentwicklung des gehandelten Aktivums betrachten, da sie "Handel zu 'falschen' Preisen"[71] betreiben.

Die aktiven Marktteilnehmer haben also individuelle Fundamentalwerte des gehandelten Aktivums berechnet. Der (neue) Preis, zu dem sie kontrahiert haben, entspricht diesen nicht, da sie ihn für eine fehlerhafte Prognose des zukünftigen Preises und des aktuellen Fundamentalwertes halten. Der 'tatsächliche' Fundamentalwert eines Aktivums müßte auch in diesem Fall durch Aggregation ermittelt werden. Dies stellt jedoch ein unüberwindliches Hemmnis dar, da ja gerade diejenigen Marktteilnehmer, die den aktuellen Preis des Aktivums als bewertungs- und informationseffizient ansehen, nicht kontrahieren und dementsprechend ihre Vorstellungen über den Fundamentalwert des Aktivums mangels Aktivitäten und/oder Verlautbarungen nicht bewertungsrelevant werden. Die fehlende Möglichkeit zur Prognose des zukünftigen Preises eines Aktivums bzw. das Vorhandensein von Mustern in seiner Entwicklung läßt also keinerlei Aussagen über die Effizienz seiner Bewertung innerhalb einer laufenden Handelsperiode zu. Ist der Handel nach Abschluß aller gewünschten Transaktionen zum Erliegen gekommen, stellt der dann aktuelle gleichzeitig den bewertungseffizienten Preis dar, da zu diesem Zeitpunkt niemand bereit ist, Handel zu betreiben.

Informationseffizienz ist also auch im Falle des WORKINGschen Ansatzes eine notwendige Bedingung für Bewertungseffizienz.

Hinreichend ist sie jedoch nicht: selbst die Voraussetzungen, daß eine Preisänderung nicht prognostizierbar war und, daß ihr kein Muster zugrunde gelegen hat, stellen die 'akkurate' fundamentale Bewertung des Aktivums nicht sicher.

---

[71]Streit, Manfred E. (1983): "Heterogene Erwartungen, Preisbildung und Informationseffizienz auf spekulativen Märkten", a. a. O., S. 71.

Abschließend bleibt festzuhalten, daß Bewertungseffizienz in keinem Falle durch die Erfüllung der Bedingung der Informationseffizienz gewährleistet wird auch wenn sie als notwendige Bedingung gilt. Die Fundamentalwerte der gehandelten Aktiva können alleine aufgrund der unterschiedlichen individuellen Bewertung ansonsten identischer Informationen differieren.

2.3 Prediktoreigenschaft der Terminkurse für die zukünftigen Kassakurse

Die Thematik der Prediktoreigenschaft der Terminkurse[72] ist eng mit der der Effizienz von Devisenmärkten verknüpft, da im allgemeinen angenommen wird, daß Devisenmärkte effizient sind.[73]

Ist dies der Fall, so müßte der Terminkurs ein unverzerrter Prediktor des zukünftigen Kassakurses sein.[74]

Um die Effizienz der Devisenmärkte zu testen, wird auf zwei verschiedene Möglichkeiten zurückgegriffen: Tests auf Terminmarkteffizienz und solche auf Kassamarkteffizienz.[75]

[72]Wenn von Termin-, Wechsel- oder Kassakursen die Rede ist, so beziehen sich diese Begriffe immer auf die Preisnotierung einer ausländischen Währung. Dabei handelt es sich um die Angabe des Preises einer Einheit der ausländischen Währung in DEM (z. B. $\frac{DEM}{USD}$).

[73]Vgl.: MacDonald, Ronald (1988): "Floating Exchange Rates - Theories and Evidence", London, 1988, S. 175.

[74]Vgl.: Chiang, Thomas C. (1988): "The Forward Rate as a Predictor of the Future Spot Rate - A Stochastic Coefficient Approach", in: Journal of Money, Credit and Banking, Vol. 20, H. 2, 1988, S. 212-232, S. 213.

[75]Tests auf schwache Effizienz der Kassamärkte konzentrieren sich auf die Prüfung der Random-Walk-Eigenschaft von Wechselkursen. Die Konsequenz des Random-Walk-Modells ist, daß der zukünftig erwartete Kassakurs dem aktuellen entspricht, wobei die Wechsel-

Sie setzen in der Regel nicht an den Gleichgewichtsmodellen der Wechselkurstheorie an, sondern versuchen die schwache Form der Effizienz in Anlehnung an die Arbeiten FAMAS nachzuweisen. Hier soll ebenfalls die schwache Form der Effizienz maßgeblich sein, da die Spezifizierung jeglicher zusätzlicher Informationsmengen, abgesehen von Vergangenheitsinformationen, schwierig, wenn nicht unmöglich sein dürfte. Die Betrachtung wird sich auf Terminmärkte beschränken.

2.3.1 Prediktoreigenschaft der Terminkurse und Terminmarkteffizienz

Unter der Annahme risikoneutraler, rationaler Marktteilnehmer und bei Nichtexistenz von Informations- sowie Transaktionskosten ist der Terminkurs einer Währung ein unverzerrter Prediktor ihres zukünftigen Kassakurses.

---

kurs- bzw. Renditeänderungen voneinander unabhängig und identisch verteilt sein müssen. Siehe dazu die Arbeit von Poole, William (1967): "Speculative Prices on Random Walks: An Analysis of Ten Time Series of Flexible Exchange Rates", in: Southern Economic Journal, Vol. 33, 1967, S. 468 - 478; oder die Arbeit von Burt, Jeffrey; Kaen, Frederick R. und Booth, G. Geoffrey (1977): "Foreign Exchange Market Efficiency under Flexible Exchange Rates", in: Journal of Finance, Vol. 32, 1977, S. 1325-1330. Die Random-Walk-Eigenschaft ist in weiteren Studien sowohl für reale als auch für nominale Wechselkurse untersucht worden. Die o. a. Arbeiten dienen als Beispiel. Effizienz impliziert aber nur bei konstanten, 'wahren' Gleichgewichtswerten der Wechselkurse einen Random-Walk-Prozeß. Deshalb ist Devisenmarkteffizienz zwar mit einem Random Walk vereinbar, jedoch ist dieser weder eine notwendige noch hinreichende Bedingung für Effizienz. Daraus folgt, daß die Ablehnung des Random-Walk-Modells nicht mit der Ineffizienz des Marktes gleichzusetzen ist. Siehe dazu MacDonald, Ronald; Taylor, Mark P. (1989): "Economic Analysis of Foreign Exchange Markets: An Expository Survey", in: MacDonald, R.; Taylor, M. P. (Hrsg.): "Exchange Rates and open Economy Macroeconomics", Basil Blackwell, Cambridge, Ma., 1989, S. 3-108, S. 58.

Diese Aussage gilt als testbare Implikation eines effizienten Marktes nach FAMA.[76] Das bedeutet, daß Märkte dann effizient sind, wenn der erwartete Gewinn einer Spekulation gleich null ist. Diese Bedingung ist erfüllt, wenn der Terminkurs mit dem erwarteten zukünftigen Kassakurs übereinstimmt.[77]

Ausgangspunkt der Überlegungen ist die ungedeckte Zinsparität[78], bei der sich die erwartete Wechselkursänderung unter den genannten Voraussetzungen in der internationalen Zinsdifferenz niederschlägt.

$$E_t(s_{t+i}) - s_t = i_t - i_t^* \tag{2.12}$$

Dabei bezeichnet $E_t(s_{t+i})$ die aufgrund der verfügbaren Informationen der Periode t gebildete Erwartung über den Kassakurs der Periode t+i, s_t den in t aktuellen Kassakurs und i_t bzw. i_t^* den aktuellen Inlands- bzw. Auslandszinssatz. Ersetzt man die internationale Zinsdifferenz durch die in der Regel empirisch bestätigte gedeckte Zinsparität[79], so erhält man eine Schätzgleichung der folgenden Form:

$$E_t(s_{t+i}) - s_t = \alpha + \beta\left(f_{t,t+i} - s_t\right) + \upsilon_{t+i} \tag{2.13}$$

---

[76]Vgl.: Gaab, Werner (1983): "Devisenmärkte und Wechselkurse: Eine theoretische und empirische Analyse", a. a. O., S. 234.

[77]Vgl.: Fuhrmann, Wilfried (1988): "Theorie effizienter Finanzmärkte", in: Wirtschaftswissenschaftliches Studium, H. 11, 1988, S. 546-552, S, 551.

[78]Auf die ungedeckte Zinsparität wird im folgenden Kapitel noch explizit eingegangen. Sie ist jedoch bereits an dieser Stelle notwendig, um die Bindung der erwarteten Wechselkurse an die Fundamentalfaktoren innerhalb der traditionellen Wechselkurstheorie zu verdeutlichen.

[79]Einige Untersuchungen zur gedeckten Zinsparität sind bei MacDonald, Ronald (1988): "Floating Exchange Rates - Theories and Evidence", a. a. O., S. 206-208 zu finden. Diese Untersuchungen beziehen sich auf Währungen der Euromärkte, untersuchen verschiedene Zeitabschnitte zwischen 1962 und 1975 und beinhalten in der Regel Transaktionskosten im Sinne De Grauwes. Die Mehrzahl der Arbeiten bestätigt die gedeckte Zinsparität.

Dabei stellt $f_{t,t+i}$ den in Periode t für den Fälligkeitstermin der Periode t+i gebildeten Devisenterminkurs dar.

Bezüglich der Erwartungsbildung der Marktteilnehmer hat der Terminkurs den Vorteil, daß er nicht nur vergangene Realisationen der Währungen in mechanistischen Modellen verarbeitet, sondern zusätzlich aktuelle Daten ökonomischer und außerökonomischer Natur beinhaltet. Verbindet man nun die Markteffizienzhypothese mit der Hypothese rationaler Erwartungen, bedeutet das, daß der Terminkurs alle Erwartungen der Marktteilnehmer über die zukünftigen Werte der Wechselkursdeterminanten widerspiegelt.

Unter den Annahmen der Verwendung aller relevanten Informationen (2.14) und der Bildung rationaler Erwartungen (2.15) sowie der Risikoneutralität der Investoren ergibt sich dann für den erwarteten zukünftigen Kassakurs:

$$E_t(s_{t+i}) = f_{t,t+i} \tag{2.14}$$

$$E_t(s_{t+i}) + \upsilon_{t+i} = s_{t+i} \tag{2.15}$$

Die ungedeckte Zinsparität (2.12) kann somit durch

$$s_{t+i} = f_{t,t+i} + \upsilon_{t+i} \tag{2.16}$$

ersetzt werden. Als empirische Schätzgleichung für den zukünftigen Kassakurs dient dann anstatt Gleichung (2.16) folgender Ausdruck:[80]

$$s_{t+i} = \alpha + \beta f_{t,t+i} + \upsilon_{t+i} \tag{2.17}$$

Man spricht von Effizienz des Terminmarktes bzw. von Unverzerrtheit der Prediktoreigenschaft des Terminkurses, wenn die Schätzungen des Parameters α

[80]Vgl.: Chiang, Thomas C. (1988): "The Forward Rate as a Predictor of the Future Spot Rate - A Stochastic Coefficient Approach", a. a. O., S. 214.

nicht signifikant von null, die des Parameters β nicht signifikant von eins abweichen sowie wenn es sich bei υ_{t+i} um eine reine Zufallsgröße handelt, deren Werte keinerlei serielle Korrelation aufweisen.

Gleichung (2.17) stellt die populärste Art und Weise dar, die Effizienz von Terminmärkten zu testen. Neuere Arbeiten bevorzugen jedoch einen Test in Form der Gleichung (2.13), weil es auf diese Art und Weise möglich ist, die Veränderungsraten der Kassa- und Terminkurse zu beobachten, da vermutet wird, daß der stochastische Prozeß, der sie erzeugt, nicht stationär sein könnte.[81] Bei Tests der Gleichung (2.13) wird überprüft, ob der Terminabschlag ein unverzerrter Prediktor der zukünftigen Wechselkursänderung ist.

In der vorliegenden Arbeit wird im Rahmen der Empirie ein Test der Gleichung (2.17) erfolgen.

2.3.2 Ursachen von Terminkursverzerrungen

In zahlreichen empirischen Untersuchungen hat sich herausgestellt, daß der Terminkurs kein gutes Vorhersageinstrument des zukünftigen Kassakurses darstellt.[82]

---

[81] Vgl.: Hansen, L. P.; Hodrick, J. R. (1980): "Forward Exchange Rates as optimal Predictors of the Future Spot Rate: An Econometric Analysis", in: Journal of Political Economy, Vol. 88, 1980, S. 829-853. Zu ähnlichen Ergebnissen kommen auch Meese, R. A.; Singleton, K. J. (1982): "On unit roots and the empirical modelling of Exchange Rates", in: Journal of Finance, Vol. 37, H. 4, S. 1029-1035.

[82] Eine Übersicht über empirische Arbeiten zu dieser Thematik bietet Gaab, Werner (1983): "Devisenmärkte und Wechselkurse: Eine theoretische und empirische Analyse", a. a. O., S. 245-247. Die Ergebnisse der von Gaab aufgeführten Untersuchungen weichen je nach statistischer Methode, gewähltem Untersuchungszeitraum und den betrachteten Währungen voneinander ab. Dabei bestätigen die zeitlich weiter zurückliegenden Arbeiten tendenziell die Hypothese, der Terminkurs sei ein unverzerrter Prediktor des zukünftigen Kassakurses,

Der Einwand, der Terminkurs sei deshalb ein verzerrter Prediktor[83] des zukünftigen Kassakurses, daß er also die Erwartungen der Marktteilnehmer, den zukünftigen Kassakurs betreffend, nicht widerspiegelt, kann a priori nicht geltend gemacht werden. Aus seiner ungenügenden Prognosegüte kann a priori ebenfalls nicht auf Ineffizienz des Marktes geschlossen werden.

Zunächst kann eine graphische Analyse zur Überprüfung der Prognosequalität der Terminkurse dienen. Zu diesem Zweck ist in Abbildung 2.1 der DEM/100-FFR-Kassakurs und dessen zeitversetzter Monats-Terminkurs abgetragen.

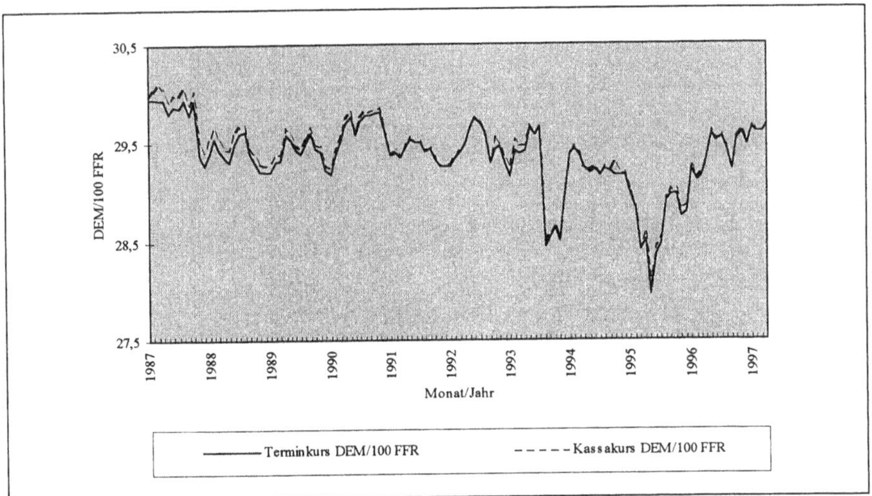

Abbildung 2.1: Kassa- und zeitversetzte Monats-Terminkurse DEM/100 FFR, 04/87 - 04/97 (Datenmaterial: Deutsche Bundesbank).

während die jüngeren von Gaab aufgeführten Arbeiten dies eher ablehnen und die gefundenen Abweichungen auf die Existenz von Risikoprämien zurückführen.

[83]Es ist in diesem Zusammenhang zu beachten, daß zwischen guter und verzerrter Prediktoreigenschaft unterschieden werden kann. Sagt der Terminkurs die zukünftigen Kassakurse ungenügend präzise voraus, so ist er zwar ein schlechter, jedoch nicht unbedingt ein verzerrter

Die DEM/100-FFR-Relation ist hier nur beispielhaft gewählt worden. Die Zusammenhänge lassen sich ebenfalls für andere Währungsrelationen aufzeigen.

Auf den ersten Blick ergibt sich bei der Betrachtung der Graphik eine relativ große Übereinstimmung der beiden Zeitreihen. Sieht man sich die beiden Kurven jedoch etwas genauer an, so stellt man fest, daß die Terminkursänderungen jeweils von den Kassakursänderungen vorgezeichnet wurden und die Terminkurse nur den Kassakursen folgen. Dem entspricht auch die folgende Aussage: "...die Terminkurse folgen den Bewegungen des Kassakurses und bleiben immer an diese gebunden."[84] Aus den Zeitreihen der Kassa- bzw. Terminkurse eine gute Prognosequalität der Terminkurse abzuleiten ist also falsch.[85] Würde man den Kassakursen anstatt der zeitversetzten die aktuellen Terminkurse gegenüberstellen, so unterschieden sich die beiden Kurven praktisch nicht. Das läßt darauf schließen, daß beide Größen von denselben Faktoren beeinflußt werden.[86]

Es stellt sich nun die Frage, welche Gründe dafür verantwortlich sein können, daß der Terminkurs kein gutes Vorhersageinstrument des zukünftigen Kassakurses ist. Zur Beantwortung dieser Frage kann auf die zur Modellierung der Effizienzhypothese für Terminmärkte notwendigen Annahmen zurückgegriffen werden. Dazu zählte die Risikoneutralität der Investoren, deren rationale Erwartungsbildung sowie die Abwesenheit von Informations- und Transaktionskosten. Wird eine

Prediktor. Zur Verzerrtheit der Vorhersagekraft des Terminkurses ist es notwendig, daß er den zukünftigen Kassakurs systematisch falsch prognostiziert.

[84]Fischer-Erlach, Peter (1986): "Die These von der Effizienz des Devisenmarktes aus der Sicht der Praxis", in: Die Bank, Nr. 2, 1986, S. 569.

[85]Es wird abermals auf die Ausführungen von Gaab, Werner (1983): "Devisenmärkte und Wechselkurse: Eine theoretische und empirische Analyse", a. a. O., S. 245-247, verwiesen.

[86]In Kapitel 3.3.2 wird eine solche Gegenüberstellung vorgenommen werden.

oder werden mehrere dieser restriktiven Idealannahmen geändert oder wird ganz auf sie verzichtet, so können einige theoretische Begründungen für die Terminkursverzerrungen gegeben werden.

Zuerst soll die Risikoneutralität (Gleichung (2.14)) der Investoren betrachtet werden. Ist sie gegeben, sind solange Profite zu erwarten, solange der Terminkurs nicht mit dem erwarteten zukünftigen Kassakurs übereinstimmt, da noch Arbitragemöglichkeiten bestehen. Diese Profitmöglichkeiten würden durch die Einnahme offener Terminpositionen genutzt werden. Sind die Marktteilnehmer jedoch risikoavers, so wird die Angleichung der beiden Kurse durch das Risiko, das bei der Einnahme offener Positionen in Kauf genommen werden muß, verhindert. Folglich wird eine Risikoprämie den Termin- und den erwarteten zukünftigen Kassakurs daran hindern, sich bis zur Identität anzunähern. Gleichung (2.14) wird dann wie folgt umgeschrieben:

$$f_{t,t+i} = E_t(s_{t+i}) + \varphi_t \qquad (2.18)$$

Dabei stellt φ_t die Risikoprämie, die die Marktteilnehmer für das Eingehen offener Positionen entschädigt, dar. Jetzt kann die Hypothese der Terminmarkteffizienz aus den Gleichungen (2.15) und (2.18) unter Berücksichtigung risikoaversen Anlegerverhaltens wie folgt angegeben werden:

$$f_{t,t+i} = E_t(s_{t+i}) + \upsilon_{t+i} + \varphi_t \qquad (2.19)$$

Nun gibt es verschiedene Möglichkeiten, den häufigen empirischen Befund, der Terminkurs sei ein verzerrter Prediktor des zukünftigen Kassakurses, zu interpretieren. Einerseits tendiert man dazu, anzunehmen, die Risikoprämie φ_t sei gleich null, und schreibt die Ablehnung der Hypothese der Irrationalität der Akteure zu. Eine zweite Möglichkeit bei irrationalen Erwartungen besteht in der Option einer Modellfehlspezifikation, die dann ebenfalls zu Terminkursverzerrungen führt.

Weiterhin können bei rationalen Erwartungen in der Existenz einer zeitvariablen Risikoprämie oder Erwartungsirrtümern Gründe für Terminkursverzerrungen bestehen.

Da es sich bei den in den genannten Untersuchungen betrachteten Devisenmärkten um reale Märkte handelt, kann als Grund für die Ablehnung der Unverzerrtheitshypothese die Existenz von Informations- und Transaktionskosten angegeben werden.

Eine zusätzliche Möglichkeit der Begründung von Terminkursverzerrungen stellt das Auftreten unerwarteter, nicht durch Informationsaktivitäten aquirierbarer Neuigkeiten ("News") dar. Solche "News" können zu volatilen Wechselkurszeitreihen führen und so die Vorhersagekraft der Terminkurse für die zukünftigen Kassakurse stark einschränken.

Zusammenfassend läßt sich feststellen, daß es eine Reihe guter Gründe gibt, die die Hypothese der Terminmarkteffizienz und damit die der Prediktoreigenschaft der Terminkurse bezüglich der zukünftigen Kassakurse in Frage stellen.

2.4 Fazit

In der Realität der Devisenmärkte handelt es sich um Entscheidungen unter Unsicherheit. Eine Wahrscheinlichkeitsverteilung bezüglich der verschiedenen Konsequenzen einer Alternative besteht zwar, diese ist jedoch nicht bekannt und ihr Erwartungswert nicht ermittelbar. Die Entscheider (Investoren) können sich zwar Vorstellungen über verschiedene Konsequenzen machen, aber sie sind nicht in der Lage, dem Eintreffen dieser Konsequenzen bestimmte Wahrscheinlichkeiten zuzuordnen. Das hat zur Folge, daß die Anleger Erwartungen über die Zukunft bilden müssen. Der Erwartungsbildung liegen dann Gegenwarts- und Vergangenheitsdaten über die zu beurteilende Variable und andere von den Individuen als relevant erachtete Daten zugrunde. Zusätzlich haben die Wirtschaftssubjekte Erfahrungen in der Vergangenheit gemacht und lernen aus ihren Fehlern. Dennoch dürfen die Determinanten, die die Rationalität der Erwartungsbildung der Individuen beschränken, nicht vernachlässigt werden. Welche dies sind, ist bereits im ersten Abschnitt dieses Kapitels dargelegt worden. Es seien nur noch einmal die drei Kategorien von Bestimmungsfaktoren erwähnt:

(1) individuelle Eigenheiten der Marktteilnehmer
(2) menschliche Schwächen und
(3) das Handeln der Individuen innerhalb eines sozialen Kontextes

Anhand von Ausprägungen dieser Kategorien von Determinanten ergeben sich die Beschränkungen rationaler Erwartungsbildung und rationalen Entscheidungsverhaltens innerhalb des Entscheidungsprozesses von der Informationssuche bis zum Impuls. Deren Auswirkungen auf die Effizienz von Märkten und die Prediktoreigenschaft der Terminkurse für die zukünftigen Kassakurse sind unterschiedlicher Natur. Alle diese Konsequenzen lückenlos zu erfassen dürfte unmöglich und wenig fruchtbar für die weitere Analyse sein. Es kann jedoch festgehalten werden, daß das Konzept der rationalen Erwartungen und in dessen Folge der FAMAsche Ansatz effizienter Märkte, dessen Grundpfeiler die rationale Erwartungsbildung darstellt, in der Realität nicht zutreffen können. Sie stellen ein gedankliches Konstrukt dar.
Vollzieht man REMERs begriffliche Trennung zwischen Theorie und Empirie nach, so bildet die Theorie das Gerüst, gesetzmäßige Ursachen und Wirkungen (logische Beziehungen) bestimmter realer Sachverhalte nachzuvollziehen. Die Empirie hingegen füllt das erstellte Gerüst mit regelmäßigen Bedingungen und

Begleiterscheinungen (faktische Beziehungen).[87] Das bedeutet, daß Theorie und Empirie zwei voneinander abhängige Schritte desselben Prozesses darstellen.

In Anlehnung an diese begriffliche Trennung hätten also die Theorie der Erwartungsbildung und die der effizienten Märkte dafür Sorge zu tragen, daß ein entsprechendes Gerüst aufgebaut würde, das durch die realen Abläufe mit empirischem Gehalt gefüllt werden könnte. Dies kann jedoch durch die genannten Theorien nicht geleistet werden, da sie "...mit Hilfe inadäquater Abstraktionen Erwartungsbildungsmodelle für 'repräsentative' Marktteilnehmer zu spezifizieren"[88] versuchen.

In der gleichen Art und Weise ist auch die Prediktoreigenschaft der Terminkurse für die zukünftigen Kassakurse zu beurteilen. Begreift man die Preisbildung von Terminkontrakten für Währungen als einmaligen, statischen Vorgang, so kann der Terminkurs kein Prognoseinstrument für den zukünftigen Kassakurs darstellen, weil bis zur Fälligkeit des Terminkontraktes eine Vielzahl von Ereignissen und neuen Informationen auftreten können, die zum Preisbildungszeitpunkt nicht bekannt gewesen sein können. Gerade die Preisbildung von Terminkontrakten muß als Kontinuum aufgefaßt werden, "...da das Marktgeschehen (auf diesen Märkten, d. Verf.) nur durch eine dynamische Betrachtung bei Ungewißheit adäquat erfaßbar ist."[89].

Was im Hinblick auf die o. g. Konzepte verbleibt, hat WORKING ausführlich erarbeitet. Es kann im wesentlichen nur darum gehen, Muster in den Preisentwicklungen auf den Kassa- und Terminmärkten (charttechnische Analyse) oder in

[87]Vgl.: Remer, Andreas (1989): "Organisationslehre - Eine Einführung", Walter de Gruyter, Berlin, New York, 1989, S. 88 f.

[88]Streit, Manfred E.; Graw, Ehrentraud (1989): "Terminkontrakthandel", a. a. O., S. 560.

[89]Streit, Manfred E.; Graw, Ehrentraud (1989): "Terminkontrakthandel", a. a. O., S. 556.

den der Preisbildung auf diesen Märkten zugrundeliegenden Variablen herauszuarbeiten. Bestehen solche Muster, so werden diese, falls sie gewinnträchtig sind, innerhalb kürzester Zeit durch die Marktteilnehmer aufgespürt, genutzt und verschwinden so wieder. Für den Preisverlauf auf effizienten Märkten gilt dann, was WORKING bereits festgestellt hat: Preisänderungen sollten selbst durch professionelle Marktteilnehmer nicht prognostizierbar sein.

Daraus folgt, daß das gleiche Instrumentarium für die Effizienzprüfung genutzt werden kann - wie im FAMAschen Konzept. Es kommen das Random-Walk-Modell und die verschiedenen Martingal-Modelle in Frage.

Aufgrund der Verarbeitung heterogener Erwartungen der Wirtschaftssubjekte und der Konzentration auf das Aufdecken von Mustern sowohl in den Preiszeitreihen als auch in den zugrundeliegenden Determinanten der Preise hält der Verfasser den Ansatz von WORKING für die geeignetere Variante, Markteffizienz zu untersuchen. Es scheint, als sei die Realität mit WORKINGS Konzept besser abbildbar.

Im folgenden soll nun die Wechselkursbildung an den internationalen Devisenmärkten erläutert werden. Dazu dient zum einen die Zinsparitätentheorie als Ausprägung der traditionellen Wechselkurstheorie und zum anderen der "News"-Ansatz der modernen Wechselkurstheorie.

3 Wechselkursbildung an den internationalen Devisenmärkten

Im Anschluß an den Zusammenbruch des Festkurssystems von Bretton Woods[1] und dem damit verbundenen Übergang zu flexiblen Wechselkursen wurden zahlreiche Modelle zur Erklärung der Wechselkursbildung entwickelt. Sie werden als traditionell bezeichnet, da ihre Ansätze auf beobachtbaren Gegenwarts- und Vergangenheitswerten gesamtwirtschaftlicher Größen als Determinanten der Wechselkurse basieren. Sie verstehen sich im Vergleich zu den moderneren Ansätzen, die als Bezugspunkt das Individuum wählen, makroökonomisch.

Innerhalb einer kurzen Systematisierung werden im folgenden zunächst die traditionellen Ansätze bezüglich der Märkte, auf die sie ihre Argumentation gründen, voneinander abgegrenzt.

Die traditionelle Theorie kann in drei Gruppen gegliedert werden[2]:

---

[1]Eine Zusammenfassung der Hintergründe des Goldstandardsystems von Bretton Woods und seiner Entstehung gibt Dormael, Armand, van (1978): "Bretton Woods: Birth of a Monetary System", London, Basingstoke, MacMillan Press, 1978. Einen Überblick über die Entstehung, die Funktionsweise und die Hinterlassenschaften des Systems von Bretton Woods geben Bordo, Michael D.; Eichengreen, Barry (Hrsg.) (1993): "A Retrospective on the Bretton Woods System: Lessons for International Monetary Reform", National Bureau of Economic Research, Chicago, London, 1993. Eine Schilderung der Währungsgeschichte der letzten Jahre des Systems von Bretton Woods sowie des Verlaufes, der Hintergründe und Folgen seines Zusammenbruchs gibt Hellmann, Rainer (1976): "Dollar, Gold und Schlange: die Pseudoreform des Weltwährungssystems", Baden-Baden, Nomos-Verlagsgesellschaft, 1976.

[2]Einen Überblick über die traditionelle Theorie der Wechselkursbildung liefern unter anderen MacDonald, Ronald; Taylor, Mark P. (Hrsg.) (1988): "Floating Exchange Rates - Theories and Evidence", a. a. O., MacDonald, Ronald; Taylor, Mark P. (Hrsg.) (1989): "Exchange Rates and Open Economy Macroeconomics", Basil Blackwell, Cambridge, Massachusetts,

(1) Gütermarktansätze

(2) Finanzmarktansätze

(3) Ansätze einer Verbindung zwischen Güter- und Finanzmärkten.

Bei den Gütermarktansätzen ergibt sich der 'gleichgewichtige' Wechselkurs ausschließlich durch Größen, die auf den Gütermärkten bestimmt werden. Dazu zählen die Kaufkraftparitätentheorie, die den Wechselkurs über das Verhältnis zwischen in- und ausländischem (Güter-)Preisniveau erklärt, und die Einkommenstheorie, die den Wechselkurs durch Leistungsbilanzströme erklärt.
Als reiner Finanzmarktansatz der Wechselkursbildung wird hier die Zinsparitätentheorie, die unterschiedliche Ertragsraten für Finanzaktiva im In- und Ausland für Wechselkursänderungen verantwortlich macht, über die ungedeckte sowie die gedeckte Zinsparität Erwähnung finden. Zu den Finanzmarktansätzen zählen auch die kurzfristigen Portfoliomodelle, die den Wechselkurs durch das Zusammenwirken von Beständen verschiedener Aktiva und den Bestandsnachfragen nach diesen Aktiva bestimmen. Sie gehen von unvollkommener Substituierbarkeit verschiedener Finanzaktiva aus.
Zu den Theorien, die Güter- und Finanzmärkte in ihrer Erklärung der Wechselkursbildung verbinden, zählen - abgesehen von den Mundell-Fleming-Ansätzen (stromtheoretische Betrachtung der Kapitalbewegungen) - die dynamische Portfoliotheorie, die von einer Risikoaversion der Investoren ausgeht, die monetäre Theorie bei flexiblen Güterpreisen, die in-und ausländische Aktiva als vollkom-

1989; Baltensperger, Ernst; Böhm, Peter (1982): "Stand und Entwicklungstendenzen der Wechselkurstheorie - Ein Überblick", in: Aussenwirtschaft, 37. Jg., H. 2/3, 1982, S. 13-61.

mene Substitute ansieht, sowie die monetäre Theorie bei kurzfristig rigiden Güterpreisen (Overshootingmodell[3]).

Die traditionelle Wechselkurstheorie in allen ihren Ausprägungen war jedoch nicht in der Lage, die Wechselkursentwicklung befriedigend zu erklären.[4] Diese Defizite und die enormen (systematischen) Gewinne, die auf den Devisenmärkten erzielt wurden, führten zu Zweifeln an der Effizienz dieser Märkte. Dafür waren zwei weitere Beobachtungen entscheidend: erstens war die Volatilität der Wechselkurse der bedeutenden Handelswährungen kurzfristig stärker, als ex ante durch die traditionelle Theorie vorausgesagt und ex post erklärt werden konnte. Zweitens kam es zu systematischen Abweichungen der Terminkurse von den späteren Kassakursen. Beide Entwicklungen konnten mit empirischer Evidenz untermauert werden, so daß an der Erklärungskraft der traditionellen Wechselkurstheorie insgesamt gezweifelt wurde.

---

[3]Dornbusch, Rüdiger (1976): "Expectations and Exchange Rate Dynamics", in: Journal of Political Economy, Vol. 78, 1976, S. 255-276.

[4]Eine treffende Aussage diesbezüglich machte Mussa: "In judging the success of a model it is important to have some standard as to what constitutes success. In my judgement, a model that was consistently able to explain ten percent of the actual quarter to quarter changes in exchange rates would be a successful model. A model that was able to explain 25 percent, a very successful model. A model that was able to explain more than 50 percent should be either rejected on the grounds that it is too good to be true or should be reported to the Vatican as a miracle justifying the canonisation of a new saint." Vgl.: Mussa, Michael (1979): "Empirical Regularities in the Behaviour of Exchange Rates and Theories of the Foreign Exchange Markets", in Brunner, Karl; Meltzer, Alan H.: "Policies for Employment, Prices and Exchange Rates", Carnegie-Rochester Conference Series on Public Policy, Supplement to the Journal of Monetary Economics, (1979), S. 9-57, S. 50.

Daraufhin wurden in der zweiten Hälfte der achtziger Jahre neuere Ansätze zur Erklärung der Wechselkursbildung diskutiert.[5] Diese Modelle nahmen das Individuum, die Unsicherheit der Erwartungen über die Entwicklung der Fundamentalvariablen sowie die Erwartungen über die Handlungen anderer Marktteilnehmer zum Ausgangspunkt ihrer Überlegungen.
Die modernere Wechselkurstheorie kann bezüglich der Hypothese rationaler Erwartungen in zwei verschiedene Kategorien untergliedert werden:

(1) Ansätze auf der Basis rationaler Erwartungen
(2) Ansätze mit nicht-rationalen Erwartungen

Bei den Modellen auf der Basis rationaler Erwartungen handelt es sich um das Risikoprämienmodell, das Peso-Problem-Modell, die Theorie rationaler spekulativer Blasen, die Lernprozeßansätze und den "News"-Ansatz.
Während das Risikoprämienmodell versucht, eine Begründung für das Auseinanderfallen von Terminkurs und Wechselkurserwartung zu finden, erklären die übrigen aufgeführten Ansätze, weshalb es auch bei rationalen Erwartungen zu Erwartungsirrtümern kommen kann.
Die Ansätze mit nicht-rationalen Erwartungen umfassen die verschiedenen charttechnischen Varianten des Noise-Trading-Ansatzes, bei denen kurzfristige Anlageentscheidungen anhand der Extrapolation von Vergangenheitsdaten in die Zu-

[5] Einen Überblick über die moderneren Ansätze der Wechselkurserklärung enthält Frenkel, Michael (1994): "Wechselkursvolatilität und Terminkursverzerrungen: Empirischer Befund und Erklärungsansätze", a. a. O. und Menkhoff, Lukas (1995): "Spekulative Verhaltensweisen auf Devisenmärkten", a. a. O.

kunft getätigt werden, die sich jedoch langfristig ebenfalls der Fundamentalanalyse bedienen.[6]

Der ökonometrische Teil der Arbeit beschränkt sich auf die Überprüfung des "News"-Ansatzes, da die übrigen aufgezählten modernen Ansätze aus verschiedenen Gründen für die Analyse des vorliegenden Sachverhaltes der Bandbreitenerweiterung innerhalb des EWS ungeeignet sind. Diese Gründe werden nun kurz erläutert.

Das Risikoprämienmodell geht von einer über den Zins hinausgehenden Ertragskomponente für in Fremdwährungen gehaltene Aktiva aus, um eventuelle Risiken (z.B. Wechselkursrisiko, Erfüllungsrisiko u.a.m.) von vorneherein berücksichtigen zu können. Aufgrund der besonderen Struktur des EWS und seiner Funktionsweise[7] - zu denken ist hierbei insbesondere an die Unterschiede der jeweiligen Notenbankpolitik (Stabilitätsziel vs. Wechselkursziel) der am EWS teilnehmenden Länder - ist eine solche Risikoprämie gewissermaßen 'naturgemäß' in den nationalen Zinssätzen der europäischen Partner Deutschlands enthalten. Weiterhin untersucht das Risikoprämienmodell primär das Auseinanderfallen zwischen Terminkurs und Wechselkurserwartung und nicht die 'übermäßige' Volatilität der Kassakurse.[8] Es eignet sich somit nicht für eine Überprüfung der zugrundeliegenden Problematik.

---

[6]Vergleiche unter anderen: Menkhoff, Lukas (1992): "Feedback Trading auf Devisenmärkten", a. a. O., S. 127-144.

[7]Vergleiche dazu Abschnitt 4.1 dieser Arbeit.

[8] Aufgrund der Struktur sowie der Funktionsweise des EWS soll im Zusammenhang dieser Arbeit davon abstrahiert werden, daß aufgrund von Schwankungen einer eventuell vorhandenen Risikoprämie permanente Portfolioänderungen bei den Anlegern hervorgerufen werden können, die u. U. Wirkungen auf den Kassakurs haben können. Auf diese Art und Weise kann die Variabilität der Risikoprämie eine Ursache für die Wechselkursvolatilität sein.

Das Peso-Problem-Modell erhielt seinen Namen Mitte der siebziger Jahre aufgrund einer starken Abwertung des mexikanischen Peso gegenüber dem USD. Diese kam durch eine entsprechende Erwartung der Marktteilnehmer für die Zukunft, die sich trotz einer erfolgreichen Stabilitätspolitik und einer Fixierung Wechselkurses des Peso gegenüber dem USD in permanenten Abschlägen auf dem Terminmarkt ausdrückte, zustande. Die Erklärung dafür lautete, daß die Möglichkeit einer zukünftigen Abwertung - bei rationalen Erwartungen - mit der entsprechenden Wahrscheinlichkeit im Terminkurs ausgedrückt wird. tatsächlich erfolgte diese Abwertung dann auch 1976. Für den Fall der Bandbreitenerweiterung im EWS könnte eine Gültigkeit des Peso-Problem-Modells angenommen werden, da es sich, wie sich im Verlauf der Arbeit noch herausstellen wird, ebenfalls um einen Vertrauensverlust der Marktteilnehmer bezüglich der Notenbank-, Wirtschafts- und Finanzpolitik der betrachteten Länder handelte. Das Peso-Problem-Modell behandelt jedoch die Einstellung der Märkte gegenüber einem einzigen Land und handelte dessen Währung auf dem Terminmarkt über lange Zeit mit Abschlägen. Im Falle der Bandbreitenerweiterung im EWS herrschte eine völlig andere Situation vor, so daß den betroffenen Ländern kein so starkes Mißtrauen entgegengebracht wurde wie der mexikanischen Regierung und Notenbank Mitte der siebziger Jahre. Das Modell ist für den vorliegenden Fall ebenfalls ungeeignet.

Eine rationale spekulative Blase bezeichnet eine Wechselkursentwicklung, die durch 'nicht näher bestimmte Ereignisse' ausgelöst wird, bei der sich der Wech-

---

Anscheinend fallen die Schwankungen der Risikoprämien jedoch zu gering aus, als daß durch sie die Terminkursverzerrungen und die starken Wechselkursschwankungen erklärt werden können. Vergleiche dazu Kaminsky, Graciela; Peruga, Rodrigo (1990): "Can a Time-Varying Risk Premium Explain Excess Returns in the Forward Market for Foreign Exchange?", in: Journal of International Economics, Vol. 28, 1990, S. 47 - 70.

selkurs über einen gewissen Zeitraum hinweg immer weiter von seiner fundamental 'richtigen' Bewertung entfernt.[9] Die Blase entwickelt sich paradoxer Weise gerade wegen des Vorliegens rationaler Erwartungen. Dabei wird davon ausgegangen, daß, je weiter sich der Kurs von seiner fundamentalen Basis entfernt, dem Anleger dafür, daß er sein Engagement in dieser Währung aufrechterhält, exponentielle Kursgewinne entstehen müssen, um das (hohe) Risiko des Platzens der Blase zu kompensieren. Eine rationale spekulative Blase ist für die zugrundeliegende Problematik auszuschließen, da eine eventuelle Überbewertung einiger Währungen des EWS nicht durch 'nicht näher bestimmte Ereignisse', sondern durch die Konstruktion und Handhabung des EWS hervorgerufen worden ist. Das Modell ist dementsprechend für eine Anwendung in der vorliegenden Arbeit ungeeignet.

Der letzte Teil der modernen Modelle auf der Basis rationaler Erwartungen, die Lernprozeßansätze, sind hauptsächlich durch folgenden Aspekt gekennzeichnet[10]: es handelt sich, wie beim Peso-Problem-Modell, ebenfalls um eine Unsicherheit der Marktteilnehmer. Diese Unsicherheit bezieht sich jedoch nicht auf zukünftige Ereignisse, sondern auf die bereits in der Gegenwart bestehende Situation der Fundamentalvariablen. So wird beispielsweise der Wechsel einer Notenbank von expansiver zu restriktiver Geldpolitik von den Marktteilnehmer als sehr kritisch eingestuft. Diese sind anfänglich nicht davon überzeugt, daß die neue Politik er-

---

[9]Vgl.: Aschinger, Gerhard (1995): "Börsenkrach und Spekulation: eine ökonometrische Analyse", München: Vahlen, 1995, S. 117-132.

[10] Vgl.: Lewis, Karen K. (1989): "Changing Beliefs and Systematic Rational Forecast Errors with Evidence from Foreign Exchange", in: American Economic Review, Vol. 79, 1989, S. 621 - 636. Lewis betrachtet in ihrem Beitrag den Politikwechsel der amerikanischen Notenbank im Jahre 1979 und die Einstellung der Märkte gegenüber diesem Wechsel. Diese ging von einer eher expansiven auf eine restriktive Politik über.

folgreich betrieben und beibehalten wird. Stellen sich nun die veröffentlichten Geldmengendaten restriktiv dar, so kann dies entweder durch ein restriktives zufälliges Element oder durch eine tatsächlich restriktive Geldpolitik der Notenbank bedingt sein. Die Marktteilnehmer vergleichen nun laufend die von ihnen erwarteten (expansiven) mit den tatsächlichen Daten und gleichen so allmählich, bedingt durch Lernvorgänge, ihre persönlichen Erwartungen an die Tatsachen der Realität an. Für die Bandbreitenerweiterung im EWS haben die Lernprozeßansätze keine Erklärungskraft, da sich die grundsätzlichen Rahmendaten und das geld- sowie wirtschafts- und finanzpolitische Umfeld nicht verändert hatten und auch gravierenden Veränderungen bevorstanden.

Aus den genannten Gründen eignen sich die erwähnten Ansätze nicht zur Überprüfung bzw. Erklärung der Bandbreitenerweiterung innerhalb des EWS.

In der vorliegenden Arbeit wird deshalb der "News"-Ansatz eingehend betrachtet, der - im Rahmen der modernen Wechselkurstheorie - das Eintreffen unbekannter, unvorhergesehener Informationen auf dem Markt für Wechselkursänderungen verantwortlich macht. Er besitzt dabei den Vorzug, daß er die Möglichkeit bietet, neue Informationen bezüglich verschiedener Fundamentalvariablen zu verarbeiten, also auch bezüglich des internationalen Zinsdifferentials. Er stellt die moderne Ergänzung der traditionellen Zinsparitätentheorie dar, deren Implikationen im Rahmen seiner Verwendung weiterhin Gültigkeit behalten.

Das ist deshalb von Bedeutung, da die Notenbanken der am EWS beteiligten Länder - wie bereits erwähnt - unterschiedliche Ziele bezüglich ihrer Geldpolitik verfolgen (Stabilitäts- versus Wechselkursziel). In der Praxis der Notenbanken werden zum einen das Wachstum der Geldmenge (Aktionsparameter der Notenbank des Ankerwährungslandes) und zum anderen die kurzfristigen nationalen Zinssätze (Aktionsparameter der übrigen beteiligten Notenbanken) zur Erreichung der unterschiedlichen Ziele eingesetzt. Da die Notenbank des Ankerwährungslandes zusätzlich ebenfalls über den kurzfristigen Zinssatz als Aktionsparameter zur Veränderung des Angebotes an (zur Beeinflussung der Nachfrage nach) heimischem Geld verfügt, kann vermutet werden, daß die Zinsparitätentheorie eine erhebliche Erklärungskraft für die Veränderung der Wechselkursrelationen hat.

Ferner kann die Hypothese rationaler Erwartungen für die sich anschließende Empirie formal operationalisiert werden. Dies ist bei den Hypothesen nicht-rationaler Erwartungen, mit denen einige der konkurrierenden Ansätze arbeiten, nur sehr eingeschränkt möglich. Dafür wären dann Befragungen von Marktteilnehmern über einen Zeitraum der bereits sieben Jahre zurückliegt und ca. ein Jahr umfaßt notwendig.[11] Eine solche Analyse könnte weder die damaligen Erwartungen der Marktteilnehmer korrekt widerspiegeln, noch könnte sie Repräsentativität für sich beanspruchen.

Bei den beiden vom Verfasser gewählten Ansätzen handelt es sich jeweils um Modelle, die die Wechselkursbildung grundsätzlich über das Zusammenwirken von Angebot und Nachfrage auf den Devisenmärkten erklären (Finanzmarktansätze). Dies wird als Vorteilhaft erachtet, da davon ausgegangen wird, daß die Wechselkurse auf den Märkten für Finanzaktiva relativ unbeeindruckt von Güterströmen gebildet werden. Hätten die Güterströme einen maßgeblichen Einfluß auf die Wechselkurse, so wären beide Größen (bezüglich ihres monetären Gegenwertes) in etwa identisch. Der tägliche weltweite Finanzkapitalfluß übersteigt jedoch den Gegenwert der ausgetauschten Güter um ein Vielfaches. Die Wahl der Modellkategorie ist somit berechtigt.

[11]Vgl.: Frankel, Jeffrey A.; Froot, Kenneth (1987): "Using Survey Data to Test Standard Propositions Regarding Exchange Rate Expectations", in: American Economic Review, Vol. 77 (1), 1987, S. 133-153.

Beide Ansätze (Zinsparitätentheorie und "News"-Ansatz) erklären die Wechselkursbildung jedoch bei flexiblen Wechselkursen. Innerhalb des EWS handelt es sich dagegen um das Regime eines 'schmutzigen Floats'. Dieser scheinbare Widerspruch zwischen der Analyse dieses Wechselkursregimes mit Hilfe von Methoden, die dazu dienen, die Bildung freier Wechselkurse zu untersuchen, kann hier nun aufgelöst werden: zunächst handelte es sich bei den Bandbreiten des EWS schon vor deren Erweiterung um einen verhältnismäßig breiten Korridor (4,5 % um den jeweiligen Leitkurs einer Währung) innerhalb dessen sich die Währungen frei bewegen können. Im Anschluß an die Bandbreitenerweiterung kann aufgrund des 30 %-Korridors sogar von flexiblen Wechselkursen innerhalb des EWS gesprochen werden. Ferner unterliegen die Terminkurse der Währungen des EWS zu keinem Zeitpunkt irgendwelchen Beschränkungen bezüglich ihrer Flexibilität. Die Flexibilität der Terminkurse gilt bei beiden Modellen als Minimalvoraussetzung und wird im vorliegenden Fall der Bandbreitenerweiterung innerhalb des EWS erfüllt.

Weiterhin wird durch die Unterschiede in der Geldpolitik (Stabilitätsziel versus Wechselkursziel) der am EWS beteiligten Länder eine Anpassung der Wechselkurse über die Zinsdifferenzen durchgeführt. Dabei wird beispielsweise die Abwertung einer Währung gegenüber einer anderen Währung des Systems mittels einer Zinserhöhung des von der Abwertung betroffenen Landes vermieden bzw. rückgängig gemacht. Der Prozeß dieser Anpassung erzielt das gleiche Ergebnis wie es die Zinsparitätentheorie fordert: der relative Ertrag zweier unterschiedlicher (Währungs-) Anlagen ist ausgeglichen. Dies geschieht zum einen über den Wechselkurs und zum anderen über den in- bzw. ausländischen Zinssatz. Dabei ist es für die Anleger zunächst unerheblich, ob der Ausgleich durch die Reaktionen einer der beiden beteiligten Notenbanken oder durch die marktmäßige Veränderung der Angebots- oder Nachfragebedingungen der beiden Währungen zustande kommt.[12]

Zusätzlich wird die Vorhersagekraft der Zinsparitätentheorie durch den Zinsmechanismus, der durch die unterschiedliche Zielsetzung der Geldpolitik der am EWS beteiligten Notenbanken entsteht, begünstigt. Das heißt, die Zinsparitätentheorie sollte in der Lage sein, eine recht genaue Erklärung der Wechselkursentwicklung innerhalb des EWS zu gestatten.

Dies trifft in noch höherem Maße für den "News"-Ansatz zu, da er - zusätzlich zu der reinen Veränderung der Zinsrelationen - neue, zuvor unbekannte Informationen über das Zinsdifferential und seine Entwicklung berücksichtigt.

Einer Verwendung der beiden Ansätze zur Erklärung der Wechselkursbildung innerhalb des EWS steht bezüglich des Wechselkursregimes des Systems nichts im Wege. Ihre Erklärungskraft wird durch dessen Konstruktion sogar begünstigt, da die Erwartungsunsicherheit der Marktteilnehmer aufgrund des Vorhandenseins von Bandbreiten und der Verpflichtung der Notenbanken, ihre Währungen innerhalb dieser Grenzen zu halten, stark verringert bzw. auf den 4,5 %-Korridor beschränkt wird.

Zunächst schließt sich nun die Erläuterung der theoretischen Voraussetzungen für die beiden Wechselkursansätze an. Dazu werden die Kategorien der traditionellen und der modernen Wechselkurstheorie - soweit sie auf der Verwendung rationaler Erwartungen basieren - aus methodischen Gründen zur Gruppe der klassischen Ansätze zusammengefaßt, da sie zumeist die gleichen Voraussetzungen verwenden und sich häufig nur in Nuancen voneinander unterscheiden.

---

[12] Auf die Problematik der unterschiedlichen Behandlung verschiedener Marktteilnehmer durch etwaige Aktionen bzw. Reaktionen der Notenbanken wird zu einem späteren Zeitpunkt noch eingegangen. Vergleiche dazu die Ausführungen auf Seite 246.

Die theoretischen Voraussetzungen für beide Modelle bestehen zum einen aus dem Referenzsystem und zum anderen aus ihren Prämissen.
Auf diese Erläuterungen folgt die Konkretisierung der Anforderungen, denen die Modelle - innerhalb der sich im dritten Teil dieses Kapitels anschließenden ökonometrischen Untersuchung - genügen sollen.
Zuvor folgt jedoch die theoretische Darstellung der Zinsparitätentheorie innerhalb ihrer beiden Ausprägungen, der gedeckten sowie der ungedeckten Zinsparität.
Abgerundet wird das Kapitel wiederum durch ein Fazit, das die gefundenen Ergebnisse kurz zusammenfaßt und die Konstruktionselemente beider Ansätze kritisch würdigt.

3.1 Theoretische Voraussetzungen für die Wechselkursbildung gemäß klassischer Erklärungsansätze

Wie bereits erwähnt basieren die in dieser Arbeit verwendeten Erklärungsansätze auf den gleichen Voraussetzungen. Grundlegend dabei ist die Voraussetzung rationaler Erwartungen nach der die moderneren Ansätze der Wechselkurstheorie zu Beginn dieses Kapitels systematisiert wurden.
Eine wichtige Implikation rationaler Erwartungen ist nun, daß die Preise für Aktiva von unerwarteten Informationen oder Ereignissen beeinflußt werden. Dies resultiert aus der effizienten Verwendung aller relevanten, zum Zeitpunkt der Erwartungsbildung vorhandenen Informationen. Dabei kann es sich um Informationen bzw. Ereignisse aller Art handeln: z.B. um Informationen bezüglich Zinsvariationen oder um tatsächliche Zinsveränderungen.
Dagegen spricht a priori auch nicht, daß der Terminkurs gemäß der Theorie effizienter Märkte ein unverzerrter Prediktor des zukünftigen Kassakurses sein soll, denn es wird nicht gute, sondern unverzerrte Vorhersagekraft gefordert. In Pha-

sen, in denen viele neue Informationen in kurzen Zeitabständen auf dem Markt eintreffen, wird diese Eigenschaft nicht generell verneint. Ist die Vorhersage des Terminkurses ($f_{t,t+i}$), die sich auf den verfügbaren Informationen der Periode t gründet, ungenau, so mag das daran liegen, daß in den Perioden t+1 bis t+i-1 neue, die betrachteten Währungen betreffende Informationen aufgetreten sind. Erwartungsirrtümer, die durch das Auftreten neuer Informationen bedingt sind, können durch die Zufallsgröße υ_{t+i} in Gleichung (2.16) repräsentiert werden.

$$s_{t+i} = f_{t,t+i} + \upsilon_{t+i} \tag{2.16}$$

Es sei noch einmal in Erinnerung gerufen, daß Gleichung (2.16) bereits die Verwendung aller relevanten Informationen (2.14) sowie rationale Erwartungen (2.15) beinhaltet.

Sind die auftretenden Neuigkeiten insignifikant, dann sagt die Hypothese effizienter Märkte voraus, daß $f_{t,t+i}$ dem zukünftigen Kassakurs s_{t+i} entsprechen muß. Falls man jedoch eine Schätzgleichung wie (2.17) in einer Phase mit vielen, die Wechselkurse stark beeinflussenden Informationen überprüft, kann die Varianz des Vorhersagefehlers erheblich ausfallen.

$$s_{t+i} = \alpha + \beta f_{t,t+i} + \upsilon_{t+i} \tag{2.17}$$

Dies kann auftreten, wenn es trotz rationaler Erwartungen z. B. zu Erwartungsirrtümern der Marktteilnehmer aufgrund von "News" kommt.

Im folgenden soll zuerst das Referenzsystem der beiden Ansätze, dessen Darstellung das entsprechende Menschenbild der Neoklassik, den Homo oeconomicus, die Marktstruktur des modelltheoretisch zugrundeliegenden Marktes und den daraus resultierenden Marktprozeß für den Devisenmarkt umfaßt, erläutert werden.

An den bereits genannten Defiziten einiger traditioneller Wechselkursmodelle und deren Konsequenzen für die Effizienz der betrachteten Märkte knüpfen auch die Prämissen der hier verwendeten Modelle an. Wie ebenfalls bereits erläutert, ist die Effizienz von Märkten an zwei Voraussetzungen gebunden:

(1) die Marktteilnehmer bilden ihre Erwartungen rational

(2) die Marktteilnehmer kennen den Gleichgewichtswert

Es handelt sich gemäß der vorgenommenen Systematisierung um Modelle auf der Basis rationaler Erwartungen. Sie versuchen zu erklären, warum es trotz rationaler Erwartungen zu Erwartungsirrtümern bei den Marktteilnehmern kommen kann: das Eintreffen neuer, vom bisherigen Informations- bzw. Ereignisstand der Marktteilnehmer abweichender Informationen und Ereignisse verändert deren Zukunftserwartungen, was sich gleichzeitig in einer Veränderung des Kassakurses niederschlägt. Der neue Kassakurs weicht nun von den anfangs für diesen Zeitpunkt gebildeten Erwartungen, die im Terminkurs ausgedrückt waren, ab. Es hat eine unerwartete Wechselkursänderung stattgefunden.

Geht man davon aus, daß eine Veränderung des Wechselkurses ausschließlich aufgrund der Veränderung von Fundamentalvariablen und etwaigen neuen Informationen über diese bzw. Ereignisse für diese erklärt wird, gilt bei rationalen Erwartungen, daß sich die Wechselkurserwartung nach den Erwartungen über den Verlauf der Einflußgrößen richtet. Dabei handelt es sich dann um alle Einflußfaktoren, die auch das tatsächliche Ereignis beeinflussen.

Damit die Wechselkursbildung innerhalb der Modelle auf diese Art und Weise stattfinden kann, sind jedoch einige theoretische Voraussetzungen notwendig, die im Anschluß an die Erläuterung des Referenzsystems erklärt werden sollen.

3.1.1 Referenzsystem

3.1.1.1 Menschenbild

Ausgangspunkt der Betrachtung ist das Individuum, das sich in einer Situation der Knappheit befindet, in der es nicht alle seine Wünsche simultan befriedigen kann (motivationale Komponente: Bedürfnisbefriedigung). Zu der motivationalen tritt die logische Komponente hinzu: das Rationalprinzip (Minimum- bzw. Maximumprinzip). Beide Teile zusammen ergänzen sich zu einem theoretischen Konstrukt: dem Homo oeconomicus. Er bildet die Basis der Gleichgewichtstheorie.[13]

Sein Rationalverhalten wird ausschließlich im Sinne einer Zweck-Mittel-Rationalität untersucht und ist dementsprechend mit Optimierungsverhalten (Nutzen- bzw. Gewinnmaximierung) gleichzusetzen.[14]

Was aber Optimierung für das einzelne Individuum bedeutet, ist abhängig von den jeweiligen individuellen Präferenzen, die Ausdruck der persönlichen Intentionen sind.[15]

---

[13]Vgl.: Rothschild, Kurt W. (1981): "Einführung in die Ungleichgewichtstheorie", Berlin u. a., Springer Verlag, 1981, S. 23.

[14]Vgl.: Schlösser, Hans J. (1992): "Das Menschenbild in der Ökonomie: Die Problematik von Menschenbildern in den Sozialwissenschaften; dargestellt am Beispiel des Homo oeconomicus in der Konsumtheorie", Köln, Wirtschaftsverlag Bachem, 1992, S. 45. Wie weiter unter gezeigt wird, verhalten sich die Marktteilnehmer auf Devisenmärkten sowohl nutzen- als auch gewinnmaximierend.

[15]Vgl.: Kirchgässner, Gebhard (1991): "Homo Oeconomicus: das ökonomische Modell individuellen Verhaltens und seine Anwendung in den Wirtschafts- und Sozialwissenschaften", Tübingen, Mohr, 1991, S. 13.

Optimierung findet jedoch immer unter Beschränkungen statt. Der Preis als Rationierungsinstrument stellt so einen Ausgleich zwischen Bedürfnissen und Restriktionen her. Das Zusammenspiel von Präferenzen und Restriktionen eröffnet dem Individuum einen Alternativenraum. Aus diesem wird nun die unter den gegebenen Umständen bezüglich ihrer erwarteten Konsequenz optimale Alternative ausgewählt. Im Falle einer Anlageentscheidung auf dem Devisenmarkt liegen der Entscheidung des Individuums rationale Erwartungen bezüglich der Konsequenzen zugrunde. Es handelt also sowohl subjektiv als auch objektiv rational.

3.1.1.2 Marktstruktur

Bei der Analyse der Preisbildung auf den Devisenmärkten handelt es sich um eine Partialanalyse, da nur die Preisbildung auf den Devisenmärkten, nicht aber deren Auswirkungen auf und Rückwirkungen durch das Geschehen auf den übrigen Märkten berücksichtigt werden.

Im Vordergrund der partialtheoretischen Analyse steht ein einzelner Markt, bei dem - in Abhängigkeit von unterschiedlichen Bedingungen - die Kaufwünsche der Nachfrager und die Absatzvorstellungen der Anbieter bei einer bestimmten Tauschrelation (Preis) übereinstimmen. Dieser Zustand wird als Gleichgewicht bezeichnet.[16]

Es handelt sich bei den Preisen für Währungen nicht um absolute Preise, wie dies im allgemeinen bei Gütern der Fall ist, bei denen das Tauschverhältnis eines Gu-

[16]Der Gleichgewichtsbegriff wird hier analog zu den Ausführungen Cezannes verwendet. Hier steht der Begriff des temporären Gleichgewichts im Vordergrund, da dieses die Möglichkeit beinhaltet, daß gebildete Erwartungen nicht erfüllt (enttäuscht) werden. Vgl.: Cezanne, Wolfgang (1974): "Gleichgewichtstheorien und Wechselkurse", Verlag Anton Hain, Meisenheim, 1974, S. 5.

tes in Geldeinheiten ausgedrückt wird, sondern um relative Preise, da bei Währungen das reale Austauschverhältnis ähnlich dem des Naturaltausches zu erklären ist.

Um die Preisbildung (Wechselkursbildung) mit Hilfe der beiden Ansätze zu analysieren, muß jedoch zunächst geklärt werden, um welche Art Markt es sich bei dem betrachteten handelt.

Der ökonomische Ort des Tausches ist der Devisenmarkt, der als abstrakter Markt zu verstehen ist, da das physische Zusammentreffen der beiden Marktseiten nicht erforderlich ist, sondern diese sich z. B. auch fernmündlich oder mit Hilfe des Computerhandels vollkommen anonym auseinandersetzen können.

Bei den Währungen handelt es sich um homogene, fungible Aktiva die sich im Urteil der Nachfrager weder ökonomisch noch technisch voneinander unterscheiden.

Auf dem Markt für Währungen gibt es eine große Zahl von Anbietern und Nachfragern, von denen keiner in der Lage ist, das Marktgeschehen nachhaltig zu beeinflussen. Es handelt sich um atomistische Konkurrenz, innerhalb derer jeder einzelne Anbieter sich als Mengen-, jeder Nachfrager sich als Preisanpasser verhält.

Weder Anbieter noch Nachfrager haben persönliche, räumliche oder zeitliche Präferenzen gegenüber der jeweils anderen Marktseite. Beide Marktseiten sind vollkommen über die Bedingungen der anderen Marktseite informiert

Das Zusammentreffen und Zusammenspiel zwischen Anbietern und Nachfragern richtet sich nach festgelegten Regeln (organisierter Markt).

Mit anderen Worten: es handelt sich um ein vollkommenes, organisiertes Polypol. "Die Börse ist sowohl der Prototyp des vollkommenen als auch des organisierten Marktes."[17]

Unter diesen Bedingungen folgt das Gesetz der Unterschiedslosigkeit der Preise (Jevons´ "law of indifference").

Es werden nicht mittelbar Waren gegen Geld getauscht, sondern wie beim Naturaltausch unmittelbar Geld gegen Geld. Der Austausch verschiedener Währungen setzt jedoch voraus, daß es einen Preis (Wechselkurs) gibt, der sich mit Hilfe der jeweiligen (aggregierten) Angebots- und Nachfragefunktionen ermitteln läßt. Dieser Preis (Wechselkurs) gewährleistet unter den gegebenen Bedingungen den maximalen Absatz auf dem betrachteten Markt.

Im Falle der Zinsparitätentheorie und des "News"-Ansatzes werden statische, zeitlich voneinander getrennte Gleichgewichte, die aus unterschiedlichen Daten resultieren, innerhalb einer komparativ-statischen Analyse miteinander verglichen.[18]

3.1.1.3 Marktprozeß

Um den Marktprozeß bzw. die Verhaltensweisen der Marktteilnehmer im Rahmen der preistheoretischen Analyse schildern zu können, ist es notwendig, zwei weitere Begriffe einzuführen: die Aktions- und die Erwartungsparameter.[19] Ein

---

[17]Ott, Alfred E. (1978): "Preistheorie: eine Einführung", Darmstadt, Wissenschaftliche Buchgesellschaft, 1978, S. 11.

[18]Vgl.: Felderer, Bernhard; Homburg, Stefan (1994): "Makroökonomik und neue Makroökonomik", 6. Auflage, Berlin, 1994, S. 14.

[19]Vgl.: Ott, Alfred E. (1989): "Grundzüge der Preistheorie", Neudruck der 3. überarbeiteten Auflage, Göttingen, Vandenhoeck und Ruprecht, 1989, S. 55.

Aktionsparameter ist die ökonomische Variable, mit Hilfe derer die Marktteilnehmer ihr wirtschaftliches Ziel zu erreichen versuchen. Der Erwartungsparameter ist hingegen die Variable, über die der Marktteilnehmer nicht selbst entscheiden kann; über sie wird von der entsprechenden Marktgegenseite entschieden. Setzt ein Anbieter z. B. den Preis (Aktionsparameter) fest, so ist die vom Nachfrager abzunehmende Menge der Erwartungsparameter, welcher vom Nachfrager festgelegt wird (et vice versa).

Bei dem hier angenommenen Marktverhalten handelt es sich um Mengenanpassung bei vorgegebenen Preisen. Daraus folgt, daß alle Umsätze zu diesem 'herrschenden' Marktpreis getätigt werden.[20]

Weiterhin wird der betrachtete Markt einer ceteris-paribus-Analyse unterzogen, bei der alle anderen Märkte und die ihnen zugeordneten exogenen und endogenen Variablen durch methodologischen Beschluß konstant gesetzt werden.

Der Zielerreichung (Gewinnmaximierung) der Individuen geht die dezentrale Erstellung von Individualplänen voraus. Die Pläne der Wirtschaftssubjekte basieren auf rationaler Erwartungsbildung aufgrund vollständiger Kenntnis aller relevanten Informationen. Die Erwartungsbildung bezieht sich auf die Entwicklung der die Preise (Wechselkurse) beeinflussenden Fundamentaldaten. Diese sind allen Marktteilnehmern bekannt, und sie kennen den Zusammenhang zwischen Fundamentalvariablen und Preis. Die Erwartungsbildung der Marktteilnehmer ist also, von rein zufälligen Erwartungsirrtümern abgesehen, zutreffend. Ergebnis der individuellen Erwartungsbildung ist ein geplantes (aggregiertes) Angebot und eine geplante (aggregierte) Nachfrage.

---

[20]Vgl.: Fehl, Ulrich; Oberender, Peter (1990): "Grundlagen der Mikroökonomie: eine Einführung in die Produktions-, Nachfrage- und Markttheorie", München, Vahlen, 1990, S. 29.

Der Umsetzung der Pläne steht nun nichts mehr im Wege. Da aufgrund der für alle Marktteilnehmer kostenlos verfügbaren, identischen Informationen keine Koordinationsschwierigkeiten bestehen, kommt es auf dem Markt mit unendlicher Reaktionsgeschwindigkeit (friktionslos) zu einem Gleichgewicht in Form einer spezifischen Preis-/Mengen-Struktur. Die Eigenschaft dieser Preis-/Mengen-Struktur ist, daß bei ihrer Verwirklichung das geplante Angebot mit der geplanten Nachfrage übereinstimmt. Die aggregierten, dezentral aufgestellten Individualdispositionen der Wirtschaftssubjekte sind somit kompatibel und bedürfen keiner Revision.

Ist das Gleichgewicht stabil[21], bewirken bei äußeren Störungen (exogene Variable) die inneren Kräfte (endogene Variable), daß sich das System zu seinem Mittelpunkt (Gleichgewicht) zurückbewegt.[22] Der Markt befindet sich also in einem permanenten Gleichgewicht.

3.1.2 Prämissen

3.1.2.1 Rationale Erwartungen der Marktteilnehmer

Das Konzept der rationalen Erwartungen wird hier nicht noch einmal explizit aufgeführt, da dies bereits in Kapitel 2.1.3 geschehen ist. Speziell für den "News"-

[21]Gleichgewichte können auch indifferent oder labil sein. Vgl.: Felderer, Bernhard; Homburg, Stefan (1994): "Makroökonomik und neue Makroökonomik", a. a. O.. Hier sind jedoch nur stabile Gleichgewichte von Interesse, da es sich um die bloße Darstellung des Gleichgewichtskonzeptes handelt.

[22]Vgl.: Varian, Hal R. (1989): "Grundzüge der Mikroökonomie", München, Oldenbourg, 1989, S. 2.

Ansatz ist es jedoch in zweierlei Hinsicht von Bedeutung[23]: einerseits bedingen rationale Erwartungen, daß die Marktteilnehmer überhaupt einen Zusammenhang zwischen der/den Fundamentalvariablen und dem Wechselkurs erkennen. In der Folge wird dieser Zusammenhang von allen Marktteilnehmern identisch interpretiert, und sie richten ihre Transaktionen wiederum ausschließlich an der Entwicklung dieser Variablen aus. Die identische Interpretation des Zusammenhangs zwischen Variable(n) und Wechselkurs setzt weiterhin die gleiche Gewichtung der einzelnen Variablen in dem der Wechselkursbildung zugrundeliegenden Modell voraus.

Dies führt direkt zu der zweiten Implikation rationaler Erwartungen für den "News"-Ansatz: unerwartete Wechselkursänderungen sind tatsächlich nicht prognostizierbar, sondern sind - in Abhängigkeit vom Auftreten neuer Informationen bzw. Ereignisse - rein zufällig.[24] Folglich führen häufig auftretende Neuigkeiten (Ereignisse) zu unerwarteter und stark schwankende Neuigkeiten (Ereignisse) zu starker Wechselkursvolatilität.

Da es diese und die Erwartungsirrtümer der Marktteilnehmer trotz rationaler Erwartungen zu erklären gilt, machen die Ansätze Neuigkeiten ("News"-Ansatz)

---

[23]Vgl.: Pentecost, Eric J. (1993): "Exchange Rate Dynamics - A Modern Analysis of Exchange Rate Theories and Evidence", Aldershot, Edward Elgar, 1993, S. 82.

[24]Es sei nochmals darauf hingewiesen, daß die Hypothese rationaler Erwartungen unvereinbar mit der Existenz von Informationskosten ist. Alle verfügbaren Informationen werden unmittelbar im Marktpreis abgebildet, da "in einem effizienten Markt das Preissystem ein perfekter Informationsaggregator ist". Deshalb wäre niemand bereit, zusätzliche Kosten für die Beschaffung von Informationen aufzuwenden. Vgl.: Filc, Wolfgang (1987): "Anmerkung zur Effizienz des Devisenmarktes", in: Köhler, Claus; Pohl, Rüdiger (Hrsg.): "Aspekte der Geldpolitik in offenen Volkswirtschaften", Berlin, Duncker & Humblot, 1987, S. 77-99, Fußnote 4, S. 78.

bzw. Ereignisse (Zinsparitätentheorie) für sie verantwortlich[25], da die unterstellten rationalen Erwartungen sie als stochastische Störung erscheinen lassen.[26]

3.1.2.2 Vollkommene Kapitalmobilität

Mit dem Begriff 'internationale Kapitalmobilität' werden zwischenstaatliche Bewegungen von Real- und Finanzkapital bezeichnet.[27] In der vorliegenden Arbeit werden jedoch nur Bewegungen von Finanzkapital (Devisen) betrachtet, da davon ausgegangen wird, daß die Wechselkurse - wie bereits angemerkt - auf den Märkten für Finanzaktiva relativ unbeeindruckt von Güterströmen gebildet werden.

Vollkommene Kapitalmobilität wurde zuvor mit der Abwesenheit von Kapitalverkehrsbeschränkungen und Transaktionskosten identifiziert.

Beide Kriterien sind für die gewählten Modelle von Bedeutung. Wendet man sich den Kapitalverkehrsbeschränkungen zu, so stellt man fest, daß ihre Existenz die gehandelten Aktiva (Währungen) zu unterschiedlichen 'Produkten', mithin durch politisches Risiko, nicht mehr vollständig substituierbar werden ließe. Das bedeutet wiederum, daß die Aktiva, die in verschiedenen Währungen denominiert sind, von vornherein nicht in vollem Umfang in das Kalkül der Anleger einbezogen werden würden. Dies führte jedoch dazu, daß Portfolioumschichtungen bei

---

[25]Vgl.: MacDonald, Ronald; Taylor, Mark P. (1989): "Economic Analysis of Foreign Exchange Markets: An Expository Survey", a. a. O., S. 99.

[26]Vgl.: Uelses, Klaus (1989): "Erwartungen und Wechselkurse", Volkswirtschaftliche Forschung und Entwicklung, Bd. 53, 1989, S. 91.

[27]Vgl.: Scholz, Bernhard (1987): "Internationale Kapitalmobilität aus makroökonomischer Sicht", Volkswirtschaftliche Forschung und Entwicklung, Bd. 31, München, Berlin, 1987, S. 1.

geänderten Datenlagen nicht in optimaler Weise, den Gesamtmarkt umfassend, durchgeführt werden könnten. Die Folge wäre, daß Neuigkeiten noch nicht einmal potentiell in vollem Umfang wechselkurswirksam werden könnten. Kapitalverkehrsbeschränkungen müssen also ausgeschlossen sein.
Bei der Existenz von Transaktionskosten würde sich bei veränderter Datenlage das bereits geschilderte "band of agnosticism" ergeben. In dessen Folge würde die Reaktion der Märkte aufgrund der Opportunitätskostenabwägung zum einen verzögert und zum anderen wiederum nicht in vollem Umfang erfolgen. Gerade die Einschränkung des Umfanges der Marktreaktion auf Datenänderungen ist aber nicht mit rationalen Erwartungen und den daraus zwingend folgenden Handlungen der Marktteilnehmer (Umschichtung der Portfolios zur neuen First-best-Lösung in vollem Umfang und mit unendlicher Reaktionsgeschwindigkeit) vereinbar, weshalb auch Transaktionskosten nicht auftreten dürfen.

3.1.2.3 Vollkommene Substitutierbarkeit in- und ausländischer Aktiva und die Risikoneutralität der Anleger

Die vollkommene Substituierbarkeit in- und ausländischer Aktiva wird als Unterschiedslosigkeit der betrachteten Anlagealternativen in allen Aspekten außer der Denominationswährung definiert.[28] Die modelltheoretische Annahme der perfekten Substituierbarkeit in- und ausländischer Aktiva impliziert ebenfalls die Risikoneutralität der Anleger.[29]

---

[28]Vgl.: Frenkel, Michael (1993): "Einführung in die Makroökonomik offener Volkswirtschaften", a. a. O., S. 199.

[29]Vgl.: Frenkel, Michael (1994): "Wechselkursvolatilität und Terminkursverzerrungen: Empirischer Befund und Erklärungsansätze", a. a. O., S. 63.

Die unterschiedlichen Anlagealternativen können dann (mathematisch) zu einem homogenen, internationalen Aktivum aggregiert werden.
Handelt es sich bei den Anlagealternativen also um perfekte Substitute, dann werden die Aktiva mit der geringeren Ex-ante-Rendite vollständig durch die mit der höheren Ex-ante-Rendite aus den Anlegerportfolios verdrängt.[30] Die Rendite eines Aktivums ist dann ausschließliche Determinante der Anlageentscheidung.
Für den Fall, daß eine Veränderung des relativen Angebots (der relativen Nachfrage) eines der beiden Aktiva keine Erwartungsänderung bei den Marktteilnehmern auslöst, kann sie eine Veränderung der relativen Preise der Aktiva nicht erklären, da es sich um eine Welt mit nur einem Aktivum handelt. Der Wechselkurs wird dann durch das relative Angebot und die relative Nachfrage an bzw. nach in- und ausländischem Geld bestimmt.[31]
Sind in- und ausländische Aktiva keine perfekten Substitute, so spielen die relativen Angebote und Nachfragen nach diesen Aktiva eine entscheidende Rolle bei der Bestimmung ihrer relativen Preise.
Es gibt eine Reihe von Gründen, weshalb Finanzaktiva keine perfekten Substitute sein können. Greift man das Wechselkursrisiko als die stichhaltigste Begründung heraus, so sind risikoaverse Anleger bestrebt, ihre Portfolios bezüglich dieses Risikos zu diversifizieren. Dabei bezeichnet die Risikoprämie φ_t oder die Abwei-

[30]Mit der Bezeichnung 'ex ante Rendite' ist die für das Aktivum erwartete Rendite gemeint. Da rationale Erwartungen vorausgesetzt werden, ist dies im modelltheoretischen Regelfall die tatsächliche Rendite der Anlage.

[31]Vgl.: Pikoulakis, Emmanuel (1995): "International Macroeconomics", Basingstoke, Macmillan Press, 1995, S. 32.

chung von der ungedeckten Zinsparität[32] (Gleichung (2.12)) die erwartete relative Rendite, die die Investoren dazu veranlaßt, einen relativ höheren Betrag an inländischen Aktiva zu halten.[33]

Die erwartete relative Rendite zinstragender Aktiva sieht dann wie folgt aus:

$$i_t = i_t^* + \left[E_t\left(s_{t+i}\right) - s_t\right] + \varphi_t \tag{3.1}$$

Als Ausdruck der Risikoprämie φ_t stellt sich (3.1) folgendermaßen dar:

$$\varphi_t = i_t - i_t^* - \left[E_t(s_{t+i}) - s_t\right] \tag{3.2}$$

Es soll an dieser Stelle noch einmal in Erinnerung gerufen werden, daß dieser Ausdruck in Abwesenheit einer Risikoprämie die ungedeckte Zinsparität darstellt. Auf dem Devisenmarkt wird die Abwertungserwartung der heimischen Währung durch den Swapsatz d, mit $d = \left(\frac{f_{t,t+i} - s_t}{s_t}\right)$, dargestellt, der - unter der Annahme der Risikoneutralität - ebenfalls mit der Zinsdifferenz identisch ist (gedeckte Zinsparität[34]):

$$\frac{\left(f_{t,t+i} - s_t\right)}{s_t} = i_t - i_t^* \tag{3.3}$$

Im Falle risikoaverser Anleger soll das entstehende Risiko wiederum durch eine Prämie φ_t ausgeglichen werden:

---

[32]Die ungedeckte Zinsparität wird im folgenden Abschnitt dieses Kapitels explizit erläutert. Es soll hier - wie bereits im zweiten Kapitel - ein Vorgriff auf ihre formale Darstellung erfolgen.

[33]Vgl.: Frankel, Jeffrey A. (1982): "A Test of perfect Substitutability in the Foreign Exchange Market", in: Southern Economic Journal, Vol. 49, 1982, S. 406-416, S. 406.

[34]Die gedeckte Zinsparität wird ebenfalls im folgenden Abschnitt dieses Kapitels explizit erläutert. Es erfolgt wiederum nur ein Vorgriff auf ihre formale Darstellung.

$$i_t = i_t^* + d + \varphi_t \qquad (3.4)$$

Als Ausdruck der Risikoprämie stellt sich (3.4) wiederum folgendermaßen dar:

$$\varphi_t = i_t - i_t^* - d \qquad (3.5)$$

Setzt man nun die Ausdrücke für die Risikoprämien aus (3.2) und (3.4) gleich, so ergibt sich folgendes:

$$\left(i_t - i_t^*\right) - \left[E_t(s_{t+i}) - s_t\right] = \left(i_t - i_t^*\right) - d \qquad (3.6)$$

Das ist gleichbedeutend mit:

$$\left[E_t(s_{t+i}) - s_t\right] = d \qquad (3.7)$$

Folglich ist die Abwesenheit einer Risikoprämie auf dem Terminmarkt $(d = E_t(s_{t+i}) - s_t)$ äquivalent mit der ungedeckten Zinsparität auf dem Markt für zinstragende Titel $(i_t - i_t^* = E_t(s_{t+i}) - s_t)$ bei gleichzeitiger Gültigkeit der gedeckten Zinsparität. Somit sind die Aktiva bei Abwesenheit von Risikoprämien perfekte Substitute und die Anleger risikoneutral.

Nachdem nun das Referenzsystem und die Prämissen der beiden in dieser Arbeit verwendeten Wechselkursansätze erläutert worden sind, erfolgt nun eine Konkretisierung der Anforderungen, denen sie innerhalb der empirischen Überprüfung genügen sollen.

3.1.3 Anforderungen an den "News"-Ansatz

Um Überprüfen zu können, ob der "News"-Ansatz in der Lage ist, die Wechselkursentwicklung der betrachteten Währungen im Beobachtungszeitraum befriedigend zu erklären, müssen zunächst geeignete Anspruchskriterien sowie deren Ausprägungen gewählt werden. Es soll hier noch einmal in Erinnerung gerufen werden, daß sich der ökonometrische Teil der Arbeit ausschließlich mit der Untersuchung des "News"-Ansatzes beschäftigt. Die Implikationen der Zinsparitätentheorie besitzen Gültigkeit und werden in das Modell aufgenommen; sie dient, da sie als Vorläufer des Ansatzes anzusehen ist, zwar als Grundlage für das moderne Modell der Wechselkurstheorie wird jedoch nicht separat überprüft.

Falls also der "News"-Ansatz in der Lage sein sollte, die Wechselkursentwicklung befriedigend zu erklären, so sollte er den folgenden Anforderungen genügen. Zunächst sollte in einem ersten Schritt nachgewiesen werden, daß die Terminkurse unverzerrte Prediktoren der zukünftigen Kassakurse sind, da dies unter der Voraussetzung der Risikoneutralität der Marktteilnehmer zutreffen muß. Zusätzlich sollte bestätigt werden können, daß es sich bei den betrachteten Devisenmärkten um effiziente Märkte handelt. Das Kriterium der Unverzerrtheit der Prediktoreigenschaft der Terminkurse wird mit Hilfe der Schätzgleichung (2.17), das der Markteffizienz mit einer geringfügigen Abwandlung[35] dieser Schätzgleichung überprüft. Prinzipiell handelt es sich jedoch um die gleiche Methode der Schätzung (lineare Einfachregression nach der Methode der kleinsten Quadrate), weshalb hier nur Schätzgleichung (2.17) beispielhaft aufgeführt wird:

$$s_{t+i} = \alpha + \beta f_{t,t+i} + \upsilon_{t+i} \qquad (2.17)$$

Falls die Terminkurse - wie vom "News"-Ansatz vorausgesetzt - unverzerrte Prediktoren der zukünftigen Kassakurse sind, so sollte die Konstante α der Schätz-

[35] Bei der Abwandlung der Schätzgleichung (2.17) handelt es sich um die zusätzliche Berücksichtigung des um eine weitere Periode zurückversetzten Terminkurses $f_{t-1,t}$ innerhalb der Gleichung. Dieser Zusatz sollte annahmegemäß die Güte des Ergebnisses nicht verändern, da dieser ausschließlich Vergangenheitsinformationen enthält, die im Terminkurs $f_{t,t+i}$ bereits enthalten sein sollten. Auf diesen Zusammenhang wird im dritten Teil dieses Kapitels näher eingegangen.

gleichung nicht signifikant von null und der Koeffizient β nicht signifikant von eins abweichen. Dazu werden jeweils Signifikanzniveaus von 95 % sowie von 99 % zugrunde gelegt.

Sind die überprüften Märkte effizient, so sollten die Residuen der geringfügig abgewandelten Schätzgleichung keine zusätzlichen Informationen enthalten und somit seriell unkorreliert sein.

Innerhalb der ex post Analyse sollten die vorhergesagten Änderungen der Wechselkurse - bei hoher Modellqualität - mit den tatsächlichen Änderungen übereinstimmen. Dazu werden die Vorhersagen über die Wechselkursänderungen (Richtung und Ausmaß) durch das zeitverzögerte Forwardpremium[36] und der Standardabweichung der monatlichen prozentualen Kassakursänderungen ausgedrückt.[37] Dabei sollten dann die Graphen der zeitverzögerten Forwardpremia und der monatlichen prozentualen Kassakursveränderungen übereinstimmen sowie deren jeweilige Standardabweichung möglichst gering sein. Weiterhin sollten die Vorzeichen der Forwardpremia, die die Richtung der Wechselkursvolatilität angeben, mit den Veränderungen der Kassakurse übereinstimmen. Es ist zu erwarten, daß bei geringer Wechselkursvolatilität auch die Standardabweichungen der beiden genannten Größen gering sein werden.

Falls sich jedoch herausstellen sollte, daß die beiden genannten Eigenschaften nicht erfüllt werden können, so gibt es nur eine schlüssige Erklärung für das Auseinanderfallen der vorhergesagten und tatsächlichen Volatilitäten (sowohl hinsichtlich des Ausmaßes als auch der Richtung) der Wechselkurse: sie müssen von

---

[36]Auf die Bestimmung des zeitverzögerten Forwardpremiums und seine Aussagekraft für die Richtung der Wechselkursvolatilität wird in Abschnitt 3.3.2.3 explizit eingegangen.

[37]Die dazu notwendigen Schritte werden im dritten Abschnitt dieses Kapitels eingehend verbal sowie graphisch erläutert.

neuen, unvorhergesehenen Informationen beeinflußt worden sein. Diese können definitionsgemäß weder in den Terminkursen noch in den zeitverzögerten Forwardpremia, die die Erwartung (Vorhersage) der Marktteilnehmer bezüglich der Wechselkursvolatilität darstellen, enthalten sein.

Der "News"-Ansatz sollte dann in der Lage sein, die Wechselkursänderungen den entsprechenden Neuigkeiten zuschreiben zu können.

Die Schwierigkeit besteht nun darin, eine Variable zu bestimmen, die das Eintreffen von "News" permanent beobachtet, quantifiziert und mißt. Es ist deshalb notwendig, das Verhältnis des Wechselkurses zu einer Variablen zu untersuchen, deren Zeitreihe die neue(n) Information(en) hinreichend schnell sowie umfassend widerspiegelt. Setzt man voraus, daß die Markträumung auf Devisenmärkten schnell abläuft, dann kann ferner vorausgesetzt werden, daß die (unerwartete) Änderung sofort im Zinssatz, respektive in dessen internationalem Differential, reflektiert wird. Dementsprechend sollte der "News"-Ansatz die Änderung des Wechselkurses, die aufgrund neuer Informationen, die sich in Veränderungen der nationalen Zinssätze niederschlagen, basiert, nachvollziehen können. Dies wird über die Differenz zweier Zinsdifferentiale modelliert: es wird das tatsächliche internationale Zinsdifferential von dem von den Marktteilnehmern erwarteten internationalen Differential subtrahiert. Das Ergebnis der Subtraktion gibt das Ausmaß und - über das entsprechende Vorzeichen - die Richtung der unerwarteten Wechselkursänderung an, die durch das berechnete unerwartete Zinsdifferential hervorgerufen wurde.[38]

[38]Die dazu notwendigen Schritte werden im dritten Abschnitt dieses Kapitels eingehend erläutert.

Um diese Hypothese zu testen, wird eine zweistufige multiple Regression nach der Methode der kleinsten Quadrate durchgeführt.[39] Dabei stellen der zukünftige Kassakurs den Regressanden, der aktuelle Terminkurs sowie das berechnete unerwartete Zinsdifferential die Regressoren der Regressionsgleichung dar. Die Konstante α der Schätzgleichung der Regression sollte wiederum nicht signifikant von null, der Koeffizient β nicht signifikant von eins und der Koeffizient π des unerwarteten Zinsdifferentials nicht signifikant von null abweichen. Diese Hypothesen werden gegenüber den Signifikanzniveaus von 95 % bzw. 99 % getestet. Haben "News" einen Einfluß auf die Wechselkursbildung, so wird sich der Koeffizient π jedoch signifikant von null unterscheiden und damit die Kernaussage des Modells: "Wechselkursänderungen sind maßgeblich vom Eintreffen unbekannter und unvorhersehbarer Informationen auf dem Markt abhängig." bestätigen.

Alle genannten Anforderungen an den "News"-Ansatz werden im dritten Teil dieses Kapitels überprüft.

Bemerkenswert ist, daß der "News"-Ansatz grundsätzlich nicht versucht, Gründe für das Auftreten von "News" und damit unerwarteten Wechselkursänderungen zu finden. Seine Zielsetzung ist, eine aufgetretene Wechselkursänderung mit Hilfe einer unvorhergesehenen Neuigkeit zu erklären, deren Ursprung und Ausprägung nicht weiter verfolgt wird, solange sie sich im internationalen Zinsdifferential niederschlägt und damit die Wechselkursänderung erklären kann. Im weiteren Ver-

[39]Eine ausführliche Erklärung des Modells und der Vorgehensweise zu seiner Überprüfung wird im letzten Teil des dritten Abschnitts dieses Kapitels gegeben. Hier sollen die Erläuterungen nur dem Zweck dienen, die Anforderungen an das Modell zu verdeutlichen. Die für die Regression erforderliche Schätzgleichung wird aus methodischen Gründen ebenfalls dort aufgeführt und erläutert.

lauf dieser Arbeit wird jedoch gezeigt, daß gerade der Auslöser für eine Zinsänderung von Bedeutung für die zukünftige Wechselkursentwicklung ist.
Nun folgt jedoch zuerst eine verbale und formale Darstellung der Zinsparitätentheorie, die als Vorläufer des "News"-Ansatzes begriffen wird , da dieser deren Implikationen und Wirkungsmechanismen in der vorliegenden Arbeit enthält.

3.2 Wechselkursbildung gemäß der Zinsparitätentheorie

Die Zinsparitätentheorie bildet einen der wichtigsten Bausteine der Außenhandelstheorie im Rahmen der Erklärung der Funktionsweise der internationalen Kapital- und Devisenmärkte. Sie gehört zu den Finanzmarktansätzen des Wechselkurses und bestimmt Kapitalbewegungen durch internationale Zinsdifferenzen. Ihre Entwicklung geht auf KEYNES zurück, der sie in den zwanziger Jahren formuliert hat.[40] Ihre Popularität erlangte die Zinsparitätentheorie allerdings erst in den fünfziger und sechziger Jahren durch EINZIG.[41]
Das Grundmodell des Finanzmarktansatzes enthält drei Arten von Finanzaktiva, die innerhalb eines Portfolios W gehalten werden: (1) heimisches Geld M, (2) inländische Staatsschuldtitel B und (3) ausländische Wertpapiere F. Da das Volkseinkommen und das Preisniveau kurzfristig als exogene Größen behandelt werden, treten keine Interaktionen zwischen den Asset- und Gütermärkten auf, weshalb letztere vernachlässigt werden können.[42] Die Anteile der jeweiligen Aktiva am Gesamtvermögen W der Anleger sind abhängig von den Ertragsraten der-

[40]Vgl.: Keynes, John M. (1923): "A Tract on Monetary Reform", London, 1923, (repr. 1971), S. 114 ff.

[41]Vgl.: Einzig, Paul (1937): "A Dynamic Theory of Forward Exchange", London, New York, 1961.

[42]Als Assets werden hier Kapital und Devisen verstanden.

selben im In- und Ausland. Das Finanzmarktgleichgewicht ist dann durch die folgenden Bedingungen charakterisiert:

$$M = m(i_t, i_t^*)W \tag{3.8}$$

$$B = b(i_t, i_t^*)W \tag{3.9}$$

$$F = f(i_t, i_t^*)W \tag{3.10}$$

$$W = M + B + F \tag{3.11}$$

Dabei bezeichnen (3.8) bis (3.10) die (vereinfachten) Nachfragefunktionen nach Geld sowie in- und ausländischen Zinstiteln, innerhalb derer $m(i_t, i_t^*), b(i_t, i_t^*)$ und $f(i_t, i_t^*)$ den jeweiligen Anteil der einzelnen Aktiva am Gesamtvermögen W (Gleichung (3.11)) in Abhängigkeit vom inländischen bzw. ausländischen Zinssatz i_t bzw. i_t^* darstellen. Die Größen $m(i_t, i_t^*)$, $b(i_t, i_t^*)$ und $f(i_t, i_t^*)$ sind positiv abhängig von der eigenen und negativ abhängig von den Ertragsraten der anderen Aktiva.

Die Aufstellung dreier unterschiedlicher Gleichgewichtsbedingungen für die verschiedenen Aktiva ist notwendig, solange diese als unvollständige Substitute angesehen werden, wie dies z. B. in den Portfoliomodellen der Fall ist.[43] Die Wirtschaftssubjekte werden dann je nach ihrer individuellen Risikoneigung ihr Vermögen diversifizieren, wobei aber beispielsweise die Erhöhung der Ertragsrate eines der Bestandteile des Portfolios nicht zur vollständigen Verdrängung der

[43]Vgl.: Baltensperger, Ernst; Böhm, Peter (1982): "Stand und Entwicklungstendenzen der Wechselkurstheorie - Ein Überblick", a. a. O., S. 34.

beiden anderen führt, sondern nur zu einer partiellen Umschichtung innerhalb des Portfolios zugunsten dieses Aktivums. Handelt es sich aber bei den Anlagealternativen um perfekte Substitute, so werden die niedrigerverzinslichen Papiere vollständig durch das mit der höheren Verzinsung verdrängt. Die unterschiedlichen Anlagealternativen können dann zu einem homogenen, internationalen Zinstitel aggregiert werden. Die Gleichgewichtsbedingungen (3.8) bis (3.11) werden dann zu den zwei Arbitragebedingungen der Zinsparitätentheorie, der ungedeckten bzw. der gedeckten Zinsparität. Determinante der Anlageentscheidung ist dann ausschließlich die entsprechende Ertragsrate des Titels. Soll also gewährleistet sein, daß sowohl in- als auch ausländische Titel im Portfolio des Anlegers verbleiben, so müssen die Erträge dieser beiden Alternativen gleich sein. Diese Bedingung soll durch den Wechselkurs erfüllt werden.[44]

Betrachtet man diese Ausführungen aus einem anderen Blickwinkel, so stellt sich die Frage, welche Änderungen sich c.p. im Austauschverhältnis der beiden Währungen ergeben, wenn sich die Relation der nationalen Zinssätze verändert. Wie bereits erläutert, handelt es sich bei der in der vorliegenden Arbeit verwendeten Definition des Wechselkurses um die Preisnotierung, die z. B. durch den Ausdruck $\frac{DEM}{100FFR}$ dargestellt wird.

Verändert sich nun das Verhältnis der beiden nationalen Zinssätze Frankreichs und Deutschlands, steigt z. B. der deutsche Zins relativ zum französischen, dann sinkt der Franc-Kurs der D-Mark, da die Nachfrage nach D-Mark aufgrund der attraktiveren Anlageoptionen in Deutschland gestiegen ist. Es müssen nun weniger Einheiten DEM für 100 FFR bezahlt werden. Die DEM wurde aufgewertet;

[44]Vgl.: Frenkel, Michael (1993): "Einführung in die Makroökonomik offener Volkswirtschaften", Verlag Wilhelm Surbier, St. Gallen, 2. Auflage, 1993, S. 199.

es herrscht also ein negativer Zusammenhang zwischen Zins und Wechselkurs bzw. ein positiver Zusammenhang zwischen Zins und Auf- bzw. Abwertung einer Währung.

Dabei ist zu beachten, daß in unterschiedlichen Umwelten entgegengesetzte Wirkungsrichtungen relativ höherer (niedrigerer) Verzinsung der Aktiva im Inland bzw. im Ausland zu erwarten sind. Herrscht z. B. eine inflationäre Umwelt vor[45], so kommt es bei Zinserhöhungen im Inland zu einem Ansteigen des Wechselkurses (Abwertung der heimischen Währung), da die Zinserhöhung die Inflationserwartungen im Inland für die Zukunft verschärft.[46]

In einer nichtinflationären Umwelt ist das Gegenteil der Fall, dort kommt es bei steigenden Inlandszinsen zu einer Ermäßigung des Wechselkurses (Aufwertung der heimischen Währung). Bei dem in dieser Arbeit zu untersuchenden Zeitraum handelt es sich um eine nichtinflationäre Umwelt, in der der zuletzt beschriebene Wirkungszusammenhang zutrifft.[47]

---

[45] Als Beispiel für eine inflationäre Umwelt kann die Situation in den USA zwischen 1975 und 1979 angeführt werden, wo es trotz relativ höherer Zinsen in den USA im Vergleich zu den Zinssätzen des Auslandes zu einer Abwertung des Dollars gekommen ist.

[46] Vgl.: Frenkel, Jacob A. (1976): "A Monetary Approach to the Exchange Rate: Doctrinal Aspects and Empirical Evidence", in: Scandinavian Journal of Economics, Vol. 78, 1978, S. 200-224.

[47] Diese traditionelle Argumentation des negativen Zusammenhangs zwischen Zinsen und Wechselkursen basiert in der Regel auf kurzfristigen Liquiditätseffekten monetärer Veränderungen. Vergleiche dazu Dornbusch, Rüdiger (1976): "The Theory of Flexible Exchange Rate Regimes and Macroeconomic Policy", in: Scandinavian Journal of Economics, Vol. 78, 1978, S. 255-275.

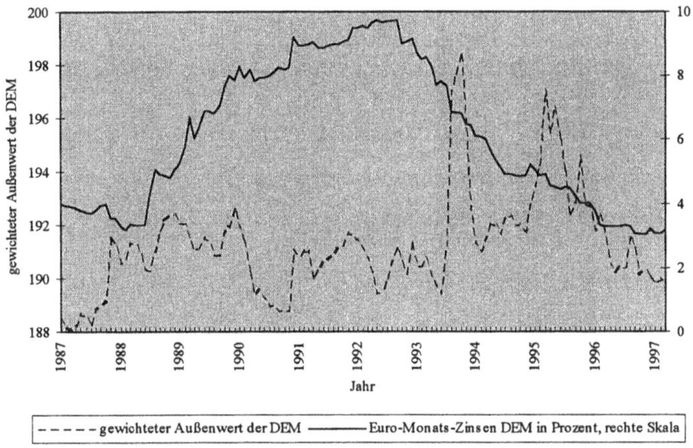

Anmerkung: Die Gewichtung des Außenwertes der DEM ist nach der Berechnungs- und Gewichtungsmethode der Deutschen Bundesbank vorgenommen worden. Siehe dazu: Deutsche Bundesbank (Hrsg.) (1997): "Devisenkursstatistik", Mai 1997, S. 80 - 81.

Abbildung 3.1: Gewichteter Außenwert der DEM gegenüber dem FFR, dem BFR und der DKR sowie Zinssatz für DEM Euro-Monatsgeld, 04/87 - 04/97 (Datenmaterial: Deutsche Bundesbank).

Anhand von Abbildung 3.1 ist erkennbar, daß der Zusammenhang, der für das Verhältnis von Zins und Außenwert in einer nichtinflationären Umwelt unterstellt wird, grundsätzlich für die DEM zutrifft.

Jedoch muß für den Zeitraum von 1989 bis 1994 eine Ausnahme attestiert werden: in dieser Zeit kamen die Folgen des mikroökonomischen Schocks der deutschen Vereinigung voll zur Wirkung, so daß aufgrund der starken Binnennachfrage in Deutschland, die nicht durch die inländische Produktion gedeckt werden konnte, die Zinsen wegen der drohenden Inflationsgefahren stark erhöht werden mußten, was nicht zu einer entsprechenden Erhöhung des Außenwertes der DEM führte. In diesem Zusammenhang ist jedoch die besondere Stellung der DEM innerhalb des Wechselkursmechanismus des EWS zu beachten, denn dort fungiert die DEM als Ankerwährung.[48] Für das Verhältnis von deutschen und ausländischen Zinsen hat das zur Folge, daß die deutschen Zinsen jeweils die Untergrenze der ausländischen Zinsen darstellen (siehe Abbildung 3.2), was in den Partnerländern zu starken Problemen führte.[49]

[48]Zum Unterschied der Begriffe Leitwährung und Ankerwährung vgl. Bofinger, Peter (1993): "Was bestimmt die Leitwährungsrolle im EWS?", in: HWWA-Institut für Wirtschaftsforschung Hamburg, Wirtschaftsdienst, 73. Jg., H. 8, S. 397-401, hier S. 397, Fußnote 1. Hier soll noch einmal auf die bereits getroffene Differenzierung verwiesen werden. Für die empirische Analyse ist sie von Bedeutung, da der asymmetrische Handlungsspielraum der Bundesrepublik sich hauptsächlich auf die Zinspolitik der Bundesbank erstreckt. Der Begriff Ankerwährung wird hier wiederum analog zu den Ausführungen Bofingers verwendet, um "die asymmetrischen Handlungsspielräume, durch eine restriktive Politik im "Ankerwährungsland" die anderen Länder zu Geldwertstabilität zu verpflichten", zu beschreiben.

[49]Wenn bisher vom Zinsdifferential die Rede war, dann bezog sich dieser Ausdruck auf die Differenz der deutschen zu den ausländischen Zinsen $(i-i^*)$. Aufgrund der besonderen Situation im EWS, daß die deutschen Zinsen die Untergrenze für die jeweiligen ausländischen Zinssätze darstellen, wird der Term der Zinsdifferenz negativ. Je größer jedoch sein Betrag ist, desto stärker ist die Aufwertung der DEM, da die Differenz von den Marktteilnehmern als 'Risikoprämie' für den Erwerb anderer Währungen als der DEM verlangt wird. Durch eine Erhöhung des Differentials der ausländischen zu den deutschen Zinsen ist es dann möglich, eine relative Erhöhung des Außenwertes der ausländischen Währungen (Stabilisierung des Wechselkurses gegenüber der DEM) herbeizuführen. Der positive Zusammenhang zwischen Zins und Aufwertung einer Währung (respektive der negative Zusammenhang zwischen Zins und Wechselkurs) gilt also auch hier.

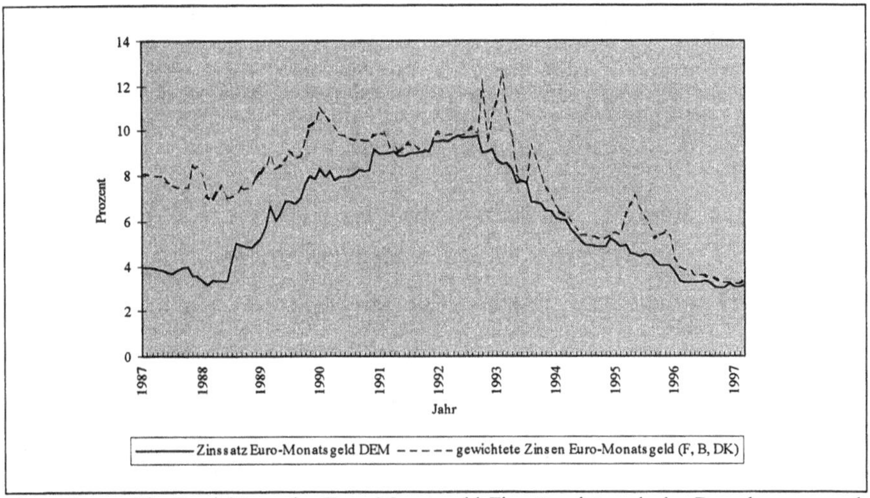

Anmerkung: Die Gewichtung der Euro-Monatsgeld-Zinssätze ist nach der Berechnungs- und Gewichtungsmethode der Deutschen Bundesbank vorgenommen worden. Siehe dazu: Deutsche Bundesbank (Hrsg.) (1997): "Devisenkursstatistik", Mai 1997, S. 80 - 81.

Abbildung 3.2: Gegenüberstellung des Euro-Monatsgeld-Zinssatzes der DEM und der gewichteten Euro-Monatsgeld-Zinssätze des FFR, BFR und der DKR (Datenmaterial: Deutsche Bundesbank).

Zieht man weiterhin in Betracht, daß die konjunkturelle Situation in Europa in diesem Zeitraum asymmetrisch war, daß also in Deutschland (bis Ende 1992) die Gefahr einer konjunkturellen Überhitzung bestand, während im europäischen Ausland, also auch in den hier betrachteten Ländern, das genaue Gegenteil der Fall war, so liegt der Schluß nahe, daß die zinsmäßigen Erfordernisse dieser Länder ebenfalls konträr zu denen Deutschlands waren. Folge dieser asymmetrischen Bedürfnisse war, daß eine Erhöhung des Differentials der gewichteten ausländischen Zinsen gegenüber den deutschen Zinsen $(i_g^* - i)$[50] nicht automatisch zu einer

[50] Aus Gründen der graphischen Darstellung wird hier das Differential der ausländischen zu den deutschen Zinsen $(i_g^* - i)$ gewählt, da diese Differenz ein positives Ergebnis hervorbringt.

Ermäßigung des Außenwertes der DEM führte, sondern in erster Linie ein Absinken des Außenwertes der ausländischen Währungen verhindern sollte, was in der Konsequenz einer Erhöhung des DEM-Außenwertes bei stabilen Zinsen gleichgekommen wäre.

Hier schließt sich ein Problem für die europäischen Partner an, welches ex post für diese Phase innerhalb des EWS nicht unterschätzt werden darf: die Verpflichtung, die eigene Währung innerhalb der Bandbreite von ± 2,25 % gegenüber ihrer jeweiligen DEM-Parität zu halten.[51] Dies konnte jedoch nur mit Hilfe der notwendigen Zinsschritte geschehen, da sonst die Märkte das Vertrauen in die jeweilige nationale Geldpolitik verloren hätten. Dieser Vertrauensverlust hätte wiederum zu noch höheren Zinsniveaus in den Partnerländern geführt und die bereits bestehende Situation weiter verschärft.

Es bleibt jedoch festzuhalten, daß eine Zinserhöhung weder in Deutschland noch bei den Partnern eine verstärkte Inflationserwartung zur Folge hatte, sondern das Gegenteil der Fall war.

Anhand von Abbildung 3.3 ist erkennbar, daß c.p. bei einer Zunahme des gewichteten Differentials der Zinsen des Auslandes gegenüber denen Deutschlands $(i_g^* - i)$ entweder der deutsche Zinssatz im Verhältnis (stärker) gesunken oder der gewichtete Zinssatz des Auslandes im Verhältnis (stärker) gestiegen sein muß und vice versa.

Der grundsätzliche Zusammenhang zwischen Zinsen und Außenwert wird dadurch nicht beeinflußt.

[51]Siehe zur Funktionsweise des Wechselkursmechanismus des EWS Abschnitt 4.1.1.

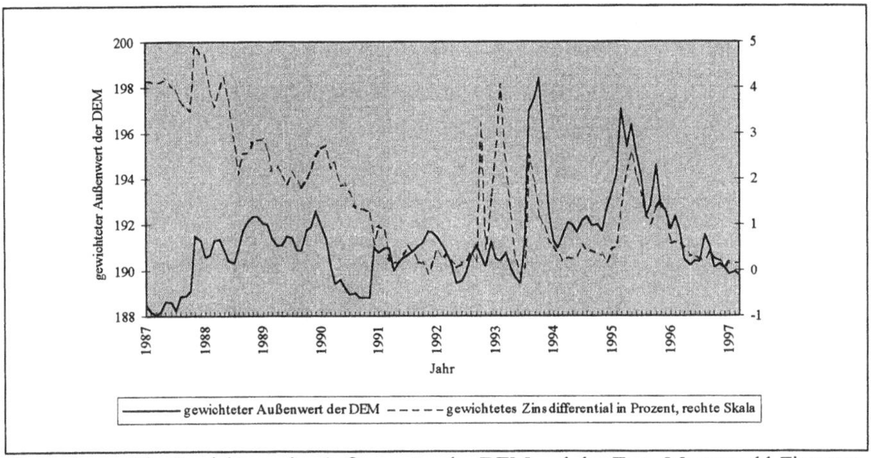

Anmerkung: Die Gewichtung des Außenwertes der DEM und der Euro-Monatsgeld-Zinssätze ist nach dem Gewichtungsschlüssel der Deutschen Bundesbank vorgenommen worden. Siehe dazu: Deutsche Bundesbank (Hrsg.) (1997): "Devisenkursstatistik", Mai 1997, S. 80 - 81.

Abbildung 3.3: Gegenüberstellung des gewichteten Außenwertes der DEM gegenüber dem FFR, dem BFR und der DKR und dem gewichteten Zinsdifferential der gleichen Staaten gegenüber Deutschland (1972 = 100) (Datenmaterial: Deutsche Bundesbank).

Beides führt jedoch c.p. nicht automatisch zum Absinken des gewichteten Außenwertes der DEM. Es kann also von einer nichtinflationären Umwelt ausgegangen werden, die durch die besondere Situation im EWS begründet ist, in der die Partner, wollen sie keinen Vertrauensverlust erleiden, dazu verpflichtet sind, ihre Parität gegenüber der DEM zu halten. Dies kann jedoch kurzfristig nur über Variationen des Zinssatzes geschehen.

Es besteht also ein negativer Zusammenhang zwischen Zins und Wechselkurs bzw. ein positiver Zusammenhang zwischen Zins und Auf- bzw. Abwertung einer Währung. Nicht zuletzt deshalb wird die ungedeckte Zinsparität - als Ausprägung der Zinsparitätentheorie - für die weitere Analyse als operationalisierbar betrachtet. Sie wird Eingang in die Empirie finden.

Ausgangspunkt ist dann - unter den genannten Voraussetzungen - die Wahlmöglichkeit der Investoren, einen Betrag im Inland zum Zinssatz i_t anzulegen, oder dies im Ausland zum Zinssatz i_t^* zu tun. Legt der Investor sein Geld im Ausland an, so wird er den Betrag zuerst am Kassamarkt zum aktuellen Kassakurs s_t in die ausländische Währung umtauschen, um dann das von ihm gewünschte ausländische Aktivum erwerben zu können. Am Ende der Laufzeit (t+i) des Aktivums wird der entsprechende Betrag inklusive seiner Rendite wieder in die heimische Währung zurücktransferiert. Zum Zeitpunkt der Anlage ist der zukünftige Kassakurs s_{t+i} am Laufzeitende jedoch nicht bekannt. Der Investor läuft also Gefahr, durch Wechselkursveränderungen seine ganze Anlage bzw. einen Teil des Betrages inklusive der Zinserträge zu verlieren (Wechselkursrisiko). Dementsprechend wird er bemüht sein, die Unsicherheit so gering wie möglich zu halten, indem er versucht, das Änderungsrisiko möglichst gut einzuschätzen oder es abzusichern.
Unter diesen Bedingungen bewirken die durch Arbitrage induzierten Kapitalströme, daß im Gleichgewicht keine Bewertungsunterschiede zwischen einer in inländischen Titeln angelegten Währungseinheit und einer in ausländischen Titeln angelegten Währungseinheit mehr bestehen.[52]
Unter diesen Voraussetzungen existieren zwei Ausprägungen der Zinsparitätentheorie, die bereits angesprochen wurden und nun erläutert werden sollen:

(1) die gedeckte Zinsparität und
(2) die ungedeckte Zinsparität

[52]Vgl.: König, Peter; Möller, Joachim (1989): "Zinsparitätentheoreme", in: Wirtschaftswissenschaftliches Studium, 18. Jg., H. 8, 1989, S. 403-406, S. 403.

Im folgenden soll nun zuerst die gedeckte und anschließend die ungedeckte Zinsparität erklärt werden.

3.2.1 Gedeckte Zinsparität

Die gedeckte Zinsparität geht von einer Kurssicherung der Fremdwährungspositionen über den Devisenterminmarkt aus. Sie ist immer dann erfüllt, wenn die Zinsdifferenz mit den durch den Swapsatz $\left(d = \frac{f_{t,t+i} - s_t}{s_t}\right)$ repräsentierten Kurssicherungskosten übereinstimmt.[53] Wird das o. g. Beispiel einer Anlage des Investors im Ausland gewählt und der anzulegende Betrag mit (A) bezeichnet, so lohnt sich eine Investition des Betrages im Ausland, wenn gilt:

$$A(1+i_t) < A(1+i_t^*)(\frac{f_{t,t+i}}{s_t}) \tag{3.12}$$

Dementsprechend ist eine Anlage im Inland lohnenswert, wenn gilt:

$$A(1+i_t) > A(1+i_t^*)(\frac{f_{t,t+i}}{s_t}) \tag{3.13}$$

Solange jeweils eine der beiden Alternativen einen größeren Ertrag als die andere erbringt, lohnt sich die Zinsarbitrage, die dann den Wechselkurs und die Zinssätze verändert. Im Zinsarbitragegleichgewicht sieht dies wie folgt aus:

$$(\frac{f_{t,t+i}}{s_t}) = \frac{(1+i_t)}{(1+i_t^*)} \tag{3.14}$$

Durch beiderseitige Subtraktion von 1 erhält man:

[53] Vgl.: Deutsche Bundesbank (1993): "Entwicklung und Bestimmungsfaktoren des Außenwerts der D-Mark", in: Deutsche Bundesbank (Hrsg.) Monatsbericht November 1993, Frankfurt a. M., 1993, S. 41 - 61, S. 53.

$$\frac{f_{t,t+i}}{s_t} - \frac{s_t}{s_t} = \frac{(1+i_t)}{(1+i_t^*)} - \frac{(1+i_t^*)}{(1+i_t^*)} \tag{3.15}$$

bzw.:

$$\frac{f_{t,t+i} - s_t}{s_t} = \frac{(i - i_t^*)}{(1+i_t^*)} \tag{3.16}$$

Da der Nenner $(1+i_t^*)$ bei kleinen Werten von i_t^* nur geringe Bedeutung hat, wird er in aller Regel vernachlässigt, was zu dem folgenden formalen Ausdruck der gedeckten Zinsparität führt:

$$\frac{f_{t,t+i} - s_t}{s_t} = (i_t - i_t^*) \tag{3.3}$$

Gleichung (3.3) stellt das Zinsarbitragegleichgewicht dar. In diesem Fall ist die Rendite eines Aktivums, das in heimischer Währung denominiert ist, identisch mit der eines vergleichbaren Aktivums, welches in einer Fremdwährung denominiert ist, zuzüglich der Kosten, die für die Absicherung des Wechselkursrisikos entstehen (Swapsatz).

Gilt Gleichung (3.16), dann gibt es auf den betrachteten Märkten keine unausgenutzten Gewinnchancen durch Zinsarbitrage mehr.[54]

Die gedeckte Zinsparität ist in zahlreichen Untersuchungen empirisch getestet worden. Die Ergebnisse für diese Bedingung fielen unterschiedlich aus. Die meisten Arbeiten bestätigen die Gültigkeit der Hypothese.[55] Einige Arbeiten führen

---

[54]Vgl.: Maennig, Wolfgang G.; Tease, Warren J. (1987): "Covered Interest Parity in Non-Dollar Euromarkets", in: Weltwirtschaftliches Archiv, Vol. 123, 1987, S. 606-617, S. 607.

[55]Vgl.: Aliber, Robert Z. (1973): "The Interest Parity Theorem: A Reinterpretation", in: Journal of Political Economy, Vol. 81, 1973, S. 1451-1459. So auch Marston, Richard C. (1976): "Interest Arbitrage in Euro-Currency Markets", in: European Economic Review, Vol. 7, 1976, S. 1-13. Beide Untersuchungen bezogen sich auf die Euro-Devisenmärkte.

Abweichungen von der gedeckten Zinsparität auf die Existenz von Transaktionskosten zurück, die zudem zeitlichen Schwankungen unterworfen waren. Dabei waren die Transaktionskosten in turbulenteren Marktphasen höher als in ruhigeren Phasen.[56]

Ein großer Vorteil bei der empirischen Überprüfung dieser Hypothese ist, daß sie ausschließlich mit beobachtbaren Größen arbeitet, bei denen keine Hilfshypothesen konstruiert werden müssen, um einen Test durchführen zu können.

Im weiteren Verlauf dieser Arbeit wird jedoch die ungedeckte Zinsparität verwendet, da rationale Erwartungen sowie Risikoneutralität der Anleger vom "News"-Ansatz der modernen Wechselkurstheorie, der im dritten Teil dieses Abschnitts beschrieben und empirisch überprüft wird, ebenfalls vorausgesetzt werden. Zusätzlich wird nach Meinung des Verfassers die Erwartung der Marktteilnehmer über den zukünftigen Kassakurs (s_{t+i}) durch den aktuellen Terminkurs ($f_{t,t+i}$) zum Zeitpunkt t recht pragmatisch dargestellt, wodurch die Problematik rationaler Erwartungen zumindest formal abgemildert wird.

3.2.2 Ungedeckte Zinsparität

Im Rahmen der ungedeckten Zinsparität sehen die Anleger von einer Absicherung ihrer Fremdwährungsposition über den Terminmarkt ab. Auf ein Hedging der Position wird verzichtet, weil davon ausgegangen wird, daß der Markt mittels der Zinsarbitrage ein Gleichgewicht zwischen der Renditedifferenz der ungesicherten Anlage und der Wechselkursänderung herstellt. Mit anderen Worten: der Wechselkurs befindet sich im Gleichgewicht, wenn die erwarteten Erträge in- und aus-

---

[56]Vgl.: Frenkel Jacob A.; Levich, Richard M. (1975): "Covered Interest Arbitrage - Unexploited Profits?", in: Journal of Political Economy, Vol. 83, 1975, S. 325-338.

ländischer Aktiva identisch sind, denn dann besteht kein Anreiz zu einer Umschichtung der Anlagebestände.[57] Das bedeutet, daß eine erwartete Wechselkursänderung durch die internationale Zinsdifferenz ausgedrückt wird. Formal stellt sich diese Beziehung wie folgt dar:

$$E_t(s_{t+i})(1+i_t^*) = s_t(1+i_t) \qquad (3.17)$$

Das ist gleichbedeutend mit:

$$E_t(s_{t+i}) - s_t = i_t - i_t^* \qquad (2.12)$$

Dies ist die stärkste mögliche Verbindung zwischen den Zinssätzen zweier Länder. Innerhalb eines Systems fester Wechselkurse würde das bedeuten, daß die Zinssätze identisch sein müßten.[58] [59]

---

[57]Vgl.: MacDonald, Ronald (1988): "Floating Exchange Rates - Theories and Evidence", a. a. O., S. 34.

[58]Vgl.: Kirchgässner, Gebhard; Wolters, Jürgen (1990): "Uncovered Interest Parity, Interest Rate Linkage, or Independence?", in: Jahrbuch für Sozialwissenschaft, H. 3, 1990, S. 289-311, S. 290.

[59]Die Hypothese der ungedeckten Zinsparität ist ebenfalls von zahlreichen Autoren empirisch getestet worden, deren Ergebnisse sehr gemischt waren. Diese Ergebnisse können in Abweichungen von den für die ungedeckte Zinsparität geforderten Voraussetzungen begründet sein. Die Finanzaktiva können z. B. aufgrund politischer Risiken, des Erfüllungsrisikos oder wegen des Risikos unterschiedlicher Zinssätze am Laufzeitende keine vollständigen Substitute sein. Ferner existieren Transaktionskosten, die die perfekte Mobilität des Kapitals einschränken. Die erwähnten Untersuchungen bezogen sich auf unterschiedliche Währungen und Zeiträume. Vgl. z. B. Hansen, Lars P.; Hodrick, Robert L. (1983): "Risk Averse Speculation in the Forward Foreign Exchange Market: An Econometric Analysis of Linear Models", in: Frenkel, Jacob A. (Hrsg.): "Exchange Rates and Internationale Macroeconomics", Chicago 1983, S. 113-153; Frenkel, Jacob A. (1981): "Flexible Exchange Rates, Prices and the Role of "News": Lessons from the 1970's", in: Journal of Political Economy,

Nachdem die Schilderung der Zinsparitätentheorie abgeschlossen ist, kann mit ihrer modernen Ergänzung fortgefahren werden.
Dabei wird in der folgenden ökonometrischen Untersuchung des "News"-Ansatzes zunächst auf eine ausführliche formale Darstellung des Modells bewußt verzichtet, um Überschneidungen zu vermeiden. Das Modell wird während der ökonometrischen Untersuchung ausführlich formal und verbal geschildert sowie parallel dazu überprüft.

3.3 Ökonometrische Analyse der Krise des EWS im Juli 1993 durch den "News"-Ansatz

Der monetäre Ansatz zur Erklärung des Wechselkurses, der auf der Annahme rationaler Erwartungen basiert, zeigt, daß der Wechselkurs von allen aktuellen und zukünftigen Werten der Fundamentalvariablen abhängt. Deshalb ist der Wechselkurs, vorausgesetzt die Vorhersagen der Marktteilnehmer sind korrekt, an die Fundamentalvariablen gebunden.

Vol. 89, 1981, S. 665-705; Gaab, Werner (1981): "Der Terminkurs als Prediktor für den zukünftigen Kassakurs", in: Bombach, G.; Gahlen, B.; Ott, A. (Hrsg.): "Zur Theorie und Politik internationaler Wirtschaftsbeziehungen", Tübingen 1981, S. 135-177; Gaab, Werner; Granziol, M. J.; Horner, M. (1986): "On Some International Parity Conditions, an Empirical Investigation", European Economic Review, Vol. 30, 1986, S. 683-713.

"News" sind "... any Information which surprises agents and which may cause a revision of their expected value of the spot exchange rate."[60]. "News" erlauben dem Wechselkurs also, sich von seinen Fundamentalvariablen zu entfernen, da sie unvorhergesehene und (per o.a. Definition) unvorhersehbare Ereignisse darstellen, die die ursprünglichen Vorhersagen der Marktteilnehmer verändern.
Das Ziel der Untersuchung des "News"-Ansatzes ist es, herauszufinden, ob unerwartete Änderungen der Wechselkursdeterminanten den Kassakurs beeinflussen und ob neue Informationen diesbezüglich in der Lage sind, die Abweichungen der Terminkurse von den zukünftigen Kassakursen zu erklären.
Die zentrale Voraussetzung des "News"-Ansatzes war die Annahme rationaler Erwartungen. Im Rahmen rationaler Erwartungen spielen "News" gemäß der obigen Definition wiederum eine große Rolle bei der Bestimmung der Variablen, die auf den Preis einer Währung Einfluß nehmen. In diesem Zusammenhang wird implizit davon ausgegangen, daß Änderungen der Wechselkursdeterminanten sich sofort in Änderungen des internationalen Zinsdifferentials widerspiegeln. Deshalb dürfte der Einfluß unerwarteter Änderungen des Differentials auf die Wechselkurse wesentlich größer sein als der erwarteter. Diese Voraussage wird einer empirischen Prüfung unterzogen. Wie bereits erwähnt, wird in diesem Zusammenhang die Gültigkeit der Zinsparitätentheorie in einer nichtinflationären Umwelt unterstellt.[61]
Bei der der Analyse zugrundeliegenden Erhebung handelt es sich um eine geschichtete Stichprobe vom Umfang n = 120, da ein abgegrenzter Zeitraum für die

---

[60]Pentecost, Eric J. (1993): "Exchange Rate Dynamics: A Modern Analysis of Exchange Rate Theory and Evidence", a. a. O., S. 80.

[61]Vergleiche dazu die Ausführungen über eine nichtinflationäre Umwelt Abschnitt 3.2.

Entnahme der Daten ausgewählt wurde und die Daten (Kassa-, Terminkurse sowie Zinssätze) bereits vorgegeben sind.[62]

Die geschichtete Stichprobe wird innerhalb einer Längsschnitterhebung (Zeitreihenmodell) untersucht.[63] Die Untersuchung besteht im wesentlichen aus vier Teilen.[64]

In einem ersten Schritt wird die Prediktoreigenschaft der Terminkurse für die zukünftigen Kassakurse untersucht, um die Vorhersagegüte der Terminkurse für die zukünftigen Kassakurse zu überprüfen. Das dazu verwendete Verfahren wird eine lineare Einfachregression[65] sein, die nach der Methode der kleinsten Quadrate (OLS I) vorgenommen wird.

---

[62]Vgl.: Hartung, Joachim (1993): "Statistik: Lehr- und Handbuch der angewandten Statistik", 9. Auflage, München, Oldenbourg Verlag, 1993, 569.

[63]Vgl.: Assenmacher, Walter (1995): "Einführung in die Ökonometrie", München u. a., Oldenbourg Verlag, 5. Auflage, S. 53.

[64]Die Analyse der Daten folgt im wesentlichen der Vorgehensweise Frenkels. Frenkel untersucht ebenfalls die Wechselkurse dreier verschiedener Währungen (GBP, DEM, FFR), allerdings gegenüber dem USD. Er wählt einen Zeitraum von sechs Jahren (1973-1979), um die hohe Volatilität der Wechselkurse in der Übergangsphase von festen zu (grundsätzlich) flexiblen Wechselkursen und die Effizienz der betreffenden Märkte zu untersuchen. Vergleiche dazu: Frenkel, Jacob A. (1981): "Flexible Exchange Rates, Prices and the Role of "News": Lessons from the 1970's", a. a. O., S. 665-705.

[65]Vgl.: Bohley, Peter (1992): "Statistik", 5. Auflage, Oldenbourg Verlag, München, 1992, S. 205-233. Speziell zur Methode der kleinsten Quadrate, S. 212-216. Eine gute Übersicht zur Durchführung der Methode der kleinsten Quadrate gibt auch Assenmacher, Walter (1995): "Einführung in die Ökonometrie", a. a. O., S. 80-88.

Der anschließende Test auf Effizienz der Terminmärkte der betrachteten Währungen wird mit Hilfe einer linearen Mehrfachregression, die ebenfalls der Methode der kleinsten Quadrate (OLS II) folgt, durchgeführt.[66]

Im dritten Schritt wird die Volatilität der Wechselkurse und die Vorhersagbarkeit der Volatilität überprüft, da diese beiden Eigenschaften typisch für organisierte Märkte sind.

Als Begründung dafür wird häufig angeführt, daß neue Informationen, die die Erwartungen der Marktteilnehmer bezüglich des zukünftigen Verlaufes der Preise des betrachteten Gutes verändern, sich sofort in Preisänderungen niederschlagen.

Um die Beziehung zwischen 'vorhergesagten' und tatsächlichen Kassakursveränderungen darzustellen, wird zunächst eine graphische Analyse gewählt. Dazu werden die prozentualen Veränderungen der Kassakurse denen der zeitverzögerten Forwardpremia, die die 'vorhergesagten' Änderungen darstellen, gegenübergestellt.

Zusätzlich werden die Standardabweichungen der beiden Größen zur Überprüfung der Vorhersagbarkeit der Volatilität herangezogen.

Nach einer kurzen Darstellung der aus den vorhergehenden Schritten resultierenden Charakteristika von Devisenmärkten wird abschließend der systematische Einfluß neuer, unvorhergesehener Informationen auf die Wechselkursbildung für die Problematik der Bandbreitenerweiterung des EWS überprüft. Dazu wird der "News"-Ansatz formal modelliert.

Das ökonometrische Analysemodell wird eine zweistufige multiple Regression nach der Methode der kleinsten Quadrate sein (2SLS).[67]

---

[66] Vgl.: Schaich, Eberhard (1990): "Schätz- und Testmethoden für Sozialwissenschaftler", 2. Auflage, München, 1990, S. 255-280, speziell zur linearen Mehrfachregression siehe S. 277.

[67] Vgl.: Schneeweiß, Hans (1990): "Ökonometrie", 4. Auflage, Heidelberg, 1990, S. 288 ff.

Zunächst wird nun eine Abgrenzung des Zeitraumes und der Daten der Analyse vorgenommen. Im Anschluß daran wird deren Vorgehensweise geschildert. Parallel zur schrittweisen Erklärung des Modells sowie der dazu notwendigen Einzelmaßnahmen wird seine Durchführung vorgenommen. Dabei werden die Ergebnisse tabellarisch bzw. in Form von Grafiken sowie verbal präsentiert. Eine Interpretation der Ergebnisse wird jeweils direkt gegeben.

3.3.1 Beobachtungszeitraum und Datenmaterial der Analyse

3.3.1.1 Beobachtungszeitraum der Analyse

Die Analyse der vorliegenden Arbeit umfaßt die DEM-Wechselkurse des FFR, des BFR und der DKR. Diese Währungen wurden ausgewählt, da sie bereits im Vorfeld der Bandbreitenerweiterung innerhalb des EWS am 2. August 1993 gegenüber der DEM, die im EWS die Ankerwährungsrolle einnimmt, stark unter Druck gerieten. Im Vergleich zu den übrigen Währungen des EWS war der Druck auf sie ungleich stärker.

Der zu untersuchende Zeitraum erstreckt sich über 10 Jahre (1987-1997). Der Beginn des zweiten Quartals 1987 bildet den Anfangs-, das Ende des ersten Quartals 1997 den Endpunkt der Analyse.

Der Anfangszeitpunkt wurde ausgewählt, da für die betrachteten Währungen das letzte Realignment im EWS gegenüber dem ECU am 12. Januar 1987 stattgefunden hat.

Innerhalb dieses Zeitraumes gab es, die Wechselkursstabilität betreffend, zwei unterschiedliche Phasen. Von April 1987 bis einschließlich August 1992 bestand eine relative Stabilität der Wechselkurs, während es sich bei der anschließenden Phase (ab September 1992) um eine Phase handelt, die von verhältnismäßig starken Wechselkursfluktuationen geprägt war, die das EWS auf harte Bewährungsproben gestellt haben.[68]

3.3.1.2 Datenmaterial der Analyse

Bei den für die Untersuchung verwendeten Daten handelt es sich um die jeweiligen Kassa- und Terminkurse der genannten Währungen gegenüber der DEM sowie den Zinssätzen für Euro-Monatsgeld der entsprechenden Währungen.

Bei den Kassakursen handelt es sich um die jeweiligen amtlichen Kassa-Mittelkurse eines jeden Monatsanfangs[69] der entsprechenden Währungen an der Frankfurter Börse.

Die Terminkurse sind Mittelkurse der Einmonatstermine des jeweiligen Monatsanfangs am Frankfurter Markt. Sie werden für die Untersuchung zeitlich um einen bzw. um zwei[70] Monate zurückversetzt, um die ihnen annahmegemäß innewohnenden Erwartungen der Marktteilnehmer über die zukünftigen Kassakurse in das Modell aufnehmen zu können.

---

[68] Abgesehen von der Bandbreitenerweiterung innerhalb des EWS am 2. August 1993, die aufgrund der starken Volatilität der Wechselkurse vorgenommen wurde, kam es zuvor im September 1992 zum temporären Ausscheiden des britischen Pfundes (GBP), welches bisher nicht wieder in das Wechselkursgefüge des EWS eingetreten ist, und der italienischen Lira (ITL) aus dem Wechselkursmechanismus. Die ITL ist dem EWS inzwischen wieder beigetreten.

[69] Der Begriff Monatsanfang bezeichnet hier den jeweils ersten Handelstag der entsprechenden Monate.

[70] In einem zweiten Schritt der Analyse wird die Vorhersagegüte des um zwei Monate zurückversetzten Terminkurses für den zukünftigen Kassakurs getestet. Eine Begründung hierfür wird bei der Erklärung des Modells und seiner Teile am Anfang des nächsten Teil dieses Abschnittes gegeben werden.

Den o. g. Zinssätzen wird der Vorzug gegenüber den jeweiligen nationalen Leitzinsen eingeräumt, da sie flexibel auf Veränderungen der Geldpolitik, auf "News" und sonstige Einflüsse, so z. B. auch auf Änderungen der Leitzinsen eines Landes, reagieren. Zusätzlich unterscheiden sich die geldpolitischen Zielsetzungen der verschiedenen Nationalbanken bezüglich Variationen der jeweiligen Leitzinssätze[71], so daß eine Vergleichbarkeit der nationalen Leitzinsen zwar besteht, diese aber für die vorliegende Arbeit nicht ausreichend ist. Bei den Euro-Zinsen für Monatsgeld der jeweiligen Währungen ist eine perfekte Vergleichbarkeit gegeben. Auch haben die nationalen Leitzinssätze in der Regel nur Signalcharakter, die tatsächliche Feinsteuerung findet häufig jedoch über andere Instrumente der Geldpolitik statt.[72]

Im folgenden Abschnitt wird nun zunächst die Vorgehensweise der Analyse vorgestellt.

[71]Die unterschiedlichen geldpolitischen Zielsetzungen der an dieser Krise des EWS beteiligten Notenbanken werden in Abschnitt 4.4 noch eingehender beschrieben. Hier sei nur gesagt, daß die Deutsche Bundesbank sich an der Geldwertstabilität in Deutschland orientiert (Stabilitätsziel), während sich die Notenbanken der europäischen Partner an der Stabilität ihrer Währung gegenüber der DEM orientieren (Wechselkursziel). Dementsprechend werden Variationen der Leitzinssätze von den jeweiligen Notenbanken zu unterschiedlichen Zwecken eingesetzt.

[72]In diesem Zusammenhang erscheint es erwähnenswert, daß den Reposätzen der Deutschen Bundesbank von Akteuren der Geschäftsbanken eine wesentlich größere Bedeutung beigemessen werden. Dies ist in einigen Gesprächen mit Vertretern verschiedener Geschäftsbanken zum Ausdruck gekommen.

3.3.2 Modell und Durchführung der Analyse

3.3.2.1 Test auf Prediktoreigenschaft der Terminkurse für die zukünftigen Kassakurse der betrachteten Währungen

Es soll noch einmal in Erinnerung gerufen werden, daß die Annahme, der Terminkurs spiegele die Erwartungen der Marktteilnehmer die Zukunft betreffend wider (Gleichung (2.14)), die Grundlage dafür war, Gleichung (2.17) als Schätzgleichung zu benutzen. Dies geschieht mit der Begründung, daß die Erwartungen der Marktteilnehmer nicht direkt meßbar sind. Aufgrund dessen kann auf die explizite Verwendung rationaler Erwartungen (Gleichung (2.15)) verzichtet werden. Es wird nun zunächst eine Kleinste-Quadrate-Schätzung von Gleichung (2.17) für die genannten Währungen vorgenommen.[73]

$$s_{t+i} = \alpha + \beta f_{t,t+i} + \upsilon_{t+i} \tag{2.17}$$

Dabei bezeichnet der zukünftige Kassakurs s_{t+i} den Regressanden und der Terminkurs $f_{t,t+i}$ den Regressor; die Konstante α (Achsenabschnitt) und der Koeffizient β (Steigung der Regressionsgeraden) stellen die zu schätzenden Koeffizienten der Regressionsgeraden dar. Sie sollten sich nicht signifikant von null (α) bzw. von eins (β) unterscheiden. Die zur Überprüfung dessen angewandte Teststatistik ist eine Studentverteilung mit v = n - 2 (v = 118) Freiheitsgraden.

[73]Da es sich um eine Analyse des Zusammenhangs zweier Variablen (Kassakurs und Terminkurs) handelt, wird eine lineare Einfachregression vorgenommen, bei der der zukünftige Kassakurs (s_{t+i}) als abhängige und der (zeitversetzte) Terminkurs ($f_{t,t+i}$) als unabhängige Variable fungiert. Vgl. dazu Bleymüller, Josef; Gehlert, Günther; Gülicher, Herbert (1992): "Statistik für Wirtschaftswissenschaftler", 8. Auflage, München, Verlag Vahlen, S. 139.

Die Residuen der Schätzgleichung sollten, falls der betrachtete Markt effizient ist, falls also die Preise alle relevanten Informationen widerspiegeln, keine zusätzlichen Informationen beinhalten und deshalb seriell unkorreliert sein.

Um diese Restriktion zu überprüfen, werden die Residuen der Regressionsgeraden einem DURBIN-WATSON-Test unterzogen.[74] Sie werden untersucht, da die tatsächlich dem Prozeß zugrundeliegenden Störvariablen nicht direkt beobachtbar sind.[75]

Gleichung (2.17) wird unter Zugrundelegung eines Konfidenzintervalles zum 95%- (99%-) Niveau für die Nullhypothesen $H_{0_1}:\alpha = 0, H_{0_2}:\beta = 1$ getestet. Die zweiseitigen Alternativhypothesen lauten: $H_{A_1}:\alpha \neq 0$ und $H_{A_2}:\beta \neq 1$.[76]

---

[74]Vgl.: Durbin, J.; Watson, G. (1950): "Testing Serial Correlation in Least-Squares Regression, Part I", Biometrica, 1950, S. 409-428 sowie Durbin, J.; Watson, G. (1951): "Testing Serial Correlation in Least Squares Regression, Part II", Biometrica, 1951, S. 159-178.

[75]Vgl.: Assenmacher, Walter (1995): "Einführung in die Ökonometrie", a. a. O., S. 146.

[76]Die Formulierung der Null- und Alternativhypothesen wird durch die Konzeption des der Analyse zugrundeliegenden Softwareprogramms (Microsoft Excel) abgewandelt. Excel testet beide Koeffizienten (α und β) gegen null. Anhand der t-Statistik kann jedoch mit Hilfe jeweils einer Zusatzberechnung getestet werden, ob der Koeffizient β der im Text aufgeführten Nullhypothese genügt. Dabei handelt es sich um den zweiseitigen t-Test bei bekannter Residuenvarianz, bei dem der Wert der t-Statistik und der Annahmebereich der Nullhypothese wie folgt bestimmt wird:

$$-z_{1-\alpha/2} \leq \frac{\hat{\beta}-1}{\delta_{\hat{\beta}}} \leq +z_{1-\alpha/2},$$

wobei $\hat{\beta}$ den durch die Regression errechneten Schätzwert des Koeffizienten β, $\delta_{\hat{\beta}}$ die Standardabweichung des Koeffizienten β und die $z_{1-\alpha/2}$ die entsprechenden Quantile der Student'schen t-Verteilung bei v = n-2 Freiheitsgraden mit n = 120 darstellen.

Die Ergebnisse der Regressionsanalyse der Schätzgleichung (2.17) zur Überprüfung der Prediktoreigenschaft der Terminkurse für die zukünftigen Kassakurse sind in Tabelle 3.1 aufgelistet.

Die Ergebnisse der Prediktoreigenschaft der Terminkurse ergeben bezüglich des FFR für den Koeffizienten α (Achsenabschnitt der Regressionsgeraden) aufgrund der t-Statistik (t_α: 3,24)[77], daß die Nullhypothese verworfen werden muß. Bezüglich des Koeffizienten β (Steigungsparameter der Regressionsgeraden) muß dieses Ergebnis ebenfalls aufgrund der t-Statistik (t_β: -3,23) bestätigt werden; die Hypothese $\beta = 1$ wird verworfen. Die Nullhypothesen für beide Koeffizienten werden sowohl bei einem Signifikanzniveau von 95 % als auch bei einem solchen von 99 % verworfen. Die verbundene Hypothese betreffend, muß die Nullhypothese ($H_{0_3}: \alpha = 0$ und $\beta = 1$ gegen die zweiseitige Alternativhypothese $H_{A_3}: \alpha \neq 0$ und $\beta \neq 1$) angenommen werden.[78]

Zusätzlich dienen die Konfidenzintervalle zum 95-% (99-%)-Niveau als Prüfkriterium, ob der wahre Wert des Koeffizienten β dem von der Theorie Effizienter Märkte angenommenen Wert (β = 1) entspricht.

Für den Koeffizienten α ändert sich aufgrund dieser Berechnung nichts. Er wird weiterhin gegen null getestet.

[77]Die Annahmebereiche der t-Verteilung mit v = n-2 (v = 118) Freiheitsgraden zum 95-%- bzw. zum 99-%-Niveau sind für alle untersuchten Währungen identisch. Es handelt sich dabei um die folgenden Intervalle: $H_{0,\, \alpha = 0,05}$: $t_\alpha = \varepsilon$ [-1,98; +198] und $H_{0,\, \alpha = 0,01}$: $t_\alpha = \varepsilon$ [-2,62; +2,62]. Vergleiche zur Prüfung von Hypothesen über die Parameter einer linearen Einfachregression: Schneeweiß, Hans (1990): "Ökonometrie", a. a. O., S. 68-69.

[78]Die beiden Punkte (α, β) = (0,1) befinden sich im Inneren der dazugehörigen Konfidenzellipse. Die Konfidenzellipse für den FFR wird durch eine F-Verteilung mit $v_1 = 2$ und $v_2 = 118$ Freiheitsgraden festgelegt. Dabei nimmt F einen Wert von -0,002 bei kritischen Werten von

Abhängige Variable	**Konstante**	$f_{t,t+i}$	$f_{t-1,t}$	R^2	**SE**	**D-W**	**F**
DEM / FFR							
OLS I	0,54	0,84		0,71	0,007	1,89	286,75
Standardfehler der Koeffizienten	0,17	0,05					
t-Statistik der Koeffizienten	3,24	-3,23					
OLS II	0,54	0,84	0,005	0,71	0,007	1,89	142,16
Standardfehler der Koeffizienten	0,17	0,09	0,09				
t-Statistik der Koeffizienten	3,09	-1,77	0,05				
DEM / BFR							
OLS I	0,29	0,83		0,77	0,005	1,66	402,33
Standardfehler der Koeffizienten	0,06	0,04					
t-Statistik der Koeffizienten	4,51	-4,49					
OLS II	0,32	0,98	-0,19	0,78	0,005	2,09	209,82
Standardfehler der Koeffizienten	0,07	0,09	0,09				
t-Statistik der Koeffizienten	4,96	-0,21	-2,17				
DEM / DKR							
OLS I	0,5	0,85		0,72	0,008	1,46	297,63
Standardfehler der Koeffizienten	0,16	0,05					
t-Statistik der Koeffizienten	3,12	-3,11					
OLS II	0,59	1	-0,19	0,73	0,007	1,71	155,17
Standardfehler der Koeffizienten	0,16	0,09	0,09				
t-Statistik der Koeffizienten	3,61	0,06	-2,08				

Anmerkung: SE stellt den Standardfehler der Regressionsgleichung dar und R^2 das Bestimmtheitsmaß. Die Test-Statistik ist F-verteilt mit 2 bzw. 118 Freiheitsgraden. Kritische Werte für F (2, 118) sind 4,79 (95 %) und 3,81 (99 %).

Tabelle 3.1: Prediktoreigenschaft des Terminkurses für die zukünftigen Kassakurse (OLS I) und Effizienz des Devisenterminmarktes (OLS II). (Datenmaterial: Deutsche Bundesbank, eigene Berechnungen).

0,0002 (95 %) und 0,0003 (99 %) an, so daß die Nullhypothese angenommen werden kann.

Vergleiche dazu: Schneeweiß, Hans (1990): "Ökonometrie", a. a. O., S. 69-71.

Beim BFR ergibt sich für den Koeffizienten α aufgrund der t-Statistik ($t_\alpha = 4{,}51$) ebenfalls eine Insignifikanz der Nullhypothese bezüglich beider Signifikanzniveaus. Die Ergebnisse für den Koeffizienten β (t_β: -4,49) decken sich mit den für α aufgeführten, so daß hier wiederum die Nullhypothese verworfen wird.

Bezüglich der verbundenen Hypothese ergibt sich eine Ablehnung der Nullhypothese.[79]

Für die DKR ergibt sich bezüglich des Koeffizienten α ein ähnliches Bild (t_α = 3,12): die Nullhypothese H_0: $\alpha = 0$ muß aufgrund der t-Statistik abgelehnt werden. Für den Koeffizienten β ($t_\beta = -3{,}11$) muß die Hypothese $\beta = 1$ ebenfalls verworfen werden. Dies geschieht jeweils wieder bei beiden Signifikanzniveaus.

Auch hier wird die Nullhypothese der verbundenen Hypothese abgelehnt.[80]

Die wahren Werte der Koeffizienten α und β sind bei allen Währungen jeweils signifikant verschieden von den durch die Nullhypothesen vorgegebenen Werte. Dies kann anhand der Intervallgrenzen zu den 95%- bzw. 99%- Niveaus abgelesen werden.

Die Bestimmtheitsmaße R^2 haben für alle Regressionsgleichungen ein hohes Niveau (FFR: 0,71; BFR: 0,77, DKR: 0,72). Sie weisen eine hohe Erklärung der gesamten Abweichungsquadratsummen der Residuen durch die mit Hilfe der Regressionsfunktion erklärten Abweichungsquadratsummen auf.

---

[79]F nimmt für den BFR einen Wert von 0,006, bei kritischen Werten von 0,0001 (95 %) und 0,0002 (99 %) an, so daß die Nullhypothese verworfen wird, da sich die beiden Punkte $(\alpha,\beta) = (0, 1)$ nicht in der entsprechenden Konfidenzellipse befinden.

[80]F nimmt für die DKR einen Wert von 0,028 bei kritischen Werten von 0,0003 (95 %) und 0,0004 (99 %) an.

Der DURBIN-WATSON-Test auf Autokorrelation der Residuen[81] fällt für den FFR sowohl bei einem Signifikanzniveau von $\alpha = 0{,}05$ als auch für ein α i.H.v. 0,01 positiv aus. Bezüglich des BFR kann von der Abwesenheit autokorrelierter

[81]Die Prüfgröße (d) des Durbin-Watson-Tests auf Autokorrelation der Residuen wird mit Hilfe eines zweiseitigen Tests bestimmt. Die Null- bzw. Alternativhypothesen lauten: $H_0{:}\varsigma = 0; H_A{:}\varsigma \neq 0$. Der Test wird jeweils zum Niveau α (0,05; 0,01) bei k = 1 Regressor und n = 120 Beobachtungen durchgeführt. Dazu werden je eine obere und eine untere Schranke von d angegeben. Die Test-Statistik für den Durbin-Watson-Test auf Autokorrelation der Residuen der Regressionsgleichung heißt $d = \frac{\sum_{t=2}^{n}(e_{t+1} - e_t)}{\sum_{t=1}^{n} e_{t+1}^2}$, wobei e die Residuen bezeichnet.

Die Interpretation der Ergebnisse der Prüfgröße lautet: Die Nullhypothese wird angenommen, wenn $d_{lb,\alpha/2} \leq d \leq 4 - d_{ub,\alpha/2}$, die Alternativhypothese wird angenommen, wenn $d \leq d_{lb,\alpha/2}$ oder $d \geq 4 - d_{ub,\alpha/2}$. In folgenden Fällen kann keine Entscheidung über Autokorrelation der Residuen getroffen werden: $d\varepsilon\left[d_{lb,\alpha/2}; d_{ub,\alpha/2}\right]$ oder $d\varepsilon\left[4 - d_{ub,\alpha/2}; 4 - d_{lb,\alpha/2}\right]$. Für den hier vorliegenden Fall lautet der Annahmebereich der Nullhypothese bei $\alpha = 0{,}05$: $1{,}71 \leq d \leq 2{,}29$. Die Alternativhypothese wird angenommen, wenn: $d \leq 1{,}68$ oder $d \geq 2{,}32$. Es kann keine Entscheidung getroffen werden, wenn $d\varepsilon[1{,}68; 1{,}71]$ und $d\varepsilon[2{,}29; 2{,}32]$. Für $\alpha = 0{,}01$ ergeben sich die folgenden Annahme- bzw. Ablehnungsbereiche: Die Nullhypothese wird angenommen, wenn $1{,}59 \leq d \leq 2{,}41$. Die Alternativhypothese wird angenommen, wenn $d \leq 1{,}56$ oder $d \geq 2{,}44$. Es kann keine Entscheidung getroffen werden, wenn $d\varepsilon[1{,}56; 1{,}59]$ bzw. $d\varepsilon[2{,}41; 2{,}44]$. Die genannten Grenzen bzw. Intervalle gelte für alle betrachteten Währungen, da sie sich auf die Anzahl der Regressoren und den Stichprobenumfang beziehen. Eine Faustregel besagt jedoch, daß für alle d, für die $1{,}5 \leq d \leq 2{,}5$ gilt, von Abwesenheit autokorrelierter Residuen ausgegangen werden kann. Vergleiche dazu die Ausführungen von Savin, N. E.; White, K. J. (1977): "The Durbin-Watson Test for Serial Correlation with Extreme Sample Sizes or many Regressors.", Econometrica, Vol. 45, 1977, S. 1989-1996. Dort sind die Schranken für verschiedene Niveaus von α in extensiver Form vertafelt. Zur Berechnung der Annahme- bzw. Ablehnungsbereiche vergleiche Hartung, Joachim (1993): "Statistik", a. a. O., S. 740-741.

Residuen nur bei $\alpha = 0{,}01$ gesprochen werden, bei der DKR sind die Residuen unter Zugrundelegung beider Signifikanzniveaus autokorreliert.

Als Fazit läßt sich festhalten, daß die Prediktoreigenschaft der Terminkurse, die mit Hilfe von Gleichung (2.17) getestet wurde, nicht signifikant erfüllt ist.

Würde man jedoch die Hypothesen $H_{0_1}:\alpha = 0$, $H_{0_2}:\beta = 0$ gegen die Alternativhypothesen $H_{A_1}:\alpha \neq 0$ und $H_{A_2}:\beta \neq 0$ testen, so käme man für alle Währungen zu völlig verschiedenen Ergebnissen, was die Annahme bzw. Ablehnung der Null- bzw. Alternativhypothesen betrifft. Die gefundenen Ergebnisse sollen nicht darüber hinweg täuschen, daß ein Zusammenhang zwischen Kassa- und Terminkursen besteht. Entscheidend ist jedoch, daß dieser Zusammenhang nicht linear homogen ist und dementsprechend die Terminkurse keine eindeutigen Prediktoren der zukünftigen Kassakurse sind.

Im Anschluß wird nun die Effizienz der Terminmärkte für die betrachteten Währungen getestet.

3.3.2.2 Test auf Effizienz der Terminmärkte der betrachteten Währungen

Zuvor wurde bereits argumentiert, daß der Terminkurs in einem effizienten Markt alle Erwartungen über die zukünftigen Kassakurse beinhaltet. Falls der Terminkurs $f_{t,t+i}$, der sich in Periode t gebildet hat, diese Eigenschaft aufweist, so sollte der Terminkurs $f_{t-1,t}$ der Vorperiode diese ebenfalls aufweisen, denn annahmegemäß beinhaltet er alle Informationen und Zukunftserwartungen der Periode t-1 für die aktuelle Periode t. Folglich sollte sich das Ergebnis einer linearen Mehrfachregression des zukünftigen Kassakurses auf den zeitverzögerten Terminkurs $f_{t,t+i}$ und zusätzlich auf einen weiteren verzögerten Wert des Terminkurses $f_{t-1,t}$ nicht bzw. kaum von dem des vorherigen Tests der Prediktoreigenschaft des

Terminkurses unterscheiden. Die additive Berücksichtigung von $f_{t-1,t}$ sollte also keinen zusätzlichen Erklärungsbeitrag für s_{t+i} leisten.[82] Die Koeffizienten (α und β) dieser Regressionsgeraden sollten nicht von denen der Prüfung auf die Güte der Prediktoreigenschaft der Terminkurse differieren, der zusätzliche Koeffizient λ des um zwei Perioden verzögerten Terminkurses sollte sich nicht signifikant von null unterscheiden, und die Residuen sollten ebenfalls seriell unkorreliert sein. Deshalb wird die gleiche Vorgehensweise für die Regression des zukünftigen Kassakurses auf die um einen und um zwei Monate verzögerten Terminkurse gewählt. Es wird Gleichung (2.17) lediglich um den um zwei Perioden verzögerten Terminkurs $f_{t-1,t}$ und dessen Koeffizienten λ erweitert:

$$s_{t+i} = \alpha + \beta \ln f_{t,t+i} + \lambda f_{t-1,t} + \upsilon_{t+i} \qquad (3.18)$$

Gleichung (3.18) wird unter Zugrundelegung eines Konfidenzintervalles zum 95%- (99%-) Niveau für die Nullhypothesen $H_{0_1}:\alpha = 0, H_{0_2}:\beta = 1$ und $H_{0_3}:\lambda = 0$ getestet. Die zweiseitigen Alternativhypothesen lauten: $H_{A_1}:\alpha \neq 0$, $H_{A_2}:\beta \neq 1$ und $H_{A_3}\lambda \neq 0$.

Die Ergebnisse der Regressionsanalyse der Gleichung (3.18) sind ebenfalls in Tabelle 3.1 aufgelistet.

Als Kriterium zur Beurteilung der Effizienz der Märkte dient abermals die t-Statistik der Koeffizienten. Für den FFR ergibt sich bezüglich der drei Koeffizienten eine Signifikanz der Alternativhypothese für α, jedoch eine Bestätigung

[82]Vgl.: Edwards, Sebastian (1983): "Floating Exchange Rates, Expectations and New Information", in: Journal of Monetary Economics, Vol. 11, 1983, S. 321-336, hier S. 330.

der Nullhypothese für β und λ.[83] Die Nullhypothesen werden sowohl für das Signifikanzniveau von 95 % als auch für das von 99 % bestätigt.

Bemerkenswert ist, daß der Koeffizient β im Rahmen der neuerlichen Regression nicht mehr signifikant von eins verschieden ist und somit die Nullhypothese bezüglich β nicht verworfen werden kann. In diesem Fall kann also die Prediktoreigenschaft des Terminkurses für den zukünftigen Kassakurs nicht verworfen werden.

Da sich der Koeffizient λ nicht signifikant von null unterscheidet, kann ebenfalls von einer Effizienz des Terminmarktes für FFR gesprochen werden.

Für den BFR müssen die Nullhypothesen, die Koeffizienten betreffend, bezüglich α für beide Niveaus als insignifikant, bezüglich β für beide Niveaus als signifikant und bezüglich λ zumindest für das 99%-Niveau als signifikant bezeichnet werden. Hier kann also nur bedingt von Terminmarkteffizienz gesprochen werden, da der für die Effizienz der Märkte wichtige Koeffizient λ nur dem weniger strengen 99%-Intervall genügt.

Bei der DKR ist ebenfalls für α die Alternativhypothese signifikant, während für die Koeffizienten β die Nullhypothese zu beiden Vertrauensniveaus bestätigt wird und λ wiederum nur zum Niveau von 99 % eine Signifikanz der Nullhypothese aufweist.

[83] Die Annahmebereiche der t-Verteilung mit v = n-2 (v = 118) Freiheitsgraden zum 95-%- bzw. zum 99-%-Niveau sind wiederum für alle untersuchten Währungen identisch. Es handelt sich dabei um die folgenden Intervalle: $H_{0,\, \alpha = 0,05}$: $t_\alpha = \varepsilon$ [-1,98; +198] und $H_{0,\, \alpha = 0,01}$: $t_\alpha = \varepsilon$ [-2,62; +2,62].

Der DURBIN-WATSON-Test auf Autokorrelation der Residuen fällt auch hier unterschiedlich aus.[84] Die Residuen der Regression des FFR und des BFR sind bezüglich beider Niveaus unkorreliert. Für die DKR kann eine Unkorreliertheit der Residuen nur bei $\alpha = 0{,}01$ festgestellt werden.

Abschließend läßt sich feststellen, daß die Untersuchungsergebnisse mit den generellen Implikationen der Hypothese effizienter Märkte übereinstimmen. Es fällt auf, wie sehr sich die Koeffizienten α und β sowie ihre jeweiligen Standardabweichungen bei den beiden Analysen (Prediktoreigenschaft, Markteffizienz) ähneln.

3.3.2.3 Prüfung der Volatilität der Wechselkurse und der Vorhersagbarkeit der Volatilität

Nachdem nun die Prediktoreigenschaft der Terminkurse und die Effizienz der entsprechenden Märkte überprüft worden ist, soll - wie bereits in Kapitel 3.3.2 angekündigt - die Volatilität der Wechselkurse und die Vorhersagbarkeit derselben näher beleuchtet werden.

[84] Da es sich hier um eine Regression mit k = 2 Regressoren $(f_{t,t+i}, f_{t-1,t})$ handelt, verändern sich die Annahmebereiche für die Null- bzw. Alternativhypothese des Tests. Die Nullhypothese, es besteht keine Autokorrelation der Residuen, wird bei einem Signifikanzniveau von α = 0,05 angenommen, wenn $1{,}73 \leq d \leq 2{,}27$. Die Alternativhypothese, es besteht Autokorrelation der Residuen, wird angenommen, wenn $d \leq 1{,}66$ oder $d \geq 2{,}34$. Es kann keine Entscheidung getroffen werden, wenn $d \varepsilon [1{,}66;1{,}73]$ oder $d \varepsilon [2{,}27;2{,}34]$. Für ein Signifikanzniveau i. H. v. α = 0,01 wird die Nullhypothese angenommen, wenn $1{,}61 \leq d \leq 2{,}39$, die Alternativhypothese wird angenommen, wenn $d \leq 1{,}54$ oder $d \geq 2{,}46$. Es kann keine Entscheidung getroffen werden, wenn $d \varepsilon [1{,}54;1{,}61]$ oder $d \varepsilon [2{,}39;2{,}46]$. Vergleiche dazu ebenfalls die in Fußnote 81 auf Seite 145 angegebene Literatur.

Zur Überprüfung der Volatilität dient - wie auch für den folgenden Schritt, der Prüfung der Vorhersagbarkeit der Volatilität der Wechselkursbewegungen - eine graphische Analyse. Deshalb werden die monatlichen prozentualen Kassakursänderungen und die um eine Periode zeitverzögerten Forwardpremia für die jeweiligen Währungen in den Abbildung 3.4 bis 3.6 einander gegenübergestellt. Zur Prüfung der Vorhersagbarkeit der Volatilität der Wechselkurse können die Standardabweichungen der monatlichen prozentualen Änderungen der beiden Größen zusätzlich herangezogen werden.

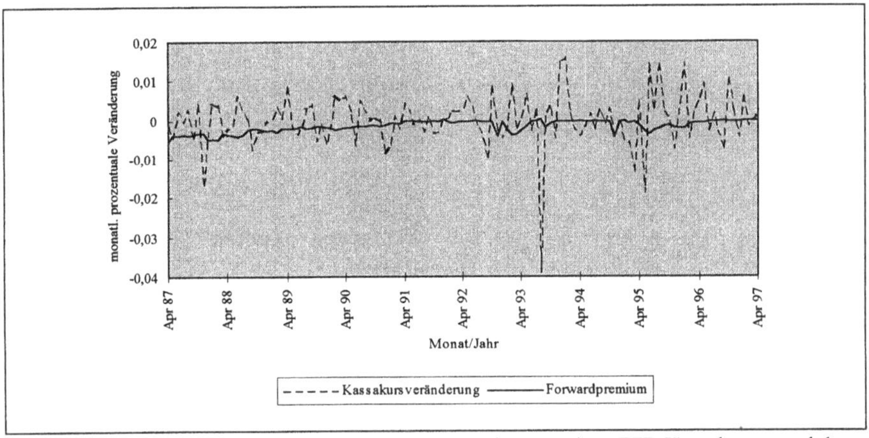

Abbildung 3.4: Monatliche prozentuale Veränderung des DEM/100 FFR Kassakurses und des zeitverzögerten Forwardpremiums, 04/87 - 04/97 (Datenmaterial: Deutsche Bundesbank, eigene Berechnungen).

Es besteht die Vermutung, daß die aktuellen Wechselkurse (Preise) die Erwartungen der Marktteilnehmer über die Zukunft widerspiegeln und daß neue Informationen, die geeignet sind, die Zukunftserwartungen der Marktteilnehmer zu verändern, von korrespondierenden Änderungen der Preise begleitet werden. Diese Vermutung impliziert, daß in Zeiten mit vielen, stark wechselnden neuen Informationen ("News") sich die Preise aufgrund von Erwartungsänderungen stark verändern und deshalb, weil die Informationen nicht vorhersehbar sind, auch die zukünftigen Preise nicht vorhersehbar sind. Diese Vermutung soll nun untersucht werden.

Die Volatilität der Wechselkursbewegungen war im Beobachtungszeitraum, abgesehen von wenigen Ausnahmen, gering. Dies ist zum einen an den geringen Standardabweichungen der monatlichen prozentualen Kassakursveränderungen (FFR: 0,007; BFR: 0,005; DKR: 0,007) und zum anderen an den Maxima der prozentualen Schwankungsbreite der jeweiligen Wechselkurse gegenüber der DEM (FFR: -3,9 % bis + 1,6 %; BFR: -4,1 % bis + 2,7 %; DKR: -5,6 % bis + 1,8 %) im Beobachtungszeitraum zu sehen. Wirft man jeweils einen Blick auf den Verlauf beider Kurven, so ist zu erkennen, daß die zeitverzögerten Forwardpremia nicht in der Lage sind, die Kassakursveränderungen zuverlässig vorauszusagen. Ihre Schwankungen sind wesentlich geringer als die der Kassakurse, was anhand eines Vergleiches der jeweiligen Standardabweichungen der Forwardpremia (FFR: 0,001; BFR: 0,001; DKR: 0,002) abzulesen ist. Die Standardabweichungen der Kassakursveränderungen sind um einen Faktor i.H.v. 7 (FFR), 5 (BFR) bzw. 3,5 (DKR) größer als die der Forwardpremia. Zusätzlich können wiederum die jeweiligen Maxima der prozentualen Schwankungsbreite zur Messung herangezogen werden. In diesem Fall ist es jedoch noch nicht einmal notwendig, diese exakt zu errechnen, da mit bloßem Auge erkennbar ist, daß sie nicht in der Lage sind, das Ausmaß der Kassakursänderungen vorherzusagen. Obwohl die Standardabweichungen der Regressionsgleichungen sehr gering sind, ist keine zuverlässige Vorhersage des zukünftigen Kassakurses mit Hilfe des Terminkurses möglich.[85]

[85]Da die Volatilität der Kassakurse im Beobachtungszeitraum sehr gering ist, kann die geringe Standardabweichung der Regressionsgleichung hier nicht als Maß für die gute Vorhersagekraft der Termin- für die Kassakurse verwendet werden. Anders wäre dies, wenn es sich bei

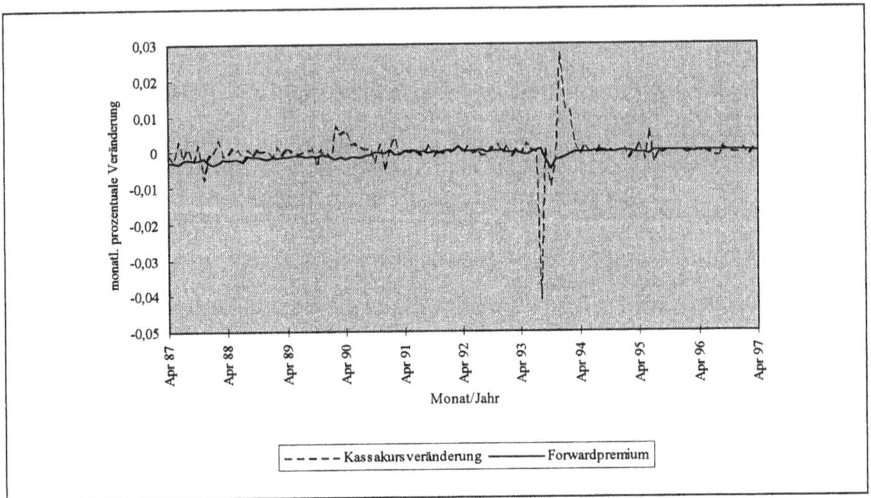

Abbildung 3.5: Monatliche prozentuale Veränderung des DEM/100 BFR Kassakurses und des zeitverzögerten Forwardpremiums, 04/87 - 04/97 (Datenmaterial: Deutsche Bundesbank, eigene Berechnungen).

Es ist weiterhin auffällig, daß alle betrachteten Währungen gegenüber der DEM auf dem Terminmarkt über den gesamten Zeitraum hinweg mit einem Abschlag gehandelt werden, da sich die jeweiligen Forwardpremia ausschließlich im negativen Bereich befinden.

Bezüglich der Vorhersagbarkeit der Volatilität kann keine empirisch gehaltvolle Aussage gemacht werden. Als Kriterium dafür dient die Standardabweichung der monatlichen prozentualen Kassakursveränderungen. Da die Volatilität der Kassakurse jedoch sehr gering war, ist selbstverständlich auch die Standardabweichung deren prozentualer Änderungen sehr gering (FFR: 0,007; BFR: 0,005; DKR: 0,008).

dem verwendeten Beobachtungszeitraum um eine Phase volatiler Wechselkurse gehandelt hätte. Dann wäre eine geringe Standardabweichung ein Indikator für eine hohe Vorhersagegüte der Terminkurse.

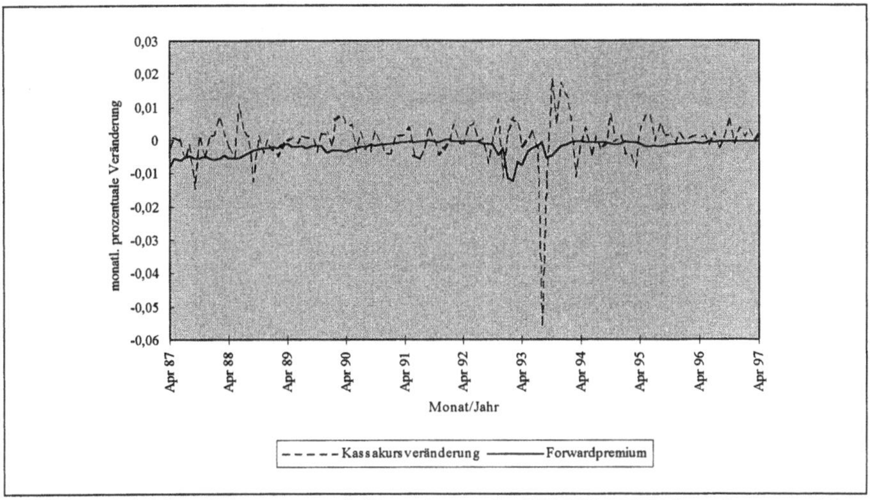

Abbildung 3.6: Monatliche prozentuale Veränderung des DEM/100 DKR Kassakurses und des zeitverzögerten Forwardpremiums. 04/87 - 04/97 (Datenmaterial: Deutsche Bundesbank, eigene Berechnungen).

Grundsätzlich läßt sich sagen, daß die Forwardpremia noch nicht einmal in der Lage waren, die Richtung der Kassakursentwicklung, geschweige denn das Ausmaß der Auf- bzw. Abwertung der jeweiligen Währung zuverlässig vorherzusagen.

Im folgenden werden nun die jeweiligen aktuellen Kassa- und Terminkurse der betrachteten Währungen gegenüber der DEM in den Abbildungen 3.7 bis 3.9 einander gegenübergestellt.

Sieht man sich jeweils die Verläufe der beiden Kurven an, so stellt man fest, daß diese annähernd identisch sind. Das läßt darauf schließen, daß sie von denselben Faktoren beeinflußt werden.

Führt man sich noch einmal die Unterschiede der Standardabweichungen der prozentualen Kassakursveränderungen und der Forwardpremia vor Augen, so ist zu vermuten, daß diese Differenzen auf das Auftreten neuer Informationen zurückzuführen sind, da diese erst im Zeitablauf bekannt werden und dementsprechend die Forwardpremia nicht beeinflussen konnten.

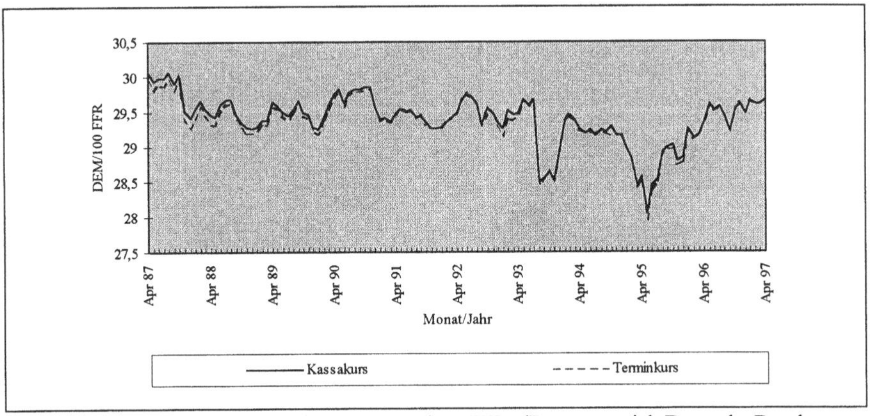

Abbildung 3.7: Kassa- und Terminkurse DEM/100 FFR. (Datenmaterial: Deutsche Bundesbank).

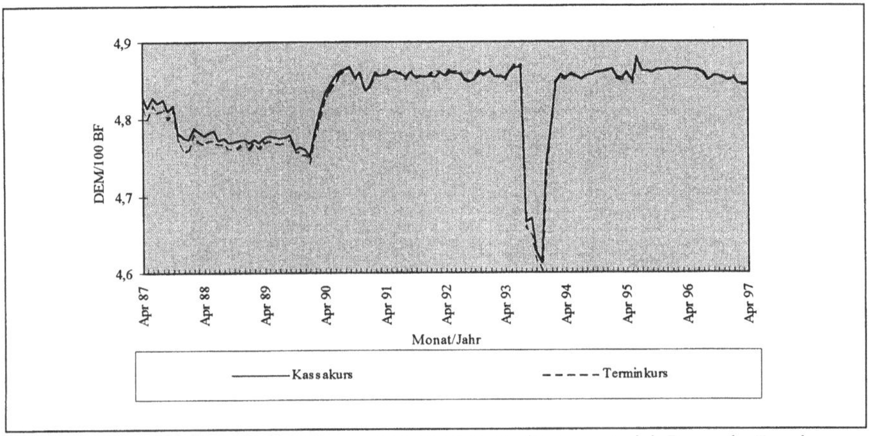

Abbildung 3.8: Kassa- und Terminkurse DEM/100 BFR. (Datenmaterial: Deutsche Bundesbank).

Falls also neue Informationen, die sowohl die Kassa- als auch die Terminkurse beeinflussen, für diese Abweichungen zwischen vorhergesagten und tatsächlichen Änderungen der Kassakurse verantwortlich sind, dann ist eine hohe Korrelation zwischen den Zeitreihen der aktuellen Kassa- und Terminkurse zu erwarten, da diese zum selben Zeitpunkt von denselben Informationen beeinflußt werden.

Die Korrelationen zwischen beiden Datenreihen (aktuelle Kassa- und Terminkurse) sind für jede der Währungen größer als 0,98. Die Korrelation zwischen den jeweiligen monatlichen prozentualen Veränderungen der Kassa- und Terminkurse ist für jede der Währungen größer als 0,99.

Anhand dieser Größen wird bestätigt, daß die Terminkurse den Kassakursen folgen und nicht umgekehrt, denn die Korrelation zwischen den um einen Monat zeitverzögerten Terminkursen und aktuellen Kassakursen ist wesentlich geringer (FFR: 0,84; BFR: 0,88; DKR: 0,84).[86]

Die Vermutung, daß Kassa- und Terminkurse von denselben Datenänderungen bzw. Informationen beeinflußt werden, scheint also berechtigt zu sein. Als ebenfalls berechtigt erscheint die Vermutung, daß beide Kurse von neuen, in der Vorperiode unbekannten Informationen beeinflußt werden.

Da die Werte für beide Kurse in jeder Periode annähernd identisch sind, kann der aktuelle Kassakurs als der beste verfügbare Prediktor des zukünftigen Kassakurses bezeichnet werden. Dies könnte auf einen Random-Walk bezüglich der Wechselkursentwicklung hindeuten.[87]

[86] Auf diesen Zusammenhang ist bereits in Abschnitt 2.3.2 hingewiesen worden. Die These, daß die Terminkurse den Kassakursen folgen, kann hier für den gewählten Beobachtungszeitraum und die betrachteten Währungen bestätigt werden. Vergleiche dazu Fußnote 84 auf Seite 83 im angegebenen Kapitel.

[87] Auf die Random-Walk-Eigenschaft von Wechselkurszeitreihen ist bereits in Abschnitt 2.2.1.1 eingegangen worden. Dies soll hier nicht wiederholt werden, jedoch muß herausgestellt werden, welche Folgen die Bestätigung des Random-Walk-Prozesses für Wechselkursmodelle hat. Legt man die Gültigkeit eines Random-Walk für die Entwicklung von Wechselkurszeitreihen zugrunde, so erübrigt sich praktisch jedes ökonomische Modell zur Erklä-

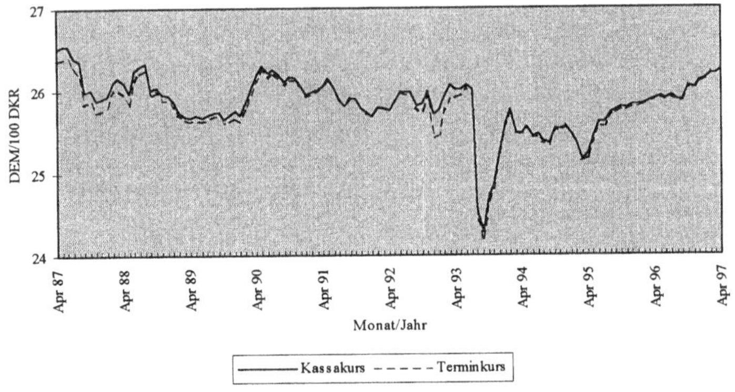

Abbildung 3.9: Kassa- und Terminkurse DEM/100 DKR. (Datenmaterial: Deutsche Bundesbank).

Nun soll noch auf die Erwartungen der Marktteilnehmer bezüglich zukünftiger Wechselkursentwicklungen eingegangen werden.

Wenn alle vorhandenen Informationen in die Preisbildung der Kassa- und Terminkurse einfließen und einige dieser Informationen geeignet sind, die Erwartung der Marktteilnehmer bezüglich der zukünftigen Wechselkursentwicklung zu beeinflussen, dann spiegeln sich nicht nur die bloßen Informationen in den Wechselkursen wider, sondern zusätzlich die durch die Informationen veränderten Zukunftserwartungen über die Wechselkurse.[88] In diesem Fall ist zu erwarten, daß

rung von Wechselkursbewegungen, da diese Eigenschaft der aktuellen Kassakurse ein empirisches Phänomen ist. Dieser Auffassung soll hier nicht gefolgt werden, da nach der Auffassung des Autors für dieses empirische Phänomen keine theoretische Notwendigkeit besteht.

[88]Dazu ist es allerdings notwendig, daß die Marktteilnehmer die Informationen, die ihre Erwartung verändern, als permanent und nicht nur vorübergehend relevant einstufen. Um diese Eigenschaft zu erfüllen, muß eine Information im vorliegenden Fall eine Relevanz von mindestens einmonatiger Dauer aufweisen, da sie sich sonst nicht auf die Kurse (Kassa- und Terminkurse) auswirken kann.

die Entwicklung der aktuellen Forwardpremia und Kassakurse eine hohe (positive) Korrelation aufweist, da sowohl die Kassa- als auch die Terminkurse von den veränderten Erwartungen beeinflußt werden und eine gleichgerichtete Veränderung aufweisen sollten. Diese These wird anhand Abbildung 3.10 bis Abbildung 3.12 überprüft, in denen die Kassakurse und die aktuellen Forwardpremia, die die Bewertungsänderungserwartung der Marktteilnehmer für die zukünftigen Wechselkurse darstellen, einander gegenübergestellt werden.[89]

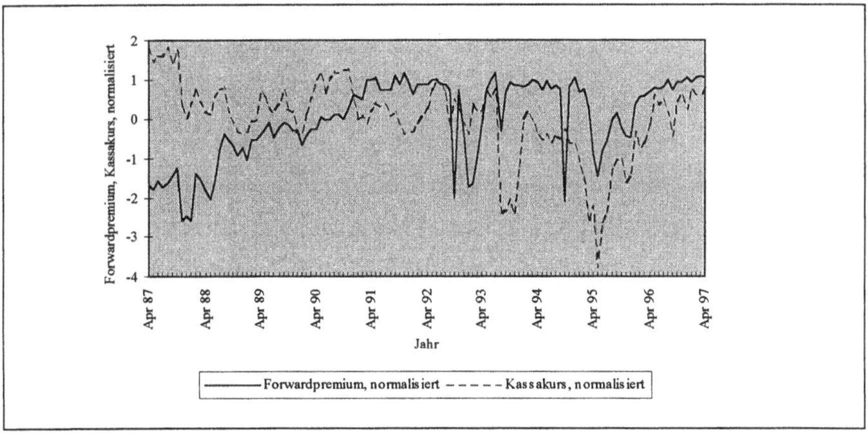

Abbildung 3.10: Forwardpremium und Kassakurs DEM/100 FFR. Das logarithmierte Forwardpremium und der logarithmierte Kassakurs wurden durch Subtraktion des jeweiligen Mittelwertes und anschließender Division durch die jeweilige Standardabweichung normalisiert, um eine Vergleichbarkeit der beiden Werte zu gewährleisten (Datenmaterial: Deutsche Bundesbank, eigene Berechnungen).

Für den FFR kann von einer hohen Korrelation nicht die Rede sein. Beide Zeitreihen sind sogar schwach negativ korreliert (-0,11). Eine Erklärung für dieses Phänomen könnte darin bestehen, daß zwar aufgrund der zum Zeitpunkt t verfüg-

[89]Da die beiden Größen jedoch in unterschiedlichen Einheiten erscheinen, werden sie normalisiert. Die Normalisierung findet statt, indem die Größen jeweils logarithmiert werden, ihr Mittelwert von ihnen subtrahiert wird und der verbleibende Rest durch die Standardabweichung der logarithmierten Werte dividiert wird.

baren Informationen der Marktteilnehmer eine Bewertungsänderungserwartung gerechtfertigt erscheint, diese dann aber doch nicht eintritt. Gründe für das Ausbleiben der Bewertungsänderung können dann aber nur im erneuten Auftreten andersartiger Informationen liegen, die die ursprünglichen Erwartungen wieder revidieren.

Im Falle des BFR besteht eine positive Korrelation (0,72) beider Werte, d. h. auf den BFR trifft anscheinend zu, was einleitend ausgeführt wurde.[90]

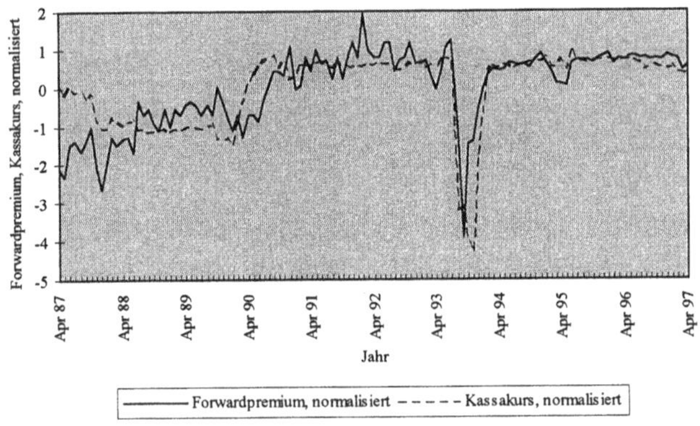

Abbildung 3.11: Forwardpremium und Kassakurs DEM/100 BFR. Das logarithmierte Forwardpremium und der logarithmierte Kassakurs wurden durch Subtraktion des jeweiligen Mittelwertes und anschließender Division durch die jeweilige Standardabweichung normalisiert, um eine Vergleichbarkeit der beiden Werte zu gewährleisten (Datenmaterial: Deutsche Bundesbank, eigene Berechnungen).

[90]Ob dieser Zusammenhang tatsächlich vorliegt, kann hier nicht abschließend beurteilt werden, da dazu permanente Befragungen von Marktteilnehmern und die gleichzeitige Beobachtung der Kurse (Kassa- und Terminkurse sowie deren Relationen) notwendig wären, die den Rahmen dieser Arbeit bei weitem überschreiten würden. Es kann jedoch vermutet werden, daß die beschriebene funktionale Beziehung im Falle des BFR vorliegt.

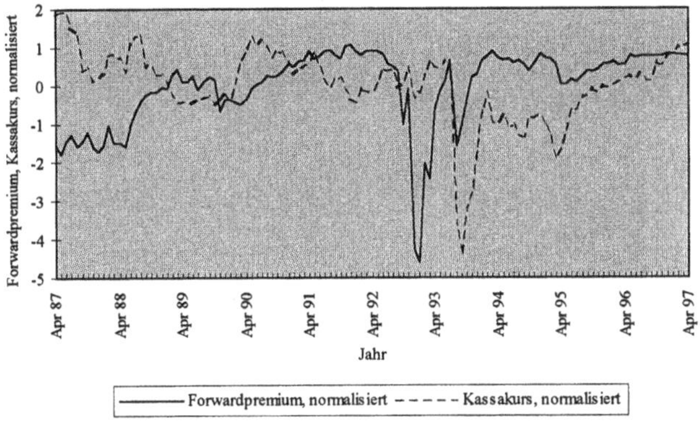

Abbildung 3.12: Forwardpremium und Kassakurs DEM/100 DKR. Das logarithmierte Forwardpremium und der logarithmierte Kassakurs wurden durch Subtraktion des jeweiligen Mittelwertes und anschließender Division durch die jeweilige Standardabweichung normalisiert, um eine Vergleichbarkeit der beiden Werte zu gewährleisten (Datenmaterial: Deutsche Bundesbank, eigene Berechnungen).

Bei der DKR besteht ebenfalls eine schwach negative Korrelation (-0,11) zwischen Forwardpremium und Kassakurs im Zeitablauf, d. h., auch hier kommt es häufig zu Änderungen der Bewertung von Informationen, die auf dem Markt eintreffen.

Die Resultate sind also insgesamt konform mit der Auffassung, daß die Entwicklung der Wechselkurse in hohem Maße vom Auftreten neuer, die bisherige Bewertung der Währungen durch die Marktteilnehmer verändernder, Informationen abhängt. Diese These soll im nun folgenden Schritt der Analyse überprüft werden. Zuvor sollen jedoch noch einmal die soeben gefundenen Charakteristika der betrachteten Devisenmärkte zusammengefaßt werden.

3.3.2.4 Charakteristika von Devisenmärkten

In den durchgeführten Untersuchungen zur Prediktoreigenschaft der Terminkurse und Devisenmarkteffizienz hat sich herausgestellt, daß, obwohl die Volatilität der

Wechselkurse relativ gering war, die Terminkurse keine zuverlässigen Vorhersageinstrumente für die zukünftigen Kassakurse darstellen. Sowohl die Qualität der Vorhersage für die zukünftigen Kassakurse als auch die Qualität der Vorhersage für die zukünftige Volatilität (Ausmaß), die mit der Standardabweichung der Regressionsgleichung gemessen wurde, hat sich als äußerst mäßig erwiesen.

Die Richtung der Kassakursentwicklung sollte mit Hilfe des Forwardpremiums bestimmt werden. Dabei hat sich jedoch ergeben, daß das Forwardpremium bzw. dessen monatliche prozentuale Veränderung nur einen sehr kleinen Teil der monatlichen prozentualen Veränderung der Kassakurse erklären kann. Wie aus den Abbildung 3.4 bis Abbildung 3.6 ersichtlich ist, kann mit der Veränderung des Forwardpremiums weder die Richtung noch das Ausmaß der Veränderung des Kassakurses zuverlässig angegeben werden.

Damit wären drei Charakteristika von Devisenmärkten festgestellt:[91] Volatilität der Kurse, Unvorhersagbarkeit der Volatilität sowie der Kurse.

Diese Charakteristika müssen jedoch vor dem Hintergrund der Ergebnisse zur Markteffizienz beleuchtet werden.[92] Es hat sich im Rahmen der Untersuchung herausgestellt, daß die betrachteten Devisenmärkte grundsätzlich den Implikationen der Hypothese effizienter Märkte entsprechen. Das bedeutet annahmegemäß, daß sich auf diesen Märkten alle für die Preisbildung relevanten Informationen in den Preisen niederschlagen. Dies setzt jedoch offensichtlich nicht voraus, daß die

---

[91]Die getroffene Feststellung gilt ausschließlich für die betrachteten Währungen innerhalb des zugrundeliegenden Zeitraumes gegenüber der DEM. Für andere Währungen bzw. Zeiträume kann hier keine Aussage gemacht werden.

[92]Wenn hier der Begriff Markteffizienz verwendet wird, so wird auf den in Abschnitt 2.2.1 dargestellten Ansatz Bezug genommen.

Preise selbst oder die Richtung, in die sie sich entwickeln, vorhergesagt werden können.[93]

Daraus kann ein weiteres Charakteristikum der Devisenmärkte abgeleitet werden: die starke Abhängigkeit der Kurse von den Erwartungen der Marktteilnehmer über die Zukunft.[94] Selbst wenn die Märkte effizient sind, kann es zu unvorhergesehenen Preisentwicklungen kommen, da die Informationen, die die Erwartungen der Marktteilnehmer bezüglich der Preise verändern, neu und unvorhersehbar sind. Der aktuelle Kassakurs hängt also auch von Erwartungen über seine eigene zukünftige Entwicklung und die der ihn beeinflussenden Variablen ab. Daraus folgt, daß er auch von der Erwartung über den Kassakurs der nächsten Periode abhängt. Deshalb sind die beiden Kurven der aktuellen Kassa- und Terminkurse fast identisch, da auch der Terminkurs von diesen Erwartungen abhängt.

Die schlechte Vorhersagbarkeit der Kurse sowie der Volatilität könnten, wie schon mehrfach erwähnt, darin begründet sein, daß die Märkte häufig von neuen und zudem noch stark schwankenden Neuigkeiten beeinflußt werden. Diese These soll im folgenden Abschnitt einer Prüfung unterzogen werden.

---

[93]Dies stimmt wiederum mit der in Abschnitt 2.2.2 dargestellten Sicht der Effizienz von Devisenmärkten überein.

[94]Diese Erwartungen wurden im Rahmen der Prämissen des "News"-Ansatzes in Abschnitt 3.1.2.1 als rational vorausgesetzt. Dies ist nun von zweierlei Bedeutung: Erstens wird vorausgesetzt, daß die Marktteilnehmer den Zusammenhang zwischen Wechselkurs und der (den) Fundamentalvariablen, also das zu verwendende Modell, kennen und zweitens, daß die Erwartungen über diese Faktoren (Wechselkurs und Fundamentalvariablen) voneinander abhängen. Vergleiche dazu: Pentecost, Eric J. (1993): "Exchange Rate Dynamics - A Modern Analysis of Exchange Rate Theories and Evidence", a. a. O., S. 82.

3.3.2.5 Überprüfung des "News"-Ansatzes der modernen Wechselkurstheorie

Die formale Modellierung des "News"-Ansatzes wird über eine Aufspaltung des zukünftigen Wechselkurses in einen erwarteten und einen unerwarteten Teil vorgenommen. Bei dem Teil, der die Erwartungen der Marktteilnehmer widerspiegelt, handelt es sich um den in der Schätzgleichung (2.17) aufgeführten zukünftigen Kassakurs:

$$s_{t+i} = \alpha + \beta f_{t,t+i} + \upsilon_{t+i} \tag{2.17}$$

Zusätzlich zu diesem Ausdruck werden "News" in das Modell aufgenommen:

$$s_{t+i} = \alpha + \beta f_{t,t+i} + \text{"}News\text{"} + \upsilon_{t+i} \tag{3.19}$$

Der "News"-Teil dieser Gleichung setzt sich aus den den Wechselkurs determinierenden Variablen in ihren jeweiligen Gewichtungen zusammen. Schwierigkeiten bestehen nun darin, festzulegen, welche Determinanten mit jeweils welcher Gewichtung in diesen Ausdruck aufzunehmen sind, wie sie beobachtet und quantifiziert werden können.

Die Entscheidung, welche Variablen in das Modell aufgenommen und wie sie gewichtet werden sollen, ist ausschließlich normativ zu begründen, da Art, Anzahl und Gewichte der Variablen nicht zeitstabil sind. Deshalb beschränkt sich diese Arbeit darauf, den Wechselkurs über kurzfristige Zinssätze und deren nationale Differenzen zu modellieren.[95] Dies geschieht mit der Begründung, daß

[95] Es besteht durchaus die Möglichkeit, einige Determinanten in diesen Term zu integrieren und ihnen unterschiedliche Gewichte beizumessen; Vollständigkeit kann diese Art der Analyse jedoch nicht für sich beanspruchen, da es kaum gelingen wird, tatsächlich alle relevanten Faktoren zu erfassen und ihnen normativ ihre 'wahre' Gewichtung zuzuordnen.

sich Änderungen in den Fundamentalvariablen sofort in Änderungen der nationalen Zinsen niederschlagen.[96]

Geht man also davon aus, daß sich auch die Erwartungsänderungen der Marktteilnehmer in den Zinsen und deren internationalem Differential niederschlagen, kann der Term, der den unerwarteten Teil des Wechselkurses darstellt, über dieses Differential modelliert werden.

Der "News"-Anteil der Regressionsgleichung setzt sich dann aus dem tatsächlichen Zinsdifferential der Periode t+i und dem von den Marktteilnehmern in der Periode t für die Periode t+i erwarteten Zinsdifferential zusammen. Bildet man die Differenz zwischen dem tatsächlichen und dem erwarteten Differential, so erhält man das unerwartete Differential der Periode t+i, das annahmegemäß den Wechselkurs in unerwarteter Weise beeinflußt:

$$s_{t+i} = \alpha + \beta f_{t,t+i} + \pi \underbrace{\left[\left(i - i^* \right)_{t+i} - E_t \left(i - i^* \right)_{t+i} \right]}_{\text{"News"}} + \upsilon_{t+i} \qquad (3.20)$$

Die These der konkreten Problemstellung lautet nun: unerwartete Zinsdifferentiale, die aufgrund neuer Informationen im Zeitablauf entstehen, sind nicht in der Lage, die Wechselkursentwicklung zu erklären.[97]

---

[96]Vergleiche dazu die Ausführungen zu Beginn des Abschnittes 3.3 auf Seite 133.

[97]Diese Formulierung wird aufgrund der ökonometrischen Nullhypothesen gewählt, da eine anders lautende Formulierung der Nullhypothesen wie etwa $H_{0_3}: \pi \neq 0$, die die korrekte schriftliche Formulierung bezüglich der Zielsetzung der Untersuchung darstellt, nicht der gängigen Praxis entspricht. Den Koeffizienten π jedoch auf andere Werte als null zu testen ist wenig sinnvoll. Setzte man beispielsweise eins als Wert ein und nähme die Nullhypothese an, so bedeutete dies, daß das unerwartete Zinsdifferential sich jeweils in vollem Umfang auf den zukünftigen Kassakurs auswirkte. Vergleiche dazu: Bohley, Peter (1992): "Statistik", a. a. O., S. 570-572.

Um diese These zu testen, wird eine zweistufige Regressionsanalyse nach der Methode der kleinsten Quadrate durchgeführt, in der der Logarithmus des zukünftigen Kassakurses $\ln s_{t+i}$ den Regressanden, der Logarithmus des aktuellen Terminkurses $f_{t,t+i}$ und das unerwartete Zinsdifferential $\left[(i-i^*)_{t+i} - E_t(i-i^*)_{t+i}\right]$ die Regressoren darstellen. Die Koeffizienten der Regressionsgleichung sind α (Achsenabschnitt), β (Steigungsparameter) und π, über deren Werte die Nullhypothesen $H_{0_1}{:}a = 0, H_{0_2}{:}b = 1$ und $H_{0_3}{:}\pi = 0$ gegen die zweiseitigen Alternativhypothesen $H_{A_1}{:}a \neq 0, H_{A_1}{:}b \neq 1$ und $H_{A_3}{:}\pi \neq 0$ getestet werden.

Haben "News" einen Einfluß auf die Bestimmung des Wechselkurses, so wird sich der Koeffizient π des unerwarteten Zinsdifferentials der Regressionsgleichung signifikant von null unterscheiden; dann ist die Alternativhypothese H_{A_3} anzunehmen. Ist zusätzlich die Beziehung zwischen Zinsdifferential und Wechselkurs positiv, so ist ein negatives Vorzeichen des Koeffizienten π zu erwarten.[98]

Um nun den Einfluß von "News" auf die Kassakurse zu überprüfen, werden zwei Regressionen durchgeführt.

[98]Es ist zu beachten, daß eine positive Beziehung zwischen Zinsdifferential und Wechselkurs den Ausführungen über die nicht-inflationäre Umwelt in Abschnitt 3.2 entspricht, da das Differential der internationalen Zinsen aufgrund der Ankerwährungsfunktion der DEM im EWS ceteris paribus bei einer Erhöhung des inländischen Zinssatzes sinkt, wodurch der Wechselkurs aufgrund der DEM-Aufwertung ebenfalls sinkt. Vergleiche dazu die Ausführungen in Fußnote 49 auf Seite 124.

Im ersten Schritt wird eine Regression des zukünftigen Kassakurses $(\ln s_{t+i})$ auf den aktuellen Terminkurs $(\ln f_{t,t+i})$ und das unerwartete Zinsdifferential $([(i-i^*)_{t+i} - E_t(i-i^*)_{t+i}])$ im Rahmen von Gleichung (3.20) durchgeführt.[99]

Für beide Regressionen werden die o. a. Nullhypothesen gegen die entsprechenden Alternativhypothesen getestet. Die Ausführungen über den Koeffizienten π gelten analog für beide Schritte.

Im Anschluß wird eine Regression des zukünftigen Kassakurses $(\ln s_{t+i})$ auf den aktuellen Terminkurs $(\ln f_{t,t+i})$ und das tatsächliche zukünftige Zinsdifferential

[99]Die Test-Statistik ist t-verteilt mit v = n-2 (v = 118) Freiheitsgraden. Die Annahmebereiche der Teststatistik für die Nullhypothesen zum 95-%- bzw. zum 99-%-Niveau sind für alle untersuchten Währungen identisch. Es handelt sich dabei um die folgenden Intervalle: $H_{0,\,\alpha=0{,}05}$: $t_\alpha = \varepsilon$ [-1,98; +198] und $H_{0,\,\alpha=0{,}01}$: $t_\alpha = \varepsilon$ [-2,62; +2,62]. Die Test-Statistik für den Durbin-Watson-Test auf Autokorrelation der Residuen der Regressionsgleichung heißt wiederum $d = \frac{\sum_{t=2}^{n}(e_t - e_{t-1})}{\sum_{t=1}^{n} e_t^2}$, wobei e die Residuen bezeichnet. Da es sich hier um eine Regression mit k = 2 Regressoren ($f_{t,t+i}$ und ZD bzw. UZD) handelt, gelten die gleichen Annahmebereiche für die Null- bzw. Alternativhypothese wie bei dem Test auf Markteffizienz. Die Nullhypothese, es besteht keine Autokorrelation der Residuen, wird bei einem Signifikanzniveau von α = 0,05 angenommen, wenn $1{,}73 \leq d \leq 2{,}27$. Die Alternativhypothese, es besteht Autokorrelation der Residuen, wird angenommen, wenn $d \leq 1{,}66$ oder $d \geq 2{,}34$. Es kann keine Entscheidung getroffen werden, wenn $d \varepsilon [1{,}66; 1{,}73]$ oder $d \varepsilon [2{,}27; 2{,}34]$. Für ein Signifikanzniveau von α = 0,01 wird die Nullhypothese angenommen, wenn $1{,}61 \leq d \leq 2{,}39$, die Alternativhypothese wird angenommen, wenn $d \leq 1{,}54$ oder $d \geq 2{,}46$. Es kann keine Entscheidung getroffen werden, wenn $d \varepsilon [1{,}54; 1{,}61]$ oder $d \varepsilon [2{,}39; 2{,}46]$. Vergleiche dazu ebenfalls die in Fußnote 81 auf Seite 145 angegebene Literatur.

$((i-i^*)_{t+i})$ stattfinden. Dafür wird Gleichung (3.20) geringfügig wie folgt abgewandelt:

$$\ln s_{t+i} = \alpha + \beta f_{t,t+i} + \pi\left(i - i^*\right)_{t+i} + \upsilon_{t+i} \tag{3.21}$$

Diese Regression dient dazu, festzustellen, ob das internationale Zinsdifferential überhaupt einen Einfluß auf die Kassakursbestimmung hat.

Die Ergebnisse dieser Analysen sind nachfolgend in Tabelle 3.2 aufgelistet.

Die Koeffizienten π der unerwarteten zukünftigen Zinsdifferentiale (UZD) sind für alle Währungen nicht signifikant von null verschieden. Im Falle des FFR weist der Koeffizient sogar das 'falsche' Vorzeichen auf.

Für die beiden anderen betrachteten Währungen kann jedoch von einem positiven Zusammenhang zwischen den beiden Größen ausgegangen werden, der jedoch statistisch nicht signifikant ist.

Der DURBIN-WATSON-Test auf Autokorrelation der Residuen fällt für alle Währungen für jeweils beide Signifikanzniveaus positiv aus, d. h., es besteht keine Autokorrelation.

Die Bestimmtheitsmaße R^2 der Regressionsgleichungen weisen ein sehr geringes Maß an Erklärungskraft auf. Die Erklärung der gesamten Abweichungsquadratsummen der Residuen durch die mit Hilfe der Regressionsfunktion erklärten Abweichungsquadratsummen bewegen sich bei allen Währungen unterhalb von 0,6.

Als Ergebnis bleibt festzuhalten, daß die Erklärungskraft des "News"-Ansatzes für die betrachteten Währungen im Beobachtungszeitraum äußerst mäßig ausfällt und man nicht von einer Bestätigung sprechen kann. Die Hypothese $H_{0_3}: \pi = 0$ muß in allen Fällen verworfen werden.

Um festzustellen, ob der Wechselkurs (statistisch gesehen) überhaupt von der Differenz der jeweiligen nationalen Zinsen abhängt, wird eine Analyse der Gleichung (3.21) durchgeführt.

Dabei stellt sich heraus, daß die Koeffizienten dieses Differentials für den FFR und die DKR signifikant von null verschieden sind, also einen Einfluß auf die entsprechenden Kassakurse haben. Die Vorzeichen dieser Koeffizienten sind negativ, d. h., der unterstellte Zusammenhang zwischen Zinsdifferential und Wechselkurs wird bestätigt, die Alternativhypothese $H_{A_3}: \pi \neq 0$ wird angenommen.

Für den BFR ergibt sich ein anderes Bild. Hier ist der Koeffizient des tatsächlichen zukünftigen Zinsdifferentials nicht signifikant von null verschieden, und sein Vorzeichen ist positiv. Der Einfluß des Zinsdifferentials auf den Wechselkurs wird bezüglich des BFR (statistisch) als nicht signifikant eingestuft. Im Falle des BFR kann die Nullhypothese $H_{0_3}: \pi = 0$ nicht verworfen werden.

Auch hier wird wiederum ein DURBIN-WATSON-Test auf Autokorrelation der Residuen der Regression zu den beiden Signifikanzniveaus (95 % und 99 %) durchgeführt. Bezüglich des FFR besteht keine Autokorrelation der Residuen für beide Niveaus, wohingegen beim BFR die Residuen nur innerhalb des 99%-Niveaus unkorreliert sind. Die Residuen der Regression für die DKR sind bezüglich beider Niveaus autokorreliert.

Auffällig ist, daß die Bestimmtheitsmaße R^2 für die Regressionen von Gleichung (3.21) bei allen Währungen wesentlich größer sind als die der Regressionen von Gleichung (3.20). Das deutet darauf hin, daß die Erwartung über die zukünftigen Zinsdifferentiale sich weitgehend mit dem tatsächlichen Zinsdifferential deckt. Mit anderen Worten: Die Differenzen der nationalen Zinssätze haben einen Einfluß auf die Wechselkursentwicklung, und "News" diesbezüglich treten kaum bzw. gar nicht auf.

Abhängige Variable	Konstante	$f_{t,t+i}$	ZD	UZD	R^2	SE	D-W	F
D-Mark / Französischer Franc								
2SLS I	0,58	0,83	-0,002	xxx	0,71	0,00	1,89	146,6
Standardfehler der Koeffizienten	0,17	0,5	0,0005					
t-Statistik der Koeffizienten	0,0008	-3,44	-3,227					
2SLS II	0,58	0,83	xxx	0,01	0,57	0,00	2,14	77,64
Standardfehler der Koeffizienten	0,23	0,07		0,01				
t-Statistik der Koeffizienten	0,012	-2,54		0,973				
D-Mark / Belgischer Franc								
2SLS I	0,36	0,77	0,006	xxx	0,79	0,00	1,63	217,85
Standardfehler der Koeffizienten	0,91	0,58	0,0006					
t-Statistik der Koeffizienten	0,0001	-3,95	1,07					
2SLS II	0,29	0,82	xxx	-0,02	0,41	0,01	1,79	41,47
Standardfehler der Koeffizienten	0,14	0,09		0,016				
t-Statistik der Koeffizienten	0,044	-2,03		-1,099				
D-Mark / Dänische Krone								
2SLS I	0,58	0,82	-0,001	xxx	0,72	0,00	1,55	152,8
Standardfehler der Koeffizienten	0,16	0,05	0,0004					
t-Statistik der Koeffizienten	0,0006	-3,54	-3,42					
2SLS II	0,49	0,85	xxx	-0,008	0,46	0,01	1,72	49,44
Standardfehler der Koeffizienten	0,28	0,08		0,008				
t-Statistik der Koeffizienten	0,081	-1,75		-1,06				

Tabelle 3.2: Einmonatiges Zinsdifferential und Wechselkurse (2SLS I) sowie einmonatiges unerwartetes Zinsdifferential und Wechselkurse (2SLS II). (Datenmaterial: Deutsche Bundesbank, eigene Berechnungen).

Anmerkung: Bei den Zinssätzen handelt es sich um die annualisierten Eurogeldsätze der jeweiligen Währungen für Monatsgeld. Das erwartete Zinsdifferential $E_t(i-i^*)_{t+1}$ wurde durch eine Regression des zukünftigen Zinsdifferentials auf eine Konstante, zwei verzögerte Werte des Zinsdifferentials und des aktuellen Terminkurses generiert. Es wurde eine zweistufige kleinste Quadrate Methode angewandt deren geschätzte Werte für das erwartete Zinsdifferential verwendet wurden. Als Instrumentalvariablen für das zukünftige Zinsdifferential dienten zwei verzögerte Werte des Differentials und der Logarithmus des aktuellen Terminkurses. Für das erwartete zukünftige Zinsdifferential dienten ebenfalls zwei verzögerte Werte des Differentials und der aktuelle Terminkurs als Instrumentalvariablen. Das zukünftige Zinsdifferential $(i-i^*)_{t+1}$ wird mit ZD, das unerwartete zukünftige Zinsdifferential $\left[(i-i^*)_{t+1}-E_t(i-i^*)_{t+1}\right]$ mit UZD bezeichnet. SE stellt den Standardfehler der Regressionsgleichung dar. Die Standardfehler der Koeffizienten werden unterhalb der Koeffizienten angegeben.

Abschließend soll nun noch einmal eine kurze Zusammenfassung der in diesem Kapitel gefundenen Ergebnisse sowie eine kritische Würdigung der Konstruktionselemente der klassischen Erklärungsansätze der Wechselkursbildung gegeben werden.

3.4 Fazit

Zu Beginn dieses Kapitels wurde zunächst eine Systematisierung der Wechselkurstheorie gegeben. Dabei wurden die Ansätze der traditionellen Theorie nach den Märkten, auf die sie ihre Argumentation gründen, differenziert und die moderne Theorie bezüglich der von den Ansätzen verwendeten Art und Weise der Erwartungsbildung unterschieden.

Beispielhaft für die traditionellen Ansätze wurde die Zinsparitätentheorie näher beleuchtet, die sich als reiner Finanzmarktansatz versteht.

Es wurde festgestellt, daß innerhalb des Beobachtungszeitraumes und für die betrachteten Währungen eine nichtinflationäre Umwelt angenommen werden kann, in der ein negativer Zusammenhang zwischen Zins und Wechselkurs bzw. ein positiver Zusammenhang zwischen Zins und Auf- bzw. Abwertung einer Währung besteht. Nicht zuletzt deshalb wurde die ungedeckte Zinsparität - als Ausprägung der Zinsparitätentheorie - für die weitere Analyse als operationalisierbar betrachtet. Die Implikationen der Zinsparitätentheorie für den "News"-Ansatz sowie dessen Voraussetzungen sind aus den Ausführungen hervorgegangen.

Als die moderne Ergänzung der Zinsparitätentheorie wurde der "News"-Ansatz in Form seines Referenzsystems, seiner Prämissen und Anforderungen geschildert sowie ökonometrisch analysiert.

Die Ergebnisse des empirischen Teils der vorliegenden Arbeit werden nun noch einmal kurz zusammengefaßt. Diese Ergebnisse weisen auf die Unzulänglichkeit

der traditionellen sowie der modernen Wechselkurstheorie hin, Kursschwankungen wie die im Vorfeld der Bandbreitenerweiterung des EWS zu erklären. Deshalb werden im zweiten Teil dieses Abschnittes die Konstruktionselemente der beiden verwendeten Ansätze bezüglich ihres Vermögens, Wechselkursprognosen zu gestatten, analysiert.
Nun sollen jedoch die Ergebnisse der ökonometrischen Analyse noch einmal kurz wiedergegeben werden.

3.4.1 Zusammenfassung

Im Rahmen der empirischen Analyse der Devisenmärkte wurden in dieser Arbeit die Prediktoreigenschaft der Einmonatsterminkurse des FFR, des BFR und der DKR für die zukünftigen Kassakurse der jeweiligen Währungen gegenüber der DEM, die Effizienz der betrachteten Märkte und der systematische Einfluß unerwarteter Neuigkeiten auf das Differential der deutschen zu den ausländischen Zinsen und damit auf die Kassakurse von April 1987 bis einschließlich März 1997 untersucht.
Zusätzlich wurden die Volatilität der Kurse sowie deren Vorhersagbarkeit in Augenschein genommen.
Dabei hat sich herausgestellt, daß die Vorhersagequalität der Terminkurse für die zukünftigen Kassakurse statistisch als insignifikant gelten muß. Die Nullhypothesen bezüglich der einzelnen Koeffizienten mußten für jede der Währungen abgelehnt werden, und die verbundene Hypothese konnte nur bezüglich des FFR angenommen werden.
Dies wird durch die Konfidenzintervalle zu den Niveaus von 95 % bzw. 99 % für jede einzelne Währung unterstützt, denn die wahren Werte der Koeffizienten α

und β sind mit 1 % Irrtumswahrscheinlichkeit jeweils signifikant verschieden von den durch die Nullhypothesen vorgegebenen Werte.
Es ist jedoch nicht von der Hand zu weisen, daß zwischen den jeweiligen Kassa- und Terminkursen ein Zusammenhang besteht. Dies kann, wie bereits erwähnt, darauf zurückgeführt werden, daß sie von denselben Faktoren beeinflußt werden.
Die anschließende Überprüfung der Effizienz der Terminmärkte für die jeweiligen Währungen ergab für den FFR eine Bestätigung der Hypothese effizienter Märkte bezüglich beider Signifikanzniveaus. Für den BFR und die DKR konnte Markteffizienz nur bedingt akzeptiert werden, da hier jeweils nur das weniger strenge 99-%-Niveau erfüllt wurde. Generell konnte die These effizienter Märkte jedoch für keine der Währungen zurückgewiesen werden.
Die mangelnde Bestätigung der Prediktoreigenschaft der Terminkurse für die zukünftigen Kassakurse veranlaßte den Verfasser dazu, die Volatilität der Wechselkurse und die Vorhersagbarkeit dieser Volatilität näher zu beleuchten. Dabei stellte sich heraus, daß weder die Richtung der Wechselkursentwicklung noch das Ausmaß der zukünftigen Entwicklung auch nur ansatzweise prognostiziert werden konnte. Dieses Ergebnis muß angesichts der besonderen Struktur des EWS überraschen, da die Erwartungsunsicherheit der Akteure auf den Märkten der Währungen des EWS durch die Konstruktion des EWS denkbar gering ist. Dazu tragen auch die weiten Bandbreiten im Anschluß an die Krise des EWS im Jahre 1993 bei.[100] Es kommt hinzu, daß die Volatilität der betrachteten Währun-

[100]Trotz der weiten Bandbreiten besteht aufgrund des Vertrages von Maastricht für die am EWS teilnehmenden Währungen der unterschwellige Zwang, sich innerhalb der engen Bandbreiten von ± 2,25 % zu behaupten. Unter anderem berechtigt nur eine friktionslose Teilnahme innerhalb der engen Bandbreiten des EWS zum Eintritt in die geplante Währungsunion.

gen im Beobachtungszeitraum über weite Zeiträume hinweg sehr gering war, was eine Prognose ebenfalls erleichtern sollte.
Abschließend wurde der Einfluß von "News" auf die Entwicklung der Kassakurse überprüft. Das Ergebnis dieses Untersuchungsschrittes war die Annahme der Nullhypothese, es besteht kein Zusammenhang zwischen unerwarteten zukünftigen Zinsdifferentialen und der Entwicklung der Kassakurse. "News" haben also keinen statistisch signifikanten Einfluß auf die Entwicklung der Kassakurse der betrachteten Währungen im Beobachtungszeitraum gehabt.
Die Ablehnung dieses modernen Wechselkursmodells für die betrachteten Währungen innerhalb des Beobachtungszeitraumes deutet auf die Notwendigkeit einer alternativen Erklärung solcher Phänomene der Realität, wie es die Bandbreitenerweiterung im EWS im August 1993 darstellt.
Aufgrund der zuvor dargestellten Ergebnisse besteht die Vermutung, daß die klassischen Erklärungsansätze aufgrund ihrer Konstruktionselemente keine Vorhersage der zukünftigen Kassakurse erlauben. Um diesen Sachverhalt zu verdeutlichen, wird nun eine Analyse dieser Elemente erfolgen. Diese Untersuchung umfaßt die ungedeckte Zinsparität und den "News"-Ansatz. Elemente die jeweils von beiden Ansätzen verwendet werden, werden jedoch nur einmal analysiert.

3.4.2 Kritische Würdigung der Konstruktionselemente beider Modelle der klassischen Wechselkurstheorie

3.4.2.1 Kritische Würdigung der Konstruktionselemente der ungedeckten Zinsparität

Zunächst wird die ungedeckte Zinsparität in Augenschein genommen. Sie setzt verschiedene Dinge voraus, die einer Vorhersage der zukünftigen Kassakurse potentiell entgegenstehen.

Zu denken ist diesbezüglich an die vollkommene Kapitalmobilität. Diese setzte sich aus zwei Teilen, der Abwesenheit von Kapitalverkehrskontrollen sowie Transaktionskosten, zusammen. Auf den europäischen Devisenmärkten kann grundsätzlich davon ausgegangen werden, daß keine Kontrollen des Kapitalverkehrs von staatlichen Instanzen vorgenommen werden. Diese Modellrestriktion kann somit als erfüllt betrachtet werden und steht der Vorhersage von Wechselkursen nicht im Wege.

Anders ist die Abwesenheit von Transaktionskosten zu beurteilen. Transaktionskosten entstehen für alle am Handel von Finanzaktiva beteiligten Marktteilnehmer. Diese Kosten fallen zudem für verschiedene Marktteilnehmer und Marktphasen in unterschiedlicher Höhe an.[101] Durch die Existenz differierender Transaktionskosten kommt es bei Erwartungsänderungen, die bei Einhaltung dieser Bedingung automatisch mit Portfolioumschichtungen zur neuen First-best-Lösung verbunden sind, zu eingeschränkten Reaktionen auf die veränderte Datenlage. Das bereits beschriebene "band of agnosticism" stellt sich ein - die neuen Infor-

[101] Vergleiche dazu die Ausführungen auf Seite 131 und die dort in Fußnote 56 angegebene Literatur.

mationen können ihre Wirkung nicht in vollem Ausmaß auf die Preise entfalten. Durch die Unterschiedlichkeit der Kosten werden die Reaktionen auf die veränderte Datenlage zusätzlich in unterschiedlichem Umfang vorgenommen.
Die gleichen Wirkungen gehen von der Existenz von Informationskosten aus, die - in Abhängigkeit von der Intensität der Informationsaktivitäten - ebenfalls in unterschiedlicher Höhe anfallen. Beide Kostenelemente des Handels von Devisen erschweren eine Prognose der zukünftigen Kassakurse.
Eine weitere von der Zinsparitätentheorie geforderte Voraussetzung stellt die Flexibilität der Kurse dar. Zumindest die Terminkurse, deren Flexibilität als Minimalvoraussetzung gefordert wird, sind diesbezüglich keinerlei Beschränkungen unterworfen. Bezüglich der Kassakurse der betrachteten Währungen besteht ebenfalls Flexibilität - bis zu einem gewissen Grad. Es ist nur ein Fall von praktischer Bedeutung für die ungedeckte Zinsparität, in dem durch Zinsdifferenzen die Kursflexibilität von vornherein eingeschränkt würde: bestünde additiv zu der als 'systemimmanente' Risikoprämie[102] für eine Währung angesehenen Zinsdifferenz eine zusätzliche Zinsdifferenz, die in ihrer Wechselkurswirkung über die ± 2,25-%-Bandbreite hinausginge, könnte es im Vorfeld der Marktreaktion zu entsprechenden Interventionen der nationalen Notenbanken kommen. Diese Eingriffe würden dann die Flexibilität der Kurse beschränken. Dieser Fall kann jedoch für das konkrete Beispiel der Bandbreitenerweiterung ausgeschlossen werden. Die

[102]Der Begriff der 'systemimmanenten' Risikoprämie wird im Folgenden genauer erklärt. Hier soll jedoch ein kurzer Vorgriff erfolgen: Zinsdifferenzen sind aufgrund der Ankerwährungsfunktion der DEM im Wechselkursmechanismus des EWS und dessen asymmetrischer Funktionsweise durch das System bedingt. Innerhalb dieser Zinsdifferenzen kann nun eine Unterscheidung zwischen den Differenzen getroffen werden, die systemimmanent sind, und solchen, die durch eine über den normalen Zins der Währungen hinausgehende Ertragskomponente für das Halten von Fremdwährungen, der zusätzlichen Risikoprämie, bedingt sind.

Voraussetzung flexibler Kurse kann demzufolge als erfüllt gelten und steht einer Vorhersage der zukünftigen Kassakurse nicht entgegen.

Nun sollen noch die formalen Bedingungen der ungedeckten Zinsparität analysiert werden: eine erwartete Wechselkursänderung wird im Rahmen dieses Ansatzes durch die internationale Zinsdifferenz ausgedrückt. Formal wurde diese Beziehung wie folgt dargestellt:

$$E_t(s_{t+i}) - s_t = i_t - i_t^* \tag{2.12}$$

Da die nationalen Zinsen - insbesondere aufgrund der Funktion der DEM als Ankerwährung des Wechselkursmechanismus und dessen asymmetrischer Funktionsweise - in ihrer Höhe nicht identisch sind, müßte der erwartete zukünftige Kassakurs automatisch niedriger sein als der aktuelle Kassakurs. Dies wäre eine zwingende Folge aufgrund der Aufwertungserwartung der heimischen Währung, die sich aus der Zinsdifferenz ergibt.

In den ausländischen Zinssätzen sind also die bereits angesprochenen 'systemimmanenten' Risikoprämien enthalten. Eine Folge dessen ist wiederum, daß - wie bereits angeführt - Zinsunterschiede innerhalb des EWS nicht automatisch eine Bewertungsänderungserwartung bedeuten.[103]

Die Existenz von Zinsdifferenzen und das Ausbleiben einer Bewertungsänderungserwartung trotz dieser Differenzen läßt die Währungen des EWS zu nicht vollständig substituierbaren Aktiva werden. Damit ist eine weitere zentrale Voraussetzung des Modells nicht erfüllt.

Zusätzlich stellen die aktuellen Zinssätze nur die jeweils aktuelle Informationslage der Marktteilnehmer dar, so daß aufgrund dieser Informationslage die Zukunft

[103] Vergleiche zum Ausbleiben der Bewertungsänderungserwartungen die Diskussion verschiedener Umwelten bezüglich der Inflationserwartungen der Marktteilnehmer im zweiten Abschnitt des 3. Kapitels.

nicht korrekt antizipiert werden kann, sondern allenfalls eine Tendenz aus Sicht der Gegenwart angegeben wird.

Die Gleichung der ungedeckten Zinsparität stellt deshalb gewissermaßen eine Tautologie dar: die Erwartung über die Veränderung des zukünftigen Kassakurses (linke Seite der Gleichung (2.12)), die auf dem aktuellen Informationsstand der Marktteilnehmer beruht, wird formal über die Zinsdifferenz, die ebenfalls auf der aktuellen Informationslage beruht, modelliert.

Über die Isolation des erwarteten zukünftigen Kassakurses wird dies deutlich:

$$E_t(s_{t+i}) = (i_t - i_t^*) + s_t \qquad (3.22)$$

Die Erwartung über die Höhe des zukünftigen Kassakurses wird ausschließlich aus bereits bekannten, den zum Zeitpunkt der Erwartungsbildung momentanen Wert der Währungen konstatierenden aktuellen Größen gebildet.

Wenn also der zukünftige Wert einer Währung ausschließlich von aktuellen Daten abhängig ist, dann müßte diese Zukunftserwartung, die von der gegenwärtigen Bewertung der Währung abweicht, den Wert der Währung schon in der Gegenwart verändern. Dies ist jedoch nicht der Fall, da Änderungen der Bewertung sonst permanent (in unendlich kleinen Zeitabständen) erfolgen müßten. Zusätzlich würde diese Interpretation bedeuten, daß die aktuelle Höhe des Kassakurses nicht dem aktuellen Wert der Währung entspräche. Eine Vorhersage zukünftiger Wechselkurse wird durch dieses Zusammenspiel der Konstruktion der ungedeckten Zinsparität und der des EWS unmöglich.[104]

[104]In diesem Zusammenhang soll die grundsätzliche Berechtigung der ungedeckten Zinsparität für die Erklärung von Wechselkursveränderungen nicht in Abrede gestellt werden. Die aufgezeigte Problematik besteht jedoch insbesondere für das EWS. Generell ist anzumerken, daß die ungedeckte Zinsparität in der Lage ist, die Wirkungszusammenhänge auf den Devisenmärkten auf pragmatische Art und Weise darzustellen.

Diese durch die Funktionsweise des EWS hervorgerufene Problematik könnte jedoch durch die Berechnung einer 'Sockelrisikoprämie' für die verschiedenen Währungen des EWS umgangen werden. Die Zinsdifferenz setzte sich dann aus einem fixen und einem variablen Teil zusammen. Der fixe Teil stellte den durch die Funktionsweise des EWS bedingten Zinsunterschied, der variable Teil die von den Märkten für etwaige Risiken verlangte 'Versicherungsprämie' für unterschiedliche Währungen sowie die entsprechende Bewertungsänderungserwartung dar. Auf die Probleme der Extraktion einer Risikoprämie aus den unterschiedlichen nationalen Zinssätzen soll hier jedoch nicht weiter eingegangen werden, da sie den Rahmen der vorliegenden Untersuchung sprengen würden.[105]

Ein weiterer Nachteil der Verwendung erwarteter Veränderungsraten besteht darin, daß sie ex ante empirisch nicht testbar sind;[106] sie können nur ex post überprüft werden. Daraus folgt, daß ein isolierter Test der ungedeckten Zinsparität aufgrund der begrenzten Verfügbarkeit der benötigten Daten und deren fragwürdiger Qualität nicht überzeugend durchgeführt werden kann. Es wird eine Hilfshypothese, die Erwartungen betreffend, benötigt, bevor die ungedeckte Zinsparität getestet werden kann. Diese Hilfshypothese besteht in der Regel in der Hypothese rationaler Erwartungen. Das wiederum hat zur Folge, daß die Terminkur-

---

[105] Zur Bedeutung von Risikoprämien, ihren Entstehungsgründen und Versuchen ihrer Modellierung sowie einer Beurteilung von Risikoprämien vergleiche Frenkel, Michael (1994): "Wechselkursvolatilität und Terminkursverzerrungen: Empirischer Befund und Erklärungsansätze", a. a. O, S. 63-78 und die dort angegebene Literatur.

[106] Vgl.: MacDonald, Ronald; Taylor, Mark P. (1992): "Exchange Rate Economics: A Survey", in: International Monetary Fund Staff Papers, Vol. 39, No. 1, 1992, S. 1-57, S. 38.

se unverzerrte Prediktoren der zukünftigen Kassakurse darstellen müßten, was wieder zur Problematik der Terminmarkteffizienz zurückführt.[107]

Die bereits angesprochene Verwendung erwarteter Veränderungsraten und der daraus folgenden Tautologieproblematik sowie der 'systemimmanenten' Risikoprämie für alle Währungen des EWS, abgesehen von der Ankerwährung, ist charakteristisch für eine Überprüfung der ungedeckten Zinsparität im Rahmen des EWS.

Sie ist somit auf kurze und mittlere Sicht keine geeignete Methode für die Prognose von Devisenkursen innerhalb des EWS.

3.4.2.2 Kritische Würdigung der Konstruktionselemente des "News"-Ansatzes

Nun sollen die Konstruktionselemente des "News"-Ansatzes auf ihre Möglichkeit, eine Voraussage zukünftiger Kassakurse zu gestatten, analysiert werden. Eine Wiederholung der Prämissendiskussion des "News"-Ansatzes soll dabei nicht stattfinden, da diese identisch mit denen der ungedeckten Zinsparität sind und bereits im vorhergehenden Teil beurteilt worden sind.

Die Voraussetzung der rationalen Erwartungen, die für den "News"-Ansatz von zentraler Bedeutung ist, ist bisher nicht eingehend diskutiert worden. Dies soll nun zunächst geschehen bevor auf andere Konstruktionselemente des Ansatzes bezüglich einer Prognose zukünftiger Wechselkurse eingegangen wird.

Es wurde darauf abgestellt, daß der Terminkurs auf pragmatische Art und Weise in der Lage ist, die Erwartungen der Marktteilnehmer bezüglich des zukünftigen

[107] Die Devisenmarkteffizienz und die Prediktoreigenschaft der Terminkurse sowie die damit verbundenen Probleme sind bereits ausführlich in den Abschnitten 2.2 und 2.3 dargestellt und erläutert worden. Eine Diskussion dieser Thematik soll hier nicht wiederholt werden.

Kassakurses darzustellen. Dies soll hier nicht revidiert werden; rationale Erwartungen haben jedoch eine große theoretische Bedeutung: sie implizieren, daß sich die Marktteilnehmer nicht bzw. nicht systematisch irren. Mögliche Begründungen dafür könnten sein, daß sie sich eingehend mit den zu handelnden Aktiva beschäftigen, gut informiert sind, über reichhaltige Erfahrungen verfügen u. ä. m. Formal wird die Voraussetzung rationaler Erwartungen durch eine Kombination der Bedingung der Verwendung aller relevanten Informationen (Gleichung (2.14) mit der Bedingung der Berücksichtigung etwaiger Erwartungsirrtümer der Marktteilnehmer (υ_{t+i}) modelliert.[108]

Zunächst kann die Verwendung aller 'relevanten' Informationen in Zweifel gezogen werden: welche Informationen gehören aus Sicht der Marktteilnehmer zum 'relevant Set' für die Bildung von Wechselkurserwartungen? Bei der Darstellung aller relevanten Informationen über den Terminkurs ($f_{t,t+i}$) handelt es sich also um eine normative Reduktion der vorhandenen Komplexität.

Bei den beiden zum "News"-Ansatz gehörenden Prüfungen (Prediktoreigenschaft der Terminkurse und Markteffizienz) werden rationale Erwartungen auf die gleiche Art und Weise integriert. In den entsprechenden Schätzgleichungen (Gleichung (2.17) und Gleichung (3.12)) sind über den Terminkurs (formal) alle Informationen enthalten, die bis zum Zeitpunkt der Erwartungsbildung bekannt sind. Dabei handelt es sich naturgemäß um Vergangenheits- und Gegenwartsinformationen, die maximal in der Lage sind, die Entwicklung der beobachteten

---

[108]Die Verwendung aller relevanten Informationen substituiert die Erwartung der Marktteilnehmer bezüglich des zukünftigen Kassakurses ($E_t(s_{t+i})$) durch den Terminkurs ($f_{t,t+i}$), da in ihm annahmegemäß alle Informationen enthalten sind. Werden zusätzlich Erwartungsirrtümer der Marktteilnehmer aufgenommen, so ergibt sich die (formale) Bedingung rationaler Erwartungen: ($s_{t+i} = f_{t,t+i} + \upsilon_{t+i}$).

Größen von der Vergangenheit bis zur Gegenwart darzustellen und per definitionem keinen Aufschluß über die Zukunft geben können. Sie gestatten also keine Prognose des zukünftigen Kassakurses.

Geht man jedoch trotzdem davon aus, daß tatsächlich alle relevanten Informationen in den Terminkursen enthalten sind, dann stellt sich die Frage, ob die in den Gleichungen vorhandenen Erwartungsirrtümer (υ_{t+i}) die Rationalität der Erwartungsbildung von vornherein sicherstellen sollen, falls diese tatsächlich nicht existiert. Über diesen formalen Ausweg wird die Möglichkeit geschaffen, jede nur erdenkliche Erwartungsbildung als rational erscheinen zu lassen. Die einzige Restriktion diesbezüglich stellt die Anforderung der seriellen Unkorreliertheit der Irrtümer dar. Schätzen die Marktteilnehmer die Zukunft also nicht systematisch, sondern wechselhaft falsch ein, so kann Rationalität attestiert werden.

Wie können jedoch Erwartungsirrtümer entstehen? Dabei kann es sich einerseits um neue, die ursprüngliche Erwartungsbildung und deren Erfüllung verändernde Informationen, die zwischen dem Zeitpunkt der Erwartungsbildung und dem Zeitpunkt der 'Erwartungsfälligkeit' auf dem Markt eintreffen, handeln oder andererseits um eine - bezüglich der zukünftigen Entwicklung des Kassakurses - falsche Interpretation der vorhandenen Informationen.

Die erste Möglichkeit ist im Modell durch den "News"-Teil in der Schätzgleichung (3.19) berücksichtigt. Sie wird zu einem späteren Zeitpunkt diskutiert.

Letztere Variante, daß die Marktteilnehmer die Informationen nicht 'richtig' verarbeiten, da sie z. B. das 'falsche' Modell verwenden, wird nicht berücksichtigt. Diese Option existiert unter der Voraussetzung rationaler Erwartungsbildung definitionsgemäß nicht. Daraus folgt, daß Erwartungsirrtümer rein zufälliger Natur sein müssen.

Um nun die Statik und die Vergangenheitslastigkeit des Ansatzes deutlich machen zu können, erfolgt nochmals ein Rückgriff auf die Erwartungsirrtümer (υ_{t+i}):

unter der Voraussetzung, daß die Bedingung rationaler Erwartungen erfüllt ist, treten Erwartungsirrtümer nicht auf, jedenfalls nicht systematisch; es könnte folglich auf den stochastischen Stör-Term (υ_{t+i}) verzichtet werden. Dann folgte, daß der zur Zeit gültige Terminkurs immer dem zukünftigen Kassakurs entsprechen müßte. Nun muß jedoch eine zeitliche Dreiteilung vorgenommen werden: einerseits ist der Zeitpunkt t der Erwartungsbildung von Interesse, andererseits der Abschnitt zwischen t und t+i und schließlich der Zeitpunkt t+i.

Zum Zeitpunkt t, der Gegenwart der Erwartungsbildung, können sich der Terminkurs ($f_{t,t+i}$) und der Kassakurs (s_t) unterscheiden. Es wird davon ausgegangen, daß der Terminkurs die zukünftige Bewertung des Aktivums besser widerspiegelt als der aktuelle Kassakurs. Der tatsächliche zukünftige Kassakurs (s_{t+i}) kann noch nicht angegeben werden, da der Zeitpunkt t+i noch nicht erreicht worden ist. Im zeitlichen Abschnitt zwischen t und t+i können nun Erwartungsirrtümer der Marktteilnehmer auftreten. Sie können jedoch nur durch neue, zuvor nicht antizipierbare Ereignisse bzw. Informationen hervorgerufen werden und können aufgrund der Vergangenheitslastigkeit des Terminkurses ($f_{t,t+i}$) nicht in ihm enthalten gewesen sein. Der Terminkurs wird innerhalb des zeitlichen Kontinuums zwischen den Zeitpunkten t und t+i also permanent verändert und stellt jedes Mal die aktuelle Zukunftserwartung der Marktteilnehmer dar. Er differiert jedoch von dem in t gebildeten Terminkurs.

Zum Zeitpunkt t+i sind Kassa- und Terminkurs schließlich aufgrund der faktischen Situation auf dem Kassamarkt identisch. Der stochastische Stör-Term (υ_{t+i}) drückt zum Zeitpunkt t+i die Differenz zwischen dem Terminkurs zum Zeitpunkt t für den Zeitpunkt t+i ($f_{t,t+i}$) und dem in t+i aktuellen Kassakurs (s_{t+i}) aus.

Durch diese zeitliche Zerlegung wird deutlich, daß der Terminkurs aufgrund der Informationslage der Marktteilnehmer nur die richtige Prognose für den zukünftigen Kassakurs darstellen kann, wenn zwischen den beiden Zeitpunkten t und t+i keinerlei wechselkursrelevante Ereignisse geschehen oder keine die Erwartungsbildung der Marktteilnehmer verändernden Informationen bekannt werden, also eine Art Vakuum besteht.

Da diese zeitliche Differenz in der vorliegenden Arbeit jedoch einen Monat beträgt und davon auszugehen ist, daß in dieser Zeitspanne Ereignisse geschehen bzw. Informationen bekannt werden, die in irgend einer Form Auswirkungen auf die Wechselkurse haben, werden die Erwartungsirrtümer (υ_{t+i}) zum entscheidenden Term in den Schätzgleichungen und damit zum Hauptbestandteil des Modells.

Modelltheoretisch entscheidend ist dann nur noch, daß die Erwartungsirrtümer im Durchschnitt null ergeben bzw. seriell unkorreliert sind. Die jeweilige Höhe (Betrag) des Irrtums über mehrere Perioden hinweg ist dann (formal) bedeutungslos. Für die Realität auf den Devisenmärkten und die Zielsetzung des Modells ist aber gerade die Höhe (Betrag) des Irrtums von entscheidender Bedeutung dafür, ob eine Prognose (annäherungsweise) zutrifft oder nicht.

Fazit dieser Betrachtung ist, daß die Zeit bzw. deren Verlauf kein prägender Bestandteil des "News"-Ansatzes ist. Theoretisch könnte der Jahresterminkurs eines Aktivums als Prognoseinstrument verwendet werden. Daß es dadurch automatisch zu einer Ablehnung des Modells käme bzw. eine Annahme desselben reiner Zufall wäre, macht deutlich, daß gerade der mögliche (wahrscheinliche) Irrtum der Marktteilnehmer für die Prognose entscheidend ist. Wird die zeitliche Differenz zwischen t und t+i hingegen hinreichend gering gewählt, wird eine Annahme des Modells gegenüber einer Ablehnung immer wahrscheinlicher.

Das Ergebnis dessen ist, daß gerade der Verlauf der Zeit zwischen dem Zeitpunkt einer Prognose und deren Erfüllung einer 'nicht-zufälligen' Prognose der Wechselkurse entgegensteht.

Nun soll sich eine Diskussion der bereits aufgezeigten Problematik des "News"-Teiles des Modells anschließen.

Die formale Modellierung des "News"-Ansatzes wurde über eine Aufspaltung des zukünftigen Wechselkurses in einen erwarteten und einen unerwarteten Teil vorgenommen. Zusätzlich zu dem Ausdruck, der die Erwartungen der Marktteilnehmer in der Schätzgleichung (2.17) widerspiegelt, werden also "News" in das Modell aufgenommen:

$$s_{t+i} = \alpha + \beta f_{t,t+i} + \text{"}News\text{"} + \upsilon_{t+i} \qquad (3.19)$$

Der "News"-Teil dieser Gleichung setzt sich aus den den Wechselkurs determinierenden Variablen in ihren jeweiligen Gewichtungen zusammen.

Dies wirft jedoch mehrere Probleme auf: zum einen muß festgelegt werden, welche Determinanten aufgenommen werden, wie sie beobachtet und quantifiziert werden können. Des weiteren muß bestimmt werden, welches relative Gewicht den jeweiligen Variablen zugemessen wird.

Die Aufnahme der Wechselkursdeterminanten in die Schätzgleichung kann ausschließlich normativ erfolgen. Dies stellt in der Folge jedoch eine faktische Unmöglichkeit dar, da niemals auch nur annäherungsweise alle die Wechselkurse beeinflussenden (quantitativen und qualitativen) Variablen abschließend benannt werden könnten.

Bezüglich der Beobachtung aller im "News"-Teil vorhandenen Variablen bestehen zwei Probleme: erstens können - mangels vollständigen Wissens sowie intellektueller Überforderung der Marktteilnehmer - nicht alle die Wechselkurse determinierenden Variablen permanent beobachtet werden, da nicht festgestellt werden kann welche Determinanten aufgenommen werden sollen; eine Konsequenz der Beobachtung aller wechselkursdeterminierenden Faktoren wäre dann deren individuelle Bewertung bezüglich ihres Einflusses auf die Wechselkurse.

Zweitens legen die Marktteilnehmer - gemäß ihrer Präferenzen, Handelsstrategien usw. - unterschiedliches Gewicht auf differierende Variablen, was zu einer unterschiedlichen Beobachtungsintensität und dementsprechend zu einer unterschiedlichen Bewertung ihres Einflusses auf die Wechselkurse führt.

Die Berücksichtigung der Wechselkursdeterminanten kann also aufgrund konstitutiven Wissensmangels sowie notwendiger Komplexitätsreduktion nur lückenhaft vorgenommen werden.

Da Wechselkurse von quantifizierbaren wie auch von nicht quantifizierbaren Determinanten beeinflußt werden, besteht weiterhin die Problematik der Quantifizierung sogenannter 'soft'-facts. Diese kann ebenfalls nur normativ erfolgen und wird von den Marktteilnehmern in unterschiedlicher Weise vorgenommen.

Den Variablen entsprechende Gewichte beizumessen kann ebenfalls nur normativ geschehen und führt deshalb zu einer faktischen Unmöglichkeit, da - aufgrund des Unvermögens, alle Determinanten der Wechselkurse zu benennen - diesen auch keine ('objektiven') Gewichtungen zugemessen werden können. Zudem müßten die Gewichtungen in ihrer Summe den Wert 1 ergeben sowie eine gewisse Zeitstabilität aufweisen. Es handelt sich also um eine faktische und - in deren Folge - formale Restriktion des Modells, die eine Prognose der zukünftigen Kassakurse verhindert.

In der vorliegenden Arbeit wurde versucht, diesen Mangel des Modells über die Aufnahme des internationalen Zinsdifferentials in den "News"-Teil zu umgehen. Dies geschah, wie bereits angemerkt, mit der Begründung, daß sich Änderungen der Fundamentalvariablen sofort in Änderungen der nationalen Zinsen und - in der Folge - auch in deren internationalem Differential niederschlagen.

$$s_{t+i} = \alpha + \beta f_{t,t+i} + \pi \underbrace{\left[\left(i - i^*\right)_{t+i} - E_t \left(i - i^*\right)_{t+i} \right]}_{\text{"News"}} + \upsilon_{t+i} \tag{3.20}$$

Der "News"-Anteil der Regressionsgleichung setzt sich aus dem tatsächlichen Zinsdifferential der Periode t+i und dem von den Marktteilnehmern in der Periode t für die Periode t+i erwarteten Zinsdifferential zusammen. Bildet man die Differenz zwischen dem tatsächlichen und dem erwarteten Differential, so erhält man das unerwartete Differential der Periode t+i, das annahmegemäß den Wechselkurs in unerwarteter Weise beeinflußt.

Diese Analyse wurde jedoch ex post durchgeführt. Dabei stellt es wiederum eine faktische Unmöglichkeit dar, zum Zeitpunkt t das tatsächliche zukünftige Zinsdifferential sowie das erwartete zukünftige Zinsdifferential der Periode t+i - deren Differenz das unerwartete zukünftige Zinsdifferential darstellt - in die Gleichung zu integrieren. Zum einen ist das Zinsdifferential des Zeitpunktes t+i gerade zum Zeitpunkt t noch nicht bekannt. Zum anderen ist fragwürdig, wie die Erwartungshaltung der Marktteilnehmer bezüglich dieses Differentials praktisch ermittelt und (formal) abgebildet werden kann.

All diese Konstruktionselemente und Tatsachen verhindern eine Prognose des zukünftigen Kassakurses. Dies traf bereits für die ungedeckte Zinsparität zu und muß ebenfalls für den "News"-Ansatz konstatiert werden. Die klassischen Erklärungsansätze, denen zuvor sowohl die traditionelle Zinsparitätentheorie als auch der moderne "News"-Ansatz zugerechnet wurden, haben offensichtlich gerade aufgrund ihrer Konstruktion über Erwartungsgrößen, deren Veränderungsraten sowie der Hilfshypothese rationaler Erwartungen keinerlei Erklärungskraft für den vorliegenden Fall der Bandbreitenerweiterung innerhalb des EWS.

An dieser Stelle soll angesichts der aufgezeigten Defizite, die Wechselkursentwicklung kurzfristig erklären zu können, noch einmal auf die Notwendigkeit einer anders gearteten Analyse der Wechselkursentwicklung hingewiesen werden.

Ein Versuch, die starken Schwankungen der Wechselkurse langfristig zu erklären wird nun im folgenden Teil dieser Arbeit auf der Grundlage einiger volkswirtschaftlicher Daten der beteiligten Länder unternommen.

4 Analyse der fundamentalökonomischen Situation der krisenbetroffenen Staaten

Nachdem im 3. Kapitel dieser Arbeit die theoretischen Grundlagen der traditionellen Wechselkurstheorie und des "News"-Ansatzes gelegt worden sind die ökonometrische Überprüfung des letzteren abgeschlossen worden ist, soll nun im Folgenden - aufgrund der aufgezeigten Defizite - eine von den bisherigen Ausführungen differierende Erklärung der Wechselkursentwicklung im Rahmen des EWS im August 1993 gegeben werden.

Die Erklärung wird zunächst wirtschaftstheoretischer und im Anschluß wirtschaftspolitischer Natur sein. Um jedoch das Zusammenspiel der einzelnen Teile analysieren zu können, wird zu Beginn dieses Abschnitts eine Schilderung der Funktionsweise des EWS und zwei seiner Schwachstellen gegeben. Die Beschreibung der Funktionsweise des Systems erfolgt in drei Teilen. Im ersten Schritt wird der Wechselkursmechanismus des EWS erklärt. Der zweite Teil befaßt sich mit der Finanzierung der Devisenmarktinterventionen durch die teilnehmenden Notenbanken, um dann im letzten Schritt das Saldenausgleichssystem kurz erläutern zu können.

Aus der Funktionsweise des EWS ergeben sich zwei grundsätzliche Problembereiche des Systems, die im Anschluß kurz erläutert werden sollen. Dabei handelt es sich zum einen um die Option der Mitgliedsstaaten, sich opportunistisch zu verhalten, und zum anderen um die Möglichkeit der Märkte, den Bestand des Paritätengitters durch fundamentalökonomisch 'irrationale' Spekulationen in Frage zu stellen.

Im zweiten Teil dieses Abschnitts werden dann einige volkswirtschaftliche Daten der von der Bandbreitenerweiterung betroffenen Länder sowie ihre jeweilige Entwicklung analysiert.

Angesichts der für diesen konkreten Fall festgestellten Unzulänglichkeit der ökonometrischen Auswertung empirischer Daten scheint die Frage nach einer andersartigen Erklärung für Währungsturbulenzen erlaubt zu sein. Diese sollte in der Lage sein, die folgende Problematik zu beantworten: gibt es eine Möglichkeit, Theorien, Erklärungen und Voraussagen über Ereignisse zu bilden, die sich innerhalb komplexer Phänomene entwickeln und deren einzelne Determinanten, Ablauf sowie Ergebnis sich der Kenntnis des Beobachters im Vorhinein entziehen?

Die Vermutung, daß diesen komplexen Phänomenen abstrakte Züge zugeordnet werden können, die nicht von der exakten Spezifizierung aller sie verursachenden Faktoren abhängen, sondern nur von weiter gefaßten, abstrakteren Merkmalen der Umstände, innerhalb derer sie sich abspielen, kann zur Lösung der Problematik beitragen.[1]

Das Ziel dieses Kapitels ist es, Aussagen über komplexe Phänomene machen zu können, die, was die Ergebnisse anbetrifft, nicht spezifisch und/oder konkret sind, so daß für sie ein unerreichbares Maß an Wissen über die spezifischen Umstände, die sie beeinflussen, Voraussetzung wäre. Unerreichbar ist dieses Wissen allein schon deshalb, weil niemals auch nur sämtliche Faktoren, die ein Ergebnis beeinflussen, benannt werden könnten, und zudem deren für den Einzelfall benötigte Ausprägung sowie ihre individuelle Gewichtung zumindest teilweise ungewiß bliebe. Diese Kenntnisse, die über jede einzelne Determinante benötigt würden, wenn man "...solche simultanen Gleichungssysteme, wie sie seit Léon Walras weit und breit benutzt worden sind, um die allgemeinen Beziehungen zwischen

[1]Vgl.: Hayek, Friedrich A., von. (1972): "Die Theorie komplexer Phänomene", in: Walter Eukken Institut, Vorträge und Aufsätze, 36, Tübingen 1972, S. 10.

den Preisen und den Mengen aller gekauften und verkauften Güter darzustellen"[2], um also spezifische Preis-/Mengen-Strukturen zu berechnen, können keiner Einzelperson gegeben sein.[3] Vielmehr handelt es sich um ein permanentes 'trial and error'-Verfahren, mit dessen Hilfe die subjektive Weltsicht[4] (die Erwartungen) der Individuen innerhalb des Marktprozesses an die Realität angepaßt wird.[5] Auf diese Art und Weise wird die Wissensbasis der teilnehmenden Akteure über die Determinanten schrittweise erweitert bzw. ihre konstitutionelle Unwissenheit verringert.[6] Deshalb ist es notwendig, sich bei der Analyse der Entwicklung der Fun-

[2]Hayek, Friedrich A., von. (1972): "Die Theorie komplexer Phänomene", a. a. O., S. 27.

[3]v. Hayek betont ausdrücklich, daß das Wissen niemandem in seiner Gesamtheit gegeben ist, sondern daß es verstreut (dezentral) vorhanden ist. Es handelt sich um konstitutionelle Unwissenheit der Individuen. Vergleiche dazu Hayek, Friedrich A., von (1976): "Die Verwertung des Wissens in der Gesellschaft", in: Friedrich A. v. Hayek: "Individualismus und Wirtschaftliche Ordnung", Salzburg: Wolfgang Neugebauer, 2. Auflage 1976, S. 103-122, S. 104. Zu dem Begriff der konstitutionellen Unwissenheit siehe Hayek, Friedrich A., von (1969): "Rechtsordnung und Handelnsordnung", in: derselbe: "Freiburger Studien", a. a. O., S. 161-198, S. 171. Vergleiche ebenfalls: Streit, Manfred E.; Wegner, Gerhard (1989): "Wissensmangel, Wissenserwerb und Wettbewerbsfolgen - Transaktionskosten aus evolutorischer Sicht", a. a. O., S. 187.

[4] Vgl.: Hayek, Friedrich A., von (1976): "Wirtschaftstheorie und Wissen", in: derselbe: "Individualismus und Wirtschaftliche Ordnung", Salzburg: Wolfgang Neugebauer, 2. Auflage 1976, S. 49-77, S. 53.

[5]Vgl.: Hayek, Friedrich A., von (1969): "Der Wettbewerb als Entdeckungsverfahren", in: derselbe: "Freiburger Studien", a. a. O., S. 249.

[6]Zu dem Begriff der konstitutionellen Unwissenheit siehe Hayek, Friedrich A., von (1969): "Rechtsordnung und Handelnsordnung", in: derselbe: "Freiburger Studien", a. a. O., S. 161-198, S. 171. Vergleiche ebenfalls: Streit, Manfred E.; Wegner, Gerhard (1989): "Wissensmangel, Wissenserwerb und Wettbewerbsfolgen - Transaktionskosten aus evoluto-

damentalvariablen und deren Beitrag zur Bandbreitenerweiterung im EWS mittels einer Auswahl an Fundamentalvariablen, die im zweiten Teil dieses Abschnitts erfolgt, auf einige wenige Bestimmungsfaktoren zu beschränken.[7]
Diese Beschränkung dient der Reduktion von Komplexität. Sie soll hier jedoch nicht auf die Spitze getrieben werden. Ein Maximum dessen betreiben beispielsweise Chartisten, indem sie die Bestimmungsfaktoren, deren Art, Anzahl, Gewichtung usw. für sie weder subjektiv noch objektiv ermittelbar ist, vollkommen ignorieren und die Identifizierung solcher Strukturen ausschließlich auf den Kursverlauf des betrachteten Aktivums beschränken. Dies soll hier nicht geschehen, da Ursache und Wirkung von Wechselkursschwankungen auf denselben/dieselben Faktor/-en zurückgeführt werden: den Preisverlauf. Welche Faktoren sind es jedoch, die den Preis des 'Gutes' Währung determinieren?
Preise auf Produktmärkten werden in der Regel durch die relative Knappheit der entsprechenden Güter im Vergleich zu alternativen Einkommensverwendungen determiniert. Die ökonomischen Fundamentaldaten, die in aller Regel als Bestimmungsfaktoren der Preise für Währungen (Wechselkurse) genannt werden, sind keine autonomen Größen, sondern werden ihrerseits wiederum von anderen Faktoren bestimmt. In erster Linie scheint es die Politik der nationalen Regierungen zu sein, die Einfluß auf diese Größen hat. Sie ist es auch, die unmittelbar oder

---

rischer Sicht", in Ordo, Jahrbuch für die Ordnung von Wirtschaft und Gesellschaft, Bd. 40, 1989, S. 183 - 200, S. 187.

[7]v. Hayek führt weiter aus: "Sie (die simultanen Gleichungssysteme, d. Verf.) sind so gefaßt, daß wir die Preise und Mengen aller Güter ausrechnen könnten, *wenn* wir alle Leerstellen auszufüllen vermöchten, d. h. *wenn* wir alle Parameter dieser Gleichungen kennen würden." (kursive Zeichen sind im Original ebenfalls kursiv gedruckt, d. Verf.) Weiterhin bezeichnet v. Hayek die Annahme, "wir könnten alle Daten ermitteln" als absurd. Siehe dazu Hayek, Friedrich A., von. (1972): "Die Theorie komplexer Phänomene", a. a. O., S. 27.

mittelbar über direkte Einflußnahme oder durch die Festlegung wirtschaftlicher Rahmenbedingungen die Fundamentals verändert oder zumindest die Möglichkeit dazu besitzt.

Begreift man eine Währung nun als ein Produkt, dessen 'Produzent', die Politik bzw. die Regierung des betreffenden Landes, über die ökonomischen Fundamentalvariablen als Aktionsparameter verfügt, so kann man sich ein Bild von dem Mechanismus verschaffen, der den Preis für dieses Produkt bildet.[8] Der Frage nach der Gestaltung der Aktionsparameter des Produktes Währung durch die Politik wird im dritten Teil dieses Abschnitts nachgegangen.

Dabei ist jedoch zu beachten, daß die Interventionen der nationalen Notenbanken im EWS den Kursverlauf der Währungen glätten. Die Interventionsvolumina der verschiedenen Zentralbanken zu extrahieren und ihren Anteil an den marktlichen Umsätzen zu berechnen dürfte so gut wie unmöglich sein, weshalb hier darauf verzichtet wird. Abgesehen davon waren selbst die erheblichen Interventionsvolumina der Notenbanken (allein DM 60 Mrd. durch die Deutsche Bundesbank)[9] im Juli 1993 nicht in der Lage, die Kursschwankungen wirkungsvoll zu dämpfen.

Hier soll nun eine begrenzte Anzahl gesamtwirtschaftlicher Variablen zur Erklärung der Entwicklung der Knappheitsrelationen der an der Krise beteiligten Wäh-

[8]Daß nicht nur materielle Güter, sondern auch alle möglichen anderen Dinge als Produkte bezeichnet und behandelt werden können, zeigt Dieter Schmidtchen eindrucksvoll in einem Aufsatz über die Religiosität als Produkt der Kirchen. Vergleiche dazu: Schmidtchen, Dieter (1997): "Markt und Wettbewerb in Gottes Welt", in: Jeske, Jürgen; Müller-Vogg, Hugo, Nonnenmacher, Günther; Reißmüller, Johann G.; Schirrmacher, Frank (Hrsg.): Frankfurter Allgemeine Zeitung", vom 1.11.1997, S. 17.

[9]Vgl.: Deutsche Bundesbank (1993): "Die jüngsten geld- und währungspolitischen Beschlüsse und die Entwicklungen im Europäischen Währungssystem", in: Deutsche Bundesbank (Hrsg.): "Monatsbericht August 1993", Frankfurt a. M., 1993, S. 19-27, S. 25.

rungen herangezogen werden. Dabei wird jedoch nicht der kurze zeitliche Horizont der Chartisten (maximale Komplexitätsreduktion) entscheidend sein. Vielmehr sollen mittel- und längerfristige Entwicklungen der ausgewählten volkswirtschaftlichen Daten[10] identifiziert werden, die es ermöglichen, strukturelle Verzerrungen im Währungsgefüge der beteiligten Staaten aufzudecken.

An diese Ausführungen wird vor dem geschilderten Hintergrund eine Diskussion über die politische Zielsetzung stabiler Wechselkurse innerhalb des EWS und der Mittel zu ihrer Verfolgung anschließen.

Den Abschluß der wirtschaftstheoretischen Betrachtung bildet eine Analyse der staatlichen Aktionsparameter zur Beeinflussung des Produktes Währung und ihrer Handhabung. Die dort verwendeten Elemente und die daraus folgende Argumentation werden zu Beginn des dritten Teiles dieses Kapitels erläutert.

Im letzten Abschnitt des Kapitels wird nach einer Diskussion zweier durch die Septemberkrise 1992 des EWS hervorgerufener Indikatoren für die Geschehnisse im Juli 1993 eine Schilderung der kurzfristigen geld- und finanzpolitischen Situation (vor allem) Deutschlands und der übrigen beteiligten Länder sowie deren Implikationen für die Bandbreitenerweiterung gegeben.

Auf ein Fazit als Zusammenfassung wird für dieses Kapitel bewußt verzichtet, da die Ausführungen gemeinsam mit den Ergebnissen der vorhergehenden Kapitel innerhalb der Schlußbetrachtung dieser Arbeit zusammengefaßt werden.

---

[10]Zu einer Diskussion des "Daten"-Begriffes siehe Hayek, Friedrich A., von (1976): "Wirtschaftstheorie und Wissen", in: derselbe: "Individualismus und Wirtschaftliche Ordnung", Salzburg: Wolfgang Neugebauer, 2. Auflage 1976, S. 49-77, S. 56-59. Hier wird der Begriff analog zur Bedeutung des Wortes "Zahlen" verwendet. Damit soll ausgedrückt werden, daß es sich bei den Daten nicht "um etwas Gegebenes" (S. 56) handelt, sondern daß die sogenannten Daten Ergebnisse von Handlungen sind, die zumindest potentiell als numerisch meßbar betrachtet werden können (Staatsverschuldung, Arbeitslosenquote usw.).

4.1 Funktionsweise und Problembereiche des EWS

Aufgrund der symmetrischen Funktionsweise des EWS, die durch die Konstruktion des Systems bedingt ist, erfolgt die Verpflichtung zur Finanzierung der Notenbankinterventionen auf den Devisenmärkten weitgehend asymmetrisch, d. h. zu Lasten der 'Weichwährungsländer'. Dies ist darin begründet, daß die Verpflichtung zum Ausgleich der entstehenden (Negativ-) Salden durch die von einer Abwertung betroffenen Länder einen Abbau ihrer Währungsreserven zur Folge hat. Durch deren Begrenztheit sind die betroffenen Staaten gezwungen, dem Abwertungsdruck durch geeignete wirtschafts- und/oder geldpolitische Maßnahmen oder einer tatsächlichen Abwertung ihrer Währung zu begegnen. Daher besteht ein einseitiger stabilitätspolitischer Anpassungszwang für diese Länder.[11]
Diese durch die Konstruktion des Systems bedingte Wirkung setzt aber voraus, daß entweder notwendige Realignments frühzeitig vorgenommen werden oder - falls dies nicht geschieht - nur die Währungen unter den Druck der Märkte geraten, deren fundamentalökonomische Daten nicht mit den tatsächlichen Wechselkursen übereinstimmen.[12]

[11]Vgl.: Berthold, Norbert (1981): "Das Europäische Währungssystem (EWS)", in: Beiträge zur Wirtschafts- und Sozialpolitik; Institut der deutschen Wirtschaft, Nr. 95/96, Köln, 1981,S. 18 - 26, S. 19.

[12]Hier ist anzumerken, daß das EWS von Politikern konstruiert worden ist, die entsprechende Bekenntnisse zu notwendigen Realignments abgegeben haben. Da ein Realignment jedoch entweder die Exportchancen der heimischen Industrie oder das stabilitätspolitische Prestige des eigenen Landes negativ beeinflußt, ist es unwahrscheinlich, daß diese Folgen bei den Entscheidungsinstanzen unberücksichtigt bleiben und sie sich trotz allem für eine Leitkursanpassung entscheiden. Mit anderen Worten: Realignments zur Verhinderung struktureller Verzerrungen zwischen den beteiligten Ländern waren von Anfang an eher unwahrscheinlich.

In diesem Zusammenhang ist anzumerken, daß Realignments im EWS trotz der Zielsetzung stabiler Wechselkurse ausdrücklich vorgesehen waren, um Unterschieden in den wirtschaftlichen Entwicklungen der Länder Rechnung tragen zu können.[13] Entscheidungen über Leitkursanpassungen waren jedoch immer Grund für Auseinandersetzungen der politischen Entscheidungsträger, die Prestigeverluste für das jeweils betroffene (eigene) Land befürchteten.

Aufgrund der genannten Bedingungen kann es für das EWS zu zweierlei unerwünschten Entwicklungen kommen: erstens können sich die Mitgliedsstaaten opportunistisch verhalten, und zweitens können fundamentalökonomisch 'irrationale' Spekulationen der Marktteilnehmer das System zerstören.

Diese beiden Mängel der Konstruktion des EWS werden im zweiten Abschnitt dieses Teiles des Kapitels beschrieben.

4.1.1 Funktionsweise des EWS

4.1.1.1 Wechselkursmechanismus

In der Endstufe der EWWU soll es nur noch eine Währung in Europa geben: den Euro. Die Verrechnungseinheit, die vor Beginn der letzten Stufe der EWWU benutzt wird, heißt European Currency Unit (ECU).

---

[13] Vgl.: Reffert-Schönemann, Doris (1984): "Die Welt Währungsordnung - von den festen zu flexiblen Wechselkursen - und wie geht es weiter?", Frankfurt: Fritz Knapp Verlag, 1984, S. 98.

Die ECU setzt sich aus einem Währungskorb zusammen, in dem die Währungen der Länder der EU, nach verschiedenen Kriterien gewichtet, vertreten sind.[14] Dabei ist die Werthaltigkeit der ECU durch die Gold- und Dollarreserven der am EWS beteiligten Länder gedeckt, so daß einer Vergrößerung der Liquidität der am Wechselkursmechanismus teilnehmenden Länder wirksam vorgebeugt worden ist.[15]

Bisher diente die ECU vor allem als Bezugsgröße, um die bilateralen Leitkurse der nationalen europäischen Währungen festzulegen. Sie dient weiterhin als Zahlungsmittel für den Internotenbankhandel und den Saldenausgleich im EWS. Zusätzlich stellt sie die Berechnungsgrundlage für den Abweichungsindikator dar.[16] Mit Hilfe der Bezugsgröße ECU, zu der jede der beteiligten Währungen einen fixierten Kurs besitzt, ist es nun möglich, über die Kreuzparitäten aus diesen Kursen die bilateralen Leitkurse zu ermitteln.

[14]Vgl.: Hellmann, Rainer (1979): "Das Europäische Währungssystem", Baden-Baden: Nomos Verlagsgesellschaft, 1979, S. 46.

[15]Zum Zeitpunkt der Bandbreitenerweiterung innerhalb des EWS am 2. August 1993 nahmen Griechenland, Italien und Großbritannien nicht am Wechselkursmechanismus teil. Die ITL und das GBP waren am 17. September 1992 aufgrund von Währungsturbulenzen aus dem Wechselkursmechanismus ausgeschieden. Für den portugiesischen Escudo (ESC) und die spanische Pesete (PTS) galt eine 6 prozentige Bandbreite bis zum 2. August 1993. Aufgrund einer bilateralen Vereinbarung galten zwischen dem holländischen Gulden (NLG) und der DEM nach der Bandbreitenerweiterung weiterhin die 2,25-%-Margen.

[16]Vgl.: "Entschließung des Europäischen Rates vom 5. Dezember 1978 über die Errichtung des Europäischen Währungssystems", in: Hellmann, Rainer (1979): "Das Europäische Währungssystem", a. a. O. S. 137.

Um die bilateralen Leitkurse wurden maximale Schwankungsbreiten in Höhe von ± 2,25 % gelegt, innerhalb derer die Kurse frei floaten können.[17] Als Frühwarninstrument zu hoher Schwankungen wurde ein Indikator zur Messung der Abweichungen einzelner Währungen vom gewogenen Durchschnitt aller Währungen implementiert.[18] Dieser Indikator soll die Notenbanken der Länder, deren Währungen ihn durch Erreichen der Abweichungsschwellen auslösen, dazu veranlassen, geeignete Maßnahmen zu ergreifen, ihre Währungen nicht an die Interventionspunkte stoßen zu lassen. Um zu verhindern, daß die Interventionspunkte erreicht werden, gibt es gemäß der Entschließung des Europäischen Rates über die Errichtung des EWS vier verschiedene Methoden.[19]

Zum einen kann die jeweilige Notenbank intramarginal auf dem Devisenmarkt intervenieren, um ihre Währung wieder in die Bandbreiten zu zwingen. Zum anderen haben die Notenbanken die Möglichkeit, währungspolitische Instrumente einzusetzen. Hierbei ist vor allem an die Geld- und Kreditpolitik wie z. B. geldmengen- bzw. zinspolitische Maßnahmen oder auch mengenmäßige Kreditregulierungsmaßnahmen zu denken. So beeinflußt restriktive wie auch expansive Geld- oder Kreditpolitik das Zinsgefüge im In- und Ausland und führt damit zu entsprechenden Veränderungen der Währungsrelationen.

---

[17]Diese Bandbreiten sind am 2. August 1993 auf +/- 15 % erweitert worden. Vergleiche dazu: Deutsche Bundesbank (1993): "Kommunique der Europäischen Gemeinschaft vom 2. August 1993", in: Deutsche Bundesbank (Hrsg.): "Monatsbericht August 1993", Frankfurt a. M., 1993, S. 20.

[18]Zur Berechnung des Abweichungsindikators und zu den Gewichtungen der einzelnen Währungen innerhalb des Indikators siehe Berthold, Norbert (1981): "Das Europäische Währungssystem (EWS)", a. a. O., S. 18-26.

[19]Vgl.: "Entschließung des Europäischen Rates vom 5. Dezember 1978 über die Errichtung des Europäischen Währungssystems", a. a. O.; S. 138.

Als drittes Instrument, Spannungen im Währungsgefüge zu begegnen, besteht die Möglichkeit, den ECU-Leitkurs der unter Druck geratenen Währung und damit gleichzeitig die bilateralen Leitkurse zu den anderen Währungen zu verändern. Die Änderung des Leitkurses (Realignment) kann nur auf einstimmigen Beschluß aller Mitgliedsländer vorgenommen werden, da durch sie alle anderen Währungen simultan betroffen sind.

Das letzte zum Abbau von Spannungen im EWS vorgesehene Instrument besteht darin, wirtschaftspolitische Maßnahmen zu ergreifen. Diese Maßnahmen zielen vornehmlich darauf ab, die inländische Absorption in- und ausländischer Konsum- und Investitionsgüter zu verändern. Solche Veränderungen haben (bei Erfolg) Rückwirkungen auf die Leistungsbilanz und in der Folge auch auf den Wechselkurs.

Aufgrund der symmetrischen Konstruktion des EWS sind immer mindestens zwei der Teilnehmerwährungen von Kursschwankungen betroffen.[20] Wird beispielsweise die DEM so stark aufgewertet, daß sich die Preisnotierung des Franc am unteren Interventionspunkt befindet, befindet sich die Mengennotierung[21] der DEM automatisch am oberen Interventionspunkt der Bandbreite. Tritt dieser Fall ein, so kommt es zu obligatorischen, symmetrischen Interventionen durch die beteiligten Notenbanken. Die Deutsche Bundesbank ist nun verpflichtet, FFR auf dem Devisenmarkt anzukaufen. Im Gegenzug ist die Banque de France (BdF) dazu verpflichtet, DEM zu verkaufen. Dies geschieht so lange, bis sich die

[20]Vgl.: Reffert-Schönemann, Doris (1984): "Die Welt Währungsordnung - von den festen zu flexiblen Wechselkursen - und wie geht es weiter?", a. a. O., S. 97.

[21]Die Mengennotierung einer Währung stellt die Umkehrung der Preisnotierung dar. Dabei handelt es sich um die Angabe der Menge an Einheiten der ausländischen Währung, die für eine DEM erhältlich ist (z. B. $\frac{FFR}{DEM}$).

Wechselkurse beider Währungen wieder innerhalb der Bandbreiten eingependelt haben.

Da die Durchführung obligatorischer Interventionen prinzipiell in unbegrenzter Höhe zu erfolgen hat, kann es zu Liquiditätsproblemen der Notenbanken bei der Interventionstätigkeit kommen, da sie sich verpflichtet haben, Devisenreserven nur in Höhe notwendiger Arbeitsguthaben zu halten. Um diese Problematik zu umgehen, stehen den Notenbanken der Teilnehmerländer verschiedene Kreditfazilitäten zur Verfügung.

4.1.1.2 Kreditmechanismus

Die beteiligten Notenbanken können über drei verschiedene Kreditmöglichkeiten verfügen.[22]

Zum einen können sie auf den ganz kurzfristigen Währungsbeistand zurückgreifen.[23] Dieser ganz kurzfristige Interventionskredit wirkt wie eine Soforthilfe zur Unterstützung der betroffenen Zentralbank, um den Leitkurs ihrer Währung zu stützen, und sie vor Spekulationswellen zu bewahren. Er wird in unbegrenzter Höhe gewährt, um die Funktionsfähigkeit des Wechselkursmechanismus zu gewährleisten. Die Verzinsung dieser sehr kurzfristigen Darlehen wird nach dem gewogenen Durchschnitt der Diskontsätze der teilnehmenden Länder bemessen, wobei sich der gewogene Durchschnitt der Diskontsätze gemäß der Anteile der Währungen am Währungskorb der ECU zusammensetzt.[24] Die Laufzeit des sehr

---

[22]Vgl.: Hellmann, Rainer (1979): "Das Europäische Währungssystem", a. a. O., S. 63-70.

[23]Vgl.: "Entschließung des Europäischen Rates vom 5. Dezember 1978 über die Errichtung des Europäischen Währungssystems", a. a. O.; S. 139.

[24]Vgl.: Berthold, Norbert (1981): "Das Europäische Währungssystem (EWS)", a. a. O., S. 26.

kurzfristigen Währungsbeistandes beträgt mindestens 45 Tage (durchschnittlich 60 Tage) und kann im Maximum zweimal um drei Monate verlängert werden.
Zum anderen besteht für die Notenbanken die Möglichkeit, Mittel aus dem kurzfristigen Währungsbeistand aufzunehmen.[25] Die Vergabe dieser Mittel ist wie die des ganz kurzfristigen Währungsbeistandes an keinerlei Bedingungen geknüpft. Die Laufzeit dieses Kredites beträgt drei Monate und kann ebenfalls höchstens zweimal um drei Monate verlängert werden. Etwaige Inanspruchnahmen müssen durch die Schuldnernotenbanken mit dem gewogenen Durchschnitt der Marktzinssätze der Teilnehmerländer verzinst werden. Der gewogene Durchschnitt der Marktzinssätze errechnet sich analog dem der Diskontsätze.
Schließlich steht den Zentralbanken noch der mittelfristige Beistand zur Verfügung.[26] Dieser hat eine Laufzeit von zwei bis fünf Jahren. Seine Inanspruchnahme ist an wirtschaftspolitische Auflagen gebunden. Im Falle der Mißachtung der Auflagen müssen die bereitgestellten Mittel vorzeitig teilweise oder ganz getilgt werden. Die Konditionen für die Gewährung von Mitteln aus dem mittelfristigen Beistand werden durch den Rat der Europäischen Union durch Beschluß festgelegt.[27]
Durch die prinzipiell in unbegrenzter Höhe zur Verfügung stehenden Kreditfazilitäten ist es notwendig, Maßnahmen bzw. Institutionen zu schaffen, die die Rückzahlung überwachen, bzw. einen Ausgleich herstellen. Zu diesem Zweck

[25]Vgl.: "Entschließung des Europäischen Rates vom 5. Dezember 1978 über die Errichtung des Europäischen Währungssystems", a. a. O.; S. 139.

[26]Vgl.: "Entschließung des Europäischen Rates vom 5. Dezember 1978 über die Errichtung des Europäischen Währungssystems", a. a. O.; S. 139.

[27]Vgl.: Hellmann, Rainer (1979): "Das Europäische Währungssystem", a. a. O., S. 67.

wurde der Europäische Fond für Währungspolitische Zusammenarbeit (EFWZ) geschaffen, der den Ausgleich der entstandenen Salden überwacht.[28]

4.1.1.3 System des Saldenausgleichs

Die Devisenforderungen und -verbindlichkeiten der Notenbanken werden beim EWI saldiert. Die Rückzahlung der Verbindlichkeiten durch die Schuldnernotenbank sollte nur in der jeweiligen Gläubigerwährung geschehen. Reichen die Devisenreserven der betroffenen Notenbank in der entsprechenden Währung nicht aus, die entstandenen Salden auszugleichen, so kann sie ihre ECU-Guthaben beim EWI an die Gläubigerzentralbank abtreten. Diese ist aber nur verpflichtet, 50 % ihrer Forderungen in ECU entgegenzunehmen. Eventuell verbleibende Verbindlichkeiten können auch in anderen Währungen beglichen werden, wie z. B. in US-Dollar oder auch in Gold. Über die Bewertung der Zahlungsmittel müssen sich die Gläubiger- und die Schuldnernotenbank einigen.
Die durch die soeben aufgezeigte Konzeption und Funktion des EWS in der Realität entstehenden Mängel werden nun im Anschluß geschildert.

4.1.2 Zwei Problembereiche des Europäischen Währungssystems

[28] Der EFWZ wurde mit Beginn der zweiten Stufe für die Verwirklichung der Wirtschafts- und Währungsunion am 1. Januar 1994 aufgelöst. Seine Aufgaben werden seit diesem Zeitpunkt vom Europäischen Währungsinstitut (EWI) wahrgenommen. Siehe dazu: Rat der Europäischen Gemeinschaft (1992): "Vertrag über die Europäische Union", Luxemburg: Amt für amtliche Veröffentlichungen der Europäischen Gemeinschaften, 1992, Artikel 109 f., Absatz 2.

4.1.2.1 Opportunistisches Verhalten der Mitgliedsstaaten

Realignments im EWS sind nur auf einstimmigen Beschluß der nationalen Regierungen, also politischer Instanzen, möglich. Jede Regierung besitzt ein individuelles Vetorecht, das ihr die Möglichkeit einräumt, notwendige Anpassungen zu verhindern. Dies geschieht in der Regel aus (wirtschafts-) politischen Motiven.
Die Verhinderung notwendiger Realignments verstärkt den Druck auf die Wechselkurse, wodurch es zu strukturellen Spannungen im Währungsgefüge des EWS kommt. In der Folge kommt es innerhalb eines Festkurssystems bei anhaltend unrealistischen Wechselkursen zu internationalen Faktorfehlallokationen.[29]
Es kann also zu opportunistischem Verhalten einzelner Mitglieder im EWS kommen, das negative Rückwirkungen auf alle Partner hat.

4.1.2.2 Fundamentalökonomisch 'irrationale' Spekulationen

Als notwendige Funktionsbedingung des EWS gilt, wie oben erwähnt, daß Abwertungsdruck durch die Märkte nur dann ausgeübt wird, wenn dies durch die fundamentalökonomischen Daten gerechtfertigt ist. Das setzt voraus, daß sich die Devisenmärkte ausschließlich an den entsprechenden Daten orientieren.[30]
Da sich die Devisenmärkte aber nicht nur an diesen ökonomischen Fakten (hardfacts), sondern vielmehr auch an nichtökonomischen Daten (soft-facts) und Wechselkurserwartungen orientieren, kann es, wie im Juli 1993 geschehen, zu Transaktionen kommen, die durch andere Faktoren als die Fundamentals be-

---

[29]Vgl.: Berthold, Norbert (1981): "Das Europäische Währungssystem (EWS)", a. a. O., S. 11.

[30]Vgl.: Duwendag, Dieter (1993): "Die Stabilitätspolitik der Bundesbank liegt auch im europäischen Interesse", in: HWWA-Institut für Wirtschaftsforschung Hamburg (Hrsg.): Wirtschaftsdienst, 73. Jg., H. 4, S. 180-184, S. 181.

stimmt sind und diesen sogar zuwiderlaufen können. Diese Transaktionswellen werden dann im allgemeinen von den politisch Verantwortlichen als ungerechtfertigte, systemfeindliche Spekulationen bezeichnet.

"Von fundamentalökonomisch irrationalen Spekulationen kann (aber nur, d. Verf.) dann gesprochen werden, wenn die Märkte ihre Wechselkursänderungserwartungen nicht mehr an den bestehenden Inflationsdivergenzen ausrichten."[31]

In diesem Zusammenhang muß zwischen zwei verschiedenen Arten von Attacken der Devisen- und Kapitalmärkte auf das EWS differenziert werden:[32] die Unterscheidung findet zwischen reinen Devisenspekulationen und wechselkursdeterminierenden Devisenmarktgeschäften, die internationale Kapitalbewegungen nach sich ziehen, statt.[33]

Die Devisenspekulation findet fast ausschließlich am Kassamarkt statt. Da sich der zeitliche Horizont der Kassageschäfte auf einen Handelstag erstreckt, werden diese Spekulationen von Wechselkurserwartungen determiniert.

---

[31] Vehrkamp, Robert (1992): "Die Lehren der Währungskrise", in: HWWA-Institut für Wirtschaftsforschung Hamburg, (Hrsg.), Wirtschaftsdienst, 72. Jg., H. 12, S. 639 - 645, S. 641.

[32] Vgl.: Vehrkamp, Robert (1992): "Die Lehren der Währungskrise", a. a. O., S. 644.

[33] Es ist anzumerken, daß Devisenspekulationen aufgrund von Wechselkursänderungserwartungen stattfinden, Devisenmarktgeschäfte jedoch güterwirtschaftlich orientiert sind. Für eine weitere Differenzierung der Spekulationstätigkeit verweise ich auf die Ausführungen von Olaf Sievert (1986): "Gibt es eine Alternative zu flexiblen Wechselkursen?", in: HWWA-Institut für Wirtschaftsforschung Hamburg (Hrsg.), Wirtschaftsdienst, 66. Jg., H. 7, S. 335 - 345.

Die kurzfristig agierende Kassamarktspekulation wird infolge der Wechselkursänderung von renditeorientierten Kapitalbewegungen begleitet, die ihrerseits die durch die Kassamärkte ausgelöste Wechselkursänderung verstärken.[34]
Die Geld- und Kapitalbewegungen wurden dann "originär von Wechselkursänderungserwartungen in Gang gesetzt"[35]. Mit diesen die Wechselkurse des EWS determinierenden Devisenmarktgeschäften können Attacken auf einige Währungen des EWS erklärt werden.
Wie bereits erläutert, orientieren sich die Märkte bei ihren Transaktionen jedoch auch bzw. hauptsächlich an ihren Erwartungen über die Zukunft nicht quantifizierbarer 'soft-facts', weshalb den aktuellen (fundamental-) ökonomischen Daten (aus kurzfristiger Perspektive) nicht mehr die zentrale Bedeutung zukommen dürfte. Die Erwartungen über die zukünftige Wechselkursentwicklung, die die Währungskrise im Juli 1993 ausgelöst haben, werden noch zu klären sein.

4.2 Entwicklung der Fundamentalvariablen

Um Strukturen in Entwicklungen erkennen zu können, müssen zunächst geeignete Variablen gewählt und die Vorgehensweise der Analyse festgelegt werden.
Die Auswahl der Variablen beinhaltet jedoch eine Bewertung dieser gewählten Faktoren (Mittel) zur Beurteilung des Wertes einer betrachteten Währungen ge-

[34]Für eine ausführliche Beschreibung der Abhängigkeit des Kapitalmarktes von Einflüssen des Geldmarktes verweise ich auf die Ausführungen von Herbert Fuchs (1989): "Die Geldmarktabhängigkeit des Kapitalmarktes: Eine theoretische und ökonometrische Untersuchung zum monetären Transmissionsprozeß in der Bundesrepublik Deutschland", Hamburg, 1989.

[35]Sievert, Olaf (1986): "Gibt es eine Alternative zu flexiblen Wechselkursen?", a. a. O., S. 339.

genüber einer anderen Währung (Zweck) als 'besser' oder 'schlechter' im Vergleich zu anderen (ebenfalls diesem Zweck dienlichen) Variablen (Mitteln).
Diese Bewertung der verwendeten Variablen im Sinne von 'besser zur Bewertung des Wertes einer Währung gegenüber einer anderen geeignet als andere' ist allerdings rein technischer[36] sowie relativer Natur[37]. In Bezug auf die Erklärung des Wechselkurses, also als Mittel zum Zweck, stellt sie keine Bewertung im Sinne eines Urteiles dar.[38] Es handelt sich ausschließlich um eine empirische Bestands-

[36] Weber führt dazu ein formales Beispiel an: vorausgesetzt, "die Maßregel x ist das (wir wollen annehmen einzige) Mittel für die Erreichung des Erfolges y - was eine empirische Frage ist, und zwar die einfache Umkehrung des Kausalsatzes: auf x folgt y - und wird nun dieser Satz - was ebenfalls empirisch feststellbar ist - von Menschen bewußt für die Orientierung ihres auf den Erfolg y gerichteten Handelns verwertet, dann ist ihr Handeln "technisch richtig" (im Original ebenfalls in Anführungszeichen, d. Verf.) orientiert." Die Voraussetzung dazu ist jedoch, daß ein Zweck, hier die Bewertung des Wertes einer Währung gegenüber einer anderen, eindeutig feststeht. Siehe: Weber, Max (1917): "Der Sinn der Wertfreiheit der soziologischen und ökonomischen Wissenschaften", in: derselbe (1988): "Gesammelte Aufsätze zur Wissenschaftslehre", Tübingen: Mohr, 1988, S. 489-540, hier S. 526.

[37] Die relative Natur der Bewertung einer Variablen als 'besser zur Bewertung des Wertes einer Währung geeignet als eine andere' drückt sich darin aus, daß andere, z. B. politische im Gegensatz zu gesamtwirtschaftlichen Variablen, ebenso geeignet sein können, den Wert einer Währung gegenüber einer anderen zu bestimmen, daß diese aber eben nicht quantifizierbar und ständig observierbar sind. Auch hier gilt wiederum die Voraussetzung eines eindeutig feststehenden Zweckes.

[38] Die Auswahl an sich stellt deshalb kein Urteil dar, da sie keine Aussage - weder positiv noch negativ - über das Kriterium (die Variable) macht, keine als Maßstab gültige Norm vorausgesetzt wird sowie keinen appelativen Charakter besitzt, der dem Adressaten ein bestimmtes Verhalten nahelegt. Es handelt sich lediglich um eine neutrale Auswahl. Vergleiche dazu: Kotsch, Harald: "Wohlfahrtsökonomie und Wertfreiheit", in: Jahrbuch für Sozialwissenschaften, Bd. 40, 1989, H. 1, S. 65-82, hier S. 66.

aufnahme, der jedoch durch die Auswahl der Variablen Grenzen gesetzt sind. Sie bewirkt eine Einschränkung der Mittel bezüglich des verfolgten Zweckes.
Der Sinn der Beschreibung der Wechselkursentwicklung durch die Entwicklung einiger ihn beeinflussender (empirischer) Faktoren besteht im Verständnis der kausalen Zusammenhänge.[39] Es handelt sich dann bei den dem Zweck dienlichen, verschiedenen Mitteln um einen Kompromiß (aber dennoch um eine zwingende Wahlhandlung), welche Mittel gewählt werden und welche nicht, da kein rationales oder empirisches wissenschaftliches Verfahren existiert, das diese Entscheidung zu treffen, in der Lage ist.[40] Zusätzlich gibt es keinen logisch haltbaren Standpunkt, von dem aus man dieses Wahlverhalten ablehnen könnte, es sei denn durch eine von kirchlichen Dogmen eindeutig vorgeschriebene Rangfolge von Werten.[41]
Die gewählten Mittel (Variablen) sollen in der Lage sein, den Sachverhalt (Zweck) logisch zu erschließen. Dies ist durch die Auswahl gesamtwirtschaftlicher Größen (Mittel) zur Erklärung der Wechselkursvolatilität (Zweck) gewährleistet. Dabei kann jedoch - aufgrund der (wegen der notwendigen Reduktion der vorhandenen Komplexität) Wahlhandlung bezüglich der Variablen und der dadurch bedingten Einschränkungen - kein Anspruch auf Vollständigkeit geltend gemacht werden.

[39]Vgl.: Weber, Max (1917): "Der Sinn der Wertfreiheit der soziologischen und ökonomischen Wissenschaften", a. a. O., S. 503.

[40]Vgl.: Weber, Max (1917): "Der Sinn der Wertfreiheit der soziologischen und ökonomischen Wissenschaften", a. a. O., S. 508.

[41]Vgl.: Weber, Max (1917): "Der Sinn der Wertfreiheit der soziologischen und ökonomischen Wissenschaften", a. a. O., S. 508 f.

Als Kriterium zur tatsächlichen Beurteilung einer Variablen (eines Mittels) bezüglich der Bewertung des Wertes einer Währung gegenüber einer anderen (des Zwecks) kann deren Falsifikation dienen.[42]

Entsprechend der getroffenen Wahl der Fundamentalvariablen und der Vorgehensweise bei der Untersuchung wird dann im darauffolgenden Teil dieses Abschnitts eine Gegenüberstellung der jeweiligen Daten der einzelnen Länder mit denen der Bundesrepublik erfolgen. Dabei werden die Differentiale der Faktoren im Zeitablauf betrachtet und diskutiert.

Das Ziel der Gegenüberstellung und Beschreibung der Differenzen der ausländischen Fundamentalvariablen zu den deutschen ist es, die fundamentalökonomischen Veränderungen der betrachteten Staaten zu beleuchten und eventuell bestehende Strukturen herauszuarbeiten. Die Entwicklung der gewählten Größen legt, wie sich herausstellen wird, die Vermutung nahe, daß sich auch die Leitkurse der betrachteten Währungen gegenüber der DEM hätten verändern müssen. Ob dies geschehen ist, wird im darauffolgenden Teilabschnitt dieses Kapitels dargestellt und analysiert. Die anschließende Diskussion der Stabilität der Wechselkurse innerhalb des EWS wird zeigen, daß Kollisionen bezüglich der Zielsetzungen der Marktteilnehmer und der Verantwortlichen des Systems bestehen, die zum Scheitern der politischen Ziele des EWS führen.

Zunächst sollen jedoch die Variablen gewählt und analysiert werden.

---

[42]Vgl.: Popper, Karl R. (1994): "Die Logik der Forschung", 10. Auflage, Tübingen: Mohr, 1994, S. 14-17. Popper spricht dort davon, daß sinnvolle Aussagen "endgültig entscheidbar sein müssen: Sie müssen eine solche Form haben, daß *sowohl ihre Verifikation als auch ihre Falsifikation* (im Original ebenfalls kursiv, d. Verf.) logisch möglich ist." Siehe ebenda, S. 14.

4.2.1 Wahl der Variablen und Vorgehensweise beim Vergleich der Datenreihen

4.2.1.1 Wahl der Variablen

Die für die Wechselkurse, deren Relationen sowie Entwicklungen entscheidenden Fundamentaldaten werden hier im wesentlichen analog zu den Regelungen über die zu erzielende Konvergenz der Mitgliedsstaaten innerhalb des Vertrages von Maastricht über die Europäische Union gewählt.[43] Bei den dort festgelegten Größen handelt es sich um die Schlüsselfaktoren zur Bestimmung der relativen Stärke der Volkswirtschaften untereinander, die sich im Wert ihrer jeweiligen Währung gegenüber der Währung eines anderen am Wechselkursmechanismus teilnehmenden Landes ausdrückt.

Es ist jedoch problematisch, ein geschlossenes theoretisches Konzept bezüglich der Wechselkursentwicklung vorzustellen, das alle Kriterien, die auf die relative Bewertung zweier oder mehrerer Währungen Einfluß nehmen, umfaßt. Aus diesem Grund beschränkt sich die vorliegende Arbeit darauf, die wesentlichen Aspekte herauszugreifen und deren Einfluß auf die Wechselkursentwicklung zu beschreiben sowie zu untersuchen. Dabei kann der Anspruch auf Vollständigkeit nicht erfüllt werden.

[43]Vgl.: Rat der Europäischen Gemeinschaft (1992): "Vertrag über die Europäische Union", Luxemburg: Amt für amtliche Veröffentlichungen der Europäischen Gemeinschaften, 1992, S. 41.

Die sogenannten Konvergenzkriterien für den Eintritt in die EWWU sind im Vertrag von Maastricht in Artikel 109 j, Abs. 1 festgelegt.[44]
Die vier Kriterien werden im Anschluß an den Vertragstext durch ein ergänzendes Protokoll genauer beziffert.[45] Dabei handelt es sich im einzelnen um:

(1) die Inflationsraten der Länder, die im letzten Jahr vor der Prüfung des Überganges in die dritte Stufe der Wirtschafts- und Währungsunion um nicht mehr als 1,5 % von jener der - höchstens drei - Mitgliedsstaaten abweichen darf, die das beste Ergebnis bezüglich der Preisstabilität erzielt haben;[46]

---

[44]Vgl.: Rat der Europäischen Gemeinschaft (1992): "Vertrag über die Europäische Union", Luxemburg: Amt für amtliche Veröffentlichungen der Europäischen Gemeinschaften, 1992, S. 41.

[45]Vgl.: Rat der Europäischen Gemeinschaft (1992): "Protokoll über die Konvergenzkriterien nach Artikel 109 j des Vertrages zur Gründung der Europäischen Gemeinschaft", in: derselbe: "Vertrag über die Europäische Union", Luxemburg: Amt für amtliche Veröffentlichungen der Europäischen Gemeinschaften, 1992, S. 185 f. und "Protokoll über das Verfahren bei einem übermäßigen Defizit", ebenda, S. 183 f.. Das Kriterium der zweijährigen Teilnahme der Währungen innerhalb der normalen Bandbreiten des Wechselkursmechanismus ohne starke Spannungen und ohne von sich aus gegenüber einer anderen teilnehmenden Währung abgewertet zu haben wird hier nicht herangezogen. Darauf wird aus zwei Gründen verzichtet: erstens ist die strenge Auslegung des Kriteriums durch die Bandbreitenerweiterung im August 1993 obsolet geworden, und zweitens ist dieses Kriterium nicht geeignet, etwaige Entwicklungen aufzudecken.

[46]"Die Inflation wird anhand der Verbraucherpreisindizes auf vergleichbarer Grundlage unter Berücksichtigung der unterschiedlichen Definitionen in den einzelnen Mitgliedstaaten gemessen." Siehe dazu: Rat der Europäischen Gemeinschaft (1992): "Protokoll über die Konvergenzkriterien nach Artikel 109 j des Vertrages zur Gründung der Europäischen Gemeinschaft", a. a. O., S 185.

(2) die Finanzlage der öffentlichen Haushalte, die mit Hilfe von zwei Kriterien gemessen wird:[47] erstens darf die jährliche Nettoneuverschuldung eines Staates nicht mehr als 3 % des BIP betragen

(3) und zweitens der Schuldenstand der öffentlichen Haushalte, der nicht mehr als 60 % des BIP betragen darf, sowie

(4) die durchschnittlichen langfristigen Nominalzinssätze, die um nicht mehr als 2 % von denen der Länder abweichen dürfen, die auf dem Gebiet der Preisstabilität das beste Ergebnis erzielt haben. Mit Hilfe dieses Kriteriums soll die Dauerhaftigkeit der Konvergenz der Mitgliedstaaten überprüft werden.

Zusätzlich werden zwei weitere Kriterien für die Untersuchung herangezogen:

(5) die kurzfristigen nominalen Zinssätze[48] der betrachteten Länder und

(6) das Wachstum der Bruttoinlandsprodukte.

Die Inflationsrate wird als Kriterium gewählt, da sie einen wichtigen Faktor zur Bewertung von Währungen darstellt. Da das Geld an sich nur seinen (zu vernachlässigenden) Materialwert repräsentiert, gewinnt es seine Funktionen über

[47]Vgl.: Rat der Europäischen Gemeinschaft (1992): "Protokoll über das Verfahren bei einem übermäßigen Defizit", a. a. O., S. 183 f. Dort ist Artikel 104 c des Vertrages von Maastricht über die Vermeidung übermäßiger öffentlicher Defizite im einzelnen geregelt. Die Finanzlage der öffentlichen Haushalte wird in das öffentliche Defizit (3-%-Kriterium) und den öffentlichen Schuldenstand (60-%-Kriterium) aufgespalten.

[48]Bei den kurzfristigen nominalen Zinssätzen handelt es sich, wie schon bei der ökonometrischen Analyse des "News"-Ansatzes im dritten Kapitel, um die Zinssätze für Euro-Monatsgeld der entsprechenden Währungen.

die Möglichkeit es gegen materielle Güter zu tauschen.[49] Die Inflationsrate verändert ceteris paribus den materiellen Gegenwert für ein festgelegtes Budget. Bei steigender Inflation erhält ein Wirtschaftssubjekt einen geringeren materiellen Gegenwert für das von ihm eingesetzte Geld. Das inländische Preisniveau hat sich - bei gleichbleibendem Budget - verändert. Die Preise im Inland sind - bei konstanten Auslandspreisen - gestiegen. Das Individuum trachtet nun danach, sein Budget optimal zu verwenden. Es weicht auf das relativ billigere Ausland aus, dessen Güter keine Preisniveausteigerung erfahren haben. Die Wirtschaftssubjekte streben nun danach, die im Inland relativ teureren Güter im Ausland nachzufragen. Dies gelingt ihnen jedoch nur, wenn sie ihr heimisches Geld zuvor in ausländische Währung umtauschen. Dadurch steigt die Nachfrage nach der ausländischen Währung und das Angebot an heimischem Geld, wodurch der Wert der Auslandswährung im Vergleich zur inländischen ebenfalls ansteigt. Der Wert der inländischen Währung, ausgedrückt in Einheiten ausländischen Geldes, nimmt dadurch ab. In der Konsequenz nimmt auch der materielle Gegenwert der ausländischen Güter, gemessen in Einheiten inländischen Geldes ab. Die Menge der materiellen Güter, die nun mit dem gleichen Budget inländischen Geldes erworben werden können, hat abgenommen. Es hat eine Bewertungsveränderung der beiden Währungen stattgefunden. Die Inflationsrate nimmt also maßgeblichen

[49] Auf die verschiedenen Funktionen des Geldes in modernen Volkswirtschaften soll hier nicht näher eingegangen werden. Für die Zwecke aktuellen Betrachtung stehen die Tauschmittel- und die Wertaufbewahrungsfunktion des Geldes im Vordergrund. Zu den übrigen Funktionen des Geldes vergleiche: Dornbusch, Rüdiger; Fischer, Stanley (1989): "Makroökonomik", 4. Auflage, München, Wien: Oldenbourg, 1989, S. 337 f.

Einfluß auf den relativen Wert zweier Währungen und ist deshalb fundamental für die Beurteilung ihrer Wertverhältnisse.[50]

Das Budgetdefizit der betrachteten Staaten stellt vor dem Hintergrund seines Einflusses auf die Schuldenstände, der daraus für die Länder erwachsenden Zinsverpflichtungen sowie der daraus resultierenden Wirkungen für die Finanzkraft der Länder eine zentrale Größe zur Bewertung ihrer Währungen dar. Dies trifft ebenso auf den Schuldenstand der betrachteten Länder zu. Dieser überläßt den Staaten einen mehr oder weniger großen Spielraum zur Verwendung der ihnen zufließenden Mitteln. In einer Situation hoher Schuldenstände und steigender Zinsverpflichtungen ist der Spielraum für die Verwendung der Mittel die Staaten stark eingeschränkt. Diese Einschränkungen sind jedoch vor dem Hintergrund der Verpflichtungen[51] und der Aufgaben der Staaten problematisch und behindern die Staaten bei der Erfüllung der ihnen gestellten Zielsetzungen.

Die Zinsverpflichtungen der Staaten steigen nicht linear, sondern aufgrund wachsender Schuldenberge und daraus entstehender höherer Neuverschuldung und wiederum dadurch bedingten höherer Zinsverpflichtungen, die wiederum mit steigenden Zinssätzen verbunden sind, überlinear an. Aufgrund expansiver Fiskalpolitik steigen - bei gleichbleibendem Geldangebot - die Zinssätze wodurch private

---

[50]Diese Argumentation setzt implizit voraus, daß die Notenbank des betrachteten Landes unabhängig ist und der Staat sich nicht in eigener Regie - über die vermehrte 'Produktion' der Inlandswährung - mit billigem Geld versorgen kann, um beispielsweise aufgenommene Kredite zu begleichen.

[51]Zu denken ist hierbei z. B. an die Verpflichtungen der Staaten gegenüber ihren Bediensteten, die einen großen Teil der Staatsausgaben repräsentieren und nicht einfach zurückgefahren werden können, da es sich um Angestellte im öffentlichen Dienst oder um Beamte handelt, deren vertragliche Situation eine Kündigung unmöglich macht oder zumindest stark erschwert.

Nachfrage verdrängt wird. Es findet ein crowding-out statt. Ferner ist die staatliche Nachfrage nach Kapital weniger zinsempfindlich als die private. Diese wandert dann in das preiswertere Ausland ab, wodurch es dort ebenfalls zu einer erhöhten Geldnachfrage bei gleichzeitig sinkender Nachfrage im Inland kommt. Der Wert der ausländischen Währung steigt im Vergleich zur Inlandswährung.

Es besteht der bereits erläuterte negative Zusammenhang zwischen Zins und Wechselkurs bzw. positive Zusammenhang zwischen Zins und Auf- bzw. Abwertung einer Währung innerhalb einer nicht-inflationären Umwelt unter Berücksichtigung der durch die Konstruktion des EWS bedingten Besonderheiten.

Zusätzlich resultiert aus erhöhten staatlichen Ausgaben eine insgesamt stärker konsumptiv orientierte Verwendung der inländischen Mittel, da das vom Staat verwendete (am Kapitalmarkt aufgenommene) Kapital, den privaten Wirtschaftssubjekten zur investiven Verwendung fehlt, die staatliche Mittelverwendung jedoch eine geringe Investitionsquote aufweist. Die Investitionen gehen zurück und mit ihnen die Schaffung von Arbeitsplätzen. In der Konsequenz steigt die Arbeitslosigkeit an, wodurch die Verpflichtungen des Staates wiederum zunehmen. Nur ein solider Anstieg der Beschäftigung ist auf Dauer in der Lage, die finanzielle Situation der Staaten zu verbessern. Dies setzt allerdings Investitionen - vor allen Dingen privater Unternehmer - voraus. Eine hohe Staatsquote und ein defizitäres Budget sind häufig Ursache von Arbeitslosigkeit, können ihr in der Regel jedoch nicht wirksam begegnen.

Aus diesen Gründen werden das Budgetdefizit der Staaten und der Stand der öffentlichen Schulden als fundamental für die Bewertung der entsprechenden Währungen angesehen und hier als Kriterien verwandt.

Die langfristigen nominalen Zinssätze repräsentieren die Kosten, die für die Aufnahme langfristigen (investiven) Kapitals entstehen. Sind sie (im Vergleich zu den Zinssätzen in einem anderen Land) niedrig, kann Investitionskapital gewonnen werden. Sind sie (relativ) hoch, wird das entsprechende Kapital im Ausland investiert, was die relative Situation eines Staates verschlechtert, da z. B. Arbeitsplätze, die durch die Investition langfristigen Kapitals geschaffen werden können, nun im Ausland entstehen. Das Niveau der langfristigen nominalen Zinsen ist deshalb von Bedeutung für die Attraktivität, das Angebot und die Nachfrage einer Währung und nimmt so Einfluß auf ihre Bewertung. Aus diesem Grund werden die langfristigen nominalen Zinssätze für die Untersuchung in dieser Arbeit als fundamental zur Bewertung einer Währung angesehen.

Die kurzfristigen nominalen Zinssätze werden verwendet, da sie - unter dem gegebenen Wechselkursregime des EWS - einerseits entscheidenden Einfluß auf Währungsschwankungen haben bzw. andererseits als geldpolitische Reaktion auf Währungsschwankungen eingesetzt werden.

Zusätzlich haben sie aufgrund ihrer Auswirkung auf die angebotene Geldmenge - und damit auch auf die Inflation - eine große Bedeutung für die Investitionstätigkeit in- und ausländischer Unternehmen. Dies hat - bei entsprechender Häufung - über Kapitalzu- bzw. -abflüsse erhebliche Rückwirkungen auf das Wechselkursgefüge innerhalb des EWS, das nun einmal keine Insel im globalen Wettbewerb um Finanz- und Investitionskapital ist. Der Wert einer Währung ist maßgeblich davon abhängig wie groß die Nachfrage nach ihr ist. Die kurzfristigen Zinssätze vermögen Nachfrageveränderungen bezüglich der einzelnen Währungen gut zu reflektieren. Sie können deshalb als Fundamentalfaktor für die Bewertung einer Währung angesehen werden.

Das BIP ist - als Summe aller produzierten Güter und Dienstleistungen - Maßstab der allgemeinen wirtschaftlichen Leistungsfähigkeit eines Landes.[52] Eine Steigerung der Leistungsfähigkeit einer Volkswirtschaft impliziert über die sich im Zeitablauf anschließende Veränderung des Außenbeitrages eine veränderte Nachfrage nach der heimischen Währung.[53] Aus diesem Grund ist seine Entwicklung von Bedeutung bei der Einschätzung des Wertes der Währung eines Landes und es stellt deshalb ebenfalls eine Fundamentalvariable des relativen Wertes einer betrachteten Währung gegenüber einer anderen dar.

Alle in der begrenzten Auswahl (aus einer in ihren genauen Umrissen unbekannten) Menge) enthaltenen Kriterien ((1) - (6)) erfüllen die zuvor genannten Anforderungen: es handelt sich um Kriterien, die in der Lage sind, den Sachverhalt (Veränderung der Bewertung von Währungen) logisch zu erschließen sowie die ihm bzw. ihr zugrundeliegenden Kausalzusammenhänge verständlich zu machen. Vollständigkeit kann - wie bereits angeführt - bei dieser Art der Analyse nicht gewährleistet werden. Da diese Anforderungen erfüllt sind, und die Implikationen für die Wechselkurse bezüglich der Wirkungsweise der Veränderung der Variablen falsifizierbar sind, wird hier von Fundamentalfaktoren gesprochen.

---

[52]Es soll hier nicht nach dem Inlandsprodukt und dem Inlandsprodukt pro Kopf der Bevölkerung differenziert werden. Für die Volkswirtschaft und damit auch für deren Währung ist das gesamte Inlandsprodukt bzw. dessen Veränderung entscheidend.

[53]Die gesamte Ursache-Wirkung-Beziehung einer Veränderung des Bruttoinlandsproduktes soll hier nicht nachvollzogen werden. Siehe dazu die Literatur zur Konjunktur- sowie Wachstumstheorie. Vergleiche zur Konjunkturtheorie Haberler, Gottfried (1955): "Prosperität und Depression", 2. Auflage, Tübingen: Mohr, 1955; Gabisch, Günther; Lorenz, Hans-W. (1989): "Business Cycle Theory", 2. Auflage, Berlin u. a.: Springer, 1989. Zur Wachstumstheorie vergleiche: Gahlen, Bernhard (1973): "Einführung in die Wachstumstheorie", Bd. 1: "Makroökonomische Produktionstheorie", Tübingen: Mohr, 1973.

Es hätten zusätzlich andere Kriterien zur Beurteilung der Wechselkursentwicklung herangezogen - oder einige Größen gegen andere ausgetauscht werden können.

Z. B. die Arbeitslosenquote stellt ein wichtiges Kriterium zur Beurteilung der wirtschaftlichen Stabilität und Prosperität eines Landes dar. Die Arbeitslosenquote sowie andere Faktoren werden zunächst jedoch nicht zur Bewertung der Währungsrelationen und ihrer Entwicklung gewählt, da sie in dieser Arbeit als sekundäre Faktoren aufgefaßt werden.[54]

Des weiteren soll das EWS und die Entwicklung der in ihm befindlichen Währungen an den Kriterien gemessen werden, die von den politisch verantwortlichen für den Vertrag von Maastricht als Konvergenzkriterien für den Eintritt in die gemeinsame Währungsunion gewählt worden sind.

Die Untersuchung erstreckt sich über den gleichen Zeitraum wie die Analyse des "News"-Ansatzes. Die Zeitpunkte für die Entnahme der Daten werden jedoch jeweils an das Ende eines Jahres verschoben, und die Daten beziehen sich somit auf das gesamte Jahr. Diese größeren Entnahmeintervalle sind durch die begrenzte kurzfristige Verfügbarkeit der Daten und den eher mittel- bis langfristigen Horizont der Untersuchungsperspektive bedingt.[55]

---

[54]Sekundär bedeutet in diesem Zusammenhang, daß sie zwar einen Einfluß auf die Wechselkurse und ihre Entwicklung haben, dieser aber nicht direkt 'ausgeübt' wird, sondern beispielsweise über die Beeinflussung des Budgetdefizites durch eine Veränderung der Arbeitslosigkeit und der daraus resultierenden Wirkungen auf den kurzfristigen Zinssatz, die wiederum den Wechselkurs in seiner Entwicklung beeinträchtigen. Diese Zusammenhänge werden im dritten Teil dieses Kapitels erläutert.

[55]Die Erhebungsintervalle werden für alle Kriterien der Untersuchung gleichermaßen angewandt. Dies geschieht trotz zum Teil kürzerfristig verfügbarer Daten wie z. B. Inflationsraten, die monatlich von den nationalen Behörden veröffentlicht werden, um die Vergleich-

Nachdem die Faktoren, die zur Beurteilung der mittel- und langfristigen Entwicklung der Währungen herangezogen werden, gewählt wurden, wird nun mit der Erläuterung der Vorgehensweise bei der Aufdeckung eventuell vorhandener Muster fortgefahren.

4.2.1.2 Vorgehensweise beim Vergleich der Datenreihen

Die aufgeführten Kriterien sind allesamt relativer Natur. Sie haben eine Referenzbasis, anhand derer sie bzw. ihre jährliche Veränderung gemessen werden. Dabei handelt es sich um das BIP (Staatsverschuldung, Finanzierungsdefizit), um Vergangenheitswerte (Inflationsrate, BIP-Wachstum) sowie um die nominale Verzinsung einer Referenz-Schuldverschreibung des jeweiligen Zentralstaates mit einer Laufzeit von zehn Jahren.
Will man die Entwicklung der von der Krise betroffenen Währungen beurteilen, so empfiehlt es sich, die aufgezählten Fundamentalfaktoren jeweils in Beziehung zueinander zu setzen, da es nur auf diese Art und Weise möglich ist, Veränderungen der Austauschrelationen zwischen den Währungen der verschiedenen Länder zu ergründen.[56]
Die relative Natur dieser Kriterien ermöglicht es, die Werte direkt zu vergleichen. Um die Vergleichbarkeit dieser Untersuchungsaspekte der unterschiedlichen Länder gewährleisten zu können, müssen sie nach denselben Methoden erhoben worden sein. Die Methodengleichheit wird durch das Europäische System

---

barkeit zu gewährleisten, da die nationalen Behörden zum Teil andere Definitionen verwenden.

[56]Bei der Betrachtung der Wechselkurse stehen die Kassakurse der entsprechenden Währungen im Vordergrund, da sie entscheidend für das Tagesgeschäft der Investoren und Notenbanken sind.

Volkswirtschaftlicher Gesamtrechnungen (ESVG) sichergestellt, das in allen Ländern die gleichen Kriterien zur Erhebung der Daten zugrunde legt.

Der o.a. direkte Vergleich wird wie folgt durchgeführt: die deutschen Werte der Variablen dienen als Maßstab zur Beurteilung der Entwicklung der entsprechenden Auslandswerte. Dazu werden die Differenzen der Werte der Partnerländer zu denen Deutschlands gebildet. Die deutschen Werte dienen dabei wiederum als Maßstab. Die Veränderungen, die sich bei den Fundamentalfaktoren ergeben haben, werden dann im Nachhinein mit denen verglichen, die sich auf der Wechselkursseite zugetragen haben.

Die Entwicklungen der einzelnen Variablen werden graphisch dargestellt. In den Graphiken werden die deutschen Zahlen als Gedankenstütze in Form der Nullwerte der Ordinaten der Koordinatensysteme repräsentiert. Auf diese Art und Weise ist es möglich, Veränderungen zu identifizieren.

4.2.2 Gegenüberstellung der Fundamentalvariablen der krisenbetroffenen Länder

4.2.2.1 Inflationsraten

In Anlehnung an den Vertrag von Maastricht über die Europäische Union wird in der vorliegenden Arbeit für die Inflationsraten der Preisdeflator des privaten Verbrauchs[57] verwendet.[58] Die Zeitreihen sollen nun zuerst in Abbildung 4.1 graphisch dargestellt werden.

[57]Die Aggregate für die betrachteten Länder sind jeweils in nationaler Währung und ihrer jährlichen Veränderung in Prozent angegeben. Sie wurden nach den Berechnungsmethoden des ESVG (Europäisches System Volkswirtschaftlicher Gesamtrechnungen) berechnet. Siehe

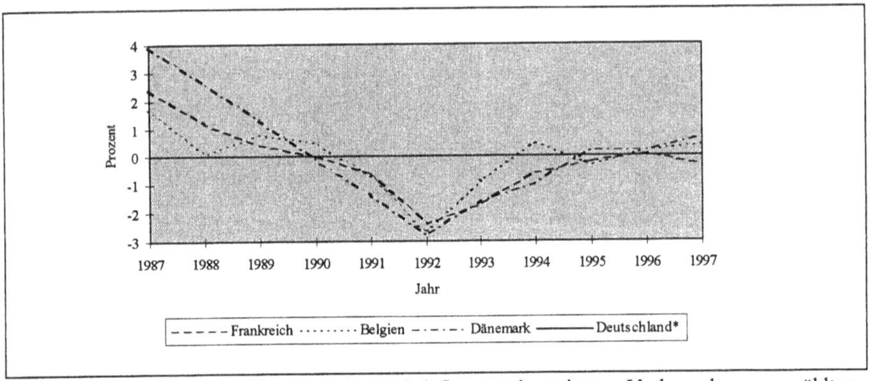

Abbildung 4.1: Relative Differenzen der Preisdeflatoren des privaten Verbrauchs ausgewählter Staaten der EU im Vergleich zu Deutschland (nationale Währung; jährliche Veränderung in %). (*: 1987 - 1994 Westdeutschland). (Datenmaterial: Europäische Kommission, Generaldirektion Wirtschaft und Finanzen (1997): "Europäische Wirtschaft", Nr. 64, 1997, statistischer Anhang sowie eigene Berechnungen).

Betrachtet man die Graphik, so stellt man fest, daß sich im Zeitablauf gravierende Veränderungen ergeben haben. Die Differenzen der ausländischen zur deutschen Inflationsrate haben sich zunächst erheblich reduziert. Im Jahr 1990 sind die Raten mit der deutschen identisch (Frankreich (F)) bzw. nur geringfügig höher (Belgien (B): 0,5 %, Dänemark (DK): 0,1 %).

Zwischen 1990 und 1995 liegen die Raten der Partner, mit einer Ausnahme (Belgien) im Jahr 1994, sogar unterhalb der Deutschlands. Im Anschluß verlaufen sie in etwa gleichförmig.

---

dazu: Europäische Kommission, Generaldirektion Wirtschaft und Finanzen (1997): "Europäische Wirtschaft", Nr. 63, 1997, Brüssel, 1997, Statistischer Anhang, S. 258.

[58]Vgl.: Rat der Europäischen Gemeinschaft (1992): "Protokoll über die Konvergenzkriterien nach Artikel 109 j des Vertrages zur Gründung der Europäischen Gemeinschaft", a. a. O., Artikel 1, S. 185.

Insgesamt befinden sich die Inflationsraten auf einem recht geringen Niveau, was an ihren Durchschnittswerten abgelesen werden kann.[59] Zusätzlich verringern sich diese Durchschnitte bei einer Aufteilung des Gesamtzeitraumes in zwei Teile (1987-1992 und 1993-1997).

Sieht man sich die Durchschnitte der relativen Abweichungen an, so stellt man fest, daß in den Fällen Frankreich und Belgien diese sogar leicht unter den deutschen Werten liegen und im Falle Dänemarks nur geringfügig darüber.

Stabilitätsbemühungen der Partner Deutschlands sind also auf dem Gebiet der Inflation deutlich zu erkennen, wobei jedoch angemerkt werden muß, daß die Inflation in Deutschland in den Jahren 1991 bis 1993 verhältnismäßig hohe Werte (3,8 %, 4,8 % und 3,9 %) erreichte, was maßgeblich auf die deutsche Vereinigung und den durch sie hervorgerufenen Nachfrageschock sowie auf die dadurch bedingte starke Expansion der Geldmenge in der Abgrenzung M3 (Bargeldumlauf sowie die von inländischen Nichtbanken bei hiesigen Kreditinstituten gehaltenen Sichteinlagen, Termineinlagen unter vier Jahren und Spareinlagen mit gesetzlicher Kündigungsfrist) dieser Jahre (6,3 %, 7,6 % und 10,9 %) zurückzuführen ist.[60]

Insgesamt ist eine Annäherung der Inflationsraten der vier Länder unbestreitbar, was einerseits die Konvergenzbemühungen der Partner und andererseits die große Last der Vereinigung für Deutschland widerspiegelt. Zusätzlich befindet sich die inflationäre Entwicklung der Partner Deutschlands im Gleichklang. Die Inflationsrate Deutschlands schert aus diesem Kanon aus.

[59] Siehe dazu Tabelle 0.1 im Anhang, in der die relativen Differenzen der Preisdeflatoren des privaten Verbrauchs des Auslandes gegenüber Deutschland sowie die jeweiligen nationalen Werte der betrachteten Länder aufgeführt sind.

[60] Vgl.: Europäische Kommission, Generaldirektion Wirtschaft und Finanzen (1997): "Europäische Wirtschaft", a. a. O., S. 306.

4.2.2.2 Finanzierungssalden

Die Entwicklung der Finanzierungsdefizite der betrachteten Länder gegenüber dem deutschen Saldo wird in Abbildung 4.2 graphisch dargestellt.
Bezüglich des Verlaufes der Salden fällt auf, daß die Entwicklung in den einzelnen Staaten, speziell in Frankreich und Dänemark, relativ synchron war. Auch wenn sie jeweils unterschiedlich stark ausgefallen ist, so war doch die Richtung der Entwicklung in diesen beiden Ländern gegenüber dem deutschen Defizit die gleiche. Aus diesem Kanon schert Belgien aus, dessen Werte, die auf einem hohen Niveau beginnen (-7,7 % des BIP), sich zumindest ab 1992 kontinuierlich an die deutschen annähern und sich ab 1993 auch verbessern.[61]

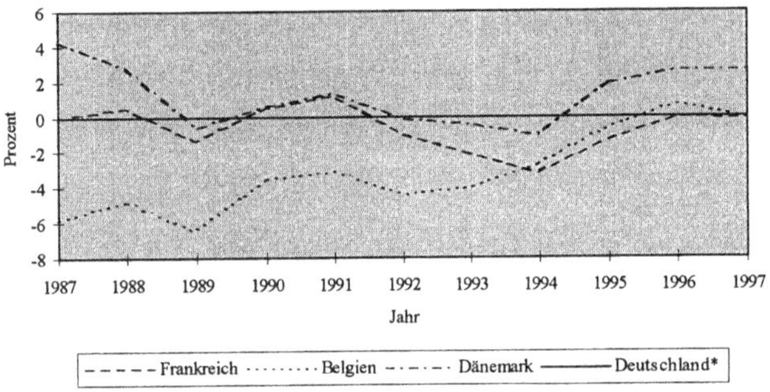

Abbildung 4.2: Relative Differenzen der Finanzierungssalden ausgewählter Staaten der EU im Vergleich zu Deutschland (in % des BIP zu Marktpreisen). (*: 1987 - 1991: Westdeutschland) (Datenmaterial: Europäische Kommission, Generaldirektion Wirtschaft und Finanzen (1997): "Europäische Wirtschaft", Nr. 64, 1997, statistischer Anhang sowie eigene Berechnungen).

Besonders positiv sticht Dänemark hervor, das über den gesamten Zeitraum hinweg ein durchschnittliches Defizit von 1,34 % des BIP aufweist.

[61]Siehe dazu Tabelle 0.2 im Anhang, in der die relativen Differenzen der Finanzierungssalden des Auslandes gegenüber Deutschland sowie die nationalen Finanzierungssalden im Verhältnis zum jeweiligen BIP aufgeführt sind.

Die Werte Frankreichs weichen durchschnittlich nur geringfügig von denen Deutschlands ab (-0,62 %).

Die Annäherung der Defizitwerte ist allerdings maßgeblich durch die Verschlechterung der deutschen Salden bedingt. Wirft man einen Blick auf die Durchschnitte der Defizite in den Teilzeiträumen, so stellt man fest, daß diese für Deutschland um mehr als ein Prozent ansteigen.[62] Abgesehen von Belgien, verbessern sich die Durchschnitte der Partner in den gleichen Zeiträumen. Im Falle Belgiens liegt die durchschnittliche jährliche Neuverschuldung sogar über dem Durchschnitt des BIP-Wachstums.

Die Entwicklung der Finanzierungsdefizite hängt dabei im wesentlichen von zwei Faktoren ab: zum einen von den Zinszahlungen der Staaten und zum anderen von den Finanzierungsdefiziten der Staaten ohne diese Zahlungen.[63] In den Fällen Belgiens und Dänemarks sind die Verläufe durch konstante bzw. sinkende Zinszahlungen und steigende bzw. konstante Finanzierungsüberschüsse gekennzeichnet. Dadurch werden die Stabilitätsbemühungen dieser beiden Länder besonders unterstrichen. In Deutschland und Frankreich sind die Entwicklungen umgekehrt. Hier steigen die Zinszahlungen der Staaten an, und die Finanzierungsüberschüsse sinken, bzw. die Defizite steigen.

In Deutschland ist wiederum die deutsche Vereinigung dafür verantwortlich, da durch die erhöhte Nettokreditaufnahme ab 1990 die Zinslast des Staates ab 1992

[62]Siehe dazu Tabelle 0.5 im Anhang, in der die relativen Differenzen der Wachstumsraten der Bruttoinlandsprodukte des Auslandes gegenüber denen Deutschlands sowie die Wachstumsraten selbst und deren Durchschnitte in den Teilzeiträumen (1987-1992) und (1993-1997) aufgeführt sind.

[63]Vgl.: Europäische Kommission, Generaldirektion Wirtschaft und Finanzen (1997): "Europäische Wirtschaft", a. a. O., statistischer Anhang, S. 214, 338 und 356-358 sowie eigene Berechnungen.

ebenfalls ansteigt. In Frankreich könnte die hohe und steigende Arbeitslosigkeit, die von durchschnittlich 9,3 % in den achtziger Jahren auf 12,4 % im Jahr 1997 ansteigt, ein Grund für diese Tendenz sein.

Es ist jedoch insgesamt trotzdem eine eindeutige Tendenz zur Konvergenz der ausländischen und deutschen Finanzierungsdefizite erkennbar und zusätzlich wiederum ein Gleichklang innerhalb der Entwicklung der Werte des Auslandes der einer unterschiedlichen Entwicklung in Deutschland gegenübersteht.

4.2.2.3 Staatsverschuldungsraten

Die Höhe der Staatsverschuldungsraten der einzelnen Länder in Relation zum BIP unterscheidet sich stark.[64]

Die Tendenz der Werte steigt an - außer in Belgien, dessen Staatsverschuldung auf hohem Niveau schwankt. Dies ist speziell an den Durchschnitten der Verschuldungsraten für die beiden Perioden (1987-1992 und 1993-1997) erkennbar, die in den Fällen Frankreichs, Dänemarks und Deutschlands stark ansteigen.[65]

Zu beachten ist jedoch, daß die durchschnittliche Steigerung der Staatsverschuldungsraten geringer ist als die durchschnittlichen Wachstumsraten der Bruttoinlandsprodukte der Länder.

Betrachtet man den Verlauf der Kurven in Abbildung 4.3 wohlwollend, so ist eine Tendenz zur Konvergenz zu erkennen, auch wenn diese gering ist und sich auf einem hohen Niveau abspielt.

[64]Siehe dazu Tabelle 0.3 im Anhang.

[65]Siehe dazu Tabelle 0.3 im Anhang.

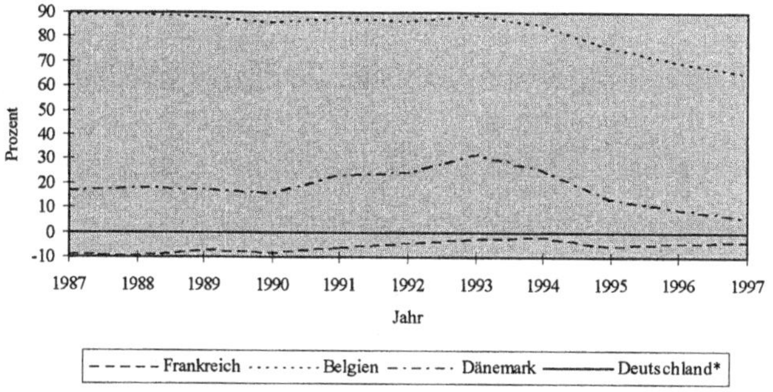

Abbildung 4.3: Relative Differenzen der Staatsverschuldungsraten ausgewählter Staaten der EU im Vergleich zu Deutschland (in % des BIP zu Marktpreisen). (*: 1987 - 1989: Westdeutschland). (Datenmaterial: Europäische Kommission, Generaldirektion Wirtschaft und Finanzen (1997): "Europäische Wirtschaft", Nr. 64, 1997, statistischer Anhang sowie eigene Berechnungen).

4.2.2.4 Langfristige nominale Zinssätze

Die Entwicklung der langfristigen Zinsen der betrachteten Staaten, die in Abbildung 4.4 graphisch dargestellt sind, beginnt 1987 ebenfalls auf völlig unterschiedlichen Niveaus. Die Differentiale betragen anfänglich 6,1 % (DK), 3,6 % (F) und 2 % (B).[66]

Innerhalb der folgenden zwei Jahre halbieren sich diese Unterschiede außer im Falle Belgiens, das sich nun aber auf dem gleichen Abstandsniveau wie Frankreich befindet.

Bis zum Jahr 1996 reduzieren sich die Zinsabstände abermals deutlich auf 0,1 % (F), 0,3 % (B) bzw. 1 % (DK); die Niveaus der Zinssätze haben sich ebenfalls

[66]Siehe dazu Tabelle 0.4 im Anhang.

deutlich reduziert: 6,4 % (F), 6,6 % (B), 7,3 % (DK) und 6,3 % (Deutschland (D)).

Auch hier sind erhebliche Fortschritte bezüglich der Konvergenz erzielt worden und es handelt sich ebenfalls um eine gleichgerichtete Entwicklung der Werte des Auslandes die einer unterschiedlichen Entwicklung in Deutschland gegenübersteht.

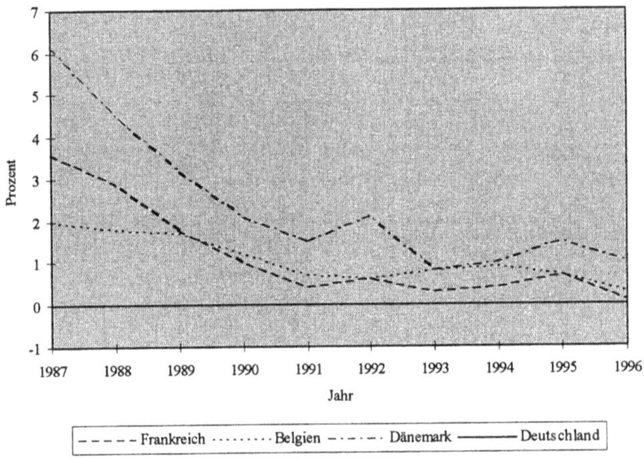

Abbildung 4.4: Differentiale der langfristigen Nominalzinssätze ausgewählter Staaten der EU im Vergleich zu Deutschland (in %). (Datenmaterial: Europäische Kommission, Generaldirektion Wirtschaft und Finanzen (1997): "Europäische Wirtschaft", Nr. 64, 1997, statistischer Anhang sowie eigene Berechnungen).

4.2.2.5 Wachstumsraten der Bruttoinlandsprodukte

Die Wachstumsraten der Bruttoinlandsprodukte sind im ersten Zeitabschnitt (1987-1992) sehr unterschiedlich.[67] Deren relative Differenzen, die in Abbildung 4.5 graphisch dargestellt sind, schwanken dementsprechend stark. Dies ist wie-

[67]Siehe dazu Tabelle 0.5 im Anhang.

derum durch die deutsche Vereinigung bedingt, die in Deutschland einen Nachfrageboom auslöste, der hauptsächlich auf Produkte aus Westdeutschland entfiel, und so ein überproportionales Wachstum in Gesamtdeutschland ermöglichte (1990/91: je 9,1 %).[68]

Im Anschluß an diese Phase außerordentlichen Wachstums in Deutschland, die spätestens 1994 beendet war, ist wieder eine starke Annäherung der Wachstumsraten zu erkennen. Die Volkswirtschaften der betrachteten Staaten gerieten wieder in den bereits zuvor bestehenden Gleichklang ihrer konjunkturellen Entwicklungen, innerhalb dessen nun die Bruttoinlandsprodukte der Partner wieder stärker wuchsen als das deutsche.

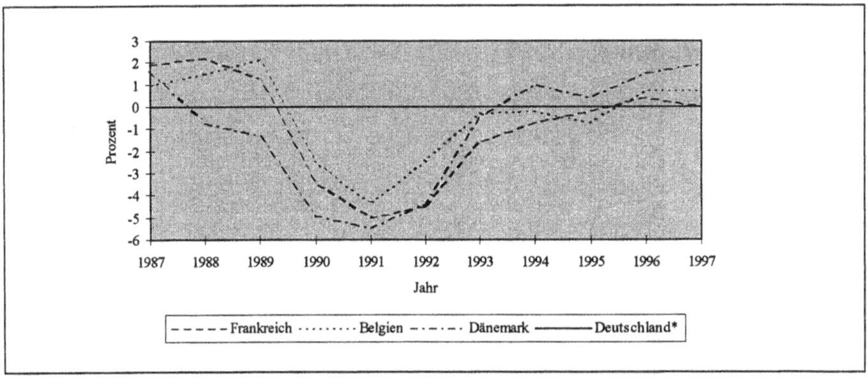

Abbildung 4.5: Relative Differenzen der Wachstumsraten der Bruttoinlandsprodukte ausgewählter Staaten der EU im Vergleich zu Deutschland (jährliche Veränderung in %). (*: 1987 - 1994: Westdeutschland). (Datenmaterial: Europäische Kommission, Generaldirektion Wirtschaft und Finanzen (1997): "Europäische Wirtschaft", Nr. 64, 1997, statistischer Anhang sowie eigene Berechnungen).

Ein Muster, das auch aus dieser Entwicklung abgelesen werden kann ist der konjunkturelle Gleichlauf der Volkswirtschaften der betrachteten Partner Deutschlands, der einer unterschiedlichen Entwicklung in Deutschland selbst gegenübersteht.

[68]Vgl.: Deutsche Bundesbank (1990): "Geschäftsbericht 1990", Frankfurt a. M., 1991, S. 14.

4.2.2.6 Kurzfristige nominale Zinssätze

In Abbildung 4.6 sind die Differentiale der ausländischen nominalen kurzfristigen Zinsen gegenüber denen Deutschlands aufgeführt.

Dabei nehmen die Differentiale bis April 1991 kontinuierlich ab, wobei die deutschen Zinsen jeweils die Untergrenze für die Sätze der anderen Staaten darstellen. Dies ändert sich das erste Mal im Mai 1991, zu diesem Zeitpunkt besitzt Belgien mit 8,99 % das niedrigste Zinsniveau und liegt damit um 0,07 % unter den kurzfristigen deutschen Zinsen.[69]

Ein praktisch für alle Länder einheitlicher Zinssatz ist das erste Mal im November 1991 festzustellen. Zu diesem Zeitpunkt beträgt das durchschnittliche Differential der ausländischen zu den deutschen Zinsen -0,03 %, wobei Frankreichs Werte um 0,19 % unter den deutschen liegen.

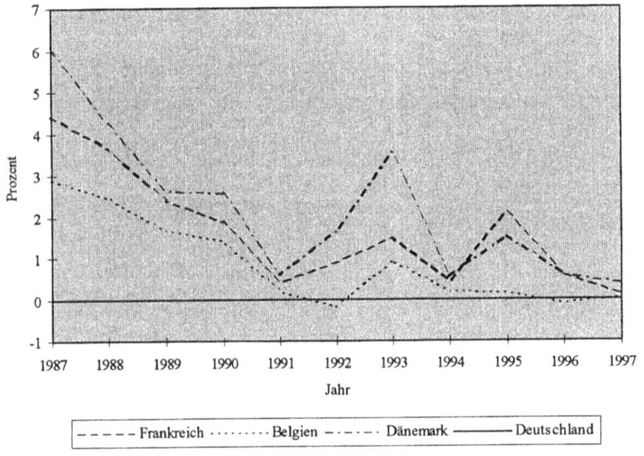

Abbildung 4.6: Differentiale der kurzfristigen nominalen Zinssätze (Euro-Monatsgeld, Durchschnitte im Jahr) ausgewählter Staaten der EU gegenüber Deutschland (in %). (Datenmaterial: Deutsche Bundesbank, eigene Berechnungen)

[69]Siehe dazu Tabelle 0.6 im Anhang.

Diese Ergebnisse sind wiederum Produkte der deutschen Vereinigung, die gerade 1991 und 1992 zu verhältnismäßig hohen Inflationsraten (3,8 und 4,8 %), Finanzierungsdefiziten (3,4 und 2,8 %), langfristigen Zinsen (8,6 und 8 %) sowie hohen Wachstumsraten des BIP und damit zu relativ hohen kurzfristigen Zinsen in Deutschland geführt hat.

Dieser Prozeß der Annäherung setzt sich, außer für Dänemark, bis September 1992, wo es zum Ausscheiden des GBP und der ITL aus dem Wechselkursmechanismus des EWS kam, fort. Zu diesem Zeitpunkt gerieten jedoch auch die DKR und der FFR unter starken Druck der Märkte, so daß die kurzfristigen Zinsen dort ebenfalls sprunghaft erhöht wurden. Eine Ausnahme bildet hier wiederum Belgien, das bis August 1993 eine überaus günstige Entwicklung des Differentials zu den deutschen Zinsen vorweisen konnte. Im August 1993, dem Monat der Bandbreitenerweiterung innerhalb des Wechselkursmechanismus des EWS, stiegen die Differentiale sprunghaft um 1,91 % (F), 3,5 % (B) sowie 2,47 % (DK) an.

Diese Phase starker Schwankungen der Zinsdifferentiale hielt bis März 1994 an. Im Anschluß normalisierte sich die Entwicklung wieder, um dann wieder von einer volatilen Phase bis Januar 1996 gefolgt zu werden.

Insgesamt fällt die Entwicklung des Differentials der kurzfristigen Zinsen Belgiens wesentlich günstiger aus als die der anderen beiden Länder. Es ist aber auch für diesen Bereich eine erhöhte Konvergenz aller betrachteten Länder zu attestieren, die sich zusätzlich wiederum in einem Gleichklang der ausländischen gegenüber der differierenden deutschen Entwicklung ausdrückt.

4.2.2.7 Fazit

Das Ziel der Gegenüberstellung und Beschreibung der Differenzen der ausländischen Fundamentalvariablen zu den deutschen war es, die fundamentalökonomischen Entwicklungen der betrachteten Staaten zu beleuchten und eventuelle Muster herauszuarbeiten.

Aus den bisherigen Ausführungen geht hervor, daß sich diese Differenzen gravierend verändert haben. Sie weisen zwar jeweils unterschiedliche Werte auf, jedoch kann für die Differenzen aller Variablen des Auslands gegenüber denen Deutschlands eine ähnliche (in die gleiche Richtung weisende) Entwicklung festgestellt werden.

Dabei sind allerdings unterschiedliche Kausalzusammenhänge zu beachten: die Zinsunterschiede (sowohl die der kurz- als auch die der langfristigen Zinsen) können aufgrund der Funktionsweise des EWS und der Ankerfunktion der DEM im EWS keine bzw. nur geringfügige negative Werte annehmen. Die Differenzen der übrigen Variablen können sowohl positive als auch negative Werte annehmen, da es sich hier um gesamtwirtschaftliche Größen handelt, die nur in sehr geringem Maße von den Entwicklungen anderer Länder abhängen.

Eine ausgleichende Wirkung der Entwicklungen der Differenzen verschiedener Variablen (bezogen auf die Wechselkurse der Währungen gegenüber der DEM) ist für den betrachteten Zeitraum nicht gegeben. Sie weisen alle die gleiche Tendenz auf.

Nun ist es jedoch problematisch, die beobachteten Veränderungen in bezug auf die resultierenden Wechselkursveränderungen zu bewerten. Eine solche Bewertung kann per definitionem nur normativ erfolgen. Abgesehen davon, daß keinerlei Rangfolge der Kriterien gebildet werden kann, besteht keine Möglichkeit, ihre spezifische Gewichtung für den Wechselkursverlauf zu bestimmen.

Das Gros der Veränderungen der Differenzen der Fundamentalvariablen hat zwischen 1987 und einschließlich 1992 stattgefunden. Im Anschluß ist eine starke Annäherung aller ausländischen an die deutschen Werte zu beobachten.

Setzt man voraus, daß die Leitkurse der betrachteten Währungen des EWS gegenüber der DEM Anfang 1987 die 'korrekte' Bewertung dieser Währungen gegenüber der DEM widerspiegelten, dann resultiert aus den beobachteten Veränderungen der Differenzen der Fundamentalvariablen ein Wechselkursänderungsbedarf für diese Währungen. Dafür ist es unerheblich, ob diese Veränderungen durch die deutsche Vereinigung ausgelöst wurden: entscheidend ist in diesem Zusammenhang, daß die Verläufe der Differenzen unter ausschließlich marktlichen Bedingungen dazu führen, daß sich die Austauschrelationen zwischen den Währungen verändern, wenn sich deren Grundlagen verändern.

Die Relationen der jeweiligen Fundamentalvariablen haben sich offensichtlich zugunsten der ausländischen Währungen verändert. Zusätzlich handelt es sich bei diesen Veränderungen der Relationen um gleichgerichtete Verläufe der Variablen des Auslandes. Hierbei ist es zunächst wiederum unerheblich wodurch sie hervorgerufen werden und ob sich die Werte des Auslandes verbessern oder die Deutschlands verschlechtern. Es geht darum, das Muster der Relationen herauszuarbeiten. Das Muster besteht in einer gleichlautenden Entwicklung der ausländischen Daten im Verhältnis zu den jeweiligen deutschen Daten.

Die Entwicklung findet zunächst unter gleichen und im Anschluß unter divergierenden konjunkturellen Bedingungen statt.

Diese Tatsachen deuten auf Bedarfe bezüglich der Änderung der betroffenen Wechselkurse hin. In diesem Fall wäre also anhand der zugrundeliegenden Daten eine Abwertung der DEM gegenüber den übrigen betrachteten Währungen zu erwarten gewesen.

4.2.3 Entwicklung der Zinsdifferentiale und Wechselkurse

In diesem Abschnitt soll die Entwicklung der Kassakurse und der Differentiale der jeweiligen nationalen kurzfristigen Zinsen zu den entsprechenden deutschen Zinsen graphisch und in Form von Zahlen dargestellt werden.
Die Darstellung dieser Entwicklungen wird hier für die drei Währungen parallel durchgeführt, da sie alle einen ähnlichen Verlauf aufweisen.
Es sollen einerseits die mittel- bis langfristigen Entwicklungen der Zinsdifferentiale sowie die daraus resultierenden Wechselkursänderungen der Währungen (Abbildungen 4.7, 4.9, 4.11) aufgezeigt werden[70] sowie andererseits die monatlichen Kassakursverläufe der Währungen, ihren Leitkursen und Bandbreiten[71] (Abbildungen 4.8, 4.10, 4.12) gegenübergestellt werden.
Die zuvor aufgezeigte Entwicklung der Fundamentalvariablen sowie ihrer Relationen zueinander legt die Vermutung nahe, daß sich die Währungsrelationen in gleicher Art und Weise entwickelt haben. In "gleicher Art und Weise" bedeutet, daß sich die Währungen der europäischen Partner gegenüber der DEM im Zeitablauf entsprechend der (im Vergleich zu Deutschland) positiv zu beurteilen-

[70]Um die mittel- bis langfristigen Entwicklungen aufzeigen zu können, werden für die Zinsdifferentiale und Wechselkurse jeweils die Durchschnitte der zuvor verwendeten monatlichen Werte berechnet. Auf diese Art und Weise können Trends sichtbar gemacht werden, ohne daß der Betrachter dabei von Ausnahmesituationen abgelenkt wird.

[71]Es werden hier durchgängig die engen Bandbreiten i. H. v. ± 2,25 % aufgeführt, da diese in Artikel 109 j, Absatz 1, vierter Gedankenstrich, des Vertrages von Maastricht als eines der Konvergenzkriterien zum Übergang in die Europäische Wirtschafts- und Währungsunion genannt werden. Vergleiche dazu: Rat der Europäischen Gemeinschaft (1992): "Vertrag über die Europäische Union", a. a. O., S. 41. Da dieses Kriterium dort aufgelistet ist, hält es der Verfasser für notwendig, die Abweichungen der betrachteten Währungen diesbezüglich aufzuzeigen.

den Veränderung ihrer fundamentalen Daten zumindest gleichbleibend, wenn nicht sogar besser (stärker notierend) hätten entwickeln müssen. Sieht man sich den Verlauf der jahresdurchschnittlichen Kurse an, so stellt man jedoch das Gegenteil fest.

Der FFR verliert im Beobachtungszeitraum fast durchgehend an Wert, bis seine Durchschnittsnotierung mit 3,7 % unterhalb seines Leitkurses im Jahr 1995 ihren Tiefpunkt erreicht (Abbildung 4.7)

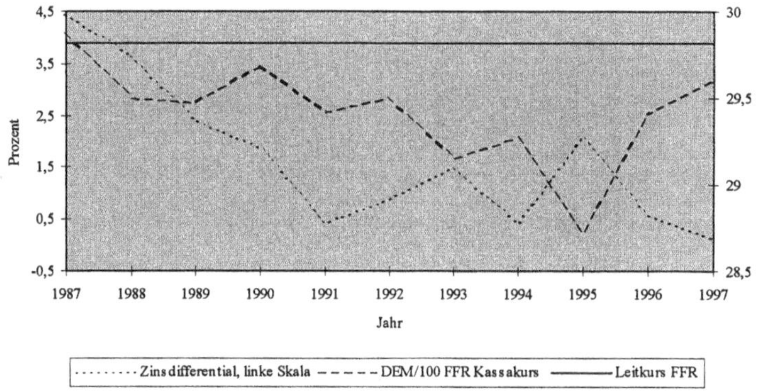

Abbildung 4.7: Differentiale der Euro-Monatsgeld-Sätze Frankreichs und Deutschlands (Durchschnitte im Jahr) sowie Kassakurse DEM/100 FFR (Durchschnitte im Jahr). (Datenmaterial: Deutsche Bundesbank sowie eigene Berechnungen).

Dies ist spiegelbildlich am durchschnittlichen Differential der entsprechenden Zinsen abzulesen, das ebenfalls stark sinkt. Über den gesamten Zeitraum hinweg beträgt das durchschnittliche Differential der französischen zu den deutschen Zinsen 1,67 %. Im Vergleich zu 1987 hat es sich bis 1997 um 4,3 % verringert. Der durchschnittliche Wechselkurs im gesamten Beobachtungszeitraum beträgt 29,39 DEM/100 FFR bei einem Leitkurs i.H.v. 29,82 DEM/100 FFR (-1,4 %). Wie anhand Abbildung 4.8 ersichtlich ist, verläuft der Kassakurs des FFR fast ausschließlich unterhalb seines Leitkurses. Im gesamten Beobachtungszeitraum liegt er kein einziges Mal oberhalb seiner oberen Bandbreite.

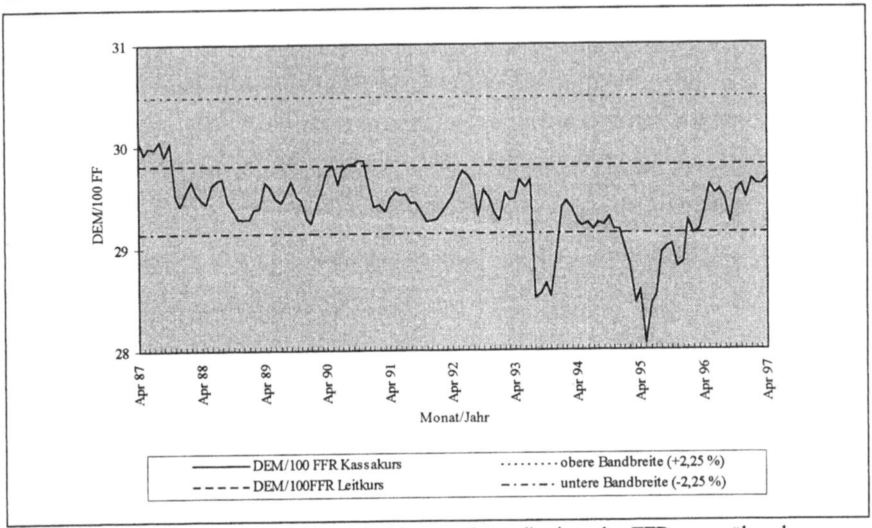

Abbildung 4.8: Kassakursentwicklung, Leitkurs und Bandbreiten des FFR gegenüber der DEM. (Datenmaterial: Deutsche Bundesbank sowie eigene Berechnungen).

Die mittel- bis langfristige Tendenz der Marktbewertung des FFR gegenüber der DEM weist eindeutig nach unten.[72] Von einer Entwicklung im Einklang mit den relativen Differenzen seiner Fundamentalvariablen zu den deutschen Werten kann keine Rede sein. Insgesamt ergibt sich also für den FFR ein recht schwaches Bild, und der Betrachter gewinnt den Eindruck, daß er im gesamten Beobachtungszeitraum gegenüber der DEM im EWS stark überbewertet war.

Für den BFR ergibt sich ein weniger volatiles und insgesamt positiveres Bild, was die Entwicklung des Wechselkurses sowie des Zinsdifferentials (Abbildung 4.9) betrifft.

[72]Hier muß noch einmal darauf hingewiesen werden, daß nicht bekannt ist, welche Volumina durch die Notenbanken zur Stützung des FFR aufgewendet worden sind und welche prozentualen Abwertungen dadurch verhindert werden konnten. Dies gilt selbstverständlich auch für die Betrachtungen des BFR und der DKR, die im Anschluß erfolgen.

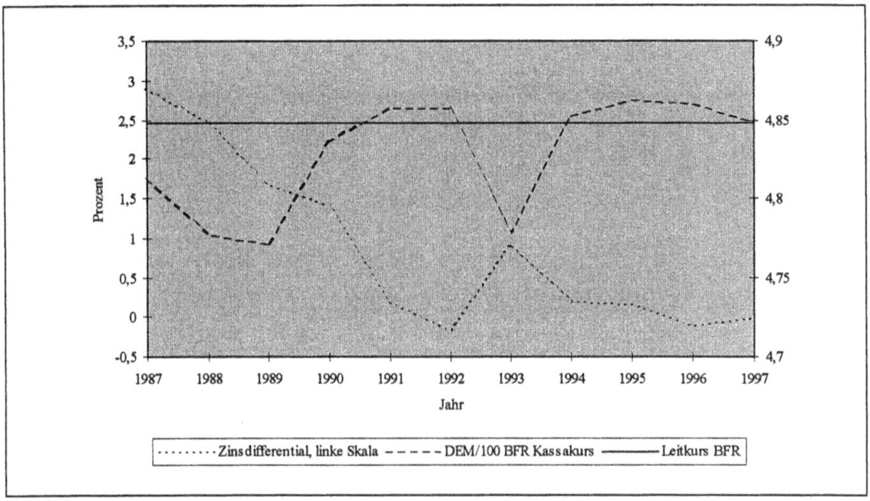

Abbildung 4.9: Differentiale der Euro-Monatsgeld-Sätze Belgiens und Deutschlands (Durchschnitte im Jahr) sowie Kassakurse DEM/100 BFR (Durchschnitte im Jahr). (Datenmaterial: Deutsche Bundesbank sowie eigene Berechnungen).

Das Differential bewegt sich, mit einer Ausnahme im Jahr 1993, kontinuierlich abwärts. Im Jahr 1992 befinden sich die belgischen Zinsen, abgesehen vom Monat März, durchweg unterhalb den deutschen. Trotzdem wurde der BFR durch die Märkte oberhalb seines Leitkurses bewertet.[73] Anfänglich betrug das Zinsdifferential 2,91 %, wurde bis zum Ende des Beobachtungszeitraumes um fast 3 % reduziert, so daß die belgischen Zinsen unterhalb der deutschen lagen. Der Durchschnitt des Differentials über den gesamten Zeitraum beträgt 0,87 %.

Der durchschnittliche Wechselkurs des BFR lag mit 4,83 DEM/100 BFR nur knapp unterhalb seines Leitkurses i.H.v. 4,84 DEM/100 BFR.

Sein monatlicher Kassakurs (Abbildung 4.10) bewegte sich in der Hälfte des Beobachtungszeitraumes oberhalb seines Leitkurses zur DEM.

[73]Vergleiche dazu Abbildung 4.10.

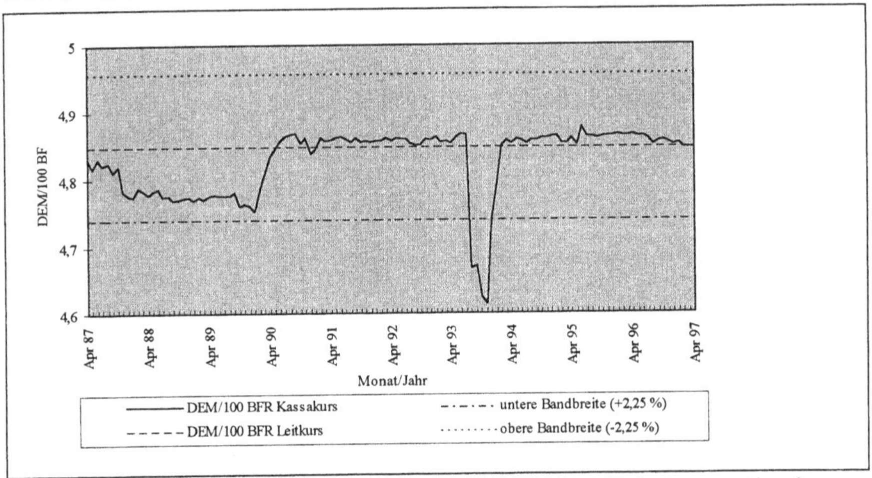

Abbildung 4.10: Kassakursentwicklung, Leitkurs und Bandbreiten des BFR gegenüber der DEM. (Datenmaterial: Deutsche Bundesbank sowie eigene Berechnungen).

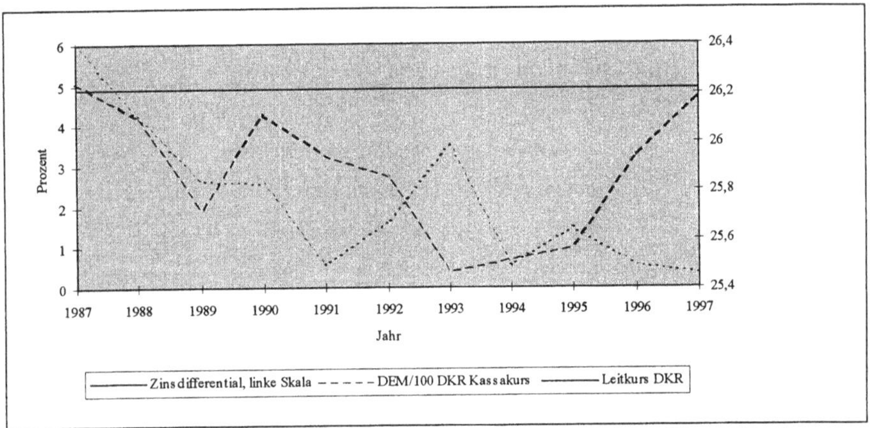

Abbildung 4.11: Differentiale der Euro-Monatsgeld-Sätze Dänemarks und Deutschlands (Durchschnitte im Jahr) sowie Kassakurse DEM/100 DKR (Durchschnitte im Jahr). (Datenmaterial: Deutsche Bundesbank sowie eigene Berechnungen).

Vor dem Hintergrund der Entwicklung der Fundamentalfaktoren Belgiens ergibt sich nun der Eindruck einer recht konsistenten Entwicklung des BFR. Wirft man einen Blick auf seine monatliche Kassakursentwicklung bis zur deutschen Vereinigung, so besteht jedoch auch hier der Verdacht auf eine Überbewertung des BFR gegenüber der DEM.

Im Falle der DKR ist keine einheitliche Tendenz erkennbar. Ihr jahresdurchschnittliches Zinsdifferential bewegte sich zwischen 1987 und 1989 im Einklang mit ihrem jahresdurchschnittlichen Kassakurs (Abbildung 4.11).

Offensichtlich sahen die Märkte zu diesem Zeitpunkt keine Veranlassung, das Differential zusammenschmelzen zu lassen, die DKR jedoch trotzdem gleichbleibend zu bewerten. Im Anschluß daran bewegten sich beide Größen in den meisten Fällen entgegengesetzt.

Zwischen 1987 und 1993 hat die DKR 3 % ihres Wertes gegenüber der DEM eingebüßt. Im Anschluß konnte sie diesen Verlust bis zum Ende des Beobachtungszeitraumes fast wieder ausgleichen.

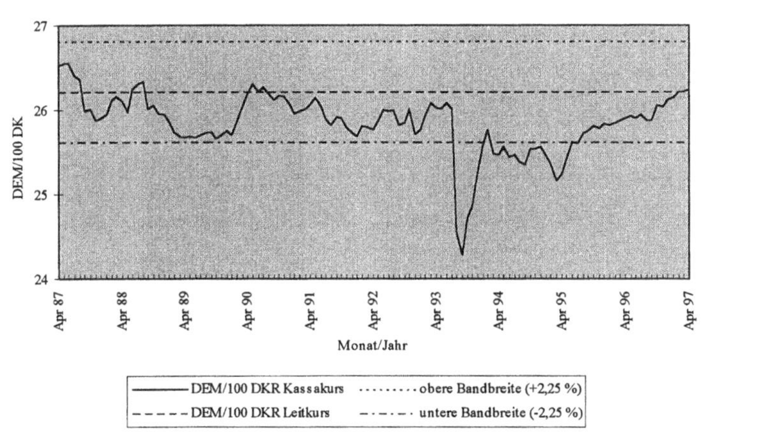

Abbildung 4.12: Kassakursentwicklung, Leitkurs und Bandbreiten der DKR gegenüber der DEM. (Datenmaterial: Deutsche Bundesbank sowie eigene Berechnungen).

Der monatliche Kassakursverlauf der DKR (Abbildung 4.12) entwickelte sich ähnlich dem des FFR.

Unter Berücksichtigung der Entwicklung der Fundamentalfaktoren ergibt sich auch bei der DKR der Eindruck einer Überbewertung gegenüber der DEM im EWS zumindest bis zur deutschen Vereinigung 1990.

Für alle drei Währungen besteht also im Zeitablauf in etwa das gleiche Bild bezüglich der Entwicklung ihrer Kassakurse. Ihre Bewertung gegenüber der DEM innerhalb des Wechselkursmechanismus des EWS war - zumindest bis zur deutschen Vereinigung - zu hoch.

Dies wurde durch die Märkte dadurch zum Ausdruck gebracht, daß sie die entsprechenden Währungen zum größten Teil unterhalb ihres Leitkurses bewerteten.

Der Vergleich der Entwicklungen der Fundamentalfaktoren der entsprechenden Währungen mit denen der DEM ergab eine Verbesserung der relativen Position des Auslandes gegenüber Deutschland. Dieser Verbesserung stand jedoch auf der Wechselkursseite keine entsprechend höhere Bewertung gegenüber. Die daraus entstehende Schlußfolgerung, daß es sich um eine Unterbewertung der DEM handelte, stellt, wie im folgenden noch geklärt wird, nur scheinbar um einen Widerspruch dar.

Für den Zeitpunkt der Bandbreitenerweiterung im EWS trifft dies ebenfalls zu, denn dort gerieten die Währungen des Auslandes trotz erheblicher Notenbankinterventionen noch stärker unter Druck. Der FFR wurde innerhalb eines Handelstages (2. August 1993) um 2,2 %, der BFR um 2 % und die DKR um 4,2 % abgewertet. Die Abwertungen binnen eines Monats (1. Juli bis 2. August 1993) fielen sogar noch stärker aus. Der FFR wurde am 2. August 1993 um 3,9 %, der BFR um 4,1 % und die DKR um 5,6 % schwächer bewertet als am 1. Juli 1993.[74]

[74]Vgl.: Deutsche Bundesbank (1993): "Devisenkursstatistik", in: Deutsche Bundesbank (Hrsg.): "Statistisches Beiheft zum Monatsbericht 5", August 1993, Frankfurt a. M., 1993, S. 12-15 sowie eigene Berechnungen.

Dieser Schwächephase der betrachteten Währungen folgte außer für den BFR, der sich in der Folgezeit (ab Februar 1994) durchweg stabil oberhalb seines Leitkurses befand, eine volatile Annäherung der Kurse an ihre jeweiligen Leitkurse bis zum Jahresanfang 1997.

Der zuvor erwähnte scheinbare Widerspruch zwischen der Entwicklung der Fundamentalvariablen der betrachteten Währungen gegenüber der DEM und deren Wechselkursentwicklungen kann nun aufgelöst werden: offensichtlich war der durchaus positive Verlauf der Fundamentaldaten kein Anlaß für die Märkte, die entsprechenden Währungen höher zu bewerten.

Dies muß wiederum vor dem Hintergrund des bis 1990 bestehenden konjunkturellen Gleichklanges der Volkswirtschaften betrachtet werden: aufgrund dieses Gleichklanges und dementsprechend gleichlautender Erfordernisse für die jeweiligen nationalen Zinspolitiken hätten die Wechselkurse zumindest gleichbleibend, wenn nicht sogar aufgrund ihrer positiven fundamentalen Entwicklung, stärker notieren müssen. Da dies jedoch nicht eingetreten ist, verbleibt aus den aufgedeckten Entwicklungsmustern nur eine mögliche Schlußfolgerung: die Leitkurse der betrachteten Währungen gegenüber der DEM sind 1987 von den politischen Gremien viel zu hoch festgesetzt worden. Zunächst kommt dies dadurch zum Ausdruck, daß die betroffenen Währungen von den Märkten aufgrund des positiven Verlaufes ihrer fundamentalen Daten nicht sofort abgewertet werden. Es findet gewissermaßen ein Ausgleich der von politischen Instanzen vorgenommenen hohen Bewertung durch die Fundamentalentwicklung statt.

Anschließend kommt es ab 1990 aufgrund der deutschen Vereinigung jedoch zu einer konjunkturellen Boomphase in Deutschland, die nicht von entsprechenden Erscheinungen im Ausland begleitet wird. Nun treten die unterschiedlichen zinsmäßigen Erfordernisse offen zu Tage. In einem Wechselkursmechanismus wie

dem EWS kann solchen Differenzen aber nur durch eine Anpassung der Leitkurse entgegnet werden, die nicht stattgefunden hat.
Finden solche Anpassungen nicht statt, so treten die Dissonanzen in Form massiver Bewertungsveränderungen durch die Märkte offen zu Tage und es kommt zu starken, abrupten Wechselkursveränderungen, die durch die Notenbanken aufgrund ihrer begrenzten Devisenreserven nicht im Zaum gehalten werden können.
Daß diese Abwertungen der betrachteten Währungen erst 1993 und nicht schon im Verlauf der beiden vorherigen Jahre vorgenommen wurden kann hier nicht weiter analysiert werden. Tatsächlich ist es ja im September 1992 schon zu einer ersten Krise des EWS gekommen, die zwar nicht die hier betrachteten Währungen betraf, aber dennoch als 'Warnschuß' der Märkte gegen anhaltend unrealistische Bewertungen einiger Währungen des EWS betrachtet werden muß.
Als Ergebnis dieser Entwicklungsmuster kann hier nun festgehalten werden, daß sich bei den Märkten ein Mißtrauen ggü. den anderen Währungen entwickelte, da sie nun entweder den völlig konträren Zinserfordernissen der Bundesrepublik folgen mußten oder ihre Währungen im EWS abwerten mußten. Da eine Abwertung der betroffenen Währungen nicht erfolgte, und ihrerseits Versuche erfolgten, sich von der Zinspolitik der Bundesbank abzukoppeln kam es dann zu den Turbulenzen im Juli 1993.
Ein Festkurssystem wie das EWS kann unter solchen Bedingungen nur funktionieren, wenn entweder gleichlautende monetäre Erfordernisse der beteiligten Staaten vorliegen oder systemmäßige Anpassungen (Ab- bzw. Aufwertungen) an auftretende Asymmetrien vorgenommen werden.

4.2.4 Wechselkursstabilität - politisches Ziel oder Illusion

Nachdem nun die einzelnen Fundamentalvariablen einander gegenübergestellt worden sind, die Zinsdifferentiale und Wechselkurse betrachtet sowie Strukturen in deren Entwicklung herausgearbeitet worden sind, soll nun, bevor eine wirtschaftspolitische bzw. -theoretische Erklärung für die Bandbreitenerweiterung gegeben wird, erläutert werden, weshalb das EWS seiner Zielsetzung nicht gerecht werden konnte und es zu einem Ausbruch wie der Bandbreitenerweiterung kommen mußte.

Dazu wird auf die VON HAYEKschen Katallaxieüberlegungen zurückgegriffen.[75]
Es wurde herausgearbeitet, daß es bei der Entwicklung der Fundamentalvariablen

---

[75]Zunächst muß dazu der Begriff "Wirtschaft" näher erläutert werden. Er wird historisch als die Ordnung, die aus den ökonomischen Beziehungen ihrer Elemente besteht, aufgefaßt. v. Hayek möchte den Ausdruck jedoch als "Komplex von Aktivitäten, durch den eine gegebene Menge von nach einem einheitlichen Plan unter den konkurrierenden Zielen je nach ihrer relativen Wichtigkeit aufgeteilt wird." - also als Einzelwirtschaft - verstanden wissen. Dadurch wird deutlich, daß er "einen Komplex bewußt koordinierter Handlungen bezeichnet, die einer einzigen Skala von Zielen dienen". Vergleiche dazu: Hayek, Friedrich A., v.: (1986): "Die Marktordnung oder Katallaxie", in: derselbe: "Recht, Gesetzgebung und Freiheit", Bd. 2, "Die Illusion der sozialen Gerechtigkeit", Landsberg a. L.: Verlag moderne Industrie, 2. Auflage, 1986, S. 149-178, S. 149 f. Der Unterschied zwischen einer (Einzel-) Wirtschaft und dem Geflecht der Beziehungen, in dem die vielen einzelnen Wirtschaften miteinander verbunden sind, der Katallaxie, besteht darin, daß sie "keiner derartigen einzigen Ordnung von Zielen" dient. Ihre "Aktivitäten werden nicht von einer einzigen Skala oder Hierarchie von Zielen gelenkt.". Siehe: ebenda, S. 149 f. Von Bedeutung ist, daß es sich bei der Katallaxie um ein komplexes Phänomen handelt, das zu der Klasse organisierter Komplexität zählt. Organisierte Komplexität bedeutet, daß die Eigenheit der komplexen Struktur nicht nur von den Eigenschaften ihrer einzelnen Elemente sowie ihrer relativen Häufigkeit abhängt, sondern auch von der Art und Weise, wie sie miteinander verbunden

des Auslandes einen Gleichlauf bezüglich ihrer relativen Position gegenüber den deutschen Werten gegeben hat. Am Ende des Beobachtungszeitraumes ist es zu einer Annäherung der ausländischen an die deutschen Werte gekommen. Zuvor hat es jedoch gravierende Differenzen (zunächst positive, später negative) gegeben. Auch die Zinsdifferentiale des Auslands gegenüber Deutschland haben im Beobachtungszeitraum abgenommen. Dies stellt unter den Funktionsbedingungen des EWS eine Stärke der ausländischen Währungen dar. Der relativen Verschlechterung der deutschen fundamentalen Position stand jedoch keine Abwertung der DEM gegenüber. Durchschnittlich trat das Gegenteil ein: die DEM wurde gegenüber den ausländischen Währungen aufgewertet. Diese gegenteilige Entwicklung, die - oberflächlich betrachtet - einen Widerspruch darstellt, liegt in der Handhabung des EWS begründet.

Das System, das ursprünglich als flexible Struktur zur währungspolitischen Koordination konzipiert war, hat aufgrund seiner Handhabung versagt. Die Zielsetzung stabiler Wechselkurse überwog und überfrachtete die Leistungsfähigkeit des EWS in Zeiten gravierender Umwälzungen und wirtschaftlicher Unterschiede der an ihm beteiligten Länder.

Diesen Umwälzungen, den dadurch bedingten konjunkturellen Dissonanzen, die ihren Ursprung in der deutschen Vereinigung hatten, in deren Folge es zu asymmetrischen zinspolitischen Erfordernissen zwischen den betrachteten Ländern kam, die somit die starken Wechselkursschwankungen hervorgerufen haben, wurde durch das EWS nicht Rechnung getragen.

Weshalb hat nun das EWS seine Zielsetzung vollständig verfehlt? Das EWS ist eine Institution, die ex ante geplante Marktergebnisse durch den Einsatz ver-

sind. Siehe dazu Hayek, Friedrich A., v.: (1975): "Die Anmaßung von Wissen", in: Ordo - Jahrbuch für die Ordnung von Wirtschaft und Gesellschaft, Bd. 26, 1975, S. 12-22, S. 15.

schiedener Instrumente sicherstellen soll. Dabei verfolgt es - bzw. seine Konstrukteure - die Zielsetzung stabiler Wechselkurse zwischen den teilnehmenden Währungen. Als Institution ist das EWS dem Markt übergeordnet. Der Markt wiederum besteht aus einer Vielzahl einzelner Wirtschaften[76], die wiederum aus einem Komplex von Aktivitäten bestehen, "...durch den eine gegeben Menge von Mitteln nach einem einheitlichen Plan unter den konkurrierenden Zielen je nach ihrer relativen Wichtigkeit aufgeteilt wird."[77]

Die Ordnung von Zielen, die das EWS als Institution verfolgt, hat jedoch nicht notwendigerweise etwas mit den Zielen der in ihm agierenden (Einzel-) Wirtschaften gemein. Der Markt besitzt keine solche einheitliche Zielstruktur, da seine verschiedenen Elemente völlig unterschiedliche Ziele verfolgen können. Auch sind ihre jeweiligen wirtschaftlichen Aktivitäten nicht Teil einer (großen) Einzelwirtschaft. Aus diesem Grund kann der Markt also auch nicht nach den gleichen Kriterien (bezüglich seiner Zielerreichung) beurteilt werden, wie dies bei einer Einzelwirtschaft (z. B. einem Unternehmen) möglich ist. Das Zusammenspiel der Wirtschaften auf dem Markt (die Koordination der einzelwirtschaftlichen Pläne) kann anhand dieses Kriteriums (Wechselkursstabilität) nicht gemessen werden, da es kein Ziel verfolgt und dementsprechend auch kein Plan existiert, nach dem es gelenkt wird.

Der Markt hingegen hat ein - wenn auch wenig konkretes - Ziel: "... er dient der Vielfalt verschiedener und inkommensurabler Ziele aller seiner verschiedenen

[76]Hier wird der Begriff "Wirtschaft" in dem engen Sinne von Hayeks aufgefaßt, der sie als Haushalt, Hof oder Unternehmen im Gegensatz zur Volkswirtschaft als Menge verschiedener Wirtschaften versteht. Vergleiche dazu: Hayek, Friedrich A., v.: (1986): "Die Marktordnung oder Katallaxie", a. a. O., S. 149.

[77]Hayek, Friedrich A., v.: (1986): "Die Marktordnung oder Katallaxie", a. a. O., S. 149.

Mitglieder."[78]. Die Ordnung, die dadurch entsteht, basiert auf der Einhaltung gewisser Regeln durch die Einzelwirtschaften, die hier nicht explizit diskutiert werden sollen.[79]

Der Ursprung des Marktes, die Einführung des Tauschhandels, ermöglichte einen friedlichen Austausch gegenseitig Nutzen bringender Güter, ohne daß dafür ein Krieg begonnen werden mußte. Dazu mußten die jeweils verfolgten Ziele der Tauschpartner nicht identisch sein. Je unterschiedlicher sie waren, desto nutzenstiftender wurde der Tausch.

Genau in dieser Art und Weise verhält es sich auf den Devisenmärkten des EWS. Je heterogener die Erwartungen der Marktteilnehmer und je heterogener die Ziele sind, die sie insgeheim oder auch öffentlich verfolgen, desto eher kommt Handel zustande. Bei unwiderruflich fixierten Wechselkursen käme Handel ausschließ-

[78]Hayek, Friedrich A., v.: (1986): "Die Marktordnung oder Katallaxie", a. a. O., S. 150.

[79]Dabei handelt es sich grundsätzlich um das Recht auf Privateigentum, das Schadenersatzrecht und das Recht zur Freiheit der Vertragsgestaltung, die zum großen Teil in Form von Gesetzten des bürgerlichen Rechts verankert sind, sind ebenso bedeutsam wie die speziellen Rahmenbedingungen, die für den Parketthandel an den internationalen Börsen und Devisenmärkten gelten. Sie stellen den gesetzlichen Rahmen dar, innerhalb dessen sich die Wirtschaftssubjekte bewegen und sind von Lachmann als "äußere Institutionen" bezeichnet worden. Siehe dazu: Lachmann, L. M. (1963): "Wirtschaftsordnung und wirtschaftliche Institutionen", in: Ordo, Jahrbuch für die Ordnung von Wirtschaft und Gesellschaft, Bd. 14, 1963, S. 63-67, hier S. 66. Zusätzlich erlangen die allgemeinen, abstrakten und negativen Regeln gerechten Verhaltens Geltung, die im allgemeinen Verbote ungerechten Verhaltens darstellen. Vergleiche dazu: Hayek, Friedrich A., v. (1986): "Die Suche nach Gerechtigkeit", in: derselbe:" "Recht, Gesetzgebung und Freiheit", Bd. 2, "Die Illusion der sozialen Gerechtigkeit", Landsberg a. L.: Verlag moderne Industrie, 2. Auflage, 1986, S. 53-93, hier S. 58 ff.

lich zur Tätigung von Warengeschäften mit dem Ausland zustande.[80] Ansonsten würden Devisen nicht gehandelt, da keinerlei Arbitragemöglichkeiten bestünden. Dadurch sind die Marktteilnehmer im EWS mittel-verknüpft, aber nicht ziel-verknüpft.[81] Aus diesem Grunde können sie den Zielen, die durch das System vorgegeben werden, nicht gerecht werden. Sie sind ausschließlich ihren eigenen Zielen verpflichtet.

Die Konstrukteure des EWS sehen dies als moralischen Mangel an, der 'im Dienste der Wohlfahrt' abgestellt werden soll.[82] Der Irrtum, daß eine solche Zielübereinstimmung zwischen verschiedenen Individuen gegeben sein muß, um ein friedliches (komplikationsloses) Zusammenleben zu ermöglichen "... ist jedoch das größte Hindernis bei der Erreichung genau jener Ziele."[83].

In bezug auf das EWS wird dieses Hindernis dadurch deutlich, daß 'risikolose Spekulation'[84] ermöglicht, ja geradezu animiert wird.

---

[80]Hier wird von der unrealistischen Annahme eines Zwei-Länder-Modells ausgegangen. Wenn keine anderen Länder existieren und die Wechselkurse zwischen den beiden Ländern fixiert sind, dann würden die beiden Währungen nicht gehandelt werden. Dies käme jedoch einer einheitlichen Währung gleich.

[81]Vgl.: Hayek, Friedrich A., v.: (1986): "Die Marktordnung oder Katallaxie", a. a. O., S. 153.

[82]So z. B. auch Gerhard Schröder, der in seiner Funktion als Kanzlerkandidat der SPD bei einem Vorstellungsbesuch in den USA im August 1998 anläßlich der bevorstehenden Bundestagswahl im September 1998 betonte, daß der internationalen Spekulation unbedingt Einhalt geboten werden müsse. Diese bringe die Ordnung durcheinander und nütze - wenn überhaupt - nur den Spekulanten. Ob die besagte 'Ordnung' wünschenswert ist oder nicht und wie sie aussehen soll, ist nicht zum Ausdruck gekommen.

[83]Hayek, Friedrich A., v.: (1986): "Die Marktordnung oder Katallaxie", a. a. O., S. 153.

[84]Durch die innerhalb geringer Margen von vornherein feststehenden Marktergebnisse kommt es immer wieder zu sogenannten Spekulationswellen, die den Willen und die Finanzkraft der beteiligten Länder und Notenbanken auf die Probe stellen. Ob diese vor dem Hintergrund

Die Zielsetzung stabiler Wechselkurse steht in der Rangfolge der Konstrukteure des EWS vor der 'korrekten' bzw. der 'realistischen' Bewertung der Währungen. Diese Zielkollision führte nun aber auf den Märkten zu den auftretenden Unruhen.

Anhand der Gegenüberstellung der Fundamentalvariablen und der Wechselkursverläufe ist deutlich geworden, daß die bestehenden Relationen nicht durch die Leitkurse des EWS wiedergegeben wurden. Bei flexiblen Wechselkursen hätten sich die Kurse (wahrscheinlich) allmählich an die fundamentale Realität angepaßt.[85]

Unter den Bedingungen des EWS mußte es zu einem abrupten Ausbruch kommen, da die Kräfte des Systems (die Devisenreserven der Notenbanken), die Währungen in die von ihm gewünschten Bahnen zu zwingen, aufgezehrt waren und somit denen des Marktes nicht mehr standhalten konnten.

Es handelte sich dabei nicht nur um eine Zielkollision, sondern um diametrale Unterschiede der Zielsetzungen zwischen System und Marktteilnehmern, wobei

---

der fixierten Marktergebnisse überhaupt noch als Spekulation im eigentlichen Sinne aufgefaßt werden können, soll hier nicht weiter diskutiert werden. Durch die Ergebnisfixierung ist jedoch eine fast 'risikolose Spekulation' gegen die entsprechenden Währungen möglich. Dies ist beim Ausscheiden der ITL und des GBP im September 1992 und auch während der Julikrise des EWS 1993 geschehen. Dazu sind speziell große, institutionelle Marktteilnehmer oder solche, die von einem Großteil der anderen Marktteilnehmer als Trendsetter angesehen werden, in der Lage. Einer dieser Marktteilnehmer, auf den beide Attribute zutreffen, ist George Soros, dem immer wieder die Absicht unterstellt wird, das EWS zerstören zu wollen. Diese Unterstellung erscheint vor dem Hintergrund des Fehlens einer Zielhierarchie innerhalb einer Katallaxie als ungerechtfertigt.

[85] Diese Aussage stellt eine Spekulation dar, da der Verfasser nicht über das notwendige Wissen verfügt, die Wechselkursentwicklung vorauszusagen.

allerdings bezüglich der Zielsetzungen der Marktteilnehmer eine Durchschnittsbetrachtung anhand der Bewertung der Währungen aufgrund der Unmöglichkeit der Identifikation individueller Ziele vorgenommen werden muß.

Um nun den größtmöglichen Nutzen aus den marktlichen Verflechtungen vieler mittel-verknüpfter Einzelwirtschaften ziehen zu können, muß sich das EWS als Institution einem Eignungskriterium, eine solche Ordnung herbeiführen zu können, als Maßstab zur Beurteilung seiner Fähigkeiten unterziehen.

Die 'realistische' Beurteilung der Währungsrelationen und deren reibungslose Anpassung an ökonomische und außerökonomische Veränderungen, die eines der Ergebnisse (nicht Ziele) einer solchen Ordnung darstellen, können als Kriterium verwandt werden.

Diesbezüglich hat das EWS aufgrund der Vorgabe des unrealistischen Zieles der Wechselkursstabilität vollkommen versagt, da darüber offensichtlich keine Einigkeit zwischen den Verantwortlichen des Systems und den Marktteilnehmern besteht, die jeweils andere, individuelle Ziele verfolgen.

Die Vorstellung der Konstrukteure des EWS, daß es ein gemeinsames Ziel (Wechselkursstabilität) geben müsse, resultiert aus ihrer Interpretation des Marktes als einer Wirtschaft in VON HAYEKS enger Sichtweise. Die Sicherstellung einer abstrakten Gesamtordnung, die in der Lage ist, die Erreichung der jeweiligen individuellen Ziele am besten zu gewährleisten, also die Chancen eines jeden zu maximieren, wird von ihnen nicht verfolgt.

Eine solche Ordnung des Marktes wäre geeignet, Veränderungen schrittweise dann zu berücksichtigen, wenn sie auftreten. Im Falle des EWS werden diese Veränderungen bzw. das Wissen um sie möglichst lange (durch Eingriffe der Notenbanken) zurückgehalten. Die 'Spekulation' sorgt dann dafür, daß dieses

Wissen sich schnell ausbreitet und in Form 'angemessener' Preise bemerkbar macht.[86]

Diese neuen Preise stellen dann die aktuelle Situation dar. Ihre Veränderung korrespondiert mit der Veränderung der Situation auf dem betrachteten Markt.

Unter der Geltung von Regeln gerechten Verhaltens ist dies vollkommen unproblematisch, da sie das Ziel der Harmonisierung der verschiedenen Ziele vieler Individuen verfolgen. Eingriffe jedoch, die dazu dienen, ein bestimmtes Resultat zu erzielen, das sich von dem unbekannten Ergebnis unterscheidet, welches unter alleiniger Wirkung des Marktmechanismus erzielt worden wäre, stellen äußere Zwangsmaßnahmen dar, die bestimmte Marktteilnehmer belohnen, andere jedoch bestrafen.

So wird die Gesamtordnung zerstört und überdies ihre Anpassungsfähigkeit an Veränderungen vernichtet oder doch zumindest stark beeinträchtigt.

Aus diesem Grund kann das EWS, das als Einzelwirtschaft begriffen wird, seiner Zielsetzung nicht gerecht werden, da seine Fähigkeit zur Anpassung an Veränderungen, die eine verhältnismäßig stetige Wechselkursentwicklung ermöglichen würde und im Rahmen einer Katallaxie maximal wäre, durch seine Handhabung verkümmert.

Nun wird die wirtschaftstheoretische Analyse der Bandbreitenerweiterung zunächst abgerundet und im Anschluß durch eine wirtschaftspolitische Erklärung ergänzt.

[86] Vgl.: Hayek, Friedrich A., v.: (1986): "Die Marktordnung oder Katallaxie", a. a. O., S. 160.

4.3 Entwicklung der Determinanten der Fundamentalvariablen

Nachdem im vorangegangenen Abschnitt dieses Kapitels der Vergleich der Fundamentalfaktoren bzw. deren relativer Differenzen zu den Werten Deutschlands die Entwicklung der Beziehungen der Variablen aufgezeigt hat, soll nun ein Versuch unternommen werden, die Entwicklung dieser Faktoren für die betroffenen Länder zu analysieren und deren Erklärungsbeitrag für die Bandbreitenerweiterung innerhalb des EWS herauszuarbeiten.

Dabei ist es jedoch sehr schwer ein geschlossenes theoretisches Konzept zu entwickeln, das in der Lage ist, Wechselkurse bzw. deren Entwicklung ex ante vorauszusagen. Dazu fehlt die Kenntnis aller die Wechselkurse beeinflussenden Größen sowie das über jede einzelne Variable, deren Gewichtung und Ausprägung benötigte umfassende Wissen.

Vielmehr wird der Schwerpunkt der folgenden Untersuchung darauf liegen, die Volatilität der Wechselkurse der betrachteten Währungen langfristig ex post zu ergründen.

Wie bereits angemerkt, stellen die Fundamentalvariablen der betrachteten Währungen keine autonomen Größen dar, sondern werden ihrerseits wiederum von anderen Variablen beeinflußt. Welches diese Faktoren im einzelnen sind, kann jedoch nicht abschließend beantwortet werden, weshalb auch hier eine Reduktion der vorhandenen Komplexität in der Weise vorgenommen wird, daß eine Konzentration auf einige Bestimmungsgrößen der bereits aufgezeigten Variablen erfolgt.[87]

[87]Für diese Faktoren gilt das Gleiche, was bereits für die Fundamentalvariablen, die den jeweiligen Währungen zugrunde liegen, in Abschnitt 4.2.1 zu Beginn dieses Kapitels ausgeführt wurde: sie sind aufgrund einer Wahlhandlung des Beobachters ausgewählt worden, um die vorhandene Komplexität zu reduzieren. Sie dienen dazu, den Sachverhalt logisch zu er-

Ausgangspunkt dieser Überlegungen zur Analyse der Entwicklung der Fundamentalvariablen und deren Beitrag zur Bandbreitenerweiterung im EWS ist nun, daß die verschiedenen Fundamentalvariablen die kurzfristigen nominalen Zinssätze der Länder beeinflussen, d. h., die kurzfristigen Zinsen fungieren als 'Sammelbecken' der Determinanten und beeinflussen in der Folge die Wechselkurse. Dies wurde zuvor damit begründet, daß die Märkte über die kurzfristigen Zinsen wesentlich schneller auf Ereignisse in den Ländern, bzw. deren Währungen betreffend, reagieren, als die übrigen Fundamentaldaten dies tun.[88]

Wie bereits erwähnt, handelt es sich bei der Entwicklung der Fundamentalfaktoren der beteiligten Länder um einen längerfristigen Prozeß, der dann - bedingt durch die Konstruktion und die Handhabung des EWS - eine abrupte Verände-

---

schließen und so die Kausalzusammenhänge verstehen zu können. Vollständigkeit der Untersuchung kann aufgrund konstitutiven Mangels an Wissen nicht gewährleistet werden.

[88]Es wurde in diesem Zusammenhang implizit davon ausgegangen, daß die Fundamentalvariablen Determinanten des Wechselkurses sind und nicht umgekehrt. Dies soll im Folgenden beibehalten werden, obwohl der Wechselkurs durchaus Determinante des kurzfristigen Zinses sein kann und auf diese Art und Weise auch einen Einfluß auf die Fundamentalvariablen haben kann. Dies ist jedoch hauptsächlich in Situationen der Fall, in denen der Zins durch eine Notenbank als Reaktion auf marktliche Bewertungsänderungen der eigenen Währung als Instrument eingesetzt wird, die Parität der eigenen Währung gegenüber einer anderen wiederherzustellen. In der Folge verändert sich auch der Marktzins. Dies sind jedoch Ausnahmesituationen. Solche Einzelereignisse stellen z. B. die Krise des EWS im September 1992 sowie die Spekulationen um ein Realignment des FFR gegenüber der DEM im Anschluß an das Gipfeltreffen von Präsident Chirac und Bundeskanzler Kohl im Mai 1995 dar. Diese hatten kurzfristig gravierende Auswirkungen auf die Währungsrelationen, die aber im Verhältnis zum generellen Trend nicht überbewertet werden dürfen. Bei diesen Einzelereignissen handelt es sich um die zuvor erwähnten Situationen, in denen der Wechselkurs zur Determinante des Zinses wird.

rung der Währungsrelationen durch die Märkte nach sich gezogen hat. Von solchen Ausnahmesituationen soll hier zunächst in der Form abstrahiert werden, daß eine mittel- bis langfristige Perspektive eingenommen wird.

Da die kurzfristigen Zinssätze - in ihrer Funktion als 'Sammelbecken' - von den übrigen Variablen beeinflußt werden, stellt sich die Frage welche Faktoren wiederum die Fundamentalvariablen beeinflussen. Dieser Frage soll nun nachgegangen werden.

Dabei wird im folgenden angenommen, daß der Staat über seine Währung als 'Produkt' verfügt.[89] Dieses Produkt kann er durch den Einsatz verschiedener Aktionsparameter mehr oder weniger attraktiv gestalten. Welches sind nun die Aktionsparameter des Staates mit denen er die Fundamentalvariablen beeinflussen kann?

Geht man von der Vermutung aus, daß alle betrachteten Variablen staatlicher Einflußnahme in dem Sinne unterliegen, daß sie z.B. durch die Einnahmen- bzw. Ausgabenpolitik des Staates beeinflußt werden, dann ist insbesondere an die Finanzierungssalden und die Staatsverschuldung zu denken. Diese determinieren wiederum sowohl die Inflationserwartungen als auch die kurz- sowie langfristigen Zinsen. Des weiteren übt der Staat über seine Fiskalpolitik Einfluß auf das Wachstum des BIP aus.

Zusätzlich kann er über die von ihm zu setzenden Rahmenbedingungen (Wirtschafts- und Sozialpolitik) seinen Wirtschaftseinheiten besondere Anreize geben bzw. Sanktionen über diese verhängen.[90]

---

[89]Der Produktbegriff kann hier analog zu Fußnote 8 auf Seite 191 aufgefaßt werden.

[90]Beispielsweise kann er die Investitionstätigkeit mittels einer geeigneten Steuerpolitik unterstützen oder durch hohe Steuern und Abgaben verhindern bzw. ins Ausland umlenken. Ferner ist er in der Lage, der Suche eines arbeitslosen Individuums nach einem Arbeitsplatz

Der Zusammenhang all dieser Faktoren ist nun Gegenstand der Untersuchung. Dazu soll die in diesem Abschnitt verfolgte Argumentation zunächst in Kurzform aufgezeigt werden bevor sie verbal und anhand von Grafiken erläutert wird. Die Vergleichbarkeit der Größen wird abermals dadurch sichergestellt, daß sie allesamt - wie schon die Daten im vorhergehenden Abschnitt dieses Kapitels - nach dem ESVG erhoben worden sind. Dadurch können wiederum Abweichungen der Bemessungsgrundlage aufgrund verschiedener Definitionen - z. B. des Begriffes Arbeitslosigkeit - und/oder unterschiedlicher statistischer Erfassungsmethoden ausgeschlossen werden.

Ausgangspunkt der Untersuchung ist die Summe aller Ausgaben des Staates, die durch die Staatsquote dargestellt wird. Diese setzt sich aus verschiedenen Kategorien zusammen. Unter anderem sind die Übertragungen an private Haushalte Bestandteil der Staatsquote. Sie machen einen erheblichen Teil der jährlichen Ausgaben des Staates aus und spiegeln die hohen Belastungen der betrachteten Gesellschaften durch deren Sozialsysteme wider.

Diese Ausgaben müssen wiederum durch Einnahmen der Staaten gedeckt werden.

Dies geschieht durch die Erhebung von Steuern und Abgaben, die eine Steuerfinanzierung der Staatsausgaben ermöglichen sollen. Die Einnahmen der Staaten liegen jedoch permanent unter deren Ausgaben wodurch es zu steigenden Negativsalden der Staatshaushalte kommt. Diese Finanzierungslücken werden in der Regel durch Neuverschuldungen geschlossen. Dadurch kommt es jedoch zu steigenden Zinsbelastungen. Bestehende Schulden, neue Defizite und die steigende

durch die Sozialpolitik einen stärkeren Anreiz über geringere Sozialleistungen zu geben oder dieses über relativ hohe Sozialleistungen dazu veranlassen sich bei der Suche etwas mehr Zeit zulassen.

Zinslastquote der Staaten führen dazu, daß zusätzliche Kredite aufgenommen werden müssen um die Verpflichtungen aus alten Krediten bedienen zu können. Da die Einnahmen der Staaten aus Steuern und Abgaben nicht ausreichen, um deren Ausgaben zu finanzieren, verändert sich zusätzlich zur relativen Höhe der Einnahmen die Finanzierungsstruktur der Staaten. Es kommt zu einer Zusatzfinanzierung der Staatsausgaben durch die Aufnahme von Krediten.

Diese Politik führt dazu, daß die Einnahmequellen der Staaten durch Erosionen der Steuerbasis und zunehmenden Zinsforderungen der Kapitalmärkte versiegen, die Belastungen - und damit die Ausgaben - jedoch nicht abnehmen. Auf der Seite der Einnahmen besteht also eine Art natürliche Begrenzung.

Über diesen Mechanismus kommt es zu einer steigenden Belastung des Faktors Arbeit, da die staatlichen Aufgaben und die bestehenden sozialen Sicherungssysteme weiterhin finanziert werden müssen. Dies geschieht über steigende Steuern und Sozialversicherungsbeiträge. Daraus resultiert die staatliche Sanktionierung der Schaffung von Arbeitsplätzen.

Da die Belastung der Bürger über steigende Steuern und Abgaben zunimmt, kommt es zusätzlich zu erhöhtem Lohndruck, der wiederum von den Unternehmen finanziert werden muß. Da diese von der steigenden Belastung durch den Staat aber ebenso betroffen sind, richten sich ihre Bemühungen, die Kosten zu reduzieren, auf verstärkte Rationalisierungen, Freisetzungen von Arbeitskräften bzw. Verlagerung ihrer Produktionsstätten in das preiswertere Ausland. Investitionen inländischer Unternehmen finden nicht mehr im Inland statt und etwaige Investitionen des Auslandes können aufgrund der relativ ungünstigeren Rahmenbedingungen nicht attrahiert werden. Letztlich sind Investitionen aber der Motor wirtschaftlicher Prosperität.

Vorhandene Arbeit im Inland wird so auf einen geringeren Personenkreis verteilt, was wiederum zu einer Erhöhung der Staatsausgaben durch einen Anstieg der

Transferleistungen an private Haushalte - bedingt durch steigende Arbeitslosigkeit - führt. Auf diese Art und Weise schließt sich der Kreis und eine neue Runde innerhalb dieser Spirale beginnt.

Der Ausgangspunkt der Betrachtung war der hohe Anteil der Übertragungen an private Haushalte an den Staatsausgaben. Bei ihnen muß die Lösung der Ausgaben- und Verschuldungsproblematik ansetzen.

Diese Zahlungen können über eine (drastische) Verbesserung der Situation auf dem Arbeitsmarkt verringert werden. Im Rahmen dieser Arbeit wird nicht der Anspruch erhoben, ein Rezept zur Beseitigung der Arbeitslosigkeit zu erfinden. Es wird jedoch auf die Schaffung eines positiven Umfeldes für die Verbesserung des Investitionsklimas hingewiesen. Dazu ist es notwendig, geeignete Rahmenbedingungen zu schaffen.

Durch geeignete Rahmenbedingungen wird die Attraktion in- und ausländischer Investitionen erleichtert und die Ausgangsproblematik der hohen Arbeitslosigkeit und somit hoher Übertragungen der Staaten an private Haushalte gemildert.

Der Beitrag geringer Arbeitslosigkeit zu einer solideren Haushaltslage der beteiligten Staaten und demzufolge zu stabileren Wechselkursen ist eindeutig: solide fundamentale Daten ermöglichen robuste Wechselkursrelationen. Es bestünde keinerlei Anreiz für die Märkte, diese auf die Probe zu stellen.

Diese in Kurzform dargelegte Argumentation soll im folgenden verbal sowie graphisch nachvollzogen werden.

Beginnt man also bei den Staatsquoten[91] der betrachteten Länder und betrachtet ihre Verläufe (Abbildung 4.13), so stellt man zweierlei fest: erstens befinden sich

[91]Die gesamten Ausgaben der Gesamtstaaten in den untersuchten Ländern wurden nach der Berechnungsmethode des ESVG (Europäisches System Volkswirtschaftlicher Gesamtrechnungen) ermittelt. Siehe dazu: Europäische Kommission, Generaldirektion Wirtschaft und

die Ausgaben der Staaten im Verhältnis zum BIP auf einem recht hohen Niveau. Sie erreichen zwischen 45 % und 63 % der BIPs der entsprechenden Länder. Und zweitens weisen die Werte, mit Ausnahme derjenigen Belgiens, eine steigende Tendenz auf.

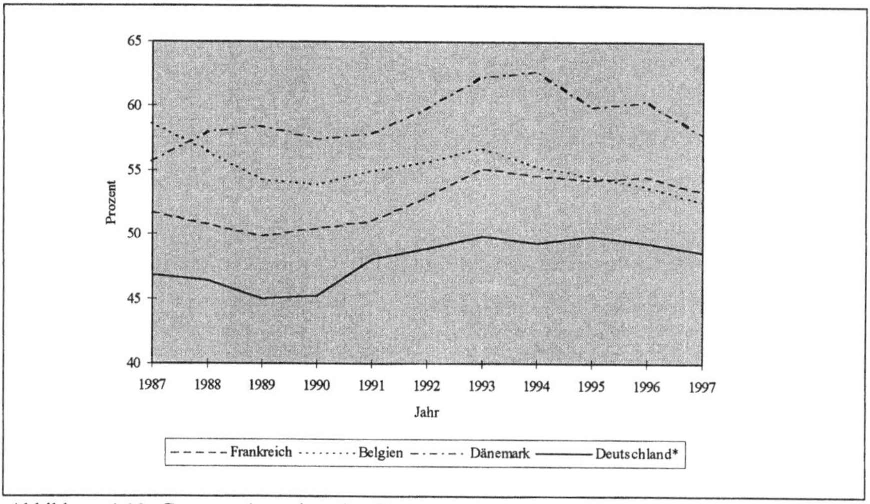

Abbildung 4.13: Gesamte Ausgaben der Gesamtstaaten ausgewählter Staaten der EU (in % des BIP).(*: 1987 - 1991: Westdeutschland). (Datenmaterial: Europäische Kommission, Generaldirektion Wirtschaft und Finanzen (1997): "Europäische Wirtschaft", Nr. 64, 1997, statistischer Anhang).

Finanzen (1997): "Europäische Wirtschaft", Nr. 63, 1997, Brüssel, 1997, Statistischer Anhang, S. 258.

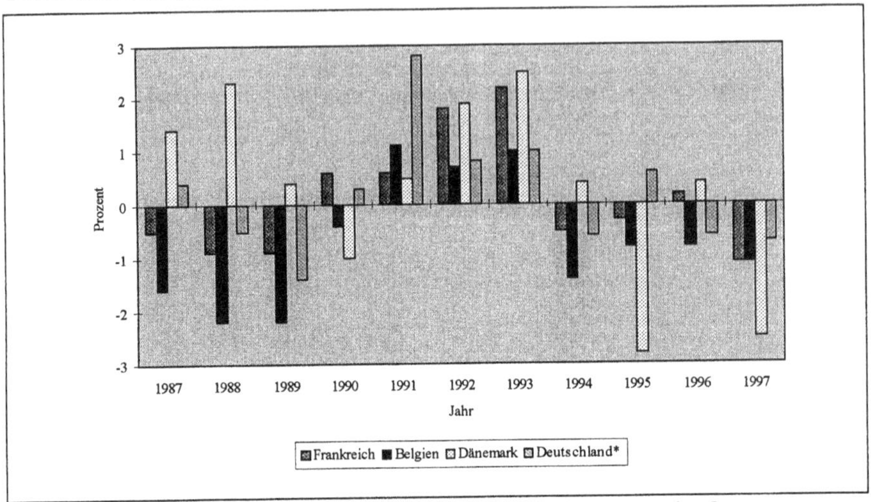

Abbildung 4.14: Jährliche prozentuale Veränderung der Gesamtausgaben des Gesamtstaates ausgewählter Länder der EU. (*: 1987 - 1991: Westdeutschland). (Datenmaterial: Europäische Kommission, Generaldirektion Wirtschaft und Finanzen (1997): "Europäische Wirtschaft", Nr. 64, 1997, statistischer Anhang sowie eigene Berechnungen).

Der Verlauf der Veränderung der Staatsquoten (Abbildung 4.14) ist in etwa invers[92] zur Veränderung der BIP[93] (Abbildung 4.15).[94] Das deutet darauf hin, daß der Staat in Phasen starken Wachstums nur einen geringen Anteil dieses Wachstums in Anspruch nimmt bzw. die Gelegenheit nutzt, die Ausgaben zu sta-

[92]Der Ausdruck "invers" stellt hier nicht die korrekte sprachliche Bezeichnung des Zusammenhanges dar. Es wird darauf abgestellt, daß eine positive jährliche Veränderung der Staatsquoten mit einem geringeren Wachstum des BIP einhergeht und umgekehrt.

[93]Die Bruttoinlandsprodukte der untersuchten Länder wurden nach der Berechnungsmethode des ESVG (Europäisches System Volkswirtschaftlicher Gesamtrechnungen) ermittelt. Siehe dazu: Europäische Kommission, Generaldirektion Wirtschaft und Finanzen (1997): "Europäische Wirtschaft", Nr. 63, 1997, Brüssel, 1997, Statistischer Anhang, S. 258.

[94]Für einen Überblick über die jährlichen prozentualen Veränderungen der Bruttoinlandsprodukte und der Staatsquoten für die einzelnen Länder vergleiche die Abbildungen 0.1 bis 0.4 im Anhang.

bilisieren, dafür aber in Zeiten konjunktureller Abschwünge einen größeren Teil des BIP beanspruchen.

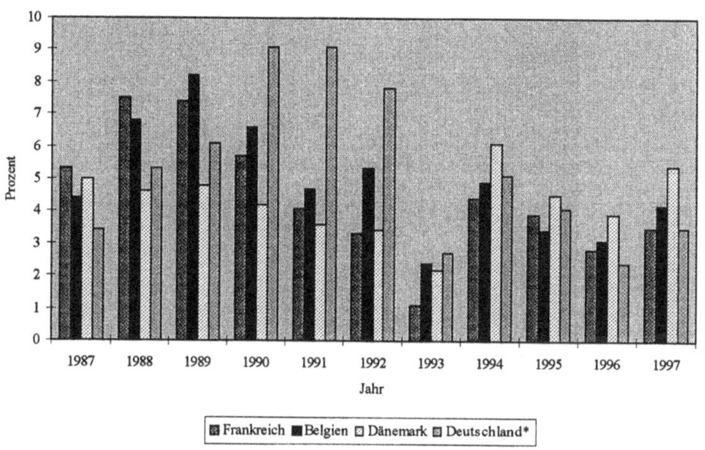

Abbildung 4.15: Jährliche prozentuale Veränderung der Bruttoinlandsprodukte ausgewählter Staaten der EU. (*: 1987 - 1994: Westdeutschland) (Datenmaterial: Europäische Kommission, Generaldirektion Wirtschaft und Finanzen (1997): "Europäische Wirtschaft", Nr. 64, 1997, statistischer Anhang).

Insgesamt läßt sich jedoch eine steigende Tendenz der Staatsquoten ausmachen, deren starke Erhöhung in Abschwungphasen nicht durch korrespondierende bzw. überkompensierende Senkungen in Aufschwungphasen korrigiert werden konnten.

Um dieses relative Ansteigen des Ausgabenverhaltens der Staaten zu analysieren, ist es notwendig, einen Blick auf die Bestandteile der Staatsquote und ihre anteilige Entwicklung zu werfen (Tabelle 4.1).[95]

[95]In der Aufschlüsselung der Ausgaben fehlen die vom Staat geleisteten Übertragungen an die übrige Welt, da sie einen ungefähr gleichbleibenden Anteil an der Staatsquote, je nach dem betrachteten Land i. H. v. ca. 0,7 % bis 2 %, ausmachen.

Land	Kategorie	1987	1988	1989	1990	1991	1992	1993	1994	1995	1996	1997
Deutschland	Ges. Ausgaben d. Staates	46,9	46,4	45	45,3	48,1	48,9	49,9	49,3	49,9	49,3	48,6
darunter:	1) Lfd. Übertragungen	20,4	20,4	20	21	21,4	21,2	22,4	22,6	23	22,9	22,6
darunter:	a) an priv. Haushalte	16,8	16,7	16,4	15,8	17,1	17,7	18,9	19	19,4	19,4	19,2
	b) an Unternehmen	2,5	2,3	2,2	2,5	2,1	2,1	2,1	2,3	2,2	2,2	
	2) tats. gez. Zinsen	2,9	2,9	2,7	2,6	2,7	3,3	3,3	3,4	3,7	3,7	3,8
Frankreich	Ges. Ausgaben d. Staates	51,7	50,8	49,9	50,5	51,1	52,9	55,1	54,6	54,3	54,5	53,4
darunter:	1) Lfd. Übertragungen	26,8	26,1	25,5	25,6	26,2	27,2	28,5	28,1	28	28,4	28,1
darunter:	a) an priv. Haushalte	21,5	21,4	21	21,2	21,7	22,4	23,6	23,3	23,2	23,4	23,2
	b) an Unternehmen	2,5	2,2	2,1	2,1	22	2,4	2,3	2,4	2,7	2,7	
	2) tats. gez. Zinsen	2,8	2,7	2,7	2,9	3,1	3,4	3,4	3,6	3,7	3,8	3,8
Belgien	Ges. Ausgaben d. Staates	58,7	56,5	54,3	53,9	55	55,7	56,7	55,3	54,5	53,7	52,6
darunter:	1) Lfd. Übertragungen	29,4	28,6	27,7	27,4	28,5	28,5	28,9	28,6	28,6	28,6	28,1
darunter:	a) an priv. Haushalte	25,2	24,3	23,8	23,6	24,5	24,8	25,3	24,9	25	24,9	24,7
	b) an Unternehmen	3,2	2,7	3	3,2	3	2,8	2,7	2,9	2,8	2,5	
	2) tats. gez. Zinsen	10,6	10,1	10,4	10,6	10,2	10,8	10,8	10,1	9,1	8,6	8
Dänemark	Ges. Ausgaben d. Staates	55,7	58	58,4	57,4	57,9	59,8	62,3	62,7	59,9	60,3	57,8
darunter:	1) Lfd. Übertragungen	20	21,7	22,9	22,9	23,7	24,9	25,6	27,3	26,6	26,3	24,9
darunter:	a) an priv. Haushalte	16,3	17,4	18,4	18,5	19,2	19,7	20,6	22,3	21,8	21,4	20,2
	b) an Unternehmen	3,5	3,5	3,5	3,5	4,1	4,1	3,8	3,7	3,6	3,2	
	2) tats. gez. Zinsen	8,3	8	7,5	7,3	7,4	6,8	7,8	7,2	6,7	6,5	5,8

Tabelle 4.1: Ausgewählte Ausgaben der Gesamtstaaten Deutschlands, Frankreichs, Belgiens und Dänemarks in % des BIP. (*: 1987 - 1991: Westdeutschland). (Datenmaterial: Europäische Kommission, Generaldirektion Wirtschaft und Finanzen (1997): "Europäische Wirtschaft", Nr. 64, 1997, statistischer Anhang).

Differenziert man die Staatsquote nach ihren Bestandteilen, so fällt auf, daß sie zu einem wesentlichen Teil aus Übertragungen an private Haushalte[96] besteht (Tabelle 4.2).

[96]Die Übertragungen des Staates an private Haushalte der untersuchten Länder wurden nach der Berechnungsmethode des ESVG (Europäisches System Volkswirtschaftlicher Gesam-

Land	Relation	1987	1988	1989	1990	1991	1992	1993	1994	1995	1996	1997
Deutschland	Relation 1	82,4	81,9	82,0	75,2	79,9	83,5	84,4	84,1	84,3	84,7	85,0
	Relation 2	35,8	36,0	36,4	34,9	35,6	36,2	37,9	38,5	38,9	39,4	39,5
Frankreich	Relation 1	80,2	82,0	82,4	82,8	82,8	82,4	82,8	82,9	82,9	82,4	82,6
	Relation 2	41,6	42,1	42,1	42,0	42,5	42,3	42,8	42,7	42,7	42,9	43,4
Belgien	Relation 1	85,7	85,0	85,9	86,1	86,0	87,0	87,5	87,1	87,4	87,1	87,9
	Relation 2	42,9	43,0	43,8	43,8	44,5	44,5	44,6	45,0	45,9	46,4	47,0
Dänemark	Relation 1	81,5	81,5	80,2	80,3	80,8	81,0	79,1	80,5	81,7	82,0	81,4
	Relation 2	29,3	30,0	31,5	32,2	33,2	32,9	33,1	35,6	35,4	35,5	34,9

Tabelle 4.2: Anteile der laufenden Übertragungen des Staates an private Haushalte an den gesamten laufenden Übertragungen des Staates (Relation 1) in Prozent sowie Anteile der laufenden Übertragungen des Staates an private Haushalte an den gesamten Ausgaben des Staates (Relation 2) in Prozent für Deutschland, Frankreich, Belgien und Dänemark. (*: 1987 - 1991: Westdeutschland). (Datenmaterial: Europäische Kommission, Generaldirektion Wirtschaft und Finanzen (1997): "Europäische Wirtschaft", Nr. 64, 1997, statistischer Anhang sowie eigene Berechnungen).

Durchschnittlich beträgt der Anteil der laufenden Übertragungen des Staates an private Haushalte an den gesamten Ausgaben des Staates im Beobachtungszeitraum (Relation 2) für Deutschland 37,2 %, für Frankreich 42,5 %, für Belgien 44,7 % und für Dänemark 33,1 %. Der durchschnittliche Anteil der laufenden Übertragungen an private Haushalte an den gesamten laufenden Übertragungen (Relation 1) beträgt im Beobachtungszeitraum in allen Ländern über 80 %. Hier wird nochmals darauf hingewiesen, daß es sich bei den Übertragungen des Staa-

trechnungen) ermittelt. Siehe dazu: Europäische Kommission, Generaldirektion Wirtschaft und Finanzen (1997): "Europäische Wirtschaft", Nr. 63, 1997, Brüssel, 1997, Statistischer Anhang, S. 258.

tes an private Haushalte ausschließlich um konsumptive Verwendungen dieser Mittel handelt. Die Investitionen des Staates müssen also aus dem verbleibenden Rest der Staatsquote finanziert werden.

Die Ausgabenkategorie der laufenden Übertragungen an private Haushalte ist seit den sechziger Jahren stark angewachsen und hauptsächlich durch den Ausbau dreier Bereiche der Sozialpolitik bedingt: Renten, Gesundheitswesen und Arbeitslosenunterstützung.

Der Ausbau dieser Sozialsysteme in den sechziger und siebziger Jahren ist vornehmlich auf eine Ausdehnung der vorhandenen Programme, die Ermäßigung der Anspruchskriterien, so daß Leistungen von einem größeren Personenkreis in Anspruch genommen werden konnten, und einer Erhöhung der Leistungen selbst zurückzuführen.[97]

Die Veränderung der Staatsquote (Abbildung 4.14) korrespondiert wiederum in etwa mit der Veränderung der Übertragungen an private Haushalte.[98] Aufgrund ihres hohen Anteils an den gesamten Staatsausgaben machen diese einen beträchtlichen Teil der Steigerung derselben aus. In der umgekehrten Situation, d. h. bei sinkenden Übertragungen an private Haushalte, sind diese Ermäßigungen jedoch so gering, daß durch sie eine nachhaltige Senkung der Staatsquote nicht ermöglicht wird. Die Übertragungen an private Haushalte stellen gewissermaßen den Fixkostenblock der Staatsausgaben dar.

---

[97]Vgl.: Europäische Kommission, Generaldirektion Wirtschaft und Finanzen (1997): "Europäische Wirtschaft", a. a. O., S. 80.

[98]Für einen Überblick über die jährlichen prozentualen Veränderungen der Staatsquoten und Übertragungen an private Haushalte für die einzelnen Länder vergleiche die Abbildungen 0.5 bis 0.8 im Anhang.

In allen Ländern sinken die Übertragungen an private Haushalte im Beobachtungszeitraum weniger stark als die Staatsquote bzw. steigen z. T. sogar stärker an als diese. Ihr Anteil an der Staatsquote nimmt folglich zu.

Gleichzeitig findet in den Jahren 1988 bis 1992 aber ein überdurchschnittlich starkes, wenn auch abnehmendes Wachstum der BIP statt. Das relative und absolute Anwachsen der Übertragungen an private Haushalte in Deutschland ist dabei auf die vereinigungsbedingten Transferzahlungen in den Osten Deutschlands zurückzuführen.

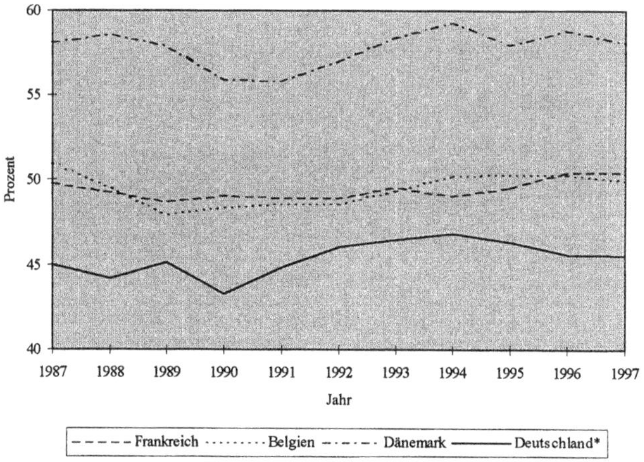

Abbildung 4.16: Gesamte laufende Einnahmen des Staates ausgewählter Staaten der EU (in % des BIP zu Marktpreisen). (*: 1987 - 1991: Westdeutschland) (Datenmaterial: Europäische Kommission, Generaldirektion Wirtschaft und Finanzen (1997): "Europäische Wirtschaft", Nr. 64, 1997, statistischer Anhang).

Stellt man den Staatsquoten die Einnahmen[99] (Abbildung 4.16) der entsprechenden Länder gegenüber,[100] so bemerkt man, daß die Ausgaben in allen Fällen fast

[99]Die gesamten laufenden Einnahmen des Staates der untersuchten Länder wurden nach der Berechnungsmethode des ESVG (Europäisches System Volkswirtschaftlicher Gesamtrechnungen) ermittelt. Siehe dazu: Europäische Kommission, Generaldirektion Wirtschaft und

permanent über den Einnahmen liegen. Dies ist spiegelbildlich an den Finanzierungssalden der Länder abzulesen. Über den gesamten Zeitraum hinweg beträgt der Durchschnitt der Einnahmen im Verhältnis zum BIP 49,4 % (F), 49,4 % (B), 57,8 % (DK) und 45,4 % für Deutschland. Dies entspricht einer durchschnittlichen Nettoneuverschuldung im Verhältnis zum BIP für den Beobachtungszeitraum i.H.v. 3,1 % für Frankreich, 6,0 % (B), 1,4 % (DK) und 2,5 % für Deutschland.

Die Entwicklung der Einnahmen verläuft für alle betrachteten Länder in etwa kongruent zu der der Ausgaben. Insgesamt ist jedoch auch für diese Kategorie eine steigende Tendenz zu verzeichnen.

Problematisch ist in allen Ländern die über den gesamten Zeitraum gemessene durchschnittliche Zinsbelastung der Haushalte im Verhältnis zum BIP (D: 3,2 %, F: 3,2 %, B: 9,9 % und DK 7,2 %), die aus der permanenten Neuverschuldung resultiert.[101] Sie macht einen großen Teil der durchschnittlichen Finanzierungsdefizite der Länder zwischen 1987 und 1997 aus (F: 100 %, B: 58 %, DK: 18 %, D: 81 %). Mit anderen Worten: neue Kredite werden aufgenommen, um die Zinsen alter Schulden bezahlen zu können.

Zusätzlich hat sich die Struktur der (gestiegenen) Staatsausgaben und ihrer Finanzierung ganz offensichtlich geändert. Die Staaten sind dabei von einer steuer- zu einer kreditfinanzierten Ausgabenpolitik übergegangen, was an der relativen Kon-

Finanzen (1997): "Europäische Wirtschaft", Nr. 63, 1997, Brüssel, 1997, Statistischer Anhang, S. 258.

[100]Für einen Überblick über die Gegenüberstellung der Staatsquoten und Einnahmen für die einzelnen Länder vergleiche die Abbildungen 0.9 bis 0.12 im Anhang.

[101]Vgl.: Europäische Kommission, Generaldirektion Wirtschaft und Finanzen (1997): "Europäische Wirtschaft", Nr. 64, Brüssel, 1997, statistischer Anhang, S. 206 sowie eigene Berechnungen.

stanz der gesamten Einnahmen der Staaten und ihrer Bestandteile im Vergleich zu deren Finanzierungssalden abzulesen ist. Dieser Wechsel hat hohe und steigende Schuldenstandsquoten zur Folge. Diese wiederum führen zu erneut steigenden Zinsbelastungen der öffentlichen Haushalte.

Andererseits sind aber die Abgabenbelastungen nicht zurückgegangen.

Differenziert man die gesamten laufenden Einnahmen des Staates[102] nach ihren Bestandteilen, also nach direkten und indirekten Steuern, den übrigen laufenden Einnahmen sowie nach Sozialversicherungsbeiträgen, so fällt auf, daß die ersten drei Kategorien innerhalb der letzten zwanzig Jahre relativ stabil geblieben bzw. z. T. um wenige Zehntel Prozentpunkte gesunken sind. Es ist jedenfalls keine signifikante Veränderung zu verzeichnen.

Dies ist im Bereich der Sozialversicherungsbeiträge nicht so. Dort sind die Einnahmen des Staates in Prozent des BIP z. T. rasant (F: 2,9 %, B: 2,3 %, DK: 1,2 % und D: 3,3 %) gestiegen. Der Anstieg der Gesamtabgabenbelastung ist dabei im gleichen Zeitraum in Deutschland und Belgien mit 0,2 % bzw. 2,5 % des BIP relativ moderat ausgefallen, während er in Frankreich und Dänemark mit 7,2 % bzw. 11,5 % des BIP erheblich war.

Die Entwicklung der Veränderung der Einnahmen (Abbildung 4.17) verläuft jeweils für Frankreich und Belgien sowie für Dänemark und Deutschland ungefähr gleich.

[102]Vgl.: Europäische Kommission, Generaldirektion Wirtschaft und Finanzen (1997): "Europäische Wirtschaft", Nr. 64, statistischer Anhang, a. a. O., S. 188-197.

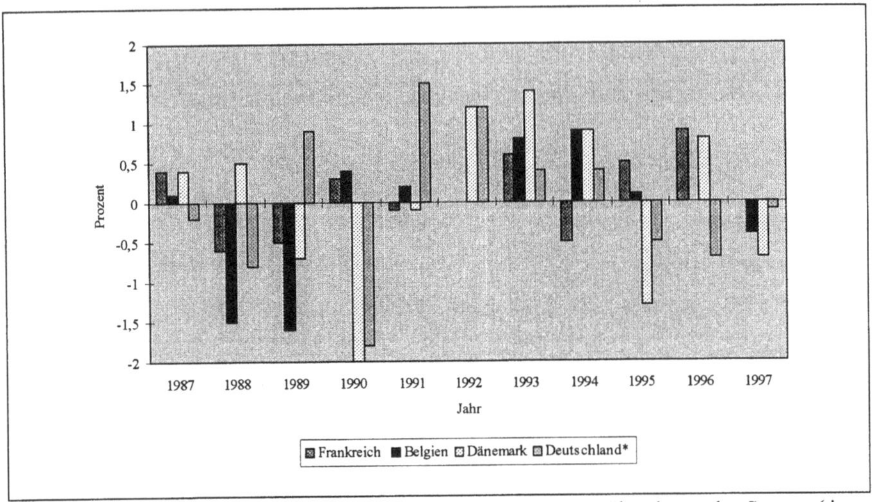

Abbildung 4.17: Jährliche prozentuale Veränderung der gesamten Einnahmen des Staates (in % des BIP zu Marktpreisen) ausgewählter Staaten der EU. (*: 1987 - 1991: Westdeutschland) (Datenmaterial: Europäische Kommission, Generaldirektion Wirtschaft und Finanzen (1997): "Europäische Wirtschaft", Nr. 64, 1997, statistischer Anhang, sowie eigene Berechnungen).

Eine Übereinstimmung mit den konjunkturellen Bedingungen (Wachstum des BIP) der Volkswirtschaften ist auf der Einnahmenseite nicht zu erkennen; das Gegenteil ist der Fall.

Nach einer kurzen Phase der Ermäßigung fand Anfang der neunziger Jahre aufgrund des Konjunkturabschwungs ein Anstieg der Staatsausgaben statt, der mit einer gleichgerichteten Entwicklung der Abgabenbelastung einherging.

Mit der steigenden Arbeitslosigkeit und der z. T. aufgrund der demographischen Entwicklung sinkenden Beschäftigung nahm die Belastung der Sozialversicherungskassen weiter zu. Die Folgen für die Kosten- und Abgabenbelastung der Unternehmen sowie der Inhaber vorhandener Arbeitsplätze sind eindeutig: es ergibt sich ein steigender Trend, der dazu führt, daß sowohl die Arbeit selbst als auch die Schaffung neuer Arbeitsplätze durch steigende Lohnnebenkosten sanktioniert wird.

Zusätzlich führt dieser Aufwärtstrend der Belastung des Faktors Arbeit zu erhöhtem Lohndruck.[103]

Wie bereits festgestellt wurde, konnten die hohen Wachstumsraten der Staatsquoten in Phasen konjunktureller Abkühlung nicht durch entsprechende Senkungen in Boomphasen, die steigende Einnahmen mit sich brachten, kompensiert werden.

Dies hängt, wie ebenfalls angedeutet, mit dem großen Anteil der Übertragungen an private Haushalte an der Staatsquote zusammen. Diese können, abgesehen von der demographischen Entwicklung, jedoch nur von einer steigenden Veränderung der 'Nettoarbeitslosenquote'[104] herrühren.

Berechnet man die Veränderung der 'Nettoarbeitslosenquote', so erhält man für alle Länder (außer DK) in etwa die gleiche Entwicklung (Abbildung 4.18). In Deutschland sind jedoch die Ausschläge stärker als bei den Partnern.

Anfänglich sinkt die Nettoarbeitslosigkeit (bis 1991). Im Anschluß daran dreht sich dieser Trend um.

---

[103]Die Auswirkungen steigender Lohnnebenkosten auf die Tarifpolitik und damit auf die Realeinkommen werden im Verlauf der Arbeit noch graphisch dargestellt (Abbildung 4.19). Es ergibt sich dabei eine signifikante Erhöhung der Realeinkommen in allen betrachteten Staaten über den gesamten Zeitraum hinweg. Die Folgerung erhöhten Lohndrucks aufgrund der steigenden finanziellen Belastung des Faktors Arbeit erscheint gerechtfertigt.

[104]Hierbei wird die Veränderung der Beschäftigungsquote (Tabelle 0.9 im Anhang) von der Veränderung der Arbeitslosenquote (Tabelle 0.8 im Anhang) subtrahiert. Diese Berechnung dient dazu, die Nettoveränderung der tatsächlich nicht am Erwerbsprozeß teilnehmenden Bevölkerung zu ermitteln. Vergleiche dazu: Europäische Kommission, Generaldirektion Wirtschaft und Finanzen (1997): "Europäische Wirtschaft", Nr. 64, statistischer Anhang, a. a. O., S. 80 - 82, sowie eigene Berechnungen.

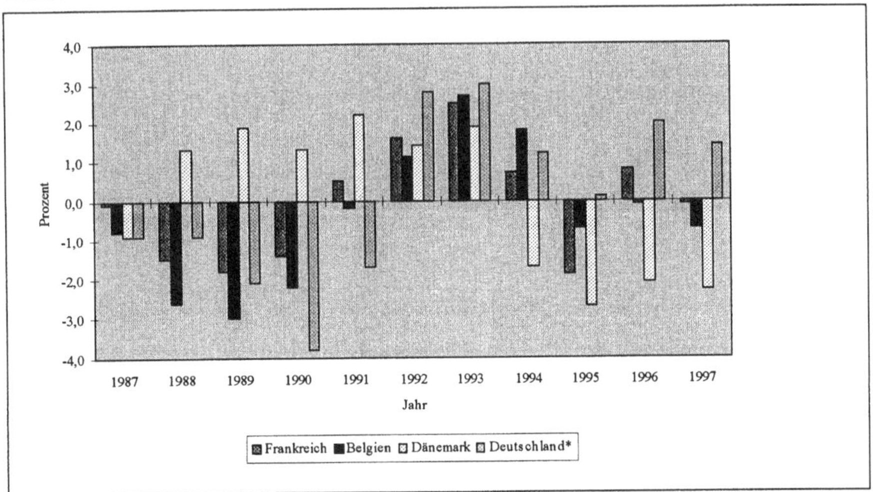

Abbildung 4.18: Jährliche prozentuale Veränderung der 'Nettoarbeitslosenquote' ausgewählter Staaten der EU. (*: 1987 - 1990: Westdeutschland) (Datenmaterial: Europäische Kommission, Generaldirektion Wirtschaft und Finanzen (1997): "Europäische Wirtschaft", Nr. 64, 1997, statistischer Anhang).

Die Beschäftigung[105] geht zusätzlich zur steigenden Arbeitslosigkeit[106] stark zurück.[107] Die Implikationen dieser Entwicklung für die Sozialsysteme und die da-

[105]Für einen Überblick über die jährlichen prozentualen Veränderungen der Beschäftigung für alle Länder vergleiche Tabelle 0.9 sowie Abbildung 0.13 im Anhang.

[106]Für einen Überblick über die jährlichen prozentualen Veränderungen der Arbeitslosigkeit für alle Länder vergleiche die Abbildung 0.14 im Anhang.

[107]Die Größen der Beschäftigung und der Arbeitslosigkeit der untersuchten Länder wurden nach der Berechnungsmethode des ESVG (Europäisches System Volkswirtschaftlicher Gesamtrechnungen) ermittelt. Siehe dazu: Europäische Kommission, Generaldirektion Wirtschaft und Finanzen (1997): "Europäische Wirtschaft", Nr. 63, 1997, Brüssel, 1997, Statistischer Anhang, S. 258.

mit verbundenen Übertragungen an private Haushalte[108] der betrachteten Volkswirtschaften sind eindeutig: die Belastungen dieser (Sozial-) Budgets nehmen zu und machen damit einen größeren Teil der gesamten Ausgaben der Staaten aus. Die Steuereinnahmen gehen jedoch zurück, da nun ein geringerer Teil der Bevölkerung am Erwerbsprozeß beteiligt ist. Die entstehende Finanzierungslücke kann von den Staaten wiederum entweder durch verstärkte Sparsamkeit (Verringerung auf der Ausgabenseite), erhöhte Abgabenbelastung oder zunehmende Neuverschuldung (Erhöhung auf der Einnahmenseite) gedeckt werden. Versuche der betrachteten Länder, die Problematik zu lösen, fanden fast ausnahmslos über die Einnahmenseite statt. Eine konsequente, kontinuierliche Rückführung der Ausgaben ist außer im Falle Belgiens nicht festzustellen.

Es stellt sich nun die Frage, ob die Erhöhung der 'Nettoarbeitslosenquote', die letztendlich für die Finanzierungsproblematik der Staaten entscheidend ist,[109]

---

[108] Für einen Überblick über die jährlichen prozentualen Veränderungen der Arbeitslosenquoten und der Übertragungen an private Haushalte für die einzelnen Länder vergleiche die Abbildungen 0.15 bis 0.18 im Anhang.

[109] Die Veränderung der 'Nettoarbeitslosenquote' ist deshalb für die Problematik entscheidend, da sie ursächlich für den größten Block der gesamten Ausgaben der betrachteten Staaten ist. Wie bereits festgestellt wurde, hat die Ausgabenkategorie der laufenden Übertragungen an private Haushalte Fixkostencharakter. Gelänge es also den betrachteten Staaten, diese Fixkosten auf ein 'vertretbares' Minimum zu reduzieren, so könnten große Teile des Staatshaushaltes entlastet, die Neuverschuldung begrenzt und so die Abgabenbelastung der Bürger, die z. T. konfiskatorische Ausmaße angenommen hat, dauerhaft gesenkt werden. Auf diese Art und Weise würden sich die fundamentalen Daten der Volkswirtschaften Schritt für Schritt verbessern. Eine nachhaltige Senkung der laufenden Übertragungen setzt jedoch eine Verringerung der 'Nettoarbeitslosenquote' bzw. eine Verringerung der Arbeitslosenquote bei gleichzeitiger Erhöhung der gesamtwirtschaftlichen Beschäftigung voraus. Dabei ist jedoch zu beachten, daß der Anstieg der 'Nettoarbeitslosenquote' in allen Ländern maßgeblich

durch die Entwicklung der Realeinkommen[110] (Abbildung 4.19) aufgrund des zunehmenden Lohndrucks bedingt ist oder ob das gesamtwirtschaftliche Wachstum nicht ausreicht, die Beschäftigung stärker zu erhöhen, als die Arbeitslosigkeit ansteigt, bzw. vice versa. Dazu kann die Entwicklung der Realeinkommen jedoch nur als grober Anhaltspunkt verwendet werden.

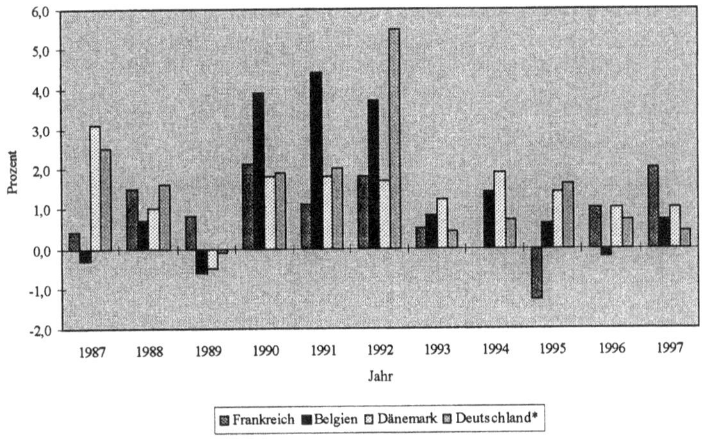

Abbildung 4.19: Jährliche prozentuale Veränderung der Realeinkommen ausgewählter Staaten der EU. (*: 1987 - 1994: Westdeutschland) (Datenmaterial: Europäische Kommission, Generaldirektion Wirtschaft und Finanzen (1997): "Europäische Wirtschaft", Nr. 64, 1997, statistischer Anhang).

---

durch den Arbeitsplatzabbau aufgrund des weltwirtschaftlichen Wandels in den neunziger Jahren bedingt ist und in Deutschland durch den notwendigen Umbau in den neuen Bundesländern weiterhin anhalten wird.

[110]Die Realeinkommen der untersuchten Länder wurden nach der Berechnungsmethode des ESVG (Europäisches System Volkswirtschaftlicher Gesamtrechnungen) ermittelt. Siehe dazu: Europäische Kommission, Generaldirektion Wirtschaft und Finanzen (1997): "Europäische Wirtschaft", Nr. 63, 1997, Brüssel, 1997, Statistischer Anhang, S. 258.

Sie steigen in allen betrachteten Ländern fast im gesamten Beobachtungszeitraum an. Nähme man sie als Grundlage zur Beurteilung der Situation auf dem Arbeitsmarkt, so käme man zu dem Ergebnis, daß sie zumindest einen Teil zum Anstieg der 'Nettoarbeitslosenquote' beigetragen haben[111], denn in der wirtschaftlichen Boomphase Anfang der neunziger Jahre steigen die Realeinkommen parallel zur 'Nettoarbeitslosenquote' besonders stark an. Diesen Aspekt betreffend ist jedoch für die einzelnen Länder kein einheitliches Bild zu erkennen, da die Entwicklungen z. T. übereinstimmen, in den meisten Fällen jedoch entgegengesetzt verlaufen, so daß selbst bei steigenden Realeinkommen eine Verringerung der 'Nettoarbeitslosenquote' zu verzeichnen war.[112]

Entscheidend für die Unternehmen und damit für die Beschäftigung bzw. für deren Erhöhung ist jedoch die Entwicklung der Lohnstückkosten[113] (Abbildung 4.20), da sie für die Wettbewerbsfähigkeit der Unternehmen und ihrer Produkte auf den Weltmärkten verantwortlich sind.[114]

---

[111]Für einen Überblick über die jährlichen prozentualen Veränderungen der Realeinkommen und der 'Nettoarbeitslosenquoten' für die einzelnen Länder vergleiche die Abbildungen 0.19 bis 0.22 im Anhang.

[112]Dies könnte evtl. durch eine zeitliche Verzögerung der Reaktion der Nachfrage nach Arbeitskräften auf Realeinkommenserhöhungen bedingt sein. Eine solche Zeitverzögerung ist aber anhand der Grafiken nicht zweifelsfrei zu erkennen.

[113]Die Lohnstückkosten der untersuchten Länder wurden nach der Berechnungsmethode des ESVG (Europäisches System Volkswirtschaftlicher Gesamtrechnungen) ermittelt. Siehe dazu: Europäische Kommission, Generaldirektion Wirtschaft und Finanzen (1997): "Europäische Wirtschaft", Nr. 63, 1997, Brüssel, 1997, Statistischer Anhang, S. 258.

[114]Für einen Überblick über die jährlichen prozentualen Veränderungen der Lohnstückkosten und der 'Nettoarbeitslosenquoten' für die einzelnen Länder vergleiche die Abbildungen 0.23 bis 0.26 im Anhang.

Auffällig ist, daß die Lohnstückkosten in allen Ländern fast permanent sinken. Lediglich Anfang der neunziger Jahre steigen sie (außer in DK) an.

Ein Vergleich der Veränderungsraten von Lohnstückkosten und Realeinkommen[115] zeigt, daß auch hier der Zusammenhang keineswegs eindeutig in eine Richtung (steigende Realeinkommen = steigende Lohnstückkosten) weist, sondern, daß in der Regel sogar das Gegenteil der Fall ist.[116]

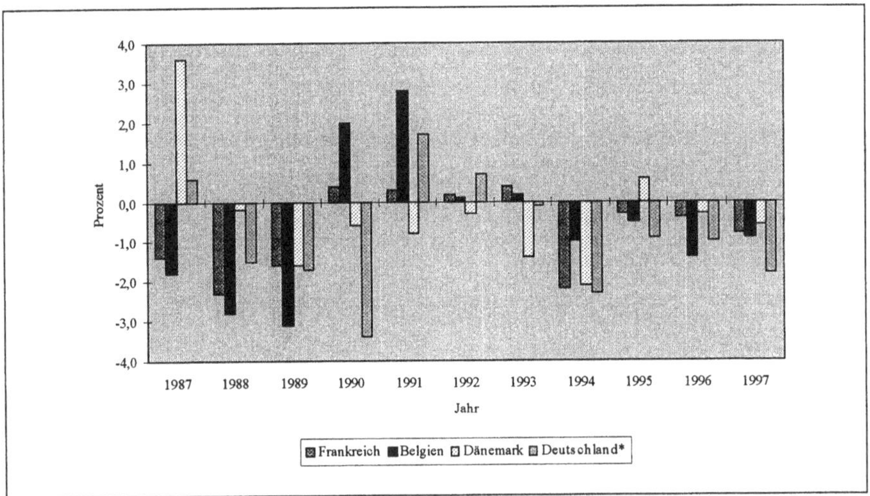

Abbildung 4.20: Jährliche prozentuale Veränderung der Lohnstückkosten in ausgewählten Staaten der EU (1991 = 100). (*: 1987 - 1994: Westdeutschland) (Datenmaterial: Europäische Kommission, Generaldirektion Wirtschaft und Finanzen (1997): "Europäische Wirtschaft", Nr. 64, 1997, statistischer Anhang sowie eigene Berechnungen).

115 Für einen Überblick über die jährlichen prozentualen Veränderungen der Lohnstückkosten und der Realeinkommen für die einzelnen Länder vergleiche die Abbildungen 0.27 bis 0.30 im Anhang.

116 Dies könnte dadurch bedingt sein, daß die vorhandene Arbeit auf einen geringeren Personenkreis umverteilt wurde. Dadurch können auch die sinkenden Lohnstückkosten bei steigenden Realeinkommen erklärt werden. Siehe dazu: Jeske, Jürgen (1998): "Draußen vor der Tür", in: Jeske, Jürgen; Müller-Vogg, Hugo, Nonnenmacher, Günther; Reißmüller, Johann G.; Schirrmacher, Frank (Hrsg.): Frankfurter Allgemeine Zeitung" vom 5. 02. 1998, S. 1.

Nun ist aber nicht nur die Veränderung der Realeinkommen für die Lohnstückkostensteigerung verantwortlich, sondern auch alle anderen Bestandteile der Lohn- und Lohnnebenkosten. In diesem Zusammenhang sind die Sozialversicherungsbeiträge von besonderer Bedeutung.

Die vom Staat empfangenen Sozialversicherungsbeiträge[117] (Abbildung 4.21) nehmen im Beobachtungszeitraum lediglich in Ausnahmefällen ab und machen damit über ihre erhöhende Wirkung auf die Lohnnebenkosten einen größeren Teil der Lohnstückkosten aus.[118]

Durchschnittlich sinken die Lohnstückkosten jedoch im gesamten Beobachtungszeitraum in Deutschland um 0,9 %, in Frankreich um 0,7 %, in Belgien um 0,6 % und in Dänemark um 0,3 % pro Jahr, während die Realeinkommen in derselben Zeit durchschnittlich um 0,9 % (Frankreich), 1,4 % (B und DK) sowie 1,6 % (D) pro Jahr steigen. Dies kann aufgrund der Rahmenbedingungen in den betrachteten Volkswirtschaften nur an der bereits erwähnten Umverteilung der Arbeit auf eine geringere Anzahl von Personen bedingt sein.

[117]Die vom Staat empfangenen Sozialversicherungsbeiträge der untersuchten Länder wurden nach der Berechnungsmethode des ESVG (Europäisches System Volkswirtschaftlicher Gesamtrechnungen) ermittelt. Siehe dazu: Europäische Kommission, Generaldirektion Wirtschaft und Finanzen (1997): "Europäische Wirtschaft", Nr. 63, 1997, Brüssel, 1997, Statistischer Anhang, S. 258.

[118]Für einen Überblick über die jährlichen prozentualen Veränderungen der Lohnstückkosten und der vom Staat empfangenen Sozialversicherungsbeiträge für die einzelnen Länder vergleiche die Abbildungen 0.31 bis 0.34 im Anhang.

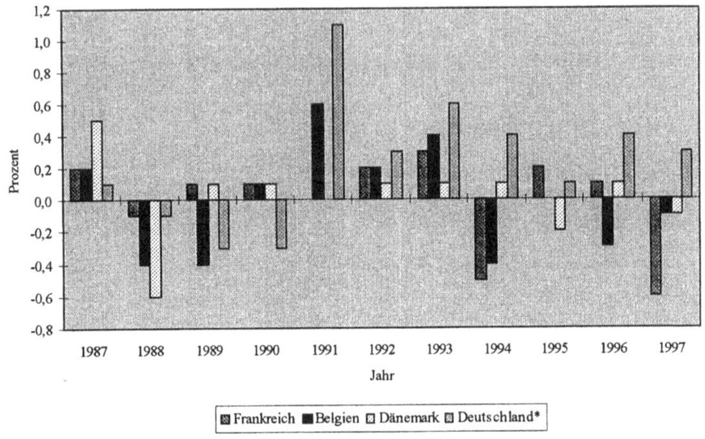

Abbildung 4.21: Jährliche prozentuale Veränderung der vom Staat empfangenen Sozialversicherungsbeiträge in ausgewählten Staaten der EU (in % des BIP zu Marktpreisen). (*: 1987 - 1991: Westdeutschland) (Datenmaterial: Europäische Kommission, Generaldirektion Wirtschaft und Finanzen (1997): "Europäische Wirtschaft", Nr. 64, 1997, statistischer Anhang sowie eigene Berechnungen).

Zwischen 1987 und 1989 sinken die Lohnstückkosten in Deutschland, Frankreich und Belgien besonders stark, obwohl es sich in allen drei Ländern um eine Phase außerordentlichen Wirtschaftswachstums handelt. Gleichzeitig steigen dort die Realeinkommen der Haushalte, während die Übertragungen an private Haushalte sinken. Dies drückt sich in einer starken Abnahme der Veränderung der 'Nettoarbeitslosenquote' in diesen drei Ländern aus. Auch die vom Staat empfangenen Sozialversicherungsbeiträge sinken. Sie können nun als Beitrag zur Lohnneben- und Lohnstückkostensenkung betrachtet werden.

Dänemark schert als einziges Land aus diesem Kanon aus. Dort steigen zwar die Realeinkommen der Haushalte, aber die Lohnstückkosten sinken erst nach einem kräftigen Anstieg i.H.v. 3,6 %, der durch den darauffolgenden Rückgang i.H.v. 0,2 % und 1,6 % nicht aufgeholt werden kann. Demzufolge steigt die 'Nettoarbeitslosenquote' stark an, was einen Anstieg der Übertragungen an private Haushalte nach sich zieht.

Zwischen 1990 und 1994 steigen die Realeinkommen der Haushalte, die vom Staat empfangenen Sozialversicherungsbeiträge und in deren Folge auch die Lohnstückkosten, die 'Nettoarbeitslosenquote' sowie die Übertragungen an private Haushalte.[119]

Die Arbeitslosenquoten nehmen 1993 nach einer dreijährigen Phase ihrer Steigerung z. T. besorgniserregende Werte an. In Frankreich wird ein Stand von 11,7 %, in Belgien von 8,9 %, in Dänemark und Deutschland von 10,1 % bzw. 7,9 % der zivilen Erwerbsbevölkerung erreicht. Die Übertragungen an private Haushalte steigen dementsprechend stark an.

Die Jahre zwischen 1994 und 1997 sind trotz (moderater) Realeinkommenserhöhungen von sinkenden Sozialversicherungsbeiträgen, sinkenden Lohnstückkosten und teilweise sogar von abnehmenden 'Nettoarbeitslosenquoten' begleitet.

Die sinkenden Lohnstückkosten können z. T. wiederum dadurch erklärt werden, daß die Unternehmen steigenden Lohn- und Lohnnebenkosten durch verstärkte Rationalisierungsanstrengungen über eine produktivere maschinelle Ausstattung mit Hilfe erhöhter Bruttoanlageinvestitionen[120] begegnet sind (Abbildung 4.22).

---

[119]Für einen Überblick über die jährlichen prozentualen Veränderungen der Arbeitslosenquoten und der vom Staat geleisteten Übertragungen an private Haushalte für die einzelnen Länder vergleiche die Abbildungen 0.15 bis 0.18 im Anhang.

[120]Die Bruttoanlageinvestitionen in den untersuchten Ländern wurden nach der Berechnungsmethode des ESVG (Europäisches System Volkswirtschaftlicher Gesamtrechnungen) ermittelt. Siehe dazu: Europäische Kommission, Generaldirektion Wirtschaft und Finanzen (1997): "Europäische Wirtschaft", Nr. 63, 1997, Brüssel, 1997, Statistischer Anhang, S. 258.

Ein Vergleich der Lohnstückkosten und der Bruttoanlageinvestitionen ergibt einen entgegengesetzten Verlauf beider Größen.[121]

Die kontinuierliche Abnahme der Bruttoanlageinvestitionen ab 1991 könnte wiederum dadurch bedingt sein, daß Unternehmen aufgrund der hohen Arbeitskosten im eigenen Land ihre Investitionen im Ausland vornehmen, generell darauf verzichten, zu investieren bzw. Investitionen in die Zukunft verlagern.

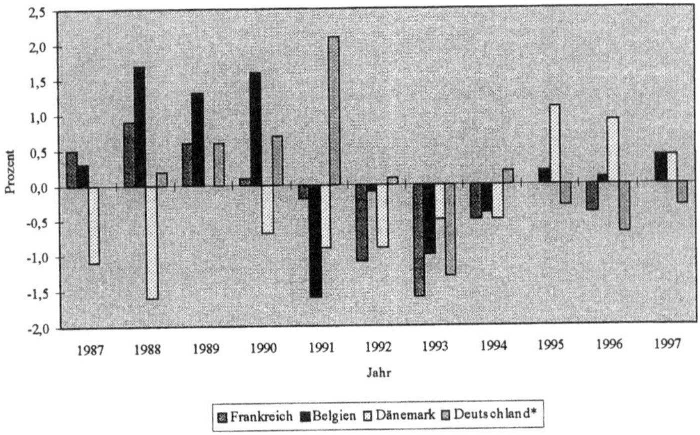

Abbildung 4.22: Jährliche prozentuale Veränderung der Bruttoanlageinvestitionen ausgewählter Staaten der EU (in % des BIP zu Marktpreisen). (*: 1987 - 1994: Westdeutschland) (Datenmaterial: Europäische Kommission, Generaldirektion Wirtschaft und Finanzen (1997): "Europäische Wirtschaft", Nr. 64, 1997, statistischer Anhang sowie eigene Berechnungen).

Betrachtet man die Entwicklungen all dieser Größen auf der Ebene der entsprechenden Volkswirtschaften, so ergibt sich nach Meinung des Verfassers eine erhebliche Beeinflussung des wirtschaftlichen Geschehens durch die Politik und das Verhalten der jeweiligen Staaten.

[121]Für einen Überblick über die jährlichen prozentualen Veränderungen der Lohnstückkosten und der Bruttoanlageinvestitionen für die einzelnen Länder vergleiche die Abbildungen 0.35 bis 0.38 im Anhang.

Durch sein Ausgabenverhalten und die Gestaltung seiner Abgabensysteme determiniert der Staat große Teile des Wirtschaftsprozesses. Zu denken ist hierbei insbesondere an die staatliche Steuer- und Abgabenpolitik sowie die bereits erwähnten kreditfinanzierten Ausgaben des Staates, die durch ihre Zinswirkungen auf den Kapitalmärkten erstens private Nachfrage nach Kapital verdrängen und zweitens die Finanzierungsbedingungen für die verbleibende Nachfrage der Unternehmen verschlechtern. Bei dem Übergang von Steuer- auf Kreditfinanzierung der Staatsausgaben sollte sich zumindest die Abgabenbelastung für Arbeitnehmer und Unternehmen ermäßigen. Dies ist jedoch in keinem der Länder der Fall. Es kann hier von einer Zusatzfinanzierung durch Kredite gesprochen werden. Weiterhin ist die Verwendung der Mittel, die dem Staat durch Kreditfinanzierung zukommen, fragwürdig, da sie kaum auf investive Zwecke entfällt.[122]

Die These, die hier implizit unterstellt wird, der Staat könne durch eine Verbesserung der Rahmenbedingungen bezüglich der von ihm erhobenen Steuern und Abgaben sowie seiner Sozialsysteme eine signifikante Senkung der Arbeitslosigkeit bzw. eine entsprechende Beschäftigungserhöhung und dadurch eine Entlastung seiner Haushalte erreichen in deren Folge sich seine gesamtwirtschaftlichen Fundamentaldaten verbessern oder zumindest stabilisieren, scheint zuzutreffen. Nun sind jedoch für die Relationen der Währungen nicht nur die absolute Stärke der jeweiligen Fundamentaldaten verantwortlich, sondern in viel höherem Maße deren Verhältnisse zueinander. Die eingehende Analyse dieser Größen wies allerdings Ergebnisse auf, die in die gleiche Richtung weisen.

[122]Der Anteil der öffentlichen Investitionen wird von der Europäischen Kommission mit ca. 2,5 % des jeweiligen BIP angegeben. Er hat sich damit in den vergangenen 35 Jahren halbiert. Vergleiche dazu: Europäische Kommission, Generaldirektion Wirtschaft und Finanzen (1997): "Europäische Wirtschaft", Nr. 63, 1997, a. a. O., S. 81.

Zielsetzung staatlichen Handelns sollte dementsprechend sein, über geringere Steuern und Abgaben zu einer Verbesserung des Investitionsklimas beizutragen. In der Folge entstehen Arbeitsplätze durch Investitionen anstatt durch staatliche Beihilfen und Förderungsprogramme auf dem zweiten Arbeitsmarkt. Mit Hilfe dieser - im Vergleich zu staatlichen beschäftigungsfördernden Maßnahmen - langfristigen Arbeitsplätze gelänge es, die staatlichen Transfers an private Haushalte, die maßgeblich durch die hohe Arbeitslosigkeit bedingt sind, mittelfristig zu senken und dadurch einen Großteil der Staatsausgaben dauerhaft sowie erheblich zu reduzieren. Dies hätte entsprechende Rückwirkungen sowohl auf die Budgetdefizite als auch auf die Schuldenstände. Die fundamentalen Daten der Volkswirtschaften würden so allmählich 'gesunden'. Die Wirkungen dieser Bemühungen für die Inflation und die langfristigen sowie kurzfristigen Zinsen sind eindeutig: sie würden (hauptsächlich) durch die (privat-) wirtschaftlichen Akteure bestimmt und somit nicht durch staatliche Aktivitäten 'verzerrt'. Der Staat würde sich auf seine primäre Aufgabe, günstige Rahmenbedingungen für die wirtschaftlichen Akteure zu schaffen, beschränken können und der Wirtschaft den von ihr benötigten Freiraum lassen. Solide fundamentale Daten wären die Konsequenz; eine stetige Wechselkursentwicklung auf der Basis dieser Daten möglich.

Im Gegensatz zu der soeben geschilderten Situation sind im vorliegenden Fall innerhalb eines konjunkturellen Gleichklanges der Volkswirtschaften relativ geringe Dissonanzen, die Fundamentalvariablen und ihre Entwicklungen betreffend, zu erwarten. In Teilbereichen des hier untersuchten Beobachtungszeitraumes handelte es sich aber keineswegs um eine solche Situation. Vielmehr fand in Deutschland aufgrund der vereinigungsbedingten Nachfrage auf den Gütermärkten ein überdurchschnittlich hohes Wachstum statt, wohingegen sich die betrachteten Partnerländer in einer Rezession befanden.

Im Anschluß wird nun eine Analyse der mittel- bis kurzfristigen wirtschaftspolitischen Situation der betroffenen Länder und der daraus entstehenden unterschiedlichen Anforderungen für die einzelnen Staaten erfolgen.

4.4 Geldpolitische Restriktion in Deutschland versus Lockerungsbedürfnis bei den Partnern

Der Wechselkursmechanismus des EWS war ursprünglich als flexible Struktur zur währungspolitischen Koordination konstruiert, die die Teilnehmer zu stabilitätspolitischem Verhalten zwingen sollte. Nach dem letzten Realignment im Januar 1987 gab es keine Leitkursanpassungen mehr im EWS, obwohl gerade Ende der achtziger und Anfang der neunziger Jahre maßgebliche Veränderungen innerhalb der teilnehmenden Länder stattgefunden haben, die nicht ohne Implikationen für das multilaterale Gefüge sein konnten und waren. "Realignments wurden durch intramarginale Interventionen häufig abgewendet oder fielen zu gering aus".[123]

Die Zielsetzung fester, aber anpassungsfähiger Wechselkurse verkümmerte mehr und mehr zur Formalität, bis dann im September 1992 und im Juli 1993 die Beschwörungen der Mitglieder, an den bestehenden Paritäten festzuhalten, von den Märkten auf die Probe gestellt wurden.

[123]Kohlhaussen, Martin (1993): "Maastricht - Illusion und Ernüchterung", in: Deutsche Bundesbank (Hrsg.), Auszüge aus Presseartikeln, Nr. 3, 1993, Frankfurt a. M., 1993, S. 9.

"Es ist heute (März 1993, d. Verf.) auch weitgehend unbestritten, daß die seit 1987 aufgelaufenen innergemeinschaftlichen Divergenzen die EWS-Unruhen erst ermöglicht haben."[124]

Zusätzlich zur deutschen Vereinigung und der zunehmenden Konvergenz der Mitglieder stellten die Liberalisierung des Kapitalverkehrs und die Rezession hohe Anforderungen an den Wechselkursmechanismus. Die Rezession wirkte sich mit einer zeitlichen Verschiebung von etwa zwei Jahren auf die teilnehmenden Länder aus, wodurch sich der asymmetrische Druck auf das System nochmals verstärkte.

Ökonomische Fehlbeurteilungen und politisches Prestigedenken haben die rechtzeitige Flexibilisierung des EWS verhindert. Diese Faktoren haben damals zur Illusion fester Wechselkurse beigetragen.

Nachfolgend sollen drei Faktoren, die vom Verfasser als ursächlich für die Geschehnisse angesehen werden, die zur Bandbreitenerweiterung geführt haben, näher auf ihre indikative Wirkung bezüglich der Krise im Juli 1993 beleuchtet werden. Dabei handelt es sich erstens um das Ausscheiden des GBP und der ITL aus dem Wechselkursmechanismus im September 1992.

Diese Krise des EWS und ihre Ursachen waren in Zweifeln der Finanzmärkte am Zustandekommen der EWWU begründet.[125]

Die unterschiedliche Entwicklung der europäischen Volkswirtschaften, wie sie bereits dargestellt wurde, trug ein übriges zu dieser Unsicherheit bei, da die Auf-

---

[124]Tietmeyer, Hans (1993): "Aktuelle Fragen der Geldpolitik aus deutscher und europäischer Sicht", in: Deutsche Bundesbank (Hrsg.), Auszüge aus Presseartikeln, Nr. 16, 1993, Frankfurt a. M., 1993, S. 1-7, S. 7.

[125]Vgl.: Europäische Kommission, Generaldirektion Wirtschaft und Finanzen (1993): "Europäische Wirtschaft", Nr. 54, 1993, Brüssel, 1993, S. 155.

rechterhaltung des bestehenden Paritätengitters von den Finanzmarktakteuren weder als wahrscheinlich noch als berechtigt eingeschätzt wurde. Die insgesamt schwache Konjunktur, der frühe wirtschaftliche Abschwung in Großbritannien, der schon 1990 einsetzte, und die Haushaltsschwierigkeiten in Italien waren Faktoren, die die Zweifel bei den Marktteilnehmern bezüglich der Wechselkursrelationen und der Verwirklichung der EWWU bestärkten.

Die Verschlechterung der Wettbewerbsfähigkeit der dem Wechselkursmechanismus angehörenden Volkswirtschaften durch die anhaltende Dollarschwäche, die zu realen Aufwertungen der europäischen Währungen führte, von denen Großbritannien besonders stark betroffen war, kam zu dieser ungünstigen Konstellation hinzu.[126]

Die EWWU, die von den Marktteilnehmern als unabdingbare Voraussetzung zur Beseitigung der Anfälligkeit der italienischen Staatsfinanzen erachtet wurde, schien nach dem dänischen Nein am 2. Juni 1992 und der fortwährenden Unsicherheit über den Ausgang des französischen Referendums in weite Ferne gerückt zu sein. Zusätzlich erforderte die Rezession in England Zinssenkungen, für die es im EWS keinen Spielraum gab, was zur Pfundschwäche im EWS beigetragen hat. Unter diesen Bedingungen reichten Zinsanhebungen nicht aus, um die Wechselkurse in einer Krisensituation zu stabilisieren, gleichgültig ob es sich um Konjunkturschwächen oder unsolide Staatsfinanzen handelte.

Im Gefolge dieser berechtigten Zweifel an den Austauschrelationen im EWS führten die Abwertungen der betroffenen Währungen zu Attacken anderer Währungen mit verhältnismäßig soliden wirtschaftlichen Basisdaten, da das Paritätengitter an sich in Frage gestellt worden war.

[126]Vgl.: Europäische Kommission, Generaldirektion Wirtschaft und Finanzen (1993): "Europäische Wirtschaft", a. a. O., S. 157.

Die Konsequenzen der Septemberkrise sind für die weitere Entwicklung von Bedeutung. Zu denken ist hier beispielsweise an den erheblichen Vertrauensverlust der Märkte in die Konsistenz des EWS. Die Marktteilnehmer konnten nun nicht mehr ohne weiteres auf den Bestand der Paritäten vertrauen.
Die Notenbanken der teilnehmenden Länder waren nun noch stärker auf Kooperation angewiesen, die den Spielraum für die individuelle Anpassung der Geldpolitik an nationale Erfordernisse wesentlich einschränkte.[127]
Die nationalen Regierungen waren einem erheblich größeren Zwang ausgesetzt, ihre Politik an den Maastrichter Konvergenzkriterien auszurichten, um die Aussicht auf die EWWU nicht vollends zerfallen zu lassen.
Die individuellen Bedürfnisse der einzelnen Staaten konnten also weniger gut berücksichtigt werden als zuvor. Dies ist in Zeiten wirtschaftlicher Stagnation aber nicht wünschenswert und schwer zu erfüllen.
Der zweite Faktor, der im Gefolge der Septemberkrise 1992 als indikativ für die Bandbreitenerweiterung angesehen wird, ist der Policy-Mix in Deutschland im Anschluß an die Vereinigung. Hierbei handelt es sich um die durch die Vereinigung bedingte starke Binnennachfrage, die aus dem in Deutschland zur Verfügung stehenden Angebot nicht gedeckt werden konnte. In der Konsequenz behaupteten sich die Inflationsgefahren hartnäckig und führten so zu einer entsprechenden Politik der Deutschen Bundesbank.
Diese erfuhr jedoch von seiten des deutschen Staates keinerlei Entlastung, so daß sie die Zügel etwas hätte lockern können. Die deutsche Staatsverschuldung ex-

[127]In diesem Zusammenhang ist allerdings fragwürdig, ob eine Ausrichtung der Geldpolitik an den nationalen wirtschaftspolitischen Bedürfnissen der Staaten überhaupt wünschenswert ist. Nicht umsonst genießt die Deutsche Bundesbank seit jeher ein unerschütterliches Vertrauen bei den Märkten, da sie ihre Politik stets am Ziel der Preisniveaustabilität ausrichtet.

plodierte - ebenfalls aufgrund der Lasten der Vereinigung - und erreichte schwindelerregende Höhen.

Auch an der 'Lohnfront' machte sich keine Entspannung bemerkbar. Die Lohnentwicklung koppelte sich langsam, aber fortwährend von der Produktivitätsentwicklung ab.

Abschließend wird als dritte Konsequenz der Septemberkrise des EWS 1992 die binnenpolitische Stabilitätsorientierung der Deutschen Bundesbank im Anschluß an die deutsche Vereinigung behandelt. Ihr wird ebenfalls eine Indikatorfunktion bezüglich der Bandbreitenerweiterung beigemessen.

In den achtziger Jahren trug die deutsche Geldpolitik maßgeblich zur Stabilität in Europa bei. Die DEM wurde, anfangs sogar gegen den Willen der Bundesbank, zum Anker des EWS und zog die anderen Teilnehmer des Wechselkursmechanismus in den 'Sog' der deutschen Stabilitätspolitik.

Anfang der neunziger Jahre veränderte sich die gesamtwirtschaftliche Situation und damit auch die Geldpolitik in der Bundesrepublik erheblich.

Die staatliche Kreditaufnahme übersteigt die Nettoinvestitionen, und die Inflation nimmt nach Jahren relativer Preisniveaustabilität wieder hohe Werte an.[128]

Für die Deutsche Bundesbank bestand in dieser Situation ein Dilemma: zum einen war sie dazu verpflichtet, die Stabilität der Währung in Deutschland zu sichern; zum anderen hatte sie innerhalb des EWS mit der DEM die Funktion des Stabilitätsankers inne. Der hartnäckige Preisauftrieb in Deutschland zwang sie zur Restriktion. Die schwache Konjunktur der Partnerländer und ab Ende 1992 auch die schwache deutsche Konjunktur erforderten jedoch einen eher expansiven zinspolitischen Kurs.

---

[128]Vgl.: Engels, Wolfram (1993): "In Sorge um die Mark", in: Deutsche Bundesbank (Hrsg.), Auszüge aus Presseartikeln, Nr. 42, 1993, Frankfurt a. M., 1993, S. 4, S. 4.

Die Bundesbank verfolgt zur Erfüllung ihres gesetzlichen Auftrages eine Politik der mittelfristigen Orientierung des Geldmengenwachstums in der Abgrenzung M3. Deren Wachstum richtet sich dabei primär nach der Steigerung des inländischen Produktionspotentials und sekundär nach der Preisnorm, die die für unvermeidlich gehaltene Inflationsrate i.H.v. 2 % darstellt, sowie der Umlaufgeschwindigkeit des Geldes. Das Geldmengenwachstum determiniert in der Folge seiner Entwicklung die Zinspolitik der Bundesbank. Sie wird also nicht isoliert gehandhabt. Diskont-, Lombard- und Wertpapierpensionssatz sind dementsprechend Variablen der deutschen Geldpolitik und nicht monetäre Zielgrößen.

Bei den europäischen Partnern war dies nicht der Fall. Da sie ihre Geldpolitik an der Parität ihrer Währung gegenüber der DEM ausrichten (Wechselkursziel), sind für sie die Zinssätze von erheblicher Bedeutung als Zielgröße Ihrer Politik.

An ihnen orientieren sich auch die Akteure auf den Finanzmärkten bei der Beurteilung der 'Bonität' einer Währung. Genießt sie 'Bonität', d. h. die Geldpolitik dieses Landes ist auf Stabilität ihrer Währung ausgerichtet, so werden keine 'Prämien' zur Absicherung des Wechselkursrisikos auf die Zinssätze aufgeschlagen.

Diese Beurteilung der Märkte machte den Verantwortlichen in den Partnerländern Mitte 1993 das Leben schwer, denn es herrschte die Einschätzung vor, die Notenbanken Frankreichs, Belgiens und Dänemarks seien auf Dauer nicht in der Lage, dem scharfen Kurs der Bundesbank zu folgen. Die Konsequenz dessen war, daß, von kurzzeitigen Ausnahmen im Juni 1993 abgesehen, die (hohen) deutschen Zinsen die Untergrenze des europäischen Zinsniveaus darstellten, da sich die Bundesbank strikt nach den stabilitätspolitischen Erfordernissen der Bundesrepublik gerichtet hatte.

Nun wird jedoch zuerst das Ausscheiden des GBP und der ITL im September 1992 untersucht.

4.4.1 Krise des Europäischen Währungssystems im September 1992 als Indikator für die Entwicklung im Juli 1993

4.4.1.1 Restriktionskurs der Bundesbank im Anschluß an die Septemberkrise 1992 - ein mittelfristiges Erfordernis

In der Zeit vor, während und nach der Krise des EWS vom September 1992 sah sich die Bundesbank einem anderen gesamtwirtschaftlichen Umfeld gegenüber als die meisten übrigen Notenbanken.

Da sie dem Ziel der Preisniveaustabilität verpflichtet ist, orientiert sie sich an mittelfristigen Geldmengenzielen des Aggregates M3. Die Kontrolle des Geldmengenwachstums wird dabei von zwei Faktoren maßgeblich beeinflußt: zum einen ist es die Tarifpolitik und zum anderen die Haushaltspolitik, die wichtige Determinanten der Geldpolitik darstellen. Sowohl maßlose Tarifpolitik, als auch unsolide Finanzpolitik führen zu einer Erschwernis für die nationale Gelpolitik. Hoher Finanzbedarf, preistreibende Löhne und niedrige Zinsen schließen einander aus; ist das der Fall, so bleibt keine andere Wahl, als die geldpolitischen Zügel zu straffen.

Zusätzlich zu den Lohnstückkosten in Westdeutschland, die zwischen 1991 und Ende 1992 um 5,4 % gestiegen sind, waren die Lohnstückkosten in Ostdeutschland um etwa 75% höher als in Westdeutschland.[129] Beide haben die damals hohe Inflation begünstigt und es der Bundesbank erschwert, durch ihre Zinspolitik günstige Rahmenbedingungen auf dem Geldmarkt zu schaffen.

[129] Vgl.: Issing, Otmar (1993): "Die Zukunft der D-Mark", in: Deutsche Bundesbank (Hrsg.), Auszüge aus Presseartikeln, Nr. 3, 1993, Frankfurt a. M., 1993, S. 1-2, S. 2.

Der Preisauftrieb in Ostdeutschland wurde auch von Anpassungen der Preise an marktmäßige Bedingungen, wie z. B. bei den Mieten, die dem Niveau im Westen angepaßt wurden, verursacht. 1991 machte diese Anpassung etwa die Hälfte der Preissteigerungsrate in den neuen Bundesländern aus, die 11 % betrug.[130]

Auf der Ebene der öffentlichen Finanzen sind die Ausgaben 1992 noch einmal angestiegen, so daß sich die Lage des Gesamthaushalts nach der Vereinigung trotz zahlreicher Steuer- und Sozialabgabenerhöhungen weiterhin hochdefizitär darstellte. Die Transferleistungen in die neuen Bundesländer machten 1992 rund 5 % des BIP aus.[131]

Die Lasten, die sich aus der Vereinigung und der Rezession ergeben haben, waren absehbar von dauerhafter Natur. Die Hoffnung, der wirtschaftliche Aufschwung werde sich 1993 fortsetzen, wurde zwar erfüllt, wenn auch in weit geringerem Maße als erwartet. Dies hat sich jedoch auf dem Arbeitsmarkt nicht ausgewirkt.

Daß sich die Situation kurzfristig entschärfen würde, konnte nicht angenommen werden. Deshalb war nicht zu erwarten, daß die Bundesbank angesichts der schwierigen Lage ihren Restriktionskurs aufgeben würde.

Betrachtet man das geldpolitische Geschehen 1992 in Deutschland, so stellt man fest, daß die Geldmenge um etwa 4 % über den festgelegten Zielkorridor von 3,5 % bis 5,5 % hinausgeschossen ist. Diese hohe Zielverfehlung ist zum Teil auf die Expansion von M3 im Zusammenhang mit den Turbulenzen im September zurückzuführen, aber schon im Sommer 1992 lag das Wachstum mit 8,3 % deutlich über dem angestrebten Ziel.

---

[130] Vgl.: Deutsche Bundesbank (1992): Geschäftsbericht 1992, Frankfurt a. M., 1993, S. 33.

[131] Vgl.: Europäische Kommission, Generaldirektion Wirtschaft und Finanzen (1993): "Europäische Wirtschaft", a. a. O., S. 54.

Die kurzfristigen Zinsen, die im Ausland besonders viel Beachtung finden, bewegten sich aufgrund dieser Entwicklungen auf hohem Niveau. Der Diskontsatz lag zwischen 8 % und 8,75 %, der Lombardsatz zwischen 9,5 % und 9,75 %. Da die deutschen Zinsen die Untergrenze für die Zinssätze in Europa bilden, bestanden in den Partnerländern, bedingt durch Risikoaufschläge auf die dortigen Sätze, höhere Zinsniveaus. Da die Bundesbank sich aber an der Geldwertstabilität in Deutschland orientieren mußte, war sie nicht in der Lage, die Zinsen zu senken, vor allem weil sich die Inflation hartnäckig behauptete. "Die Bundesbank lotete die sich ergebenden Möglichkeiten für niedrigere Zinsen vorsichtig aus, um keinen Vertrauensverlust in die DEM und keinen Rückschlag am Kapitalmarkt und beim Wechselkurs zu riskieren."[132]

Bei der Betrachtung der Entwicklung kommt man zu dem Ergebnis, daß die Gesamtsituation in Deutschland, die 1992 die Turbulenzen mit verursachte, sich nicht kurzfristig ändern würde. Exzessive Haushaltspolitik, anhaltende Inflation und ausufernde Tarifpolitik beeinflußen die Geldpolitik über längere Zeiträume. Dementsprechend stellte der Restriktionskurs der Bundesbank ein mittelfristiges Erfordernis dar.

4.4.1.2 Vertrauensverlust der Märkte in die Konsistenz des Europäischen Währungssystems

Die Krise des EWS vom September 1992 konnte als Test des Willens der Notenbanken und Regierungen zu mittelfristiger Stabilität durch die Märkte verstanden werden.

[132]Deutsche Bundesbank (1992): Geschäftsbericht 1992, a. a. O., S. 56.

Das Vertrauen der Märkte in die Konsistenz des Systems und das Durchhaltevermögen der Regierungen bzw. Notenbanken, trotz des konjunkturellen Erfordernisses niedriger Zinsen auf den Geldmärkten der strikten Hochzinspolitik der Bundesbank zu folgen, war durch die Septemberkrise erschüttert worden.
Legitimes Testmittel der Märkte gegen von ihnen als überbewertet eingeschätzte Währungen sowie politische Lippenbekenntnisse ist die Spekulation. Werden die Paritäten, wie zuvor bei der italienischen Lira, nach entsprechender Abwertung am 14. September 1992, die um einige Prozentpunkte höher hätte ausfallen müssen,[133] nicht kompromißlos verteidigt, so besteht seitens der Akteure auf den Märkten die Vermutung, Gleiches wäre auch bei anderen Währungen möglich. Dieser Verzicht spiegelte die politische Labilität des Systems wider und erhöhte die Bereitschaft, den Willen seiner Konstrukteure zu testen, da die Aussicht auf hohe Gewinne bestand. Zudem waren die Kosten der Spekulation aufgrund der engen Bandbreiten begrenzt. Diese Tatsachen ließen das Vertauen der Märkte in die Konsistenz des Systems erodieren, und es mußte den Notenbanken zunehmend schwerer fallen, ihre Position gegenüber dem Markt zu behaupten.[134]
Die Einschätzung der Märkte wurde zusätzlich durch das Ausscheiden des GBP, das im Vorfeld und auch während der Septemberkrise durchaus hätte vermieden werden können, bestärkt. Hätte die britische Regierung rechtzeitig durch signifikante Zinserhöhungen deutlich gemacht, daß sie trotz des schwierigen wirtschaftlichen Umfeldes jederzeit bereit ist, die Parität des Pfundes zu verteidigen, hätten

[133]Vgl.: Bofinger, Peter (1993): "Der Name des EWS", in: HWWA-Institut für Wirtschaftsforschung (Hrsg.), Hamburg, Wirtschaftsdienst, 73. Jg., H. 9, S. 454-457, S. 456.

[134]Vgl.: Friedrich, Klaus; Unterberg, Armin (1993): "Die D- Mark dürfte auch weiterhin ihre Leitwährungsfunktion behalten", in: HWWA-Institut für Wirtschaftsforschung Hamburg (Hrsg.), Wirtschaftsdienst, 73. Jg., H. 8, S. 401-403, S. 401.

die Märkte evtl. von der Dauerhaftigkeit des Stabilitätswillens überzeugt werden können. Als Beispiel hierfür kann Schweden dienen, das selbst von einer kurzfristigen Erhöhung des Tagesgeldsatzes auf 250 % nicht zurückschreckte. Die britische Regierung setzte hingegen eine bereits beschlossene Erhöhung des Diskontsatzes auf 15 % nicht in Kraft.

Auch die nur schrittweise vorgenommene Abwertung der spanischen Pesete und des portugiesischen Escudo waren labile Kompromisse, die aufgrund der immer noch stark differierenden Preisniveauentwicklungen im Verhältnis zum Kern des EWS mehrmals revidiert werden mußten.

Da keine Aussicht auf Lockerung der zinspolitischen Zügel der Bundesbank bestand und gleichzeitig eine Verschärfung der Geldpolitik in den Schwachwährungsländern nicht zu erwarten war, staute sich der Anpassungsbedarf im EWS auf.[135] Weiterhin erhärteten sich durch die anhaltende Kritik am konsequenten Kurs der Bundesbank die Zweifel am Stabilitätswillen der Partner. Die diesbezüglichen Äußerungen der Verantwortlichen und die seit März 1993 unter französischer Führung erfolgten Leitzinssenkungen machten eine am Wechselkursziel ausgerichtete Stabilitätspolitik in diesen Ländern unglaubhaft.

Zwei weitere Faktoren schürten das Mißtrauen gegen die schwächeren Währungen im EWS, aber auch gegen den BFR und den FFR sowie gegen die DKR: einerseits waren es die ernsten Beschäftigungsprobleme, die eine aktive Beschäftigungspolitik erwarten ließen; andererseits trug die Stellung der Notenbanken in diesen Ländern, die z. T. nicht unabhängig waren und zudem nicht auf das Ziel der Preisniveaustabilität verpflichtet waren, zum Mißtrauen der Märkte bei. Hier

---

[135]Vgl.: Smeets, Heinz-Dieter (1993): "Die Krise des EWS und die Folgen", in: HWWA-Institut für Wirtschaftsforschung Hamburg (Hrsg.), Wirtschaftsdienst, 73. Jg., H. 9, S. 457-460, S. 457.

stellt sich die Frage, ob die verantwortlichen Politiker tatsächlich vom Segen einer unabhängigen Europäischen Zentralbank (EZB) überzeugt waren.
Diese Faktoren haben dazu beigetragen, daß das Vertrauen der Marktteilnehmer in die Standhaftigkeit der am EWS teilnehmenden Länder erschüttert worden ist. Die Turbulenzen innerhalb des Wechselkursmechanismus im September 1992 und deren Ergebnisse waren somit indikativ für die Krise im Juli 1993.

4.4.2 Deutscher Policy-Mix als Ursache für Stabilitätsunterschiede in Europa

4.4.2.1 Vereinigungsbedingter mikroökonomischer Schock in Deutschland

"Die Vereinigung Deutschlands war kein isolierter nationaler Vorgang, sondern vollzog sich im Rahmen weitreichender Veränderungen des internationalen Umfeldes. Politisch wurde sie erst möglich infolge der gravierenden Umwälzungen in den mittel- und osteuropäischen Ländern."[136] Die vereinigungsbedingten Herausforderungen im Innern und die weitreichenden Wandlungsprozesse im gesamteuropäischen Umfeld stellten die deutsche Volkswirtschaft vor bis zu diesem Zeitpunkt nicht gekannte Aufgaben.[137]
Die politische und ökonomische Vereinigung der beiden deutschen Staaten, manifestiert durch die Wirtschafts-, Währungs- und Sozialunion (WWSU) vom 1. Juli 1990 und den Beitritt der ehemaligen DDR zur Bundesrepublik Deutschland am 3. Oktober 1990, hat die Verhältnisse auf den gesamtdeutschen Güter- und Faktormärkten entscheidend verändert. Die enorme Diskrepanz zwischen der

[136]Deutsche Bundesbank (1990): Geschäftsbericht 1990, a. a. O., S. 1.

[137]Vgl.: Deutsche Bundesbank (1991): Geschäftsbericht 1991, Frankfurt a. M., 1992, S. 1.

ostdeutschen Binnennachfrage und dem ihr aus eigener Produktion gegenüberstehenden Angebot in Höhe von ca. 200 Mrd. DM wurde durch Lieferungen aus dem Westen und durch Importe geschlossen. Daraus resultierte eine erheblich höhere Beanspruchung der westlichen Produktivkräfte und eine Ausweitung des dortigen Produktionspotentials. Die reale Binnennachfrage der neuen Bundesländer war annähernd doppelt so hoch wie das dortige BIP. Große Teile dieser konjunkturellen Impulse kamen der westdeutschen Wirtschaft zugute. Das westdeutsche BIP, das in den Jahren 1988 und 1989 schon um 5,3 % bzw. 6,1 % wuchs, konnte dieses Wachstum noch einmal auf jeweils 9,1 % in den beiden darauffolgenden Jahren steigern.

Dadurch konnte die gesamtwirtschaftliche Beschäftigung Deutschlands in den Jahren 1989 (+ 1,5 %), 1990 (+ 3,0 %) und 1991 (+ 2,6 %) noch erhöht werden. Dies ist spiegelbildlich an den 1989 und 1990 sinkenden Arbeitslosenquoten zu sehen, die ab 1991 wieder ansteigen. Die 'Nettoarbeitslosenquote' steigt ab 1992 bis zum Ende des Beobachtungszeitraumes permanent an.

Trotz dieser anfänglich positiven Entwicklungen waren und sind die realwirtschaftlichen Folgeprobleme der Vereinigung groß. Insbesondere die Wettbewerbsschwächen der ostdeutschen Unternehmen im Vergleich zu ihren westlichen Konkurrenten sowohl auf den nationalen als auch auf den internationalen Märkten wurden von vielen Beobachtern unterschätzt. Der ostdeutsche Anteil am gesamten deutschen Außenhandel ging zwischen 1990 und 1993 um 3 Prozentpunkte von 5 % auf 2 % zurück.[138] Dabei spielte die Auflösung des Rates für gegenseitige Wirtschaftshilfe (RGW) und der damit verbundene Einbruch des Handels mit den ehemaligen sozialistischen Bruderstaaten Osteuropas eine wesentliche Rolle.

[138] Vgl.: Deutsche Bundesbank (1990): Geschäftsbericht 1990, a. a. O., S. 1.

Die Vereinigung hat selbstverständlich auch die außenwirtschaftliche Lage der Bundesrepublik entscheidend verändert. Hohe Leistungsbilanzüberschüsse sind zusammengeschmolzen, wobei die Auswirkungen des Importbooms durch die Exportflaute der deutschen Wirtschaft noch verstärkt worden sind.[139]

Im übrigen ist die Bundesrepublik innerhalb des Beobachtungszeitraumes von der Position eines internationalen Kapitalgebers in die eines Empfängerlandes gerückt.[140] Aus diesem Grund werden wirtschafts- und geldpolitische Entscheidungen in Deutschland mit Interesse vom Ausland verfolgt. Nicht zuletzt deshalb ist Deutschland aber auch in sehr hohem Maße von der Stabilität seiner Währung abhängig.[141]

4.4.2.2 Explosion der Staatsverschuldung in Deutschland

Zusätzlich zu den Kosten der deutschen Vereinigung schlug sich etwa ab 1991 auch noch die Wirtschaftskrise nieder. Sie spiegelte die Finanzierungskrise der öffentlichen Haushalte wider.

Noch 1989 stellte sich die finanzielle Situation der öffentlichen Haushalte außerordentlich günstig dar: der Finanzierungssaldo wies einen kleinen Überschuß i.H.v. 0,1 % des BIP auf, nachdem 1982 ein Defizit von 3,3 % zu verzeichnen

[139]Vgl.: Deutsche Bundesbank (1997): "Zahlungsbilanzstatistik", in: Deutsche Bundesbank (Hrsg.): "Statistisches Beiheft zum Monatsbericht 3", Juni 1997, Frankfurt a. M., 1997, S. 14.

[140]Die deutsche Kapitalbilanz weist seit 1991 z. T. erhebliche Überschüsse auf. Siehe dazu: Deutsche Bundesbank (1997): "Zahlungsbilanzstatistik", Juni 1997, a. a. O., S. 38.

[141]Vgl.: Kitterer, Wolfgang (1993): "Staatsverschuldung und Haushaltskonsolidierung - Folgen für den Standort Deutschland", in: HWWA-Institut für Wirtschaftsforschung Hamburg (Hrsg.), Wirtschaftsdienst, 73. Jg., H. 12, S. 633-639, S. 635.

war.[142] Die Ausgaben des Staates in Relation zum BIP betrugen nur noch 45,5 % im Vergleich zu 49,7 % im Jahr 1982. Die Bruttoverschuldung in Relation zum BIP blieb zwischen 1985 und 1989 in etwa konstant, die Zinszahlungen des Staates im Verhältnis zum BIP nahmen im gleichen Zeitraum kontinuierlich ab.[143] Diese Situation gesunder Staatsfinanzen war stark von der wirtschaftlichen Prosperität dieser Jahre ununterbrochenen Wirtschaftswachstums begünstigt.

Der absolute Betrag der Gesamtverschuldung des deutschen Staates betrug vor der Vereinigung 925 Mrd. DM. Diese Last hatte sich bis einschließlich 1993 auf 1,5 Billionen DM erhöht. Vorsichtigen Schätzungen zufolge wird sich diese Last bis einschließlich 1996 auf 2,2 Billionen Mark erhöht haben.[144]

In diesem Zusammenhang ist der Umfang und die Zusammensetzung der Staatsverschuldung sowie deren Wachstum zu klären.

Bund, Länder und Gemeinden, die Mitte 1990 einen Schuldenstand von 925 Mrd. DM aufwiesen, werden sich bis Ende 1996 voraussichtlich auf 1,5 Billionen DM verschulden. Der übrige Zuwachs i.H.v. 700 Mrd. DM entfällt zum größten Teil auf Sonderhaushalte und Nachfolgeunternehmen der ehemaligen DDR, deren Schulden von den öffentlichen Stellen zu übernehmen sind, sowie auf Unternehmen des Bundes.

---

[142]Vgl.: Europäische Kommission, Generaldirektion Wirtschaft und Finanzen (1997): "Europäische Wirtschaft", a. a. O., statistischer Anhang, S. 224.

[143]Vgl.: Europäische Kommission, Generaldirektion Wirtschaft und Finanzen (1997): "Europäische Wirtschaft", a. a. O., statistischer Anhang, S. 206.

[144]Die Zahlen und Angaben dieses Abschnittes entstammen dem Finanzbericht 1996 des Bundesministeriums der Finanzen. Dieser wurde am 18. August 1995 abgeschlossen. Endgültige Daten enthält er bis einschließlich 1993. Für die Folgejahre bestehen die Zahlen aus Schätzungen bzw. Planungsdaten. Siehe dazu: Bundesministerium der Finanzen (Hrsg.) (1995): "Finanzbericht 1996".

Diese Sonderhaushalte sind im einzelnen das ERP-Sondervermögen, der Fonds "Deutsche Einheit" und der Kreditabwicklungsfonds. Die gesamte Schuldenlast dieser Fonds wurde für Ende 1991 mit 95 Mrd. DM beziffert. Ende 1993 hat sie bereits 189 Mrd. DM betragen.

Mit diesen Mitteln sollen zinsbegünstigte Kredite an die gewerbliche Wirtschaft vergeben werden (ERP-Sondervermögen), die Haushalte der neuen Bundesländer bis 1995 mitfinanziert werden (Fonds "Deutsche Einheit") und die Staatsschulden der ehemaligen DDR sowie die Verbindlichkeiten gegenüber dem "Ausgleichsfonds Währungsumstellung" beglichen werden, der den ostdeutschen Kreditinstituten eine Eigenkapitalquote i.H.v. 4 % ihrer Bilanzsumme zur Verfügung stellte.

Die dritte Position der öffentlichen Schuldenlast stellen die öffentlichen Unternehmen dar. Diese sind die ehemalige Treuhandanstalt (Bundesanstalt für vereinigungsbedingte Sonderausgaben (BVS)), Bundesbahn und -post sowie die Wohnungswirtschaft der ehemaligen DDR. Deren Schuldenberg belief sich 1991 auf 206 Mrd. DM und wird voraussichtlich auf 572 Mrd. DM bis Ende 1996 angewachsen sein.

Insgesamt kann also davon gesprochen werden, daß sich die Staatsverschuldung innerhalb weniger Jahre verdoppelt hat.

Bedenklich ist weiterhin die Zinslastquote, die den Anteil der öffentlichen Zinsverpflichtungen an ihren Gesamtausgaben mißt, i.H.v. 6,2 % im Jahr 1987 (ca. 58 Mrd. DM) sowie deren absolute Höhe von ca. 100 Mrd. DM im Jahr 1993 (6,6 % der Gesamtausgaben des Staates). Diese Werte sind auch in den Folgejahren weiter angestiegen. Die Zinslastquote hat sich bis 1996 auf etwa 7,8 % (136 Mrd. DM) erhöht. Bezogen auf die Gesamteinnahmen des Staates bedeutet dies, daß ca.

8,1 % der Einnahmen für Zinszahlungen aufgewendet werden.

Durch die relativ zinsunempfindliche Aufnahme der Staatsverschuldung am Kapitalmarkt wird private Kreditnachfrage in erheblichem Umfang verdrängt. Diese Konstellation ist aber nur dann wünschenswert, wenn die staatlichen Mittel produktiver eingesetzt werden können, als das bei den privaten der Fall wäre. Wenn diese Mittel jedoch nicht investiv verwendet werden, sondern konsumptiv, so ist dieser Zusammenhang außer Kraft gesetzt bzw. zumindest in Frage gestellt.

Die Erhöhung des Kapitalmarktzinses durch die staatliche Kreditnachfrage machte nach der Bekanntgabe der Pläne für die WWSU etwa 1 % aus.[145]

Zudem werden Konsolidierungsbemühungen des Staates, wie bereits angeführt, vornehmlich über die Einnahmenseite verfolgt anstatt über Ausgabenkürzungen.[146] So beträgt die volkswirtschaftliche Abgabenquote 1997 etwa 45,5 % des BIP. Sie hat damit zwar den historischen Höchststand von 46,8 % im Jahr 1994 wieder unterschritten, liegt jedoch immer noch an der Grenze des gesamtwirtschaftlich Vertretbaren.

Die Folgen dieser Verschuldungspolitik des Staates für die Geldpolitik sind ebenfalls bedenklich. Die beschriebene Entwicklung an den Kapitalmärkten konnte durch die strikt stabilitätsorientierte Politik der Deutschen Bundesbank rückgängig gemacht werden. Aufgrund der anhaltend hohen Zinsen am kurzen Ende des Marktes zwischen 1990 und 1993 konnte das Vertrauen der Anleger langfristigen Kapitals gewonnen werden, die durch die ihrerseits angebotenen

---

[145]Vgl.: Müller, Lothar (1993): "Probleme der Staatsverschuldung vor dem Hintergrund der deutschen Vereinigung", in: HWWA-Institut für Wirtschaftsforschung Hamburg (Hrsg.), Wirtschaftsdienst, 73 Jg., H. 3, S. 121-131, S. 127.

[146]Im Beobachtungszeitraum sollen neben zahlreichen Steuer- und Abgabenerhöhungen nur zwei beispielhaft aufgezählt werden: Erhöhung der Versicherungssteuer ab 1. Juli 1993 auf 12 % und ab 1. Januar 1994 auf 15 %, Erhebung des Solidaritätszuschlages i. H. v. 7,5 % der Lohn- und Einkommensteuer.

Mittel die Belastungen der Rentenmärkte durch die staatliche Kreditnachfrage milderten.
Gerade in der großen Auslandsabhängigkeit der Kapitalmärkte liegen aber auch Gefahren: bekämen die Anleger den Eindruck, die Staatsverschuldung habe nicht nur kurz- bzw. mittelfristigen Charakter, so zögen sie sich aufgrund der entstehenden Unsicherheit vom deutschen Markt zurück.
Gelänge es also der Bundesbank nicht, das Vertrauen der Anleger zu erhalten, käme es zu einer Kapitalflucht und in deren Folge zu stark ansteigenden Zinsen am langen, aber auch am kurzen Ende des Marktes.
Die Lösung dieser Probleme kann allerdings nur von staatlichen Stellen ausgehen, deren Anstrengungen auf Sparsamkeit und Steigerung der Leistungskraft der neuen Bundesländer durch Schaffung von Anreizen ausgerichtet sein sollten.
Stabilität der DEM ist unter diesen Voraussetzungen wichtiger denn je, nicht für das Prestige der Bundesbank, sondern für Deutschland und Europa.

4.4.2.3 Divergenz von Lohn- und Produktivitätsentwicklung in Deutschland

Die Lohn- und Tarifpolitik hat nicht nur aufgrund ihrer Auswirkung auf die Preise und damit auf die Inflation eine erhebliche Verantwortung zu tragen, sondern auch wegen ihres entscheidenden Einflusses auf die Nachfrage nach Arbeitskräften.
Überhöhte Lohnforderungen führen mangels ausreichender Abwälzungsmöglichkeiten zu Gewinnkompressionen für die Unternehmen. Das führt zu niedrigeren Ausschüttungen an die Aktionäre, was sich zum einen auf die Bereitschaft zur Anlage von Geldkapital in Aktien und zum anderen auf die Investitionsbereitschaft und -kraft der Unternehmen auswirkt. Daraus resultieren Rückwirkungen auf die Beschäftigung. Das Ziel der Tarifpartner sollte es sein, Lohnzuwächse zu

vereinbaren, die mit den Produktivitätszuwächsen übereinstimmen, um Preis-, Beschäftigungs- und Gewinneutralität zu gewährleisten.

Die starken Lohnerhöhungen zwischen 1989 und 1993, die sich 1991 und 1992 auch auf die Lohnstückkosten auswirkten, hinterließen ihre Spuren auf dem Arbeitsmarkt. Die zunehmende Arbeitslosigkeit wurde durch die Konjunkturabkühlung noch verschärft.[147] Wenngleich die Beschäftigung bis Ende 1991 noch stieg, so nahm doch die 'Nettoarbeitslosenquote' ab 1992 stark zu.

1992 vereinbarten die Tarifpartner Verdienstanhebungen, die sich im Mittel auf 6 % beliefen. Die Steigerung der Lohnkosten je Einheit des westdeutschen BIP betrug 4,5 %. Für 1991 und 1992 zusammengenommen, stiegen die Lohnkosten je Einheit des westdeutschen BIP um 9,5 %.[148]

Noch deutlicher wird die Diskrepanz zur Produktivität, wenn man sich die sprunghaften Lohnsteigerungen in Ostdeutschland vor Augen führt, die jenseits aller ökonomischen Realität festgesetzt wurden.[149] Dabei stiegen die Lohnkosten der Betriebe wesentlich stärker als die Produktivität, da bei der Lohnfindung weniger wirtschaftliche als politische Motive Gewicht bekamen.[150]

In der zweiten Jahreshälfte 1990 betrug der Pro-Kopf-Verdienst in den neuen Ländern 34,5 % des Westniveaus, die Produktivität nur 29,5 %. 1991 waren es 47 % bzw. 29 %, im Jahr darauf 61,5 % bzw. 35 %. Der Anstieg der Produktivi-

[147]Vgl.: Deutsche Bundesbank (1992): Geschäftsbericht 1992, a. a. O., S. 21.

[148]Vgl.: Schieber, Helmut (1993): "Wirtschafts- und geldpolitische Probleme im wiedervereinigten Deutschland", in: Deutsche Bundesbank (Hrsg.), Auszüge aus Presseartikeln, Nr. 60, 1993, S. 1-6, S. 2.

[149]Vgl.: Issing, Otmar (1993): "Die Zukunft der D-Mark", a. a. O., S. 2.

[150]Vgl.: Engels, Wolfram (1993): "Arbeit ist zu teuer", in: Deutsche Bundesbank (Hrsg.), Auszüge aus Presseartikeln, Nr. 16, 1993, Frankfurt a. M., 1993, S. 10-11, S. 10.

tät konnte jedoch zum großen Teil nur durch die Freisetzung von Arbeitskräften erreicht werden.[151]

Die Tarifrunden 1993 und 1994 mit ihren vergleichsweise moderaten Abschlüssen zwischen 3 % und 4 % bzw. mit rund 2 % gaben Anlaß zur Hoffnung, daß die Entwicklung zur Lohnzurückhaltung anhalten werde. Dies drückte sich in der teilweisen Verrechnung der vereinbarten Erhöhungen mit übertariflichen Leistungen aus, so daß eine Senkung der gesamtwirtschaftlichen Lohnstückkosten ermöglicht wurde, die sogar die Folgejahre überdauerte.

Gesamtwirtschaftlich 'vernünftige' Lohnpolitik hätte auch der Geldpolitik mehr Spielraum gelassen. Nachlassender Druck von seiten der Preise wirkt begünstigend. Zudem wächst der Investitions- und Verteilungsspielraum der Unternehmen mit höherer Produktivität.

Eine nachhaltige Kurskorrektur hätte daher den zinspolitischen Spielraum der Bundesbank vergrößert.

4.4.3 Binnenpolitisch orientierte Stabilitätspolitik der Deutschen Bundesbank

4.4.3.1 Unbefriedigend hohes Geldmengenwachstum in Deutschland

Nachdem die Geldmenge M3 im ersten Halbjahr 1992 im Vergleich zum letzten Quartal 1991 mit einer Rate von 8,5 % gestiegen war, blähte sie sich im Zuge der Unruhen im EWS im September 1992 nochmals stark auf.[152] Es gelang der Bun-

---

[151]Vgl.: Giersch, Herbert (1993): "Geht uns die Arbeit aus?", in: Deutsche Bundesbank (Hrsg.), Auszüge aus Presseartikeln, Nr. 57, 1993, Frankfurt a. M., 1993, S. 7-8, S. 8.

[152]Vgl.: Deutsche Bundesbank (1992): Geschäftsbericht 1992, a. a. O., S. 61.

desbank jedoch, die immensen Devisenzuflüsse von über 92 Mrd. DM zu neutralisieren. Nachdem sie Wertpapierpensionsgeschäfte ausgesetzt hatte und der Liquidisierung durch Devisenpensionsgeschäfte und Schatzwechselabgaben begegnet war, nahm sie den regelmäßigen Abschluß von Wertpapierpensionsgeschäften im Oktober wieder auf. M3 übertraf zu diesem Zeitpunkt den Stand vom letzten Quartal 1991 mit einer Jahresrate von 10,3 %. Über das letzte Quartal 1992 gemessen, betrug die Erhöhung 9,4 %. Das Geldmengenziel für 1992 wurde innerhalb eines Korridors von 3,5 % bis 5,5 % gesteckt. Die Diskrepanz zwischen gestecktem Ziel und seiner Erreichung bedarf keiner weiteren Erläuterung bezüglich ihrer Konsequenzen für die Zinspolitik der Bundesbank.

Der Zielkorridor des Aggregates M3 für 1993 wurde mit einem Wachstum von 4,5 % bis 6,5 % großzügig bemessen, trug damit aber der Preisnorm i.H.v. 2 %, den Erwartungen für das gesamtwirtschaftliche reale Wachstumspotential i.H.v. 3 % und dem langfristigen Rückgang des Bargeldumlaufes Rechnung.[153]

Die schon 1992 aufgetretene starke Expansion der Kreditvergabe durch die Geschäftsbanken an den privaten und öffentlichen Sektor beschleunigte wiederum das Wachstum von M3.

Dabei nahm der Anteil öffentlicher Stellen an der Zuwachsrate der Kreditvergabe um 40 % auf insgesamt 58,2 % zu, während sich die Expansion der privaten Nachfrage aufgrund der Konjunkturabkühlung verlangsamte.[154]

---

[153]Vgl.: Issing, Otmar (1993): "An schlechtem Rat kein Mangel", in: Deutsche Bundesbank (Hrsg.), Auszüge aus Presseartikeln, Nr. 5, 1993, Frankfurt a. M., 1993, S. 7-10, S. 7.

[154]Vgl.: Deutsche Bundesbank (1993): Monatsbericht Juni 1993, Frankfurt a. M., 1993, S. 22, eigene Berechnungen.

Im April übertraf M3 den Stand vom vierten Quartal 1992 mit einer saisonbereinigten Jahresrate von 7,0 %. Sie lag damit erneut über dem festgelegten Zielkorridor.

Im darauffolgenden Quartal hat sich das Wachstum abermals verstärkt. Während es im Mai zu einer verlangsamten Entwicklung kam, nahm die monetäre Expansion im Juni wieder stark zu. Die saisonbereinigte Jahreswachstumsrate dieses Quartals betrug 8,0 %.[155] Hauptbestimmungsfaktor dieses Wachstums war wiederum die binnenwirtschaftliche Kreditexpansion.[156] Der Anteil öffentlicher Schuldner an der Zuwachsrate ging zwar auf insgesamt 33 % zurück, begünstigte jedoch nach wie vor das monetäre Wachstum.

Im Juli 1993 lag die Geldmenge mit einer Rate von 7,4 % erneut deutlich über der angestrebten Zielgröße von 4,5 % bis 6,5 %. Die Bundesbank mußte also den starken Geldmengenzuwachs als Spiegel der zu erwartenden Inflationsgefahren ernst nehmen.[157] Dies ist nicht zuletzt durch die Mehrwertsteueranhebung und die Mietanpassung in Ostdeutschland über das gesamte Halbjahr hinweg verschärft worden.[158]

Der Spielraum für Zinssenkungen für die Bundesbank, wenn er überhaupt bestanden hat, war entsprechend gering, wurde aber von ihr im Interesse der europäischen Partner ausgeschöpft. Darauf soll nun im Folgenden eingegangen werden.

---

[155]Vgl.: Deutsche Bundesbank,(1993): Monatsbericht September 1993, Frankfurt a. M., 1993, S. 19.

[156]Vgl.: Deutsche Bundesbank,(1993): Monatsbericht September 1993, S. 21.

[157]Vgl.: Deutsche Bundesbank (1992): Geschäftsbericht 1992, a. a. O., S. 62.

[158]Vgl.: Neumann, Manfred, J. M. (1993): "Deutsche Geldpolitik: Anker oder Stimulanz für Europa?", in: HWWA-Institut für Wirtschaftsforschung Hamburg (Hrsg.), Wirtschaftsdienst, 73 Jg., H. 4, S. 175-180, S. 178.

4.4.3.2 Geringe Zinssenkungsspielräume für die Bundesbank machen Diskrepanzen zwischen den europäischen Partnern und Deutschland offensichtlich

Ende des ersten Halbjahres 1992 lagen der Diskont- und der Lombardsatz bei 8,75 % bzw. 9,75 %. Im Gefolge der Septemberkrise des EWS, durch die DEM-Aufwertung begünstigt, wurden dann sowohl der Diskont- als auch der Lombardsatz um jeweils 0,5 % auf 8,25 % bzw. 9,25 % abgesenkt. Wertpapierpensionsgeschäfte wurden ebenfalls zu schrittweise sinkenden Zinssätzen abgeschlossen. Zwischen Februar und Ende April 1993 hat die Bundesbank ihre Leitzinsen in drei Schritten ermäßigt. Der Diskontsatz wurde von 8,25 % auf 7,25 % abgesenkt. Die Reduzierung des Lombardsatzes fand in zwei Schritten von 9,5 % auf 8,5 % statt, und Wertpapierpensionsgeschäfte wurden im März und April 1993 zu 8,25 % abgeschlossen, mehr als 1,5%-Punkte niedriger als im September 1992. Das gleiche galt auch für den Tagesgeldsatz, der ebenfalls um 1,5 % nachgegeben hatte. Termingelder waren sogar 3 % günstiger verzinst als vor der Krise 1992. Diese Senkungspotentiale ergaben sich aus der erwähnten Abschwächung der M3-Expansion um die Jahreswende 1992/1993.[159] Auch die Kapitalmarktzinsen gaben zwischen 1990 (9,25 %) und April 1993 (6,5 %) um knapp 3 % nach.[160] Wertpapierpensionsgeschäfte, die für den Tagesgeldsatz entscheidend sind, wurden im Mai zu 7,6 % angeboten und lagen damit um 2 % unter den entsprechenden Werten von August 1992.[161]

[159] Vgl.: Deutsche Bundesbank (1992): Geschäftsbericht 1992, a. a. O., S. 56.

[160] Vgl.: Deutsche Bundesbank (1992): Geschäftsbericht 1992, a. a. O., S. 67.

[161] Vgl.: Deutsche Bundesbank (1993): Monatsbericht Juni 1993, a. a. O., S. 16.

Im Hinblick auf die anhaltend hohe Inflationsrate, die in den ersten fünf Monaten des Jahres 1993 durchweg über 4 % gelegen hatte, die Geldmengenentwicklung sowie die DEM-Schwäche an den Devisenmärkten legte die Bundesbank im Mai und Juni 1993 eine Pause im Zinssenkungsprozeß ein. Zudem hätten Ermäßigungen am kurzen Ende des Marktes die vorübergehende Schwäche der DEM verstärkt und/oder verlängert und einen Aufwärtsimpuls für die Kapitalmarktzinsen gegeben.[162]

Im Anschluß daran wurden am 2. Juli der Diskont- und der Lombardsatz abermals um 0,5 % auf 6,75 % bzw. um 0,25 % auf 8,25 % ermäßigt. Offenmarktgeschäfte wurden zu diesem Zeitpunkt zu 7,3 %, in der zweiten Julihälfte zu 7,0 % abgeschlossen.

Zu diesem Zeitpunkt war das Zinsniveau auf den Geld- und Kapitalmärkten 2,5 % niedriger als ein Jahr zuvor. Von den Partnern in der EU wurde es aber immer noch als zu hoch für die konjunkturelle Situation ihrer Länder angesehen.

Am 15. Juli 1993 gab die Deutsche Bundesbank dann erneut ihrem Willen zur Stabilität Ausdruck, indem sie den Zielkorridor für das Geldmengenaggregat M3 für 1993 bestätigte. Diese Bekräftigung war angesichts der bestehenden Wachstumsraten recht ehrgeizig.

Die Freude der Partner über die zwei Wochen zuvor bekanntgegebene Leitzinssenkung war spätestens zu diesem Zeitpunkt abgeklungen, erhoffte man sich doch im Ausland weitere Rückschnitte der kurzfristigen Zinsen. Diese blieben zu diesem Zeitpunkt jedoch aus.

Tatsächlich gab es in Deutschland keine Spielräume für weitere signifikante Zinssenkungen. Vor allem lag dies an der bereits beschriebenen fehlenden Unterstüt-

---

[162]Vgl.: Filc, Wolfgang (1993): "Bundesbank, Konjunktur und EWS", in: HWWA-Institut für Wirtschaftsforschung Hamburg, Wirtschaftsdienst, 73. Jg., H. 9, S. 461-468, S. 462.

zung durch die Lohn- und Fiskalpolitik seit Beginn der deutschen Vereinigung. Die starken Lohnerhöhungen und die erheblichen Verteuerungen privater und staatlicher Dienstleistungen, vor allem auf kommunaler Ebene, wirkten sich nun in Form einer hohen Inflation aus. Hinzu kam, daß sich die Inflation aufgrund der im Verlauf des Jahres 1993 anstehenden Erhöhung der Versicherungs- und der Mineralölsteuer auch weiterhin hartnäckig behaupten würde und der Preisauftrieb bis dahin nur durch den rasanten Fall der Importpreise, die im Juli 3,5 % niedriger waren als ein Jahr zuvor, entlastet worden war.

Weiterhin hätte eine Zinssenkung über dieses Maß hinaus durch steigende Kapitalmarktzinsen fatale Folgen für den Wirtschaftsstandort Deutschland haben können. Der Staat, der durch seine Mittelaufnahme am Kapitalmarkt auf ausländische Kapitalanleger angewiesen ist, konnte die benötigten Mittel nicht durch die inländische Kapital- und Ersparnisbildung decken, da die Ersparnisbildung zwischen 1989 und 1993 von 13 % auf rund 5 % des Bruttosozialproduktes zurückgegangen war.[163]

Dabei ist anzumerken, daß der Kapitalmarktzins in Deutschland von wesentlicher Bedeutung für die allgemeine Wirtschaftstätigkeit ist, da ca. 80 % aller Kredite eine langfristige Laufzeit haben und es sich in der Regel um Festzinsvereinbarungen handelt.[164] Ebenfalls in Betracht zu ziehen ist, daß eine Aufwertung der DEM, die sowohl 1989 als auch 1991 von der Bundesregierung angeboten worden war, von den Partnern - allen voran Frankreich - abgelehnt wurde. Die Befürchtungen, der darauf folgende Preisschub würde die zweifelsfrei erreichten Stabilitätsfortschritte zunichte machen, überwogen. In der Konsequenz konnte

[163]Vgl.: Engels, Wolfram (1993): "In Sorge um die Mark", a. a. O., S. 4.

[164]Vgl.: Geiger, Helmut (1993): "Bundesbank muß standfest bleiben", in: Deutsche Bundesbank (Hrsg.), Auszüge aus Presseartikeln, Nr. 66, 1993, Frankfurt a. M., 1993, S. 7.

sich der vereinigungsbedingte Aufwertungsdruck auf die DEM nur in erhöhten deutschen und gedämpften Inflationsraten bei den Partnern niederschlagen. Dies begünstigte das Auseinanderdriften der jeweiligen nationalen geldpolitischen Erfordernisse.[165]

Die Erwartungen der Märkte und der Partner im EWS richteten sich dementsprechend auf den 29. Juli, an dem der Zentralbankrat erneut über die Leitzinsen entscheiden würde.

Die Entscheidung der Bundesbank, den Lombardsatz nur um 0,5 % und den Diskontsatz überhaupt nicht herabzusetzen, gab Anlaß zu internationaler Kritik und löste die massiven Verkäufe der Währungen des EWS auf den internationalen Devisenmärkten aus.

Im Anschluß an die Bekanntgabe des Beschlusses traten die Diskrepanzen der unterschiedlichen nationalen geldpolitischen Zielsetzungen und Erfordernisse immer deutlicher zu Tage.

Aus den zuvor aufgeführten Gründen hatte die Bundesbank keinen zinspolitischen Spielraum mehr. Trotzdem war sie bemüht, nach einer Pause von vier Wochen im Prozeß der vorsichtigen Zinsschnitte ein Signal zu setzen, daß sie weiterhin die Zinsen zurücknehmen würde, wenn dies durch die binnenpolitische Lage gerechtfertigt sei.

Die Senkung des Lombardsatzes, der heutzutage keine so tragende Rolle mehr spielt, war allenfalls eine Geste. Für die Finanzmärkte war dieses Zeichen nicht ausreichend. Sie erkannten, daß die Lücke zwischen deutschen und französischen geldpolitischen Zielen inzwischen so groß geworden war, daß die Parität, wie sie im Gitter des EWS bis dato bestanden hatte, von den zinspolitischen Wünschen

---

[165]Vgl.: Neumann, Manfred, J. M. (1993): "Deutsche Geldpolitik: Anker oder Stimulanz für Europa?", a. a. O., S. 178.

Frankreichs unterlaufen werden würde. Die Marktteilnehmer wandten sich sofort massiv gegen den Franc, so daß Interventionsvolumina der Bundesbank i.H.v. 60 Mrd. DM nicht ausreichten, diesen zu stützen.
Die Geste der Lombardsatzsenkung wurde von den Märkten registriert. Die Gefahr einer Inflationsgewöhnung in Deutschland konnte nicht von vornherein ausgeschlossen werden. Bei einer ausschließlich binnenwirtschaftlichen Zielsetzung hätte die Bundesbank dieses Signal vermutlich nicht gegeben. Zusätzlich war seine Wirkung für die französischen Bedürfnisse wie die des berühmten Tropfens auf den heißen Stein.
Insofern hat die Bundesbank völlig zu Recht darauf abgezielt, die hohe Inflationsrate in Deutschland zu bekämpfen.
Sie konnte die Zinsen nicht so weit senken, daß die französischen Probleme zu lösen waren.
Zwei weitere Tatsachen bestärkten die Marktteilnehmer in ihren Aktivitäten: zum einen unterließ die BdF die in solchen Fällen üblichen sprunghaften Zinserhöhungen, die den unmittelbaren Druck auf den Franc entschärft hätten; zum anderen waren die Notenbanken trotz der immensen Interventionsvolumina nicht in der Lage, den Sturz des Franc aufzuhalten.
Die Weigerung der BdF mußte von den Märkten in dieser Situation massiven Drucks als stabilitätswidrig angesehen werden. Frankreich war offensichtlich nicht bereit, einen sehr kurzfristigen Prestigeverlust hinzunehmen und stellte seine nationalen Interessen derart in den Vordergrund, daß die Märkte die Bemühungen der Bundesbank um Stabilität durch eine Aufwertung der DEM belohnten.
Abgesehen von den Auswirkungen auf dem Kapitalmarkt, hätte eine Senkung des Diskontsatzes um die erwarteten 0,5 % für die Bundesbank evtl. eine Abwertung der DEM und damit eine Verschärfung der Inflation bedeuten können. Sollte sie in französischem Interesse eine kurzfristige Unstimmigkeit, die überdies für sie

selbst mit hohen Kosten in Form von Interventionen verbunden war, gegen die Perspektive eines länger andauernden Restriktionskurses, der ebenfalls nicht im Interesse Frankreichs gewesen wäre, eintauschen?

Zweifelhaft ist im übrigen, ob eine Senkung des Diskontsatzes um 50 oder 100 Basispunkte die Wogen an den Devisenmärkten überhaupt geglättet hätte. Im Angesicht solcher Unsicherheiten kann niemand verlangen, "...die Stabilitätspolitik auf dem Altar europäischer Interessen zu opfern."[166]

An dieser Stelle soll noch einmal auf den geldpolitischen Zielkonflikt zwischen dem Stabilitätsziel der Deutschen Bundesbank und dem Wechselkursziel der Partnernotenbanken im EWS hingewiesen werden.[167] Dieser Zielkonflikt wurde in der bestehenden Situation durch die asynchronen Konjunkturzyklen verschärft. Zusätzlich bestehen gravierende Unterschiede in den Finanzierungsstrukturen Deutschlands und insbesondere Frankreichs. In Deutschland werden langfristige Investitionen gemäß der 'goldenen Bankregel' durch langfristiges Kapital finanziert. "Dort (in Frankreich, der Verf.) überwiegt die geldmarktabhängige Finanzierung" was im wesentlichen zu den Spannungen führte.[168]

Autonom vorgenommene Leitzinssenkungen mit dem Ziel, sich vom Zinsdiktat des Ankerwährungslandes abzukoppeln, werden von den Märkten als stabilitätsinkonformes Verhalten interpretiert und sofort bestraft.

Zinssenkungen waren aber im Falle Frankreichs, Belgiens und Dänemarks wegen der weiterhin schlechten Konjunktur wünschenswert. Eine erneute Zinssenkung in

---

[166]Kutscher, Gerhard (1993): "Zu kurz gesprungen", in: Deutsche Bundesbank (Hrsg.), Auszüge aus Presseartikeln, Nr. 52, 1993, Frankfurt a. M., 1993, S. 3-4, S. 4.

[167]Vgl.: Kaiser, Helmut (1993): "Die europäische Währungskrise", in Deutsche Bank Research GmbH (Hrsg.): G-3 Themen: Nordamerika-Europa- Ostasien; Nr. 40, 30.09.1993, S. 4.

[168]Geiger, Helmut (1993): "Bundesbank muß standfest bleiben", a. a. O., S. 7.

Frankreich setzte aber scheinbar eine deutsche Zinssenkung voraus, die nach der gerade am 2. Juli erfolgten Ermäßigung nicht zu erwarten war.

Angesichts der hohen Arbeitslosigkeit, die das Erfordernis zu Zinssenkungen bekräftigte, und dem fehlenden Spielraum diesbezüglich, befand sich die BdF in einer Sackgasse. Dieses Dilemma wurde selbstverständlich auch von den Devisenmärkten zur Kenntnis genommen und bestärkte sie in ihrer Einschätzung, die konjunkturellen Erfordernisse würden erneut die Oberhand über den Stabilitätswillen bekommen. Zudem war die BdF zu diesem Zeitpunkt keine unabhängige Institution, was ebenfalls Anlaß zu Zweifeln gab.

In Belgien stellte, abgesehen von der Arbeitslosigkeit, die Lage der öffentlichen Finanzen ein großes Besorgnis dar. Rentabilitätsprobleme der belgischen Unternehmen aufgrund der schwachen In- und Auslandsnachfrage sowie der hohen Arbeitskosten forcierten den Arbeitsplatzabbau ebenso wie die fast ausschließlich für Rationalisierungszwecke verwendeten Investitionen. Diese Entwicklung wurde auch in den Folgejahren durch die ungünstigen demographischen Aussichten Belgiens verstärkt.[169]

Die öffentlichen Finanzen Belgiens waren trotz erheblicher Konsolidierungserfolgein der Vergangenheit stark angespannt. Durch die hohen Zinsen an den Geld- und Kapitalmärkten wurden die Perspektiven nicht verbessert.

Sinkende langfristige Zinsen, die man sich durch Rückführungen am kurzen Ende des Marktes erhoffte, waren also sowohl für den öffentlichen Sektor als auch für die Wirtschaft scheinbar erforderlich, um mit Hilfe von Investitionen die Konjunktur zu beleben.

[169] Vgl.: Europäische Kommission, Generaldirektion Wirtschaft und Finanzen (1993): "Europäische Wirtschaft", a. a. O., S. 44.

Auch in Dänemark stellte die strukturelle Arbeitslosigkeit ein zentrales Problem dar. Dort litten sowohl der Staat als auch die Wirtschaft unter dem hohen Zinsniveau. Der Spielraum für die Fiskalpolitik, konjunkturelle Impulse zu geben, war angesichts der Bruttoverschuldung Dänemarks gering. Durch sinkende Zinsen am Geldmarkt sollte sich auch die Lage am langen Ende entspannen.

In dieser prekären Situation waren offenbar nicht die fundamentalen Daten bzw. ihre im Verhältnis zu den deutschen Daten positive Entwicklung entscheidend für die marktmäßige Beurteilung des Paritätengitters, sondern vielmehr die unterschiedlichen binnenwirtschaftlichen Anforderungen, mit denen die Notenbanken bzw. Regierungen konfrontiert waren.

In den Partnerländern Deutschlands mochten tatsächlich niedrigere Zinsen fundamental gerechtfertigt sein, da sie seit längerem relativ größere Stabilitätsfortschritte erzielt hatten als Deutschland. Ob und in welchem Umfang die Märkte Zinsschnitte allerdings ohne Gefährdung der Wechselkurse zulassen, hängt neben den statistisch erfaßbaren Fundamentaldaten entscheidend von der Glaubwürdigkeit der von der entsprechenden Notenbank bzw. Regierung in der Zukunft zu erwartenden Stabilitätspolitik ab. Dabei spielen nicht nur die Beobachtungen in der Vergangenheit, sondern auch die institutionellen Voraussetzungen für eine selbständige und unabhängige Gelpolitik eine Rolle.

Auftretende Asymmetrien sind von den beteiligten Partnern in eigener Regie zu lösen. Die europäische Dimension der Bundesbank stellt die Sicherung der Geldwertstabilität in Deutschland dar, auch wenn die damit verbundene Festigkeit des Ankers hier und da als störend empfunden wird.

5 Schlußbetrachtung

5.1 Abschließende Bemerkungen

In diesem Kapitel sollen die wesentlichen Konsequenzen der Analyse der Bandbreitenerweiterung im EWS im August 1993 aufgezeigt werden.
Vor dem Hintergrund der Zielsetzung der vorliegenden Arbeit sowie der Defizite der traditionellen Wechselkurstheorie[1] bezüglich der Erklärung kurzfristiger Wechselkursschwankungen, ist der "News"-Ansatz der modernen Wechselkurstheorie untersucht worden.
Die Annahme des "News"-Ansatzes, Wechselkursschwankungen durch das Eintreffen neuer, unvorhergesehener Informationen auf dem Markt, die geeignet sind, die Erwartungsbildung der Marktteilnehmer bezüglich der zukünftigen Kassakurse zu verändern, war durch die fundamentalökonomische Situation im Vorfeld der

[1]Da die Zinsparitätentheorie zu den traditionellen Modellen der Wechselkurstheorie zählt, ist sie im Rahmen dieser Arbeit nicht empirisch überprüft worden. Vergleiche zu den gemischten Resultaten der empirischen Basis der gedeckten sowie der ungedeckten Zinsparität Fußnote 79 auf Seite 79 und Fußnote 59 auf Seite 132 sowie die dort angegebene Literatur. Trotzdem wurde der Zinsparitätentheorie Relevanz zur Erklärung der grundsätzlichen Zusammenhänge bei der Bewertung der Währungen verschiedener Länder beigemessen. Die Prüfung des "News"-Ansatzes fand unter Verwendung ihrer grundsätzlichen Implikationen statt, da er als ihre moderne Ergänzung angesehen wurde. Als Grundbaustein des Modells wurden ebenfalls die unterschiedlichen Ertragsraten für Finanzaktiva im In- und Ausland zur Wechselkursbildung verwendet. Die Abwandlung der Zinsparitätentheorie, die durch den "News"-Ansatz vorgenommen wurde, bezog sich ausschließlich auf die Differenz des erwarteten und des unerwarteten Zinsdifferentials, die die Erwartungsirrtümer der Marktteilnehmer darstellte. Diese Irrtümer entstanden annahmegemäß trotz rationaler Erwartungsbildung der Marktteilnehmer.

Bandbreitenerweiterung vordergründig gerechtfertigt: die Fundamentalfaktoren der betroffenen Währungen hatten sich kurzfristig nicht gravierend verändert. Zusätzlich stellte die Ankündigung der Deutschen Bundesbank vom 29. Juli 1993, den Lombardsatz nur um 0,5 % zu senken, den Diskontsatz jedoch unverändert zu belassen, eine solche Information dar.

Die Implikationen des "News"-Ansatzes konnten im Rahmen dieser Arbeit für die betrachteten Währungen im Beobachtungszeitraum und den konkreten Fall der Bandbreitenerweiterung des EWS empirisch jedoch nicht nachgewiesen werden.

Die fehlende Bestätigung des "News"-Ansatzes kann vielfältige Ursachen haben, die hier keine weitere Untersuchung erfahren sollen.[2] Als stichhaltigste Begründung erscheint jedoch die Unzulänglichkeit ökonometrischer Methoden, den Prozeß der Erwartungsbildung der Individuen und die Umsetzung der Erwartungen in Kauf- bzw. Verkaufsimpulse (Marktprozeß) in ihrer Gesamtheit erfassen zu können. Dies wird durch die faktische Unmöglichkeit, alle relevanten, quantifizierbaren sowie nicht-quantifizierbaren hard- und soft-facts zu erfassen, zu gewichten, bezüglich ihrer Konsequenzen zu bewerten und diese in sinnvoller Art und Weise mit Hilfe eines ökonometrischen Modells zu verarbeiten bekräftigt.[3]

---

[2]Es wird auf die Ausführungen in Abschnitt 3.4.2 verwiesen.

[3]"Bei der Erklärung des Funktionierens solcher Strukturen (des Marktes, d. Verf.) können wir daher die Informationen über die einzelnen Elemente nicht durch statistische Informationen ersetzen, sondern brauchen vollständige Informationen über jedes Element, wenn wir aus unserer Theorie spezielle Voraussagen über bestimmte Ereignisse ableiten wollen. Ohne solche speziellen Informationen über die einzelnen Elemente sind wir auf Voraussagen der allgemeinen Struktur beschränkt - ich (v. Hayek, d. Verf.) habe sie bei anderer Gelegenheit bloße "pattern predictions" (im Original ebenfalls in Anführungszeichen, d. Verf.) genannt - Voraussagen einiger allgemeiner Eigenschaften der Strukturen, die sich bilden werden, die aber keine speziellen Aussagen über die einzelnen Elemente enthalten, aus denen die Struk-

Konsequenz dessen ist, daß eine anders geartete theoretische Begründung für die Erklärung des Prozesses der Preisbildung auf organisierten Märkten gefunden werden muß als die ökonometrische (ex post-) Berechnung spezifischer Preis-/Mengen-Konstellationen.

Um dieser Schlußfolgerung und der Zielsetzung der Arbeit gerecht zu werden, wurde im letzten Teil der Arbeit der Versuch unternommen, die Wechselkursentwicklung innerhalb des EWS mit Hilfe einer wirtschaftstheoretischen sowie wirtschaftspolitischen Argumentation ex post zu erklären.

Die Wechselkursschwankungen, die zuvor scheinbar nicht durch die Veränderung der den Währungen zugrundeliegenden Fundamentals zu erklären waren, können nun durch exakt diese Faktoren gedeutet werden. Dies wurde durch eine mittel- und langfristige Betrachtung ermöglicht.

Die Entwicklung der Determinanten der Wechselkurse wies vor dem Hintergrund der langjährigen Unterbewertung der DEM im EWS sowie der aufgelaufenen fundamentalökonomischen Divergenzen darauf hin, daß sich Veränderungen in den Währungsrelationen ergeben mußten. Zusätzlich wurde die DEM von den Märkten trotz der Lasten der deutschen Vereinigung weiterhin als Anker im Wechselkursmechanismus des EWS angesehen.

Deshalb ist die starke Aufwertung der DEM nicht aufgrund der kurzfristigen Entwicklung der Fundamentalfaktoren, sondern durch ihre mittel- bis langfristige Veränderung vor dem Hintergrund der überhöhten Festlegung der Paritäten im Januar 1987 zu erklären.

Das EWS hat den beteiligten Währungen einen zu geringen Spielraum zu ihrer Entfaltung gelassen. Aufgrund seiner verkrusteten Handhabung durch die politi-

turen gebildet sein werden." Hayek, Friedrich A., v. (1975): "Die Anmaßung von Wissen", a. a. O., S. 15.

schen Instanzen hat die fehlende Anpassung der Währungsrelationen an die divergierenden volkswirtschaftlichen Entwicklungen seit 1987 eine explosionsartige Veränderung der Währungsrelationen zur Folge gehabt, die die Währungen dann Ende Juli 1993 aus dem ihnen durch das Paritätengitter vorgegebenen 'Laufstall' hat ausbrechen lassen.

Zu diesem Ergebnis hat die strikte, an der Stabilität der DEM ausgerichtete Politik der deutschen Bundesbank maßgeblich beigetragen. Nicht zuletzt deshalb haben die Marktteilnehmer der Bundesbank offensichtlich eher zugetraut, kurzfristige Mißstände auf dem Gebiet des Geldmengenwachstums und der dadurch bedingt hohen Inflation zu beseitigen, als den europäischen Partnerländern, eine langfristig glaubwürdige, stabilitätsorientierte Geldpolitik durchzuführen. Deren Versuche, sich Anfang bis Mitte 1993 von dem durch die Bundesbank vorgegebenen (hohen) Zinsniveau abzukoppeln, wurden als deutlicher Hinweis diesbezüglich gewertet. Im Angesicht der Marktteilnehmer und im Gegensatz zu den Notenbanken der europäischen Partner steht die Deutsche Bundesbank wie 'ein Fels in der Brandung'.

Die Betrachtung der Determinanten der Fundamentalfaktoren der Währungen führte zu dem Ergebnis, daß die hohe und steigende Arbeitslosigkeit in allen krisenbetroffenen Ländern maßgeblichen Einfluß auf deren desolate wirtschaftliche und finanzielle Lage hatte. Diese zieht wiederum eine Verschlechterung der Fundamentalfaktoren nach sich. Selbst wenn die Veränderung der Fundamentals die relative Position der Volkswirtschaften untereinander nicht verändert, so werden diese in einer solch labilen Situation anfälliger für Störungen.

Im vorliegenden Fall der Bandbreitenerweiterung stellte beispielsweise der asynchrone Konjunkturverlauf zwischen der Bundesrepublik und den Partnern eine solche Störung dar. Dieser erforderte konträre nationale Zinspolitiken. Die Zinspolitik der Partner mußte sich in der damaligen Situation aufgrund der Rigidität des Wechselkursmechanismus jedoch strikt an der Zinspolitik der Deutschen Bundesbank orientieren. Die Bundesbank hatte aber, wie dargelegt, aufgrund des gesamtwirtschaftlichen Umfeldes in der Bundesrepublik keinerlei Spielraum, die zinspolitischen Zügel zu lockern. Die Ankündigung der Bundesbank am 29. Juli 1993, den Diskontsatz nicht zu senken, obwohl dies von den Partnern benötigt und von den Märkten als Zugeständnis an diese erwartet wurde, wirkte dann auslösend für die massiven Bewertungsveränderungen der betroffenen Währungen.

Es konnte in der vorliegenden Arbeit zwar nicht nachgewiesen werden, daß geringere Arbeitslosigkeit über die damit einhergehende Verbesserung der Finanzsituation sowie der fundamentalen Daten der Volkswirtschaften insgesamt zu Wechselkursstabilität führt.[4] Es besteht jedoch Anlaß zu der Vermutung, daß die Staaten über eine Verringerung der Arbeitslosigkeit und der darauffolgenden Stabilisierung ihrer finanziellen Verhältnisse einen wesentlichen Beitrag zur Festigung der Wechselkursrelationen leisten können, da sie auf diese Art und Weise ihre Anfälligkeit für Störungen minimieren können.

Dies kann jedoch nur über eine entsprechende Veränderung der nationalen Rahmenbedingungen bezüglich der Steuer-, Finanz-, Sozial- und Tarifpolitik geschehen.[5] Sie sollten auf Sparsamkeit, finanzielle Entlastung des Faktors Arbeit,

---

[4]Wechselkursstabilität wird in diesem Zusammenhang als entscheidend angesehen, da sie eine der Zielsetzungen des EWS darstellt. Auf diese Art und Weise kann zum Ausdruck gebracht werden, daß Wechselkursstabilität nur ein Symptom, nicht aber die Grundlage für wirtschaftliche Prosperität verschiedener Länder ist. Die politischen Instanzen der Europäischen Union verkehren diesen Ursache-Wirkung-Zusammenhang dahingehend, daß sie Wechselkursstabilität als Voraussetzung für Wohlstand und Wachstum darstellen.

[5] Die Tarifpolitik wird hier ebenfalls aufgeführt, da sie in diesem Zusammenhang eine entscheidende Größe darstellt. Die Regierungen der jeweiligen Staaten sind zwar nicht direkt in der

(mehr) Eigenverantwortung für die Risiken des Lebens (Arbeitslosigkeit, Krankheit, Altersversorgung, Pflegebedürftigkeit) sowie eine Flexibilisierung des Arbeitsmarktes und der Orientierung der Entlohnung an der Veränderung der Produktivität der Betriebe (dezentrale Tarifvereinbarungen) abzielen.
Bezüglich möglicher Störungen und ihren Auswirkungen auf den Wechselkursmechanismus und der an ihm teilnehmenden Währungen sowie etwaiger Strategien zur Verhinderung dessen durch die Schaffung geeigneter Rahmenbedingungen besteht weiterhin Bedarf an wissenschaftlichen und praktischen Lösungsansätzen. Das Symptom Wechselkursschwankungen kann nur über eine theoretisch sowie praktisch fundierte Bekämpfung seiner Ursachen bewältigt werden. Dementsprechend besteht weiterhin Anlaß zur Forschung.

5.2 Ausblick

Die erweiterten Bandbreiten i.H.v. ± 15 % im Anschluß an die Krise des EWS im Juli 1993 sind vor der Einführung der gemeinsamen Währung nicht wieder auf ± 2,25 % reduziert worden. Dies hat maßgeblich zur Flexibilisierung des Wechselkursmechanismus beigetragen, hat jedoch die politische Zielsetzung, die Wechselkurse spannungsfrei innerhalb der engen Bandbreiten zu stabilisieren, verletzt. Angesichts der weiterhin bestehenden Divergenzen der Volkswirtschaften und ihrer unterschiedlichen Anforderungen bezüglich der nationalen Zinspolitik war dies zu begrüßen. Zusätzlich ist das Potential für Wechselkursschwankungen im

Lage, sie zu beeinflussen, könnten jedoch die Betriebe indirekt über eine entsprechend günstige Gestaltung der Steuersysteme vom Tarifdruck der Gewerkschaften entlasten. Dabei ist jedoch eine radikale steuerliche Entlastung und eine ebensolche Vereinfachung des Steuersystems notwendig, die sowohl die Arbeitnehmer als auch die Unternehmen entlastet.

EWS bzw. die Notwendigkeit zur Anpassung an diese durch den Beitritt der griechischen Drachme im März 1998 nicht geringer geworden.

Die Zielsetzung der Vorbereitung der Länder und Ihrer Währungen auf die EWWU ist jedoch verfehlt worden, da es nicht gelungen ist, die nationalen Rahmenbedingungen so zu gestalten, daß die Währungen ohne größere Dissonanzen am Wechselkursmechanismus teilnehmen konnten.

Die mangelhaften Rahmenbedingungen für die Solidität der fundamentalen Daten und damit für die Stabilität der Wechselkurse führen direkt zu den Konvergenzkriterien des Vertrages von Maastricht. In diesem Zusammenhang wird darauf hingewiesen, daß der pünktliche Beginn der Währungsunion am 01. Januar 1999 von den politischen Instanzen offenbar als vorrangig gegenüber der Dauerhaftigkeit des Erfolges der einheitlichen Währung angesehen wurde.

Die Analysen der Bestimmungsfaktoren der Wechselkurse und der Fundamentals haben Licht auf die Konvergenzsituation der betrachteten Länder bezüglich der EWWU geworfen. Die Konvergenzkriterien, die als 'Eintrittskarte' in die Währungsunion formuliert und bereits erläutert worden sind, sollen hier nicht noch einmal diskutiert werden. Hier soll ausschließlich darauf hingewiesen werden, daß diese 'unabdingbaren' Voraussetzungen von den Verantwortlichen aufgrund politischer Motive nicht korrekt eingehalten worden sind. Zwar haben die hier betrachteten Länder formal die Kriterien über die Inflation, die langfristigen Zinsen und die Nettoneuverschuldung erfüllt. Es sind jedoch zumindest bei den Finanzierungssalden Frankreichs und der Bundesrepublik Zweifel an deren Höhe angebracht. Diese Zweifel werden nicht zuletzt durch die jeweiligen Regierungen

selbst hervorgerufen, die versucht haben mit Hilfe von Bilanzierungstricks [6], unterhalb die gesetzte Grenze von 3 % zu gelangen.
Das Kriterium der Staatsverschuldung wurde außer von Frankreich (58,1 % des BIP) von keinem der betrachteten Länder erfüllt. Belgien (127 % des BIP) und Dänemark (67,8 % des BIP) lagen sogar weit über der vorgegebenen Grenze von 60 % des BIP. Die Bundesrepublik lag mit einer Staatsverschuldung i.H.v. 61,9 % des BIP zwar nur wenig oberhalb der Beschränkung, Tatsache ist jedoch, daß das Kriterium verfehlt wurde.
Als letzter Anhaltspunkt bleibt die zweijährige, spannungsfreie Teilnahme am Wechselkursmechanismus des EWS innerhalb der engen Schwankungsmargen i.H.v. ± 2,25 %.

[6] Diese Tricks umfassen die Übernahme der Pensionskasse der France Telecom durch den französischen Staat, die zunächst Aktivcharakter in der Bilanz hat. Die darauffolgenden Verpflichtungen, die auf Jahre hinaus von der französischen Regierung zu übernehmen sind, tauchen in der Bilanz selbstverständlich nicht auf. Sie hätten zumindest als Rückstellung, die den Wert der Aktivierung mindert und dadurch die Neuverschuldung erhöht, passiviert werden müssen. Dies ist jedoch nicht geschehen. Bezüglich der Tricks, die von der Bundesregierung angewandt wurden ist zumindest die Privatisierungsoffensive (z. B. Deutsche Telekom, Lufthansa) im Jahre 1997 zu nennen, die grundsätzlich zu begrüßen ist, jedoch auffälligerweise im Referenzjahr für die Erfüllung der Konvergenzkriterien vorgenommen wurde. Als weiterer Hinweis auf unsolide Bilanzierung darf auch der Vorstoß des deutschen Finanzministers gewertet werden, der durch die marktnahe Bewertung der Goldreserven der Deutschen Bundesbank deren Gewinn und gleichzeitig die Zuweisung dessen an den Bund erhöhen wollte. Dies mag vor dem Hintergrund der entsprechenden EU-Richtlinien gerechtfertigt sein, erweckt jedoch aufgrund der großen Haushaltsschwierigkeiten der Bundesrepublik und der geplanten Durchführung der Bewertungsänderung im Referenzjahr den Anschein eines Raubzuges.

Dieses Kriterium konnte grundsätzlich von keinem der am EWS teilnehmenden Länder erfüllt werden, da vor der Einführung des Euro nicht zu dieser Regelung zurückgekehrt wurde.

Der BFR und die DKR konnten sich innerhalb der letzten zwei Jahre (Januar 1996 bis einschließlich Dezember 1997) verhältnismäßig stabil in der Nähe ihrer Leitkurse zur DEM behaupten; nicht jedoch der FFR, der zwischen Dezember 1994 und Februar 1996 kontinuierlich unterhalb seiner unteren Bandbreite notierte und im Anschluß (März 1996 bis April 1997) innerhalb seiner unteren Bandbreitenzone bewertet wurde.

Dieses Kriterium ist von entscheidender Bedeutung, da sich die Situation für die Marktteilnehmer bei engen Bandbreiten gravierend verändert: sie hätten unter diesen Voraussetzungen wieder die Möglichkeit zu 'risikolosen Spekulation'[7] gegen die Währungen des EWS gehabt. Zwar entzieht es sich der Kenntnis des Betrachters, ob die Märkte diese Gelegenheit genutzt hätten oder nicht. Es besteht jedoch vor dem Hintergrund der Entwicklungen in der Vergangenheit und der Beharrung der politischen Instanzen auf den pünktlichen Start der Währungsunion eine hohe Wahrscheinlichkeit diesbezüglich.

Ohne auf die Wertigkeit jedes einzelnen Konvergenzfaktors eingehen zu wollen, wird aus dieser kurzen Schilderung deutlich, daß ein Eintritt in die EWWU für die betrachteten Ländern gemäß des Wortlautes des Vertrages von Maastricht nicht möglich gewesen wäre.

Die Währungsunion hätte somit ohne den Anker des EWS, der DEM, und mindestens eine weitere wichtige Kernwährung, dem FFR, beginnen müssen.

Zusätzlich wurde die EWWU durch politische Diskussionen über die Handhabung der europäischen Geldpolitik in Mißkredit gebracht. Dazu zählte z.B. die

---

[7]Vergleiche zur 'risikolosen Spekulation' die Ausführungen in Fußnote 84 auf Seite 243.

Debatte über die erste Präsidentschaft der EZB, die zum einen aus Prestigegründen und zum anderen aufgrund der befürchteten unabhängigen und an Geldwertstabilität orientierten Geldpolitik von der französischen Regierung betrieben wurde.

Weiterhin stimmte die Konzentration der öffentlichen Diskussion über die Erfüllung der Konvergenzkriterien auf das 3 %- Kriterium nachdenklich. Es handelte sich dabei zwar um einen wichtigen, jedoch nicht um den einzigen Aspekt. Nach Ansicht des Verfassers stellte dies eine Verschleierungstaktik durch die politisch Verantwortlichen dar.

All diese Argumente ließen die Verantwortlichen der EU jedoch nicht davor zurückschrecken, schon vor der Stellungnahme des EWI zur Konvergenzsituation innerhalb der Union und der endgültigen Entscheidung über den Teilnehmerkreis der Währungsunion im Mai 1998, verlautbaren zu lassen, daß dieser voraussichtlich aus elf Ländern bestehen würde.

Da nicht zu erwarten ist, daß die strukturellen Probleme wie die hohe Arbeitslosigkeit, die Konsolidierung der öffentlichen Haushalte und der Schuldenstandsquoten sowie einiges mehr in den Ländern der EU in absehbarer Zeit gelöst werden, können die Perspektiven für die einheitliche Währung nicht als positiv bewertet werden. Der Euro kann weder die bestehenden noch etwaige zukünftige Probleme lösen. Er ist nicht das Allheilmittel, als das er von Vielen, vor allen Dingen von politischen Entscheidungsträgern, angepriesen wird. Die kurzfristige Betrachtung seiner Entwicklung im ersten Quartal 1999, innerhalb dessen er rund 7 % an Wert gegenüber dem USD verloren hat, bestätigt diese Einschätzung zumindest vordergründig.

Ein entscheidendes Instrument zur reibungslosen Anpassung der Volkswirtschaften an die nationalen Probleme anderer und deren internationalen Auswirkungen ist der Wechselkurs. Er steht in einer Währungsunion nicht mehr zur Verfügung.

Der Verfasser hätte unter den gegebenen Umständen eine Verschiebung des Vorhabens der Währungsunion innerhalb eines 'vernünftigen' Zeitplanes[8] vorgezogen, um die nationalen Anpassungsmechanismen, die durch den Wegfall des Wechselkurses vermehrt in Anspruch genommen werden, zu verbessern.

Kriterium der einheitlichen Währung kann nur ein (sehr) hoher Grad an Stabilität und Konvergenz sein, der jedes einzelne Land in die Lage versetzt, die aufgezählten Probleme zu in eigener Regie zu bewältigen und sie nicht auf andere Länder abzuwälzen.

Es verbleibt auch diesbezüglich Bedarf zur theoretischen und praktischen Diskussion zur Bewältigung der bestehenden Probleme.

[8]Was nun im einzelnen als vernünftig zu bezeichnen ist, und wie ein solcher Zeitplan hätte aussehen können soll hier keine weitere Diskussion erfahren. Als Grundvoraussetzung für eine Währungsunion kann nach Ansicht des Verfassers sehr wohl die Erfüllung der im Vertrag von Maastricht festgelegten Kriterien dienen. Diese wären dann allerdings strikt einzuhalten. Dies hätte der Glaubwürdigkeit des Euro bei den Märkten gedient, auch wenn es kurzfristig nur zu einer Kernwährungsunion gekommen wäre.

VI Anhang

VI.I Verzeichnis der Tabellen des Anhangs:

VI.II Verzeichnis der Abbildungen des Anhangs

Preisdeflatoren des priv. Verbrauchs (nationale Währung, jährliche Veränderung in %)

Jahr/Land	Frankreich	Belgien	Dänemark	Deutschland
1987	3,1	2,4	4,6	0,7
1988	2,6	1,5	4	1,4
1989	3,4	3,8	4,3	3
1990	2,8	3,3	2,7	2,8
1991	3,2	3,1	2,4	3,8
1992	2,4	2,1	2	4,8
1993	2,2	3	2,3	3,9
1994	2,1	3,2	1,7	2,7
1995	1,7	1,6	2,1	1,9
1996	1,9	2	2	1,8
1997	1,4	2,1	2,4	1,7

Durchschnitte

Zeitraum/Land	Frankreich	Belgien	Dänemark	Deutschland
1987 - 1992	2,9	2,7	3,3	2,8
1993 - 1997	1,9	2,4	2,1	2,4
1987 - 1997	2,4	2,6	2,8	2,6

Relative Differenzen der Preisdeflatoren des privaten Verbrauchs ausgewählter Staaten der EU im Vergleich

Jahr/Land	Frankreich	Belgien	Dänemark	Deutschland
1987	2,4	1,7	3,9	0
1988	1,2	0,1	2,6	0
1989	0,4	0,8	1,3	0
1990	0	0,5	-0,1	0
1991	-0,6	-0,7	-1,4	0
1992	-2,4	-2,7	-2,8	0
1993	-1,7	-0,9	-1,6	0
1994	-0,6	0,5	-1	0
1995	-0,2	-0,3	0,2	0
1996	0,1	0,2	0,2	0
1997	-0,3	0,4	0,7	0

Durchschnitte

Zeitraum/Land	Frankreich	Belgien	Dänemark	Deutschland
1987 - 1992	0,16	-0,05	0,58	0
1993 - 1997	-0,54	-0,02	-0,3	0
1987 - 1997	-0,15	-0,04	0,18	0

Tabelle 0.1: Preisdeflatoren des privaten Verbrauchs ausgewählter Staaten der EU, deren relative Differenzen zu Deutschland sowie deren jeweilige Durchschnitte in verschiedenen Zeiträumen. (Datenmaterial: Europäische Kommission, Generaldirektion Wirtschaft und Finanzen (1997): "Europäische Wirtschaft", Nr. 64, 1997, statistischer Anhang, eigene Berechnungen).

Finanzierungssalden ausgewählter Staaten der EU (in % des BIP zu Marktpreisen)

Jahr/Land	Frankreich	Belgien	Dänemark	Deutschland
1987	-1,9	-7,7	2,4	-1,9
1988	-1,7	-7	0,6	-2,2
1989	-1,2	-6,4	-0,5	0,1
1990	-1,6	-5,6	-1,5	-2,1
1991	-2,2	-6,5	-2,1	-3,4
1992	-3,8	-7,2	-2,9	-2,8
1993	-5,6	-7,5	-3,9	-3,5
1994	-5,6	-5,1	-3,5	-2,4
1995	-4,8	-4,1	-1,6	-3,5
1996	-4	-3,3	-1,4	-4
1997	-3	-2,9	-0,3	-2,9

Durchschnitte

Zeitraum/Land	Frankreich	Belgien	Dänemark	Deutschland
1987 - 1992	-2,1	-6,7	-0,7	-2,1
1993 - 1997	-4,6	-4,6	-2,1	-3,3
1987 - 1997	-3,2	-5,8	-1,3	-2,6

Relative Differenzen der Finanzierungssalden ausgewählter Staaten der EU im Vergleich zu Deutschland

Jahr/Land	Frankreich	Belgien	Dänemark	Deutschland
1987	0	-5,8	4,3	0
1988	0,5	-4,8	2,8	0
1989	-1,3	-6,5	-0,6	0
1990	0,5	-3,5	0,6	0
1991	1,2	-3,1	1,3	0
1992	-1	-4,4	-0,1	0
1993	-2,1	-4	-0,4	0
1994	-3,2	-2,7	-1,1	0
1995	-1,3	-0,6	1,9	0
1996	0	0,7	2,6	0
1997	-0,1	0	2,6	0

Durchschnitte

Zeitraum/Land	Frankreich	Belgien	Dänemark	Deutschland
1987 - 1992	-0,02	-4,68	1,38	0
1993 - 1997	-1,34	-1,32	1,12	0
1987 - 1997	-0,62	-3,15	1,26	0

Tabelle 0.2: Finanzierungssalden ausgewählter Staaten der EU in % des BIP, deren relative Differenzen zu Deutschland sowie deren jeweilige Durchschnitte in verschiedenen Zeiträumen. (Datenmaterial: Europäische Kommission, Generaldirektion Wirtschaft und Finanzen (1997): "Europäische Wirtschaft", Nr. 64, 1997, statistischer Anhang, eigene Berechnungen).

Staatsverschuldung ausgewählter Staaten der EU (in % des BIP zu Marktpreisen)

Jahr/Land	Frankreich	Belgien	Dänemark	Deutschland
1987	33,6	132	59,6	42,6
1988	33,7	132,7	61,4	43,1
1989	34,4	129,9	59,5	41,8
1990	35,4	129,7	59,6	43,8
1991	35,8	129,4	64,6	41,5
1992	39,6	130,6	68,7	44,1
1993	45,6	137	80,1	48,2
1994	48,4	135	76	50,4
1995	52,8	133,7	71,9	58,1
1996	56,4	130,6	70,2	60,8
1997	58,1	127	67,8	61,9

Durchschnitte

Zeitraum/Land	Frankreich	Belgien	Dänemark	Deutschland
1987 - 1992	35,4	130,7	62,2	42,8
1993 - 1997	52,3	132,6	73,2	55,8
1987 - 1997	43,1	131,6	67,2	48,7

Relative Differenzen der Staatsverschuldungsraten ausgewählter Staaten der EU im Vergleich zu Deutschland

Jahr/Land	Frankreich	Belgien	Dänemark	Deutschland
1987	-9	89,4	17	0
1988	-9,4	89,6	18,3	0
1989	-7,4	88,1	17,7	0
1990	-8,4	85,9	15,8	0
1991	-5,7	87,9	23,1	0
1992	-4,5	86,5	24,6	0
1993	-2,6	88,8	31,9	0
1994	-2	84,6	25,6	0
1995	-5,3	75,6	13,8	0
1996	-4,4	69,8	9,4	0
1997	-3,8	65,1	5,9	0

Durchschnitte

Zeitraum/Land	Frankreich	Belgien	Dänemark	Deutschland
1987 - 1992	-7,4	87,9	19,4	0
1993 - 1997	-3,6	76,8	17,3	0
1987 - 1997	-5,7	82,8	18,5	0

Tabelle 0.3: Staatsverschuldungsraten ausgewählter Staaten der EU in % des BIP, deren relative Differenzen zu Deutschland sowie deren jeweilige Durchschnitte in verschiedenen Zeiträumen. (Datenmaterial: Europäische Kommission, Generaldirektion Wirtschaft und Finanzen (1997): "Europäische Wirtschaft", Nr. 64, 1997, statistischer Anhang, eigene Berechnungen).

Langfristige Nominalzinssätze ausgewählter Staaten der EU, in %

Jahr/Land	Frankreich	Belgien	Dänemark	Deutschland
1987	9,4	7,8	11,9	5,8
1988	9	7,9	10,6	6,1
1989	8,8	8,7	10,2	7
1990	9,9	10,1	11	8,9
1991	9	9,3	10,1	8,6
1992	8,6	8,6	10,1	8
1993	6,7	7,2	7,2	6,4
1994	7,3	7,8	7,9	6,9
1995	7,5	7,5	8,3	6,8
1996	6,4	6,6	7,3	6,3

Durchschnitte

Zeitraum/Land	Frankreich	Belgien	Dänemark	Deutschland
1987 - 1992	9,12	8,73	10,65	7,40
1993 - 1996	6,98	7,28	7,68	6,60
1987 - 1996	8,26	8,15	9,46	7,08

Relative Differenzen der langfristigen Nominalzinsen ausgewählter Staaten der EU im Vergleich zu Deutschland

Jahr/Land	Frankreich	Belgien	Dänemark	Deutschland
1987	3,6	2	6,1	0
1988	2,9	1,8	4,5	0
1989	1,8	1,7	3,2	0
1990	1	1,2	2,1	0
1991	0,4	0,7	1,5	0
1992	0,6	0,6	2,1	0
1993	0,3	0,8	0,8	0
1994	0,4	0,9	1	0
1995	0,7	0,7	1,5	0
1996	0,1	0,3	1	0

Durchschnitte

Zeitraum/Jahr	Frankreich	Belgien	Dänemark	Deutschland
1987 - 1992	1,72	1,33	3,25	0,00
1993 - 1996	0,38	0,68	1,08	0,00
1987 - 1996	1,18	1,07	2,38	0,00

Tabelle 0.4: Langfristige Zinsen ausgewählter Staaten der EU (Durchschnitte im Jahr), deren relative Differenzen zu den deutschen langfristigen Zinssätzen sowie deren jeweilige Durchschnitte in verschiedenen Zeiträumen. (Datenmaterial: Europäische Kommission, Generaldirektion Wirtschaft und Finanzen (1997): "Europäische Wirtschaft", Nr. 64, 1997, statistischer Anhang, eigene Berechnungen).

Bruttoinlandsprodukte ausgewählter Staaten der EU, jährliche Veränderung in %

Jahr/Land	Frankreich	Belgien	Dänemark	Deutschland
1987	5,3	4,4	5	3,4
1988	7,5	6,8	4,6	5,3
1989	7,4	8,2	4,8	6,1
1990	5,7	6,6	4,2	9,1
1991	4,1	4,7	3,6	9,1
1992	3,3	5,3	3,4	7,8
1993	1,1	2,4	2,2	2,7
1994	4,4	4,9	6,1	5,1
1995	3,9	3,4	4,5	4,1
1996	2,8	3,1	3,9	2,4
1997	3,5	4,2	5,4	3,5

Durchschnitte

Zeitraum/Land	Frankreich	Belgien	Dänemark	Deutschland
1987 - 1992	5,6	6,0	4,3	6,8
1993 - 1997	3,2	3,9	4,3	4,3
1987 - 1997	4,5	4,9	4,3	5,3

Relative Differenzen der Wachstumsraten der Bruttoinlandsprodukte ausgewählter Staaten der EU im Vergleich zu Deutschland

Jahr/Land	Frankreich	Belgien	Dänemark	Deutschland
1987	1,9	1	1,6	0
1988	2,2	1,5	-0,7	0
1989	1,3	2,1	-1,3	0
1990	-3,4	-2,5	-4,9	0
1991	-5	-4,4	-5,5	0
1992	-4,5	-2,5	-4,4	0
1993	-1,6	-0,3	-0,5	0
1994	-0,7	-0,2	1	0
1995	-0,2	-0,7	0,4	0
1996	0,4	0,7	1,5	0
1997	0	0,7	1,9	0

Durchschnitte

Zeitraum/Land	Frankreich	Belgien	Dänemark	Deutschland
1987 - 1992	-1,25	-0,80	-2,53	0,00
1993 - 1997	-0,42	0,04	0,86	0,00
1987 - 1997	-0,87	-0,42	-0,99	0,00

Tabelle 0.5: Jährliche Veränderung der Bruttoinlandsprodukte ausgewählter Staaten der EU in %, deren relative Differenzen zu Deutschland sowie deren jeweilige Durchschnitte in verschiedenen Zeiträumen. (Datenmaterial: Europäische Kommission, Generaldirektion Wirtschaft und Finanzen (1997): "Europäische Wirtschaft", Nr. 64, 1997, statistischer Anhang, eigene Berechnungen).

Euro-Monats-Zinsen ausgewählter Staaten der EU, in %, Durchschnitte im Jahr

Jahr/Land	Frankreich	Belgien	Dänemark	Deutschland
1987	8,23	6,68	9,78	3,78
1988	7,72	6,54	8,31	4,07
1989	9,18	8,45	9,41	6,78
1990	10,06	9,59	10,75	8,18
1991	9,44	9,20	9,59	9,03
1992	10,40	9,34	11,15	9,51
1993	9,04	8,47	11,08	7,56
1994	5,75	5,53	5,87	5,35
1995	6,55	4,64	5,98	4,48
1996	3,84	3,16	3,84	3,27
1997	3,28	3,18	3,53	3,14
Durchschnitte				
Zeitraum/Land	**Frankreich**	**Belgien**	**Dänemark**	**Deutschland**
1987 - 1992	9,17	8,30	9,83	6,90
1993 - 1997	5,69	5,00	6,06	4,76
1987 - 1997	7,59	6,80	8,12	5,92

Relative Differenzen der Euro-Monats-Zinsen ausgewählter Staaten der EU im Vergleich zu Deutschland, Durchschnitte im Jahr

Jahr/Land	Frankreich	Belgien	Dänemark	Deutschland
1987	4,45	2,91	6,00	0
1988	3,65	2,47	4,24	0
1989	2,41	1,67	2,64	0
1990	1,88	1,41	2,57	0
1991	0,42	0,17	0,56	0
1992	0,89	-0,17	1,64	0
1993	1,48	0,90	3,52	0
1994	0,41	0,18	0,53	0
1995	2,07	0,16	1,50	0
1996	0,57	-0,11	0,57	0
1997	0,14	0,04	0,39	0
Durchschnitte				
Zeitraum/Land	**Frankreich**	**Belgien**	**Dänemark**	**Deutschland**
1987 - 1992	2,28	1,41	2,94	0
1993 - 1997	1,39	0,67	1,82	0
1987 - 1997	1,67	0,88	2,20	0

Tabelle 0.6: Euro-Monats-Zinsen ausgewählter Staaten der EU (Durchschnitte im Jahr), deren relative Differenzen zu den deutschen Euro-Monats-Zinsen sowie deren jeweilige Durchschnitte in verschiedenen Zeiträumen. (Datenmaterial: Europäische Kommission, Generaldirektion Wirtschaft und Finanzen (1997): "Europäische Wirtschaft", Nr. 64, 1997, statistischer Anhang, eigene Berechnungen).

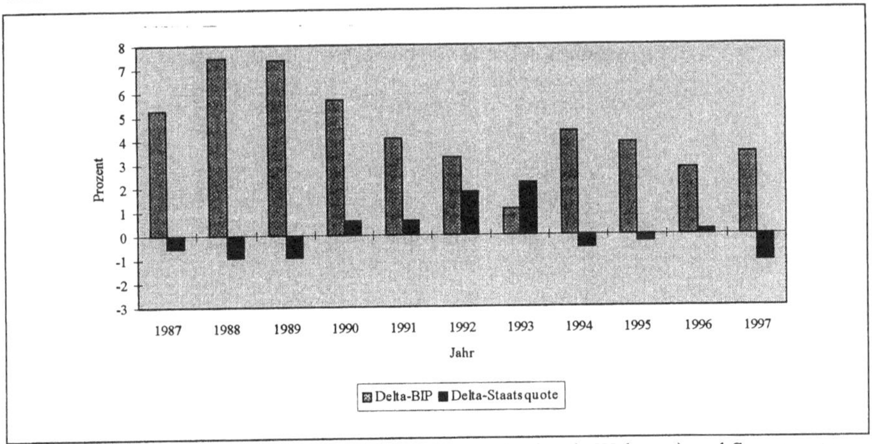

Abbildung 0.1: Bruttoinlandsprodukt zu Marktpreisen (nationale Währung) und Staatsquote (in % des BIP zu Marktpreisen) Frankreichs (jährliche Veränderung in %). (Datenmaterial: Europäische Kommission, Generaldirektion Wirtschaft und Finanzen (1997): "Europäische Wirtschaft", Nr. 64, 1997, statistischer Anhang).

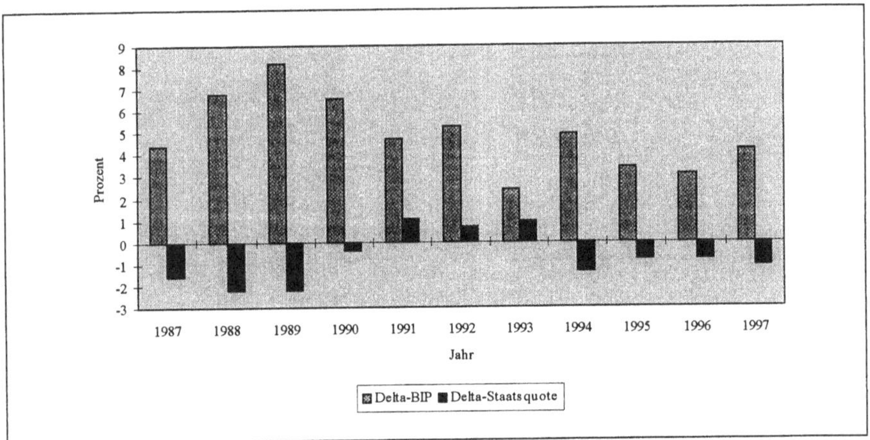

Abbildung 0.2: Bruttoinlandsprodukt zu Marktpreisen (nationale Währung) und Staatsquote (in % des BIP zu Marktpreisen) Belgiens (jährliche Veränderung in %). (Datenmaterial: Europäische Kommission, Generaldirektion Wirtschaft und Finanzen (1997): "Europäische Wirtschaft", Nr. 64, 1997, statistischer Anhang).

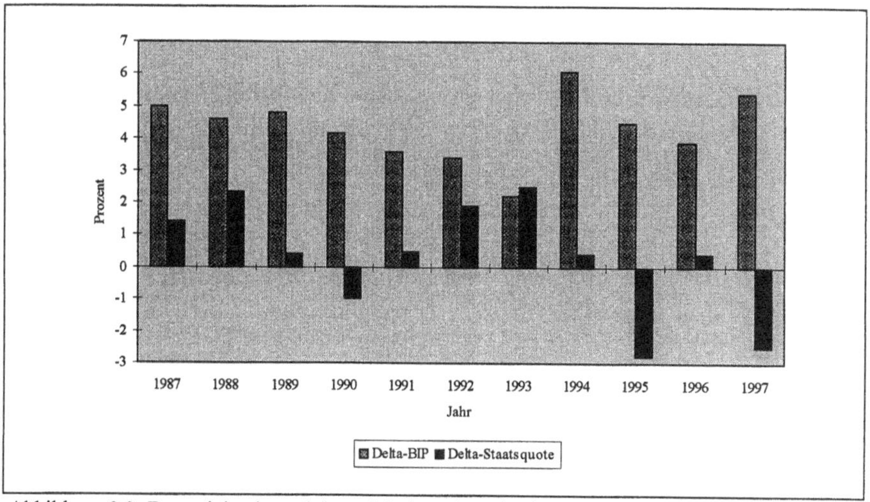

Abbildung 0.3: Bruttoinlandsprodukt zu Marktpreisen (nationale Währung) und Staatsquote (in % des BIP zu Marktpreisen) Dänemarks (jährliche Veränderung in %). (Datenmaterial: Europäische Kommission, Generaldirektion Wirtschaft und Finanzen (1997): "Europäische Wirtschaft", Nr. 64, 1997, statistischer Anhang).

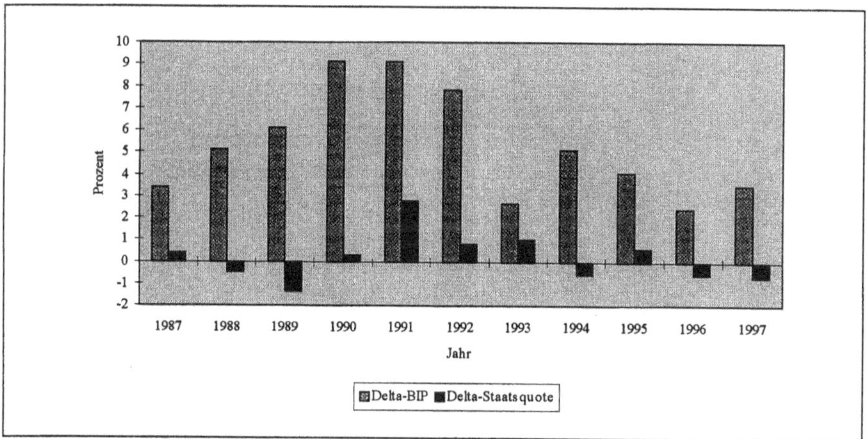

Abbildung 0.4: Bruttoinlandsprodukt zu Marktpreisen (nationale Währung) und Staatsquote (in % des BIP zu Marktpreisen) Deutschlands (jährliche Veränderung in %). (1987 - 1994: Westdeutschland). (Datenmaterial: Europäische Kommission, Generaldirektion Wirtschaft und Finanzen (1997): "Europäische Wirtschaft", Nr. 64, 1997, statistischer Anhang, sowie eigene Berechnungen).

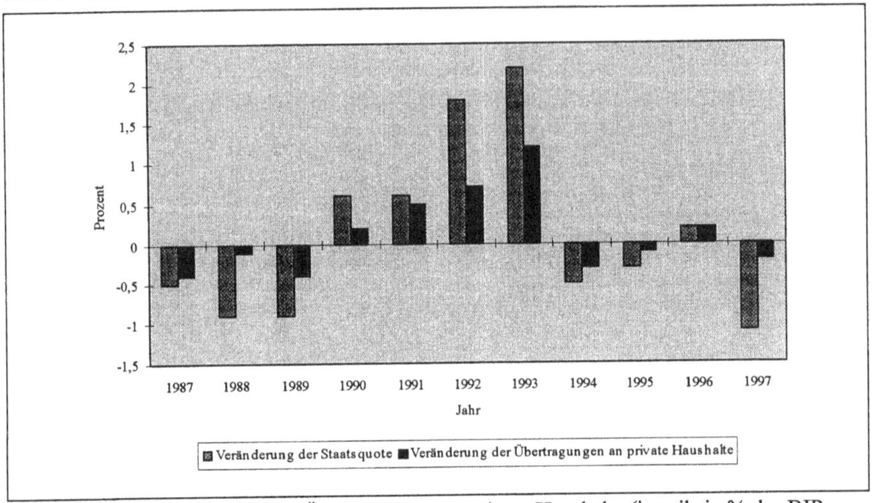

Abbildung 0.5: Staatsquote und Übertragungen an private Haushalte (jeweils in % des BIP zu Marktpreisen) Frankreichs (jährliche Veränderung in %). (Datenmaterial: Europäische Kommission, Generaldirektion Wirtschaft und Finanzen (1997): "Europäische Wirtschaft", Nr. 64, 1997, statistischer Anhang, sowie eigene Berechnungen).

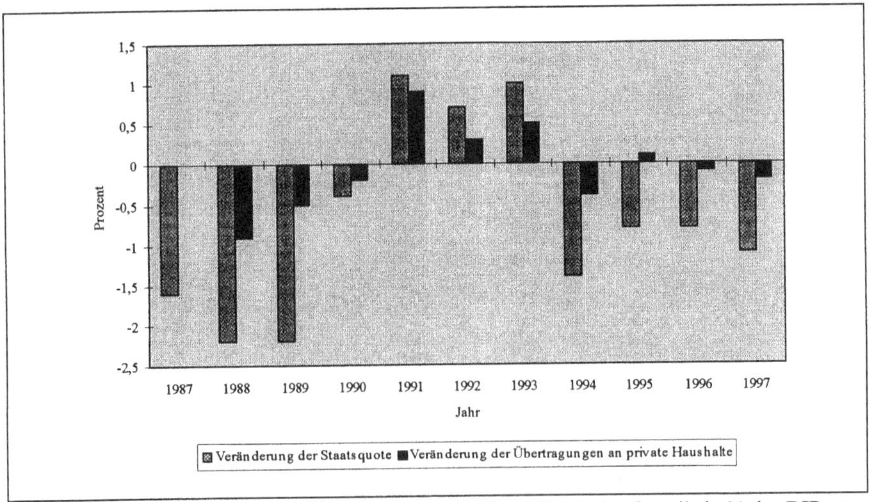

Abbildung 0.6: Staatsquote und Übertragungen an private Haushalte (jeweils in % des BIP zu Marktpreisen) Belgiens (jährliche Veränderung in %). (Datenmaterial: Europäische Kommission, Generaldirektion Wirtschaft und Finanzen (1997): "Europäische Wirtschaft", Nr. 64, 1997, statistischer Anhang, sowie eigene Berechnungen).

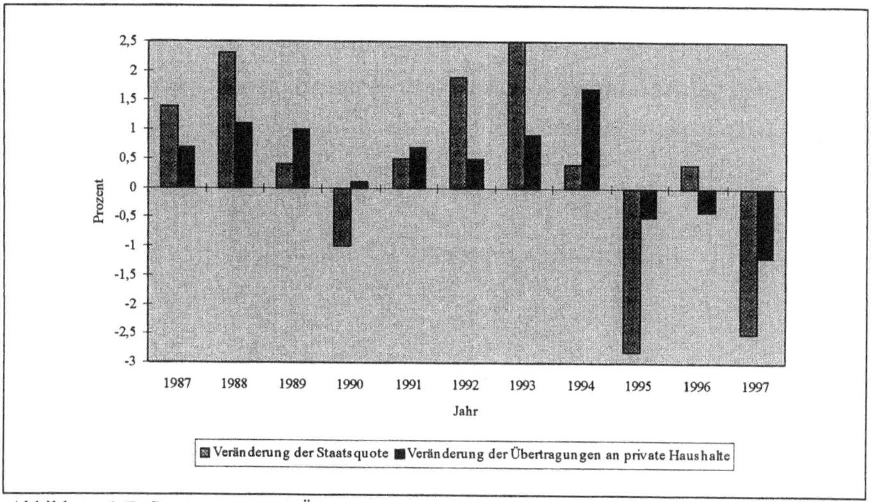

Abbildung 0.7: Staatsquote und Übertragungen an private Haushalte (jeweils in % des BIP zu Marktpreisen) Dänemarks (jährliche Veränderung in %). (Datenmaterial: Europäische Kommission, Generaldirektion Wirtschaft und Finanzen (1997): "Europäische Wirtschaft", Nr. 64, 1997, statistischer Anhang, sowie eigene Berechnungen).

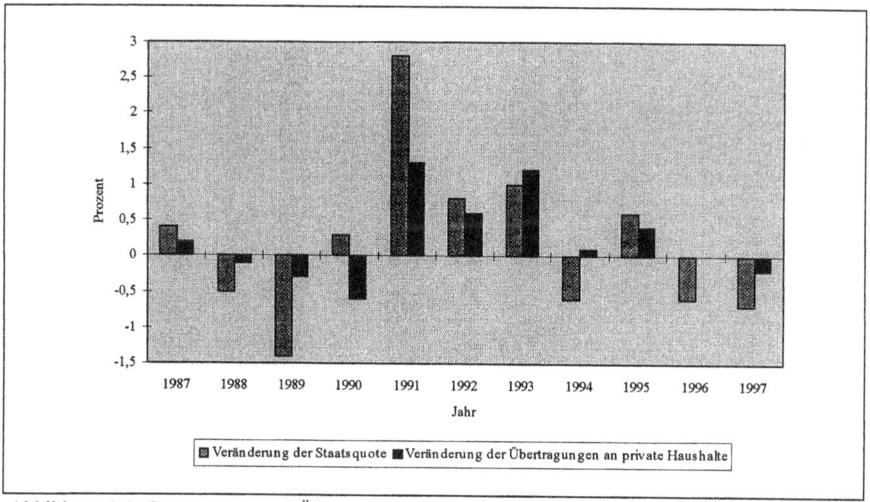

Abbildung 0.8: Staatsquote und Übertragungen an private Haushalte (jeweils in % des BIP zu Marktpreisen) Deutschlands (jährliche Veränderung in %). (1987 - 1991: Westdeutschland). (Datenmaterial: Europäische Kommission, Generaldirektion Wirtschaft und Finanzen (1997): "Europäische Wirtschaft", Nr. 64, 1997, statistischer Anhang, sowie eigene Berechnungen).

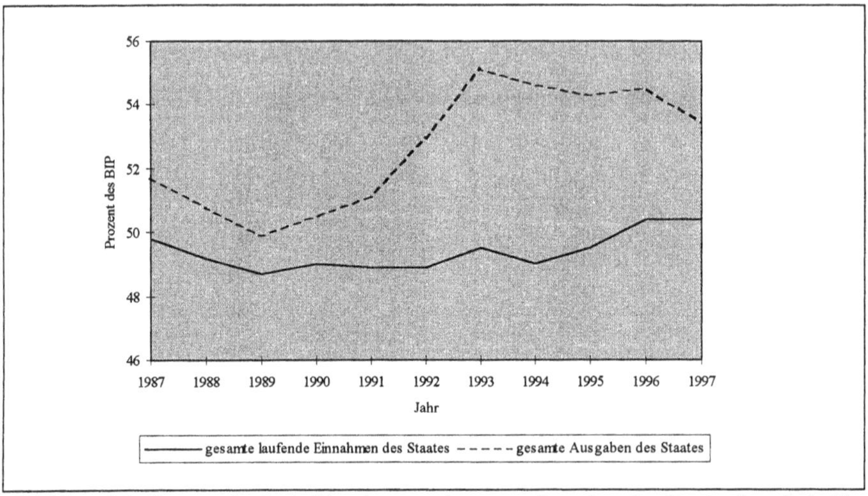

Abbildung 0.9: Gesamte laufende Einnahmen und gesamte Ausgaben des Staates (jeweils in % des BIP zu Marktpreisen) Frankreichs. (Datenmaterial: Europäische Kommission, Generaldirektion Wirtschaft und Finanzen (1997): "Europäische Wirtschaft", Nr. 64, 1997, statistischer Anhang).

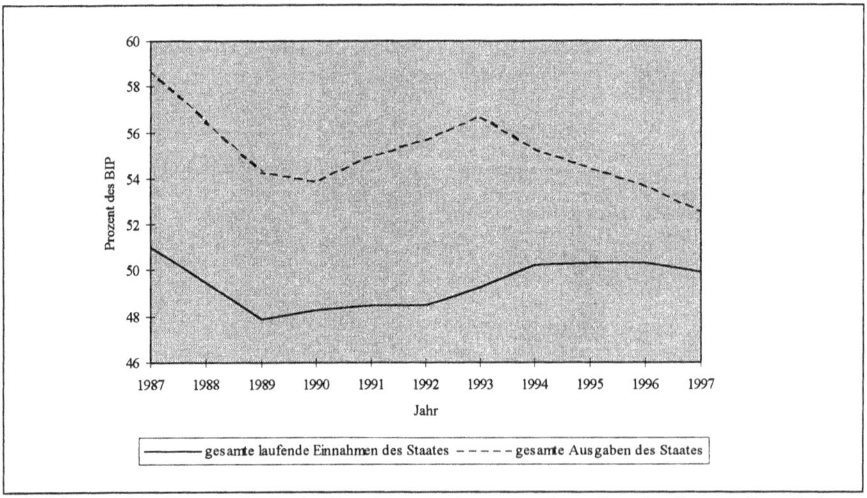

Abbildung 0.10: Gesamte laufende Einnahmen und gesamte Ausgaben des Staates (jeweils in % des BIP zu Marktpreisen) Belgiens. (Datenmaterial: Europäische Kommission, Generaldirektion Wirtschaft und Finanzen (1997): "Europäische Wirtschaft", Nr. 64, 1997, statistischer Anhang).

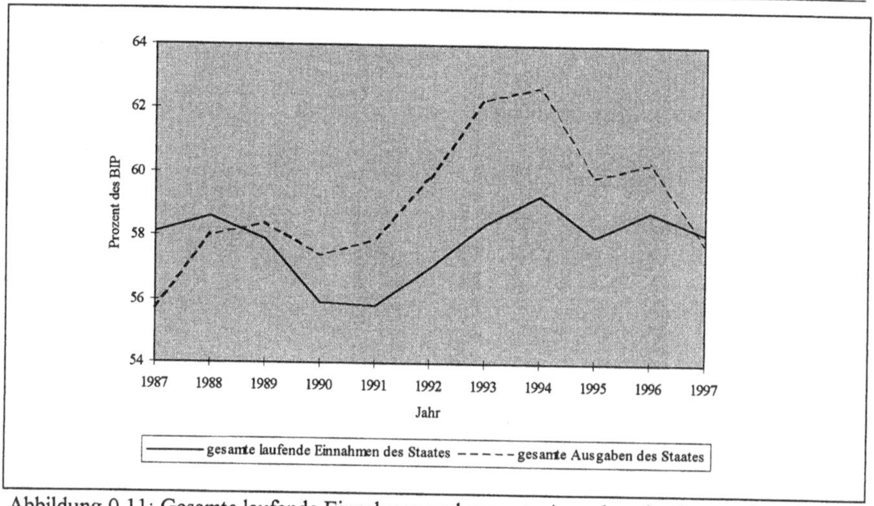

Abbildung 0.11: Gesamte laufende Einnahmen und gesamte Ausgaben des Staates (jeweils in % des BIP zu Marktpreisen) Dänemarks. (Datenmaterial: Europäische Kommission, Generaldirektion Wirtschaft und Finanzen (1997): "Europäische Wirtschaft", Nr. 64, 1997, statistischer Anhang).

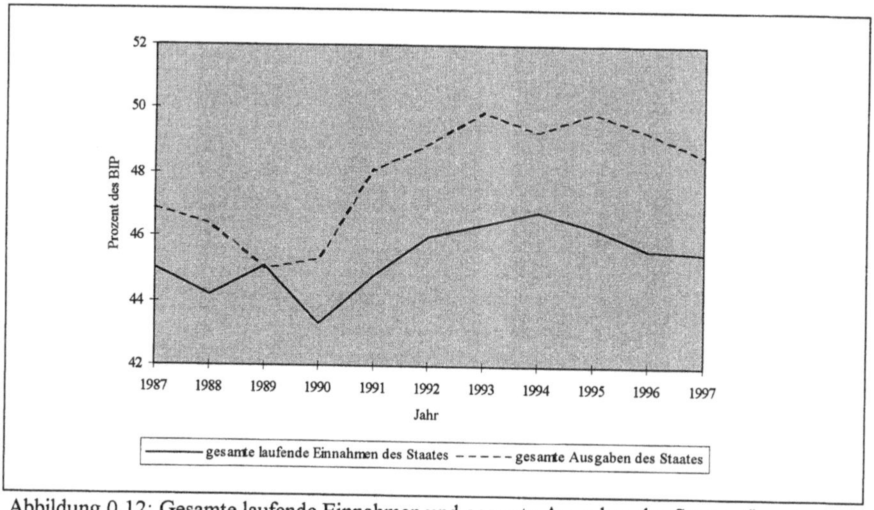

Abbildung 0.12: Gesamte laufende Einnahmen und gesamte Ausgaben des Staates (jeweils in % des BIP zu Marktpreisen) Deutschlands. (1987 - 1991: Westdeutschland). (Datenmaterial: Europäische Kommission, Generaldirektion Wirtschaft und Finanzen (1997): "Europäische Wirtschaft", Nr. 64, 1997, statistischer Anhang).

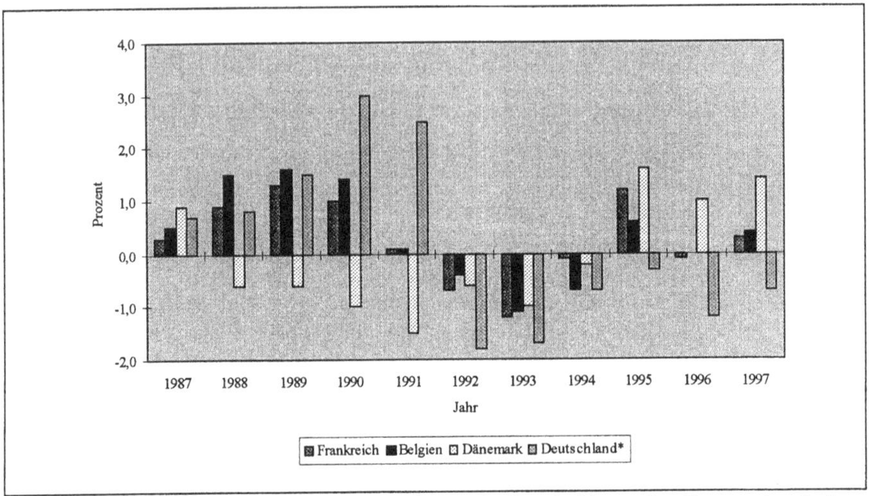

Abbildung 0.13: Jährliche prozentuale Veränderung der Beschäftigung der Gesamtwirtschaft ausgewählter Staaten der EU. (1987 - 1994: Westdeutschland). (Datenmaterial: Europäische Kommission, Generaldirektion Wirtschaft und Finanzen (1997): "Europäische Wirtschaft", Nr. 64, 1997, statistischer Anhang).

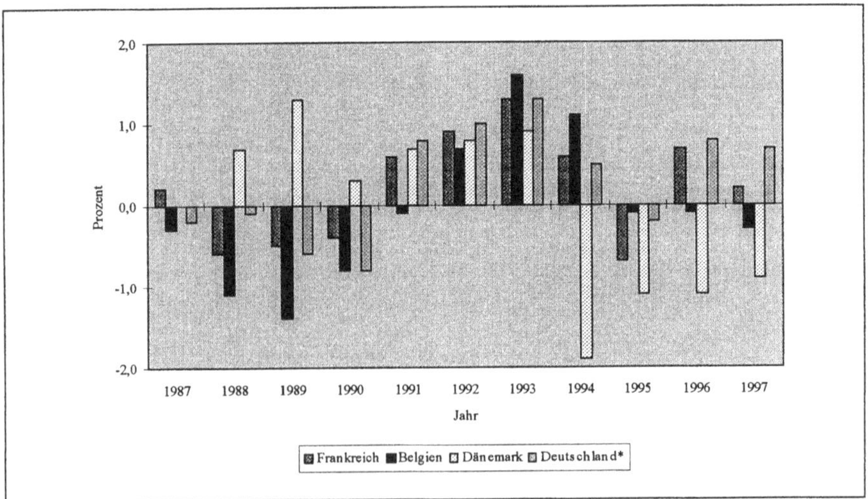

Abbildung 0.14: Jährliche prozentuale Veränderung der Arbeitslosigkeit (in % der zivilen Erwerbsbevölkerung) ausgewählter Staaten der EU. (1987 - 1994: Westdeutschland). (Datenmaterial: Europäische Kommission, Generaldirektion Wirtschaft und Finanzen (1997): "Europäische Wirtschaft", Nr. 64, 1997, statistischer Anhang, sowie eigene Berechnungen).

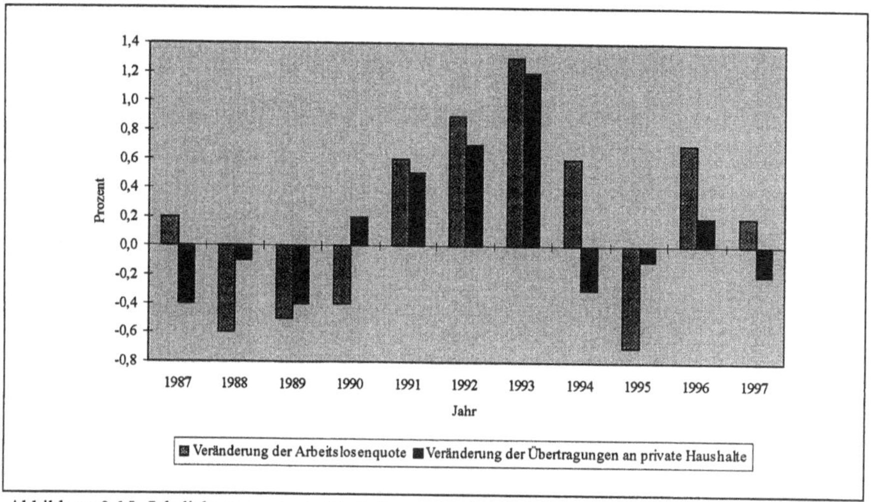

Abbildung 0.15: Jährliche prozentuale Veränderung der Arbeitslosenquote (in % der zivilen Erwerbsbevölkerung) und der Übertragungen an private Haushalte (in % des BIP zu Marktpreisen) Frankreichs. (Datenmaterial: Europäische Kommission, Generaldirektion Wirtschaft und Finanzen (1997): "Europäische Wirtschaft", Nr. 64, 1997, statistischer Anhang, sowie eigene Berechnungen).

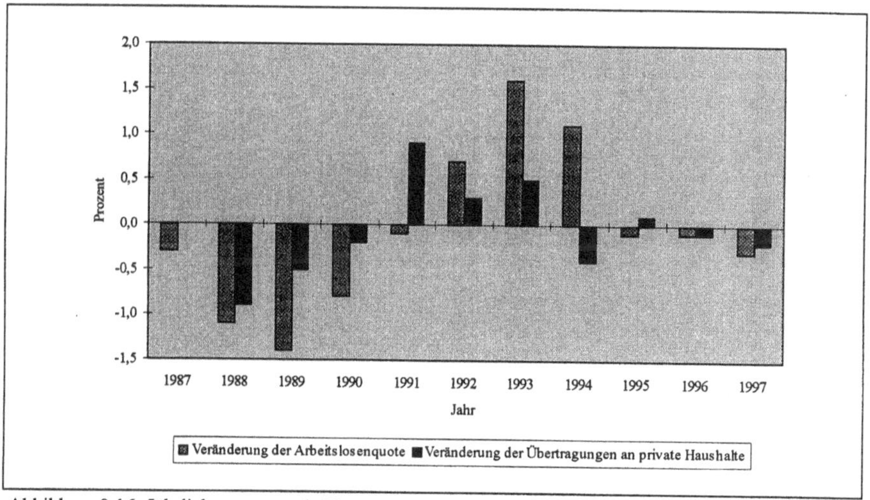

Abbildung 0.16: Jährliche prozentuale Veränderung der Arbeitslosenquote (in % der zivilen Erwerbsbevölkerung) und der Übertragungen an private Haushalte (in % des BIP zu Marktpreisen) Belgiens. (Datenmaterial: Europäische Kommission, Generaldirektion Wirtschaft und Finanzen (1997): "Europäische Wirtschaft", Nr. 64, 1997, statistischer Anhang, sowie eigene Berechnungen).

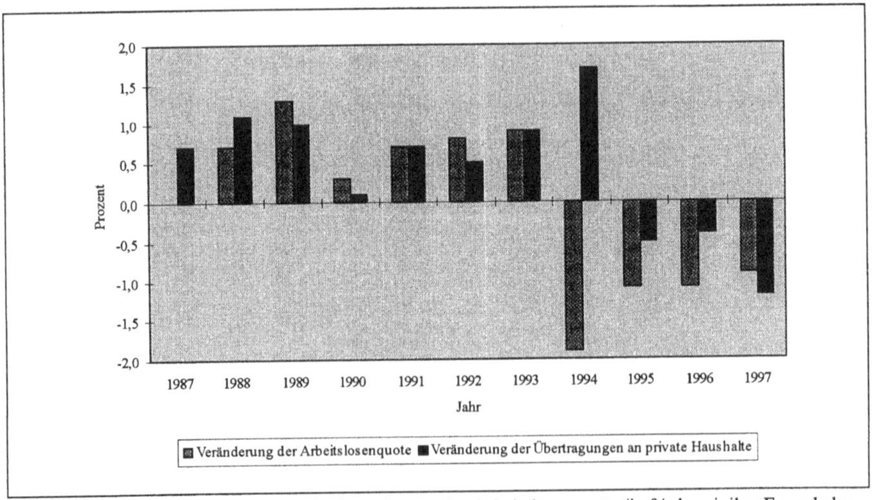

Abbildung 0.17: Jährliche prozentuale Veränderung der Arbeitslosenquote (in % der zivilen Erwerbsbevölkerung) und der Übertragungen an private Haushalte (in % des BIP zu Marktpreisen) Dänemarks. (Datenmaterial: Europäische Kommission, Generaldirektion Wirtschaft und Finanzen (1997): "Europäische Wirtschaft", Nr. 64, 1997, statistischer Anhang, sowie eigene Berechnungen).

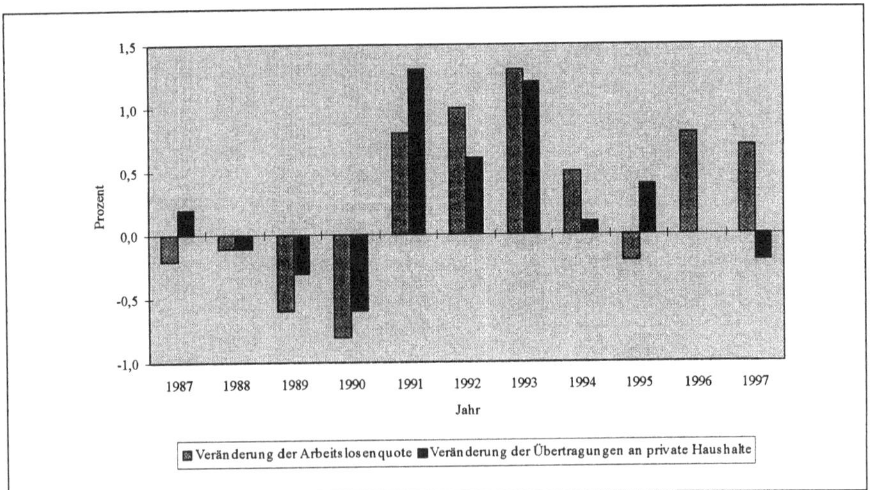

Abbildung 0.18: Jährliche prozentuale Veränderung der Arbeitslosenquote (in % der zivilen Erwerbsbevölkerung) und der Übertragungen an private Haushalte (in % des BIP zu Marktpreisen) Deutschlands. (1987 - 1994: Westdeutschland). (Datenmaterial: Europäische Kommission, Generaldirektion Wirtschaft und Finanzen (1997): "Europäische Wirtschaft", Nr. 64, 1997, statistischer Anhang, sowie eigene Berechnungen).

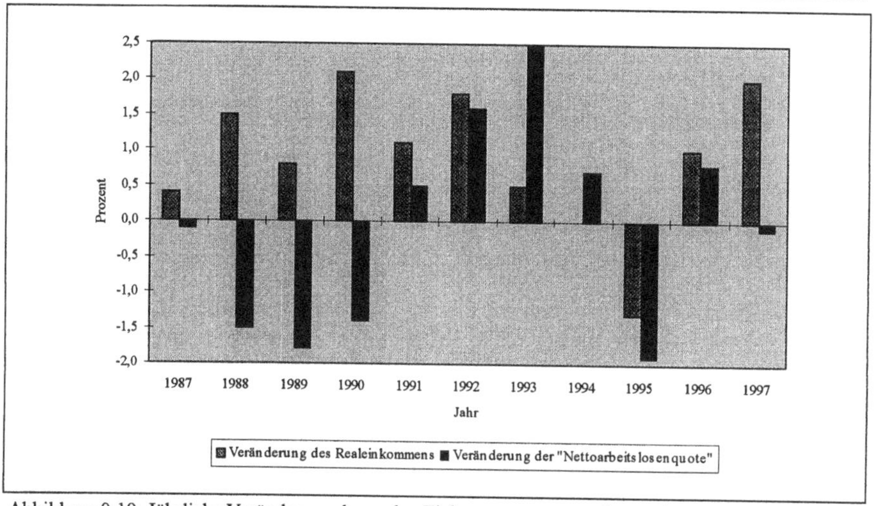

Abbildung 0.19: Jährliche Veränderung des realen Einkommens aus unselbständiger Arbeit je Arbeitnehmer (Deflator des BIP, Gesamtwirtschaft) und der "Nettoarbeitslosenquote" Frankreichs. (Datenmaterial: Europäische Kommission, Generaldirektion Wirtschaft und Finanzen (1997): "Europäische Wirtschaft", Nr. 64, 1997, statistischer Anhang, sowie eigene Berechnungen).

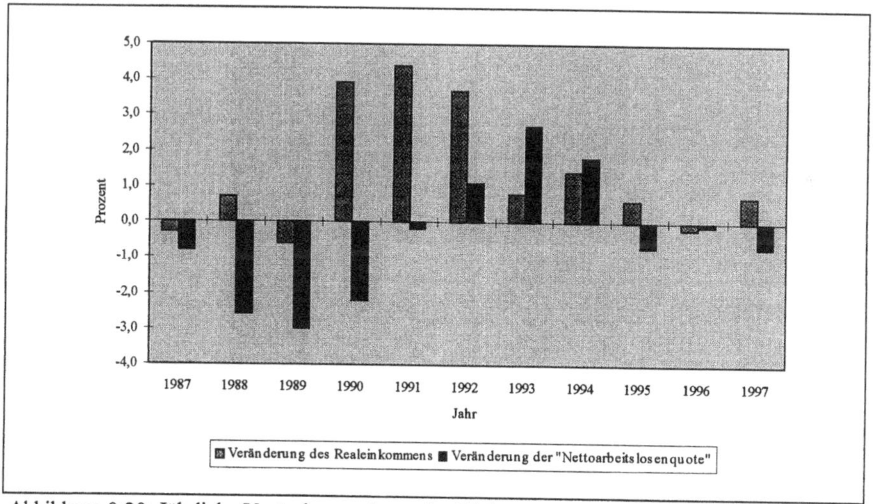

Abbildung 0.20: Jährliche Veränderung des realen Einkommens aus unselbständiger Arbeit je Arbeitnehmer (Deflator des BIP, Gesamtwirtschaft) und der "Nettoarbeitslosenquote" Belgiens. (Datenmaterial: Europäische Kommission, Generaldirektion Wirtschaft und Finanzen (1997): "Europäische Wirtschaft", Nr. 64, 1997, statistischer Anhang, sowie eigene Berechnungen).

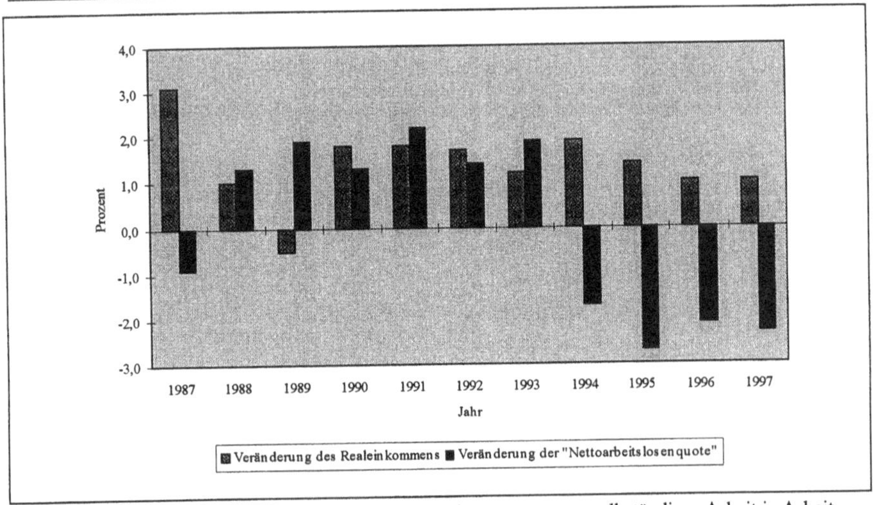

Abbildung 0.21: Jährliche Veränderung des realen Einkommens aus unselbständiger Arbeit je Arbeitnehmer (Deflator des BIP, Gesamtwirtschaft) und der "Nettoarbeitslosenquote" Dänemarks. (Datenmaterial: Europäische Kommission, Generaldirektion Wirtschaft und Finanzen (1997): "Europäische Wirtschaft", Nr. 64, 1997, statistischer Anhang, sowie eigene Berechnungen).

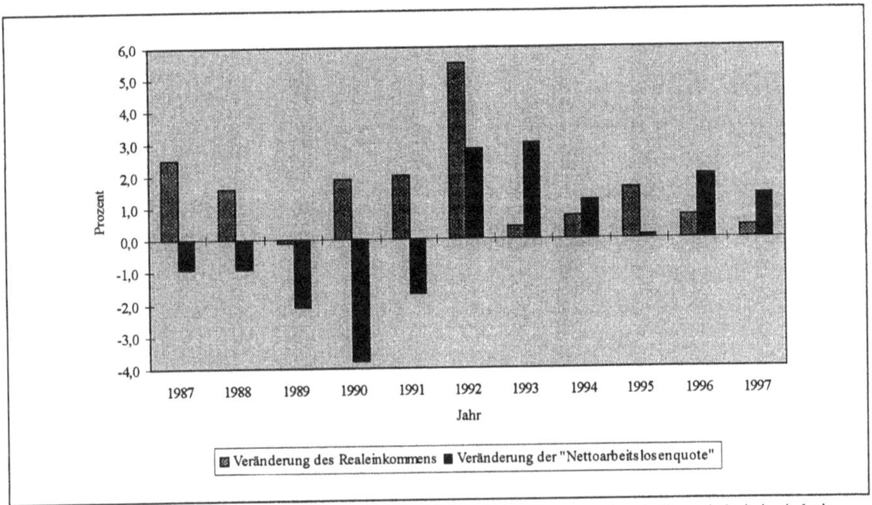

Abbildung 0.22: Jährliche Veränderung des realen Einkommens aus unselbständiger Arbeit je Arbeitnehmer (Deflator des BIP, Gesamtwirtschaft) und der "Nettoarbeitslosenquote" Deutschlands. (1987 - 1994: Westdeutschland). (Datenmaterial: Europäische Kommission, Generaldirektion Wirtschaft und Finanzen (1997): "Europäische Wirtschaft", Nr. 64, 1997, statistischer Anhang, sowie eigene Berechnungen).

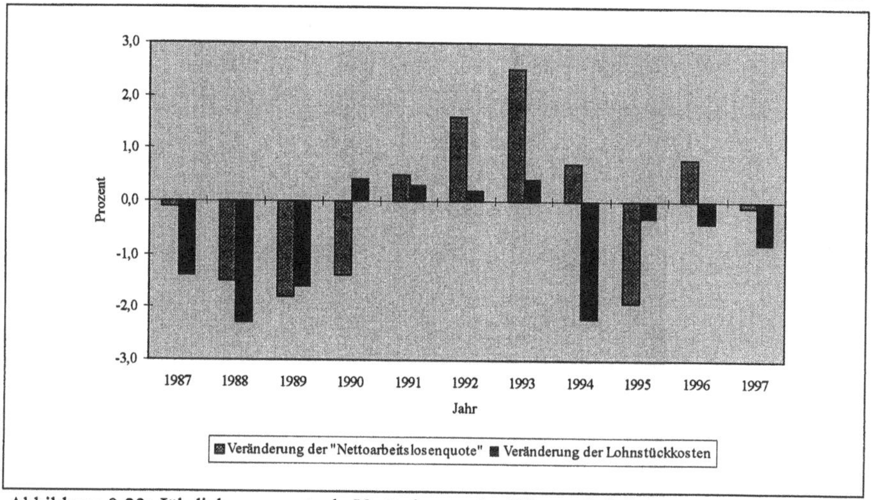

Abbildung 0.23: Jährliche prozentuale Veränderung der "Nettoarbeitslosenquote" und der realen Lohnstückkosten (Gesamtwirtschaft, 1991 = 100) Frankreichs. (Datenmaterial: Europäische Kommission, Generaldirektion Wirtschaft und Finanzen (1997): "Europäische Wirtschaft", Nr. 64, 1997, statistischer Anhang, sowie eigene Berechnungen).

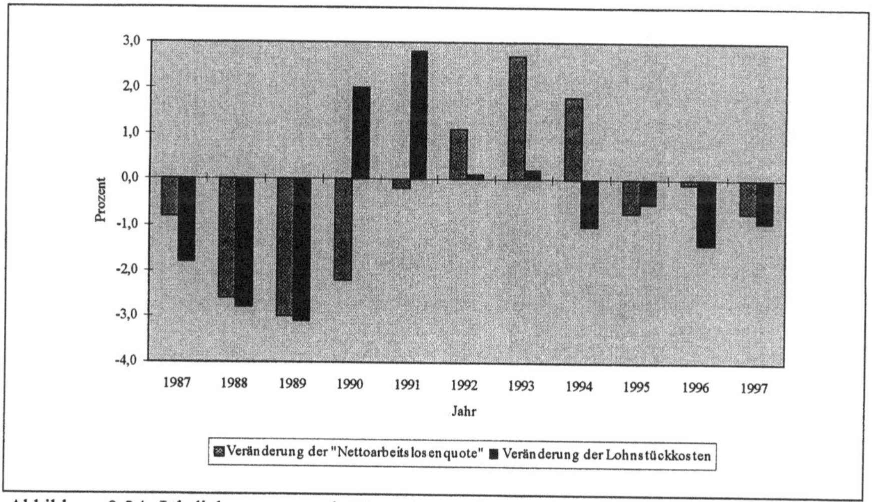

Abbildung 0.24: Jährliche prozentuale Veränderung der "Nettoarbeitslosenquote" und der realen Lohnstückkosten (Gesamtwirtschaft, 1991 = 100) Belgiens. (Datenmaterial: Europäische Kommission, Generaldirektion Wirtschaft und Finanzen (1997): "Europäische Wirtschaft", Nr. 64, 1997, statistischer Anhang, sowie eigene Berechnungen).

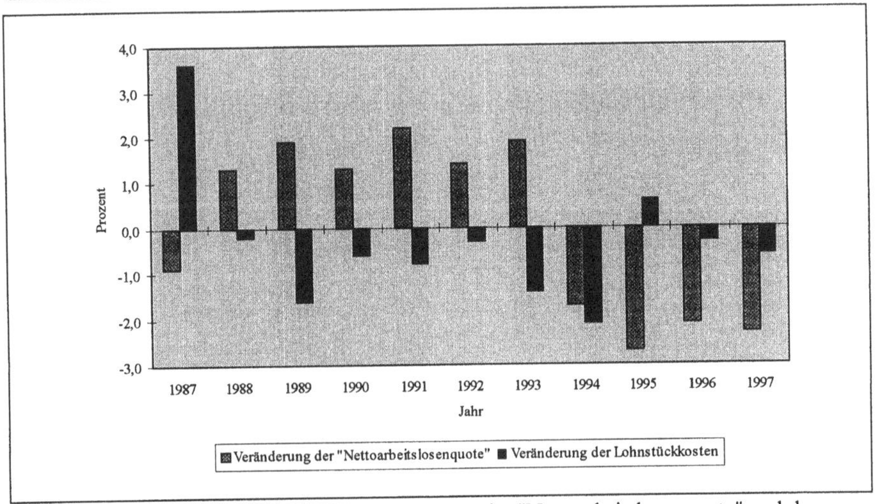

Abbildung 0.25: Jährliche prozentuale Veränderung der "Nettoarbeitslosenquote" und der realen Lohnstückkosten (Gesamtwirtschaft, 1991 = 100)Dänemarks. (Datenmaterial: Europäische Kommission, Generaldirektion Wirtschaft und Finanzen (1997): "Europäische Wirtschaft", Nr. 64, 1997, statistischer Anhang, sowie eigene Berechnungen).

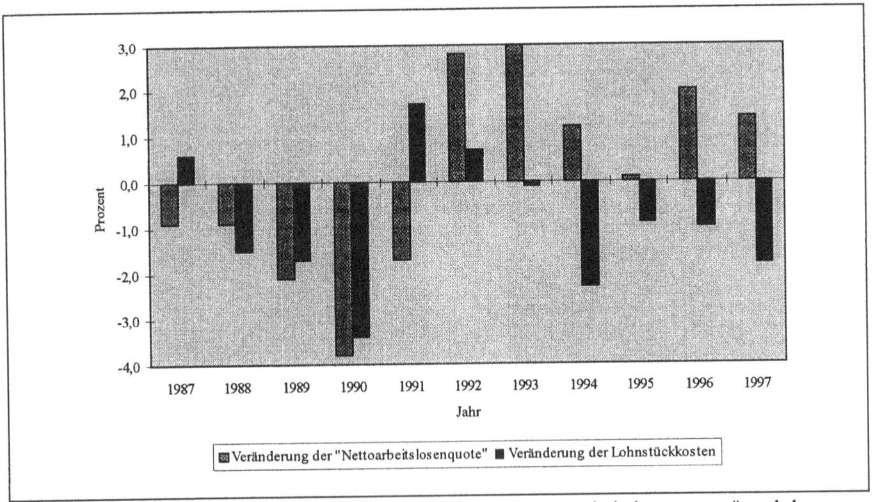

Abbildung 0.26: Jährliche prozentuale Veränderung der "Nettoarbeitslosenquote" und der realen Lohnstückkosten (Gesamtwirtschaft, 1991 = 100) Deutschlands. (1987 - 1991: Westdeutschland). (Datenmaterial: Europäische Kommission, Generaldirektion Wirtschaft und Finanzen (1997): "Europäische Wirtschaft", Nr. 64, 1997, statistischer Anhang, sowie eigene Berechnungen).

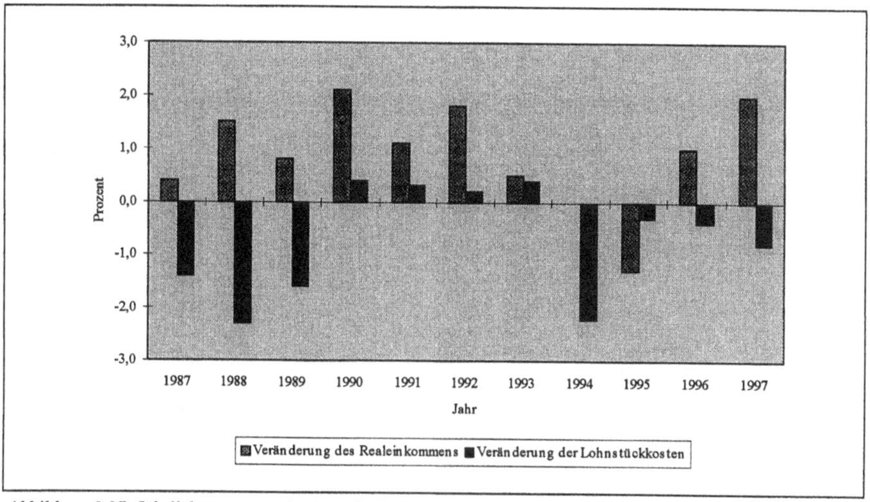

Abbildung 0.27: Jährliche prozentuale Veränderung des realen Einkommens aus unselbständiger Arbeit je Arbeitnehmer (Deflator des BIP, Gesamtwirtschaft) und der realen Lohnstückkosten (Gesamtwirt-schaft, 1991 = 100) Frankreichs. (Datenmaterial: Europäische Kommission, Generaldirektion Wirtschaft und Finanzen (1997): "Europäische Wirtschaft", Nr. 64, 1997, statistischer Anhang, sowie eigene Berechnungen).

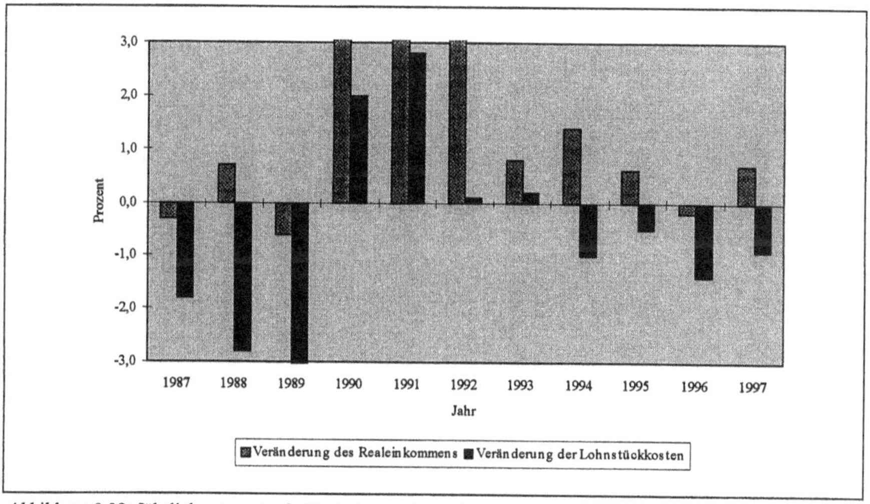

Abbildung 0.28: Jährliche prozentuale Veränderung des realen Einkommens aus unselbständiger Arbeit je Arbeitnehmer (Deflator des BIP, Gesamtwirtschaft) und der realen Lohnstückkosten (Gesamtwirtschaft, 1991 = 100) Belgiens. (Datenmaterial: Europäische Kommission, Generaldirektion Wirtschaft und Finanzen (1997): "Europäische Wirtschaft", Nr. 64, 1997, statistischer Anhang, sowie eigene Berechnungen).

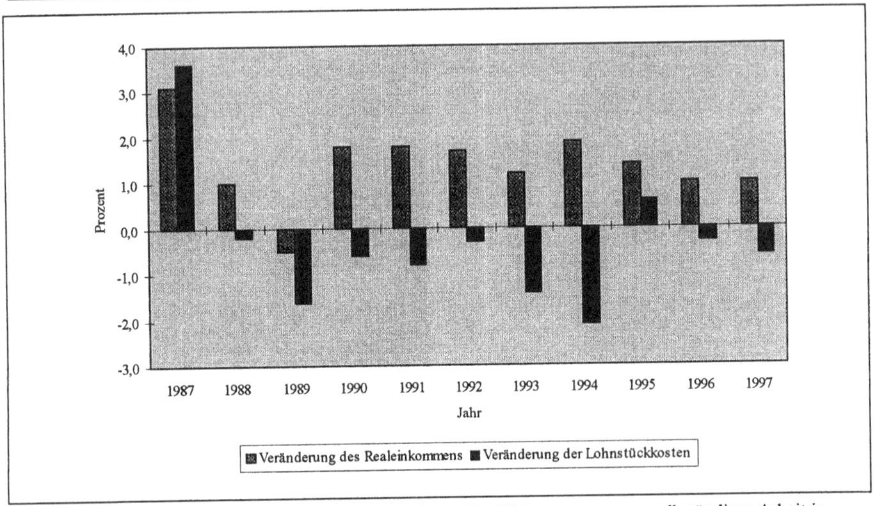

Abbildung 0.29: Jährliche prozentuale Veränderung des realen Einkommens aus unselbständiger Arbeit je Arbeitnehmer (Deflator des BIP, Gesamtwirtschaft) und der realen Lohnstückkosten (Gesamtwirtschaft, 1991 = 100) Dänemarks. (Datenmaterial: Europäische Kommission, Generaldirektion Wirtschaft und Finanzen (1997): "Europäische Wirtschaft", Nr. 64, 1997, statistischer Anhang, sowie eigene Berechnungen).

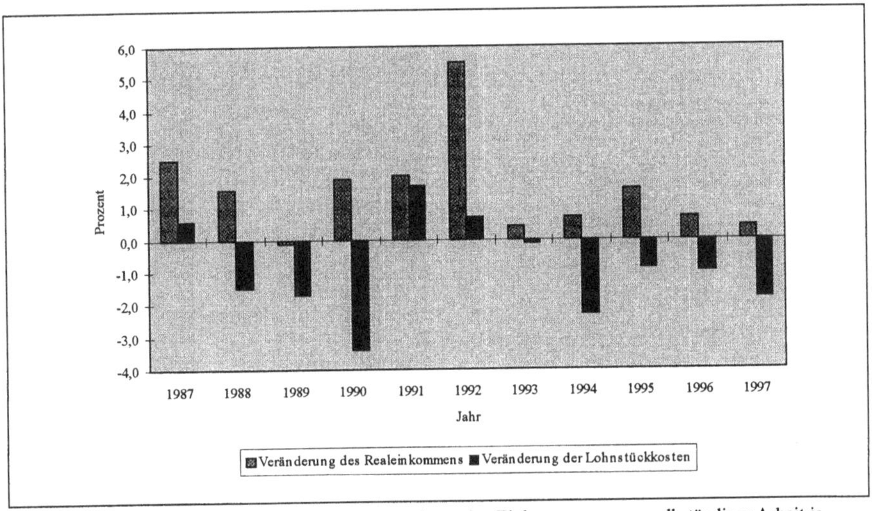

Abbildung 0.30: Jährliche prozentuale Veränderung des realen Einkommens aus unselbständiger Arbeit je Arbeitnehmer (Deflator des BIP, Gesamtwirtschaft) und der realen Lohnstückkosten (Gesamtwirtschaft, 1991 = 100) Deutschlands. (1987 - 1991: Westdeutschland). (Datenmaterial: Europäische Kommission, Generaldirektion Wirtschaft und Finanzen (1997): "Europäische Wirtschaft", Nr. 64, 1997, statistischer Anhang, sowie eigene Berechnungen).

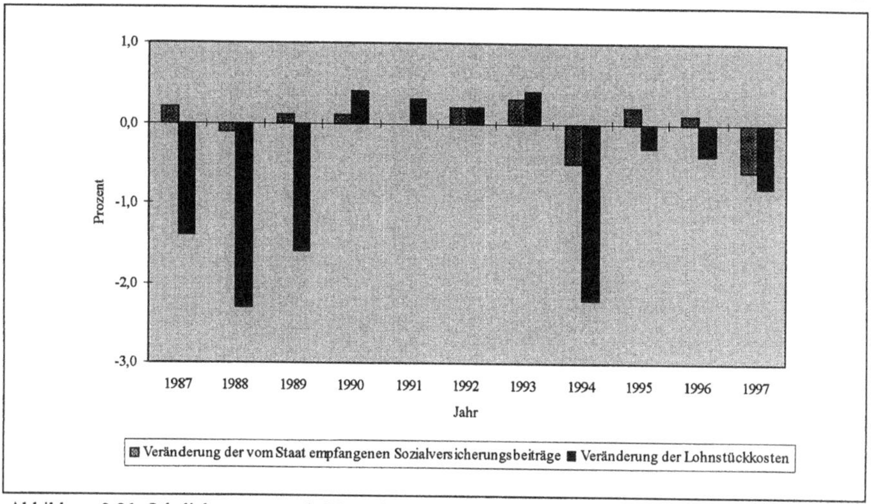

Abbildung 0.31: Jährliche prozentuale Veränderung der vom Staat empfangenen Sozialversicherungsbeiträge (in % des BIP zu Marktpreisen) und der realen Lohnstückkosten (Gesamtwirtschaft, 1991 = 100) Frankreichs. (Datenmaterial: Europäische Kommission, Generaldirektion Wirtschaft und Finanzen (1997): "Europäische Wirtschaft", Nr. 64, 1997, statistischer Anhang, sowie eigene Berechnungen).

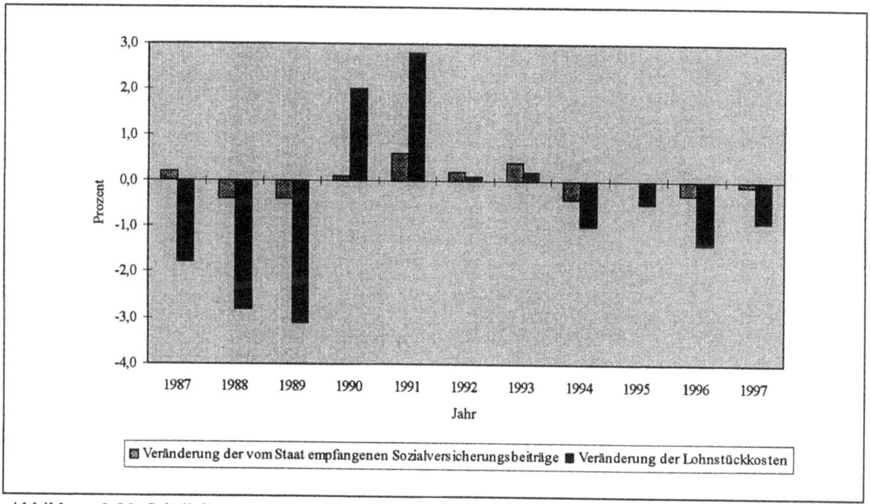

Abbildung 0.32: Jährliche prozentuale Veränderung der vom Staat empfangenen Sozialversicherungsbeiträge (in % des BIP zu Marktpreisen) und der realen Lohnstückkosten (Gesamtwirtschaft, 1991 = 100) Belgiens. (Datenmaterial: Europäische Kommission, Generaldirektion Wirtschaft und Finanzen (1997): "Europäische Wirtschaft", Nr. 64, 1997, statistischer Anhang, sowie eigene Berechnungen).

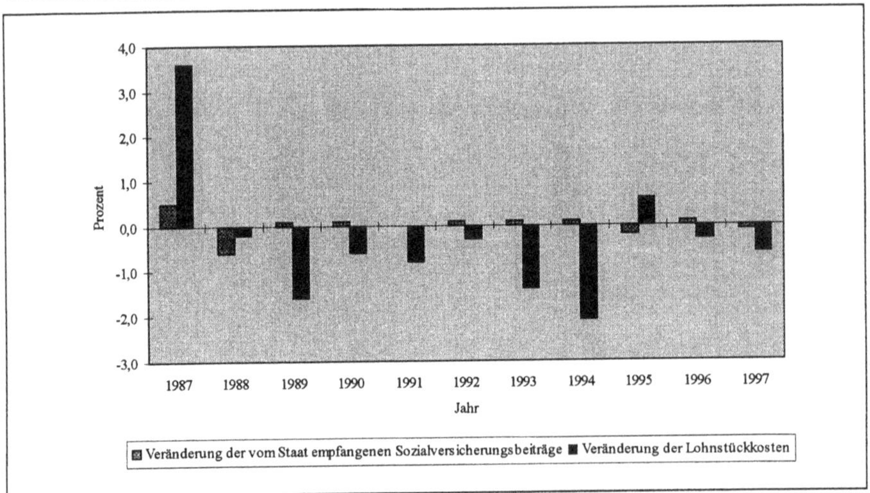

Abbildung 0.33: Jährliche prozentuale Veränderung der vom Staat empfangenen Sozialversicherungsbeiträge (in % des BIP zu Marktpreisen) und der realen Lohnstückkosten (Gesamtwirtschaft, 1991 = 100) Dänemarks. (Datenmaterial: Europäische Kommission, Generaldirektion Wirtschaft und Finanzen (1997): "Europäische Wirtschaft", Nr. 64, 1997, statistischer Anhang, sowie eigene Berechnungen).

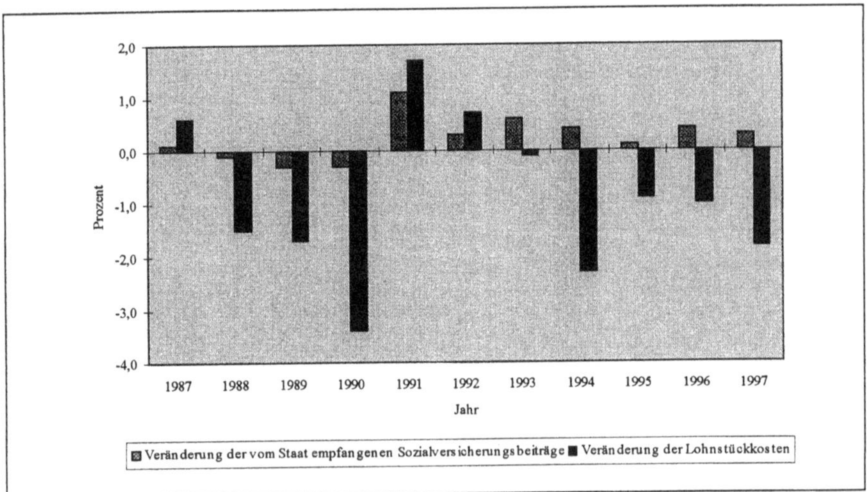

Abbildung 0.34: Jährliche prozentuale Veränderung der vom Staat empfangenen Sozialversicherungsbeiträge (in % des BIP zu Marktpreisen) und der realen Lohnstückkosten (Gesamtwirtschaft, 1991 = 100) Deutschlands. (1987 - 1991: Westdeutschland). (Datenmaterial: Europäische Kommission, Generaldirektion Wirtschaft und Finanzen (1997): "Europäische Wirtschaft", Nr. 64, 1997, statistischer Anhang, sowie eigene Berechnungen).

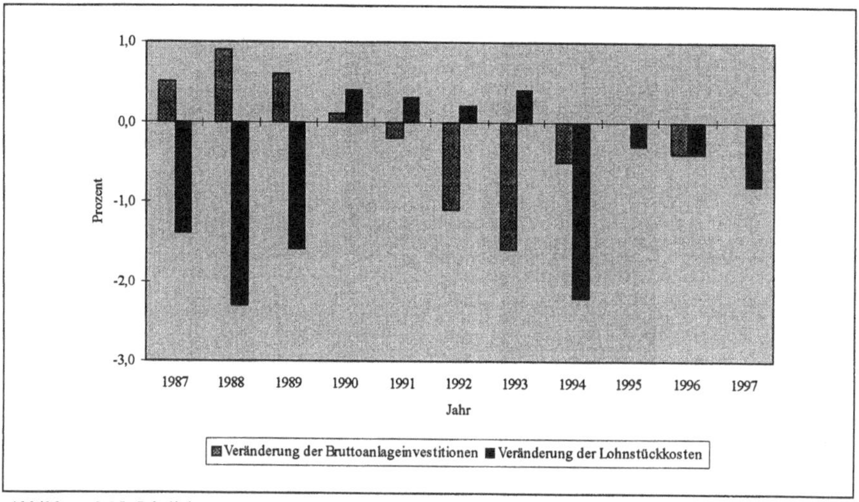

Abbildung 0.35: Jährliche prozentuale Veränderung der Bruttoanlageinvestitionen zu jeweiligen Preisen, (Gesamtwirtschaft) in % des BIP zu Marktpreisen und der realen Lohnstückkosten (Gesamtwirtschaft, 1991 = 100) Frankreichs. (Datenmaterial: Europäische Kommission, Generaldirektion Wirtschaft und Finanzen (1997): "Europäische Wirtschaft", Nr. 64, 1997, statistischer Anhang, sowie eigene Berechnungen).

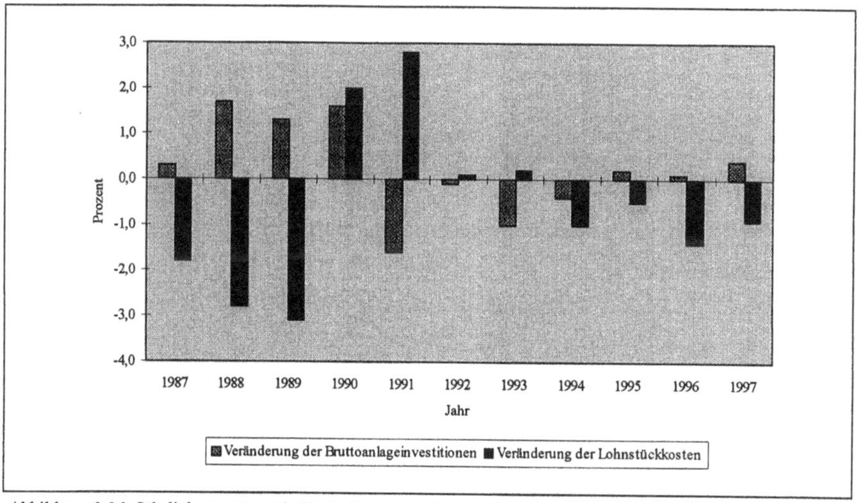

Abbildung 0.36: Jährliche prozentuale Veränderung der Bruttoanlageinvestitionen zu jeweiligen Preisen, (Gesamtwirtschaft) in % des BIP zu Marktpreisen und der realen Lohnstückkosten (Gesamtwirtschaft, 1991 = 100) Belgiens. (Datenmaterial: Europäische Kommission, Generaldirektion Wirtschaft und Finanzen (1997): "Europäische Wirtschaft", Nr. 64, 1997, statistischer Anhang, sowie eigene Berechnungen).

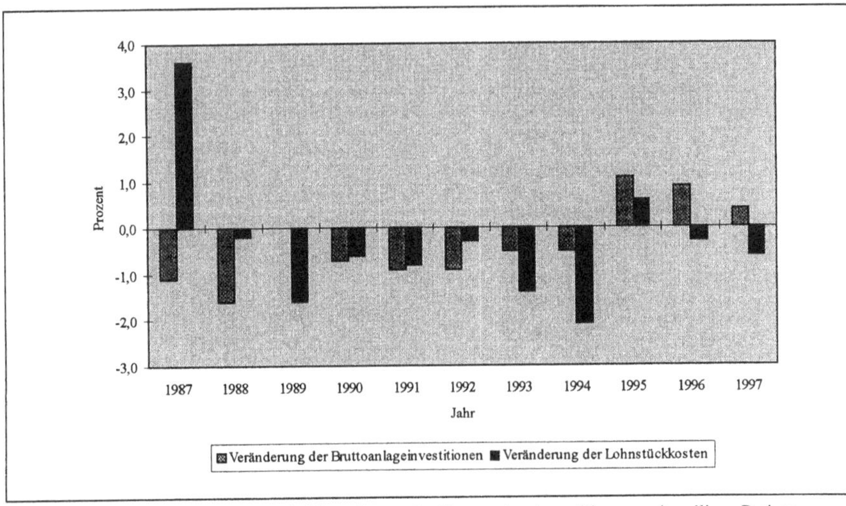

Abbildung 0.37: Jährliche prozentuale Veränderung der Bruttoanlageinvestitionen zu jeweiligen Preisen, (Gesamtwirtschaft) in % des BIP zu Marktpreisen und der realen Lohnstückkosten (Gesamtwirtschaft, 1991 = 100) Dänemarks. (Datenmaterial: Europäische Kommission, Generaldirektion Wirtschaft und Finanzen (1997): "Europäische Wirtschaft", Nr. 64, 1997, statistischer Anhang, sowie eigene Berechnungen).

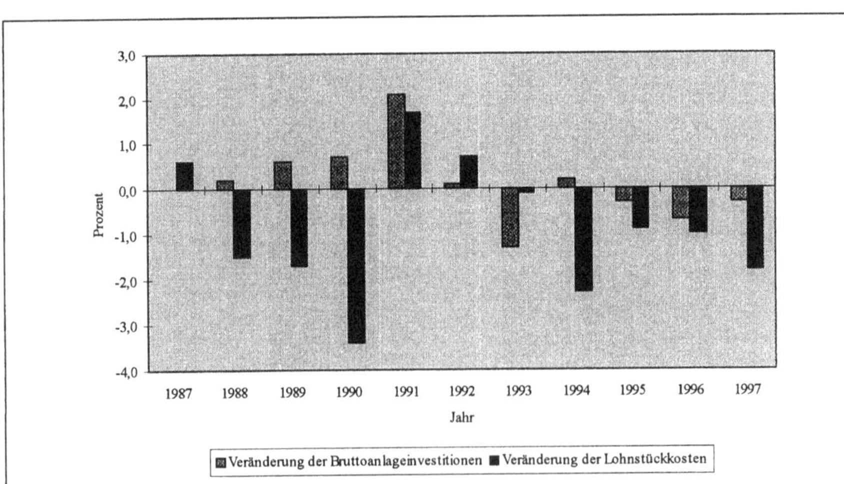

Abbildung 0.38: Jährliche prozentuale Veränderung der Bruttoanlageinvestitionen zu jeweiligen Preisen, (Gesamtwirtschaft) in % des BIP zu Marktpreisen und der realen Lohnstückkosten (Gesamtwirtschaft, 1991 = 100) Deutschlands. (1987 - 1994: Westdeutschland). (Datenmaterial: Europäische Kommission, Generaldirektion Wirtschaft und Finanzen (1997): "Europäische Wirtschaft", Nr. 64, 1997, statistischer Anhang, sowie eigene Berechnungen).

VII Literaturverzeichnis

Akerlof, George A.; Yellen, Janet L. (1985): "A Near-Rational Model of the Business Cycle with Wage and Price Inertia", in: The Quarterly Journal of Economics, Supplement, Bd. 100, S. 823 - 838.

Aliber, Robert Z. (1973): "The Interest Parity Theorem: A Reinterpretation", in: Journal of Political Economy, Vol. 81, 1973, S. 1451 - 1459.

Anderson, J. R. (1980): "Cognitive Psychology and ist Implications, San Franciso: W. H. Freeman, 1980.

Aschinger, Gerhard (1995): "Börsenkrach und Spekulation: eine ökonometrische Analyse", München: Vahlen, 1995.

Assenmacher, Walter (1995): "Einführung in die Ökonometrie", München u.a., Oldenbourg Verlag, 5. Auflage.

Baltensperger, Ernst; Böhm, Peter (1982): "Stand und Entwicklungstendenzen der Wechselkurstheorie - Ein Überblick", in: Aussenwirtschaft, 37. Jg., H. 2/3, 1982, S. 13 - 61.

Berthold, Norbert (1981): "Das Europäische Währungssystem (EWS)", in: Beiträge zur Wirtschafts- und Sozialpolitik; Institut der deutschen Wirtschaft, Nr. 95/96, Köln, 1981,S. 18 - 26.

Bienert, Horst (1996): "Der Marktprozeß an Aktienbörsen: Bewertungseffizienz und Umverteilung", Wiesbaden: Gabler, 1996, Neue betriebswirtschaftliche Forschung, Bd. 189.

BIS (1993) (Bank for International Settlements): "Central Bank Survey of Foreign Exchange Market Activity in April 1992", Basle, 1993.

Bleymüller, Josef; Gehlert, Günther; Gülicher, Herbert (1992): "Statistik für Wirtschaftswissenschaftler", 8. Auflage, Verlag Vahlen.

Bofinger, Peter (1993): "Was bestimmt die Leitwährungsrolle im EWS?", in: HWWA-Institut für Wirtschaftsforschung Hamburg, Wirtschaftsdienst, 73. Jg., H. 8, S. 397-401.

Bofinger, Peter (1993): "Der Name des EWS", in: HWWA-Institut für Wirtschaftsforschung, (Hrsg.), Hamburg, Wirtschaftsdienst, 73. Jg., H. 9, S. 454-457.

Bohley, Peter (1992): "Statistik", 5. Auflage, Oldenbourg Verlag, München, 1992.

Bordo, Michael D.; Eichengreen, Barry (Hrsg.) (1993): "A Retrospective on the Bretton Woods System: Lessons for International Monetary Reform", National Bureau of Economic Research, Chicago, London, 1993.

Bundesministerium der Finanzen (Hrsg.) (1995): "Finanzbericht 1996".

Burt, J.; Kaen, F. R. und Booth, G.G. (1977): "Foreign Exchange Market Efficiency under Flexible Exchange Rates", in: Journal of Finance, Vol. 32, 1977, S. 1325 - 1330.

Cagan, Phillip (1956): "The Monetary Dynamics of Hyperinflation", in: Friedman, Milton (Hrsg.): "Studies in the Quantity Theory of Money", Chicago, 1956, S. 25 - 117.

Caspers, Rolf (1978): "Grundlagen der Preiserwartungstheorie", in: Das Wirtschaftswissenschaftliche Studium, 7. Jg., H. 11, S. 510 - 517.

Cassel, Gustav (1928): "Post-War Stabilization", New York, 1928.

Cezanne, Wolfgang (1974): "Gleichgewichtstheorien und Wechselkurse", Verlag Anton Hain, Meisenheim, 1974.

Chiang, Thomas C. (1988): "The Forward Rate as a Predictor of the Future Spot Rate - A Stochastic Coefficient Approach", in: Journal of Money, Credit and Banking, Vol. 20, H. 2, 1988, S. 212 - 232.

De Grauwe, Paul (1989): "International Money - Postwar Trends and Theories", Oxford, 1989.

Deutsche Bundesbank (1990): Geschäftsbericht 1990, Frankfurt a.M., 1991.

Deutsche Bundesbank (1991): Geschäftsbericht 1991, Frankfurt a.M., 1992.

Deutsche Bundesbank (1992): Geschäftsbericht 1992, Frankfurt a.M., 1993.

Deutsche Bundesbank (1993): Monatsbericht Juni 1993, Frankfurt a. M., 1993

Deutsche Bundesbank (1993): "Kommunique der Europäischen Gemeinschaft vom 2. August 1993", in: Deutsche Bundesbank (Hrsg.): "Monatsbericht August 1993", Frankfurt a. M., 1993, S. 20.

Deutsche Bundesbank (1993): "Die jüngsten geld- und währungspolitischen Beschlüsse und die Entwicklungen im Europäischen Währungssystem", in: Deutsche Bundesbank (Hrsg.): "Monatsbericht August 1993", Frankfurt a. M., 1993, S. 19 - 27.

Deutsche Bundesbank (1993): "Devisenkursstatistik", in: Deutsche Bundesbank (Hrsg.): "Statistisches Beiheft zum Monatsbericht 5", Frankfurt a. M., August 1993.

Deutsche Bundesbank (1993): Monatsbericht September 1993, Frankfurt a. M., 1993

Deutsche Bundesbank (1993): "Entwicklung und Bestimmungsfaktoren des Außenwerts der D-Mark", in: Deutsche Bundesbank (Hrsg.) Monatsbericht November 1993, Frankfurt a. M., 1993, S. 41 - 61.

Deutsche Bundesbank (1997): "Devisenkursstatistik", in: Deutsche Bundesbank (Hrsg.): "Statistisches Beiheft zum Monatsbericht 5", Mai 1997, Frankfurt a. M., 1997.

Deutsche Bundesbank (1997): "Devisenkursstatistik", in: Deutsche Bundesbank (Hrsg.): "Statistisches Beiheft zum Monatsbericht 5", August 1997, Frankfurt a. M., 1997.

Deutsche Bundesbank (1997): "Zahlungsbilanzstatistik", in: Deutsche Bundesbank (Hrsg.): "Statistisches Beiheft zum Monatsbericht 3", Juni 1997, Frankfurt a. M., 1997.

Dormael, Armand, van (1978): "Bretton Woods: Birth of a Monetary System", London, Basingstoke: MacMillan Press, 1978.

Dornbusch, Rüdiger (1976): "Expectations and Exchange Rate Dynamics", in: Journal of Political Economy, Vol. 78, 1976, S. 255 - 276.

Dornbusch, Rüdiger (1976): "The Theory of Flexible Exchange Rate Regimes and Macroeconomic Policy", in: Scandinavian Journal of Economics, Vol. 78, 1978, S. 255 - 275.

Dornbusch, Rüdiger; Fischer, Stanley (1989): "Makroökonomik", 4. Auflage, München, Wien: Oldenbourg, 1989

Durbin, J.; Watson, G. (1950): "Testing Serial Correlation in Least-Squares Regression, Part I", Biometrica, 1950, S.409 - 428.

Durbin, J.; Watson, G. (1951): "Testing Serial Correlation in Least Squares Regression, Part II", Biometrica, 1951, S. 159 - 178.

Duwendag, Dieter (1993): "Die Stabilitätspolitik der Bundesbank liegt auch im europäischen Interesse", in: HWWA-Institut für Wirtschaftsforschung Hamburg (Hrsg.): Wirtschaftsdienst, 73. Jg., H. 4, S. 180-184.

Einzig, Paul (1937): "A Dynamic Theory of Forward Exchange", London, New York, 1961.

Eisenführ, Franz; Weber, Martin (1994): "Rationales Entscheiden", Springer-Verlag, Berlin, Heidelberg, 1994.

Edwards, Sebastian (1983): "Floating Exchange Rates, Expectations and New Information", in: Journal of Monetary Economics, Vol. 11, 1983, S. 321 - 336.

Engels, Wolfram (1993): "Arbeit ist zu teuer", in: Deutsche Bundesbank, (Hrsg.), Auszüge aus Presseartikeln, Nr. 16, 1993, Frankfurt a. M., 1993, S. 10-11.

Engels, Wolfram (1993): "In Sorge um die Mark", in: Deutsche Bundesbank, (Hrsg.), Auszüge aus Presseartikeln, Nr. 42, 1993, Frankfurt a. M., 1993, S. 4.

Europäische Kommission, Generaldirektion Wirtschaft und Finanzen (1993): "Europäische Wirtschaft", Nr. 54, 1993, Brüssel, 1993.

Europäische Kommission, Generaldirektion Wirtschaft und Finanzen (1997): "Europäische Wirtschaft", Nr. 63, 1997, Brüssel, 1997.

Europäische Kommission, Generaldirektion Wirtschaft und Finanzen (1997): "Europäische Wirtschaft", Nr. 64, 1997, Brüssel, 1997.

Fama, Eugene F. (1970): "Efficient Capital Markets: A Review of Theory andEmpirical Work", in: Journal of Finance, Vol. 25, 1970, Bd. 1, S. 383 - 417.

Fama, Eugene F.; Miller, Merton H. (1972): "The Theory of Finance", Hinsdale, Illinois, 1972.

Fehl, Ulrich; Oberender, Peter (1990): "Grundlagen der Mikroökonomie: eine Einführung in die Produktions-, Nachfrage- und Markttheorie", München, Vahlen, 1990.

Felderer, Bernhard; Homburg, Stefan (1994): "Makroökonomik und neue Makroökonomik", 6. Auflage, Berlin, 1994.

Feller, W. (1971): "An Introduction to Probability Theory and ist Applications", Vol. 2, 2. Auflage, New York, London u.a., 1971.

Filc, Wolfgang (1987): "Anmerkung zur Effizienz des Devisenmarktes", in: Köhler, Claus; Pohl, Rüdiger (Hrsg.): "Aspekte der Geldpolitik in offenen Volkswirtschaften", Berlin, Duncker & Humblot, 1987, S. 77 - 99.

Filc, Wolfgang (1993): "Bundesbank, Konjunktur und EWS", in: HWWA-Institut für Wirtschaftsforschung Hamburg, Wirtschaftsdienst, 73. Jg., H. 9, S. 461-468.

Fischer-Erlach, Peter (1986): "Die These von der Effizienz des Devisenmarktes aus der Sicht der Praxis", in: Die Bank, Nr. 2, 1986, S. 569.

Frankel, Jeffrey A. (1982): "A Test of perfect Substitutability in the Foreign Exchange Market", in: Southern Economic Journal, Vol. 49, 1982, S. 406 - 416.

Frankel, Jeffrey A.; Froot, Kenneth (1987): "Using Survey Data to Test Standard Propositions Regarding Exchange Rate Expectations", in: American Economic Review, Vol. 77 (1), 1987, S. 133 - 153.

Frenkel, Jacob A.; Levich, Richard M. (1975): "Covered Interest Arbitrage - Unexploited Profits?", in: Journal of Political Economy, Vol. 83, 1975, S. 325 - 338.

Frenkel, Jacob A. (1976): "A Monetary Approach to the Exchange Rate: Doctrinal Aspects and Empirical Evidence", in: Scansinavian Journal of Economics, Vol. 78, 1978, S. 200 - 224.

Frenkel, Jacob A. (1981): "Flexible Exchange Rates, Prices and the Role of "News": Lessons from the 1970's", in: Journal of Political Economy, Vol. 89, 1981, S. 665 - 705.

Frenkel, Michael (1993): "Einführung in die Makroökonomik offener Volkswirtschaften", Verlag Wilhelm Surbier, St. Gallen, 2. Auflage, 1993.

Frenkel, Michael (1994): "Wechselkursvolatilität und Terminkursverzerrungen: Empirischer Befund und Erklärungsansätze", Nomos Verlagsgesellschaft, Baden-Banden 1994.

Friedman, Milton; Schwartz, Anna S. (1963): "A Monetary History of the United States, 1867 - 1960", New York 1963.

Friedrich, Klaus; Unterberg, Armin (1993): "Die D- Mark dürfte auch weiterhin ihre Leitwährungsfunktion behalten", in: HWWA-Institut für Wirtschaftsforschung Hamburg, (Hrsg.), Wirtschaftsdienst, 73. Jg., H. 8, S. 401-403.

Fuchs, Herbert (1989): "Die Geldmarktabhängigkeit des Kapitalmarktes: Eine theoretische und ökonometrische Untersuchung zum monetären Transmissionsprozeß in der Bundesrepublik Deutschland", Hamburg, 1989.

Fuhrmann, Wilfried (1988): „Theorie effizienter Finanzmärkte“, in: Wirtschaftswissenschaftliches Studium, H. 11, 1988, S. 546 - 552.

Gaab, Werner (1981): "Der Terminkurs als Prediktor für den zukünftigen Kassakurs", in: Bombach, G.; Gahlen, B.; Ott, A., (Hrsg.): "Zur Theorie und Politik internationaler Wirtschaftsbeziehungen", Tübingen 1981, S. 135 - 177.

Gaab, Werner (1983): "Devisenmärkte und Wechselkurse: eine theoretische und empirische Analyse", Springer-Verlag, Berlin, 1983.

Gaab, Werner; Granziol, M. J.; Horner, M. (1986): "On Some International Parity Conditions, an Empirical Investigation", European Economic Review, Vol. 30, 1986, S.683 - 713.

Gabisch, Günther; Lorenz, Hans-W. (1989): "Business Cycle Theory", 2. Auflage, Berlin u.a.: Springer, 1989.

Gahlen, Bernhard (1973): "Einführung in die Wachstumstheorie", Bd. 1: "Makroökonomische Produktionstheorie", Tübingen: Mohr, 1973.

Gärtner, Manfred (1990): "Makroökonomik flexibler Wechselkurse", Berlin u.a., Springer-Verlag.

Geiger, Helmut (1993): "Bundesbank muß standfest bleiben", in: Deutsche Bundesbank, (Hrsg.), Auszüge aus Presseartikeln, Nr. 66, 1993, Frankfurt a. M., 1993, S. 7.

Gerhards, Tilmann (1994): "Theorie und Empirie flexibler Wechselkurse: eine ökonometrische Untersuchung mit Methoden der Kointegration und der multivariaten Zeitreihenanalyse", Physica-Verlag, Heidelberg, 1994.

Giersch, Herbert (1993): "Geht uns die Arbeit aus?", in: Deutsche Bundesbank, (Hrsg.), Auszüge aus Presseartikeln, Nr. 57, 1993, Frankfurt a. M., 1993, S. 7-8.

Graw, Ehrentraud (1984): "Informationseffizienz von Terminkontraktmärkten für Währungen", Frankfurt a.M., 1984.

Haberler, Gottfried (1955): "Prosperität und Depression", 2. Auflage, Tübingen: Mohr, 1955.

Häberle, Lothar (1982): "Wirtschaftspolitik bei rationalen Erwartungen. Konsequenzen einer kritischen Analyse der Theorie rationaler Erwartungen für die Wahl wirtschaftspolitischer Strategien", Köln, 1982.

Hansen, Lars P.; Hodrick, Robert L. (1980): "Forward Exchange Rates as optimal Predictors of the future Spot Rate: An Econometric Analysis", in: Journal of Political Economy, Vol. 88, 1980, S. 829 - 853.

Hansen, Lars P.; Hodrick, Robert L. (1983): "Risk Averse Speculation in the Forward Foreign Exchange Market: An Econometric Analysis of Linear Models", in: Frenkel, Jacob A. (Hrsg.): "Exchange Rates and Internationale Macroeconomics", Chicago 1983, S. 113 - 153.

Hartung, Joachim (1993): "Statistik: Lehr- und Handbuch der angewandten Statistik", 9. Auflage, München, Oldenbourg Verlag, 1993.

Hayek, Friedrich A., von (1969): "Rechtsordnung und Handelnsordnung", in: derselbe: "Freiburger Studien", Tübingen, Mohr, 1969, S. 161-198.

Hayek, Friedrich A., von. (1972): "Die Theorie komplexer Phänomene", in: Walter Eucken Institut, Vorträge und Aufsätze, 36, Tübingen: Mohr, 1972.

Hayek, Friedrich A., von (1975): "Die Anmaßung von Wissen", in: Ordo - Jahrbuch für die Ordnung von Wirtschaft und Gesellschaft, Bd. 26, 1975, S. 12 - 22.

Hayek, Friedrich A., von (1976): "Wirtschaftstheorie und Wissen", in: Friedrich A. v. Hayek: "Individualismus und Wirtschaftliche Ordnung", Salzburg: Wolfgang Neugebauer, 2. Auflage 1976, S. 49 - 77.

Hayek, Friedrich A., von (1976): "Die Verwertung des Wissens in der Gesellschaft", in: Friedrich A. v. Hayek: "Individualismus und Wirtschaftliche Ordnung", Salzburg: Wolfgang Neugebauer, 2. Auflage 1976, S. 103-122.

Hayek, Friedrich A., v. (1986): "Die Suche nach Gerechtigkeit", in: derselbe:" "Recht, Gesetzgebung und Freiheit", Bd. 2, "Die Illusion der sozialen Gerechtigkeit", Landsberg a. L.: Verlag moderne Industrie, 2. Auflage, 1986, S. 53 - 93.

Hayek, Friedrich A., v.: (1986): "Die Marktordnung oder Katallaxie", in: derselbe: "Recht, Gesetzgebung und Freiheit", Bd. 2, "Die Illusion der sozialen Gerechtigkeit", Landsberg a. L.: Verlag moderne Industrie, 2. Auflage, 1986, S. 149 - 178.

Hellmann, Rainer (1976): "Dollar, Gold und Schlange: die Pseudoreform des Weltwährungssystems", Baden-Baden: Nomos-Verlagsgesellschaft, 1976.

Hellmann, Rainer (1979): "Das Europäische Währungssystem", Baden-Baden: Nomos Verlagsgesellschaft, 1979.

Heri, Erwin W. (1982): "Bestimmungsgründe kurzfristiger Wechselkursfluktuationen", Hamburg, 1982.

Hicks, John R. (1950): "Value and Capital: An Enquiryinto some Fundamental Principles of Economic Theory", Oxford 1950.

Issing, Otmar (1993): "Die Zukunft der D-Mark", in: Deutsche Bundesbank, (Hrsg.), Auszüge aus Presseartikeln, Nr. 3, 1993, Frankfurt a. M., 1993, S. 1-2.

Issing, Otmar (1993): "An schlechtem Rat kein Mangel", in: Deutsche Bundesbank, (Hrsg.), Auszüge aus Presseartikeln, Nr. 5, 1993, Frankfurt a. M., 1993, S. 7-10.

Jeske, Jürgen (1998): "Draußen vor der Tür", in: Jeske, Jürgen; Müller-Vogg, Hugo, Nonnenmacher, Günther; Reißmüller, Johann G.; Schirrmacher, Frank (Hrsg.): Frankfurter Allgemeine Zeitung", vom 05. 02. 1998, S. 1.

Kaiser, Helmut (1993): "Die europäische Währungskrise", in Deutsche Bank Research GmbH (Hrsg.): G-3 Themen: Nordamerika-Europa- Ostasien; Nr. 40, 30.09.1993.

Kaminsky, Graciela; Peruga, Rodrigo (1990): "Can a Time-Varying Risk Premium Explain Excess Returns in the Forward Market for Foreign Exchange?", in: Journal of International Economics, Vo. 28, 1990, S. 47 - 70.

Keynes, John M. (1923): "A Tract on Monetary Reform", London, 1923.

Keynes, John M. (1936): "Allgemeine Theorie der Beschäftigung, des Zinses und des Geldes", 7. Auflage, Duncker und Humblot, Berlin 1994.

Kirchgässner, Gebhard; Wolters, Jürgen (1990): "Uncovered Interest Parity, Interest Rate Linkage, or Independence?", in: Jahrbuch für Sozialwissenschaft, H. 3, 1990, S. 289 - 311.

Kirchgässner, Gebhard (1991): "Homo Oeconomicus: das ökonomische Modell individuellen Verhaltens und seine Anwendung in den Wirtschafts- und Sozialwissenschaften", Tübingen, Mohr, 1991.

Kitterer, Wolfgang (1993): "Staatsverschuldung und Haushaltskonsolidierung - Folgen für den Standort Deutschland", in: HWWA-Institut für Wirtschaftsforschung Hamburg, (Hrsg.), Wirtschaftsdienst, 73. Jg., H. 12, S. 633-639.

Knight, Frank H. (1921): "Risk, Uncertainty and Profit", Neuauflage: Chicago 1971.

König, Peter; Möller, Joachim (1989): "Zinsparitätentheoreme", in: Wirtschaftswissenschaftliches Studium, 18. Jg., H. 8, 1989, S. 403 - 406.

Kohlhaussen, Martin (1993): "Maastricht - Illusion und Ernüchterung", in: Deutsche Bundesbank, (Hrsg.), Auszüge aus Presseartikeln, Nr. 3, 1993, S. 9.

Kotsch, Harald: "Wohlfahrtsökonomie und Wertfreiheit", in: Jahrbuch für Sozialwissenschaften, Bd. 40, 1989, H. 1, S. 65 - 82.

Kutscher, Gerhard (1993): "Zu kurz gesprungen", in: Deutsche Bundesbank, (Hrsg.), Auszüge aus Presseartikeln, Nr. 52, 1993, S. 3-4.

Lachmann, L. M. (1963): "Wirtschaftsordnung und wirtschaftliche Institutionen", in: Ordo, Jahrbuch für die Ordnung von Wirtschaft und Gesellschaft, Bd. 14, 1963, S. 63-67.

Laux, Helmut (1991): "Entscheidungstheorie", 2. Auflage, Springer-Verlag, Berlin, Heidelberg, 1991.

Lewis, Karen K. (1989): "Changing Beliefs and Systematic Rational Forecast Errorswith Evidence from Foreign Exchange", in: American Economic Review, Vol. 79, 1989, S. 621 - 636.

Maas, Peter; Weibler, Jürgen (1990): "Börse und Psychologie: Plädoyer für eine neue Perspektive", Köln: Deutscher Instituts-Verlag, 1990.

MacDonald, Ronald (1988): "Floating Exchange Rates - Theories and Evidence", London, 1988

MacDonald, Ronald; Taylor, Mark P. (1989): "Economic Analysis of Foreign Exchange markets: An Expository Survey", in: MacDonald, R.; Taylor, M.P. (Hrsg.): "Exchange Rates and open Economy Macroeconomics", Basil Blackwell, Cambridge, Ma., 1989, S. 3 - 108.

MacDonald, Ronald; Taylor, Mark P. (1992): "Exchange Rate Economics: A Survey", in: International Monetary Fund Staff Papers, Vol. 39, No.: 1, 1992, S. 1 - 57.

Maennig, Wolfgang G.; Tease, Warren J. (1987): "Covered Interest Parity in Non-Dollar Euromarkets", in: Weltwirtschaftliches Archiv, Vol. 123, 1987, S. 606 - 617.

Marston, Richard C. (1976): "Interest Arbitrage in Euro-Currency Markets", in: European Economic Review, Vol. 7, 1976, S. 1 - 13.

Meese, Richard A.; Rogoff, Kenneth (1983): "Empirical Exchange Rate Models of the seventies: Do they fit out of Sample?", in: Journal of International Economics, Vol. 14, No.: ½, 1983, S. 3 - 25.

Meese, R. A.; Singleton, K. J. (1982): "On unit roots and the empirical modelling of Exchange Rates", in: Journal of Finance, Vol. 37, H. 4, S. 1029 - 1035.

Menkhoff, Lukas (1992): "Feedback Trading auf Devisenmärkten", in: Jahrbücher für Nationalökonomie und Statistik, Bd. 210, 1992, .S. 127 - 144.

Menkhoff, Lukas (1995): "Spekulative Verhaltensweisen auf Devisenmärkten", Verlag Mohr, Tübingen, 1995.

Müller, Lothar (1993): "Probleme der Staatsverschuldung vor dem Hintergrund der deutschen Vereinigung", in: HWWA-Institut für Wirtschaftsforschung Hamburg, Wirtschaftsdienst, 73 Jg., H. 3, S. 121-131, S. 127.

Mussa, Michael (1979): "Empirical Regularities in the Behaviour of Exchange Rates and Theories of the Foreign Exchange Markets", in Brunner, Karl, Meltzer, Alan H.: "Policies for Employment, Prices and Exchange Rates", Carnegie-Rochester Conference Series on Public Policy, Supplement to the Journal of Monetary Economics, (1979), S9 - 57, S. 50.

Muth, John F. (1961): "Rational Expectations and the Theory of Price Movements", in: Econometrica, Vol. 29, 1961, S. 315 - 335.

Neumann, J., von; Morgenstern, O. (1947): "Theory of Games and Economic Behavior", Princeton, 1947.

Neumann, Manfred J. M. (1979): "Rationale Erwartungen in Makromodellen - Ein kritischer Überblick", in: Zeitschrift für Wirtschafts- und Sozialwissenschaften, Jg. 99, 1979, S. 371 - 401.

Neumann, Manfred, J. M. (1993): "Deutsche Geldpolitik: Anker oder Stimulanz für Europa?", in: HWWA-Institut für Wirtschaftsforschung Hamburg, (Hrsg.), Wirtschaftsdienst, 73 Jg., H. 4, S. 175-180.

Neumann, Manfred J. M.; Klein, Martin (1982): "Probleme der Theorie effizienter Märkte und ihrer empirischen Überprüfung", in: Kredit und Kapital, 15. Jg., H. 2, 1982, S. 165 - 187.

Oehler, Andreas (1992): ""Anomalien, "Irrationalitäten"oder "Biases" der Erwartungsnutzentheorie und ihre Relevanz für die Finanzmärkte", in: Zeitschrift für Bankrecht und Bankwirtschaft, 4. Jg., H. 2, 1992, S. 97 - 124.

Ott, Alfred E. (1978): "Preistheorie: eine Einführung", Darmstadt, Wissenschaftliche Buchgesellschaft, 1978.

Ott, Alfred E. (1989): "Grundzüge der Preistheorie", Neudruck der 3. überarbeiteten Auflage, Göttingen, Vandenhoeck und Ruprecht, 1989.

Pentecost, Eric J. (1993): "Exchange Rate Dynamics - A Modern Analysis of Exchange Rate Theories and Evidence", Aldershot, Edward Elgar, 1993.

Pikoulakis, Emmanuel (1995): "International Macroeconomics", Basingstoke, Macmillan Press, 1995.

Poole, William (1967): "Speculative Prices on Random Walks: An Analysis of Ten Time Series of Flexible Exchange Rates", in: Southern Economic Journal, Vol. 33, 1967, S. 468 - 478.

Popper, Karl R. (1994): "Die Logik der Forschung", 10. Auflage, Tübingen: Mohr, 1994.

Rat der Europäischen Gemeinschaft (1992): "Vertrag über die Europäische Union", Luxemburg: Amt für amtliche Veröffentlichungen der Europäischen Gemeinschaften, 1992.

Rat der Europäischen Gemeinschaft (1992): "Protokoll über das Verfahren bei einem übermäßigen Defizit", in: derselbe: "Vertrag über die Europäische Union", Luxemburg: Amt für amtliche Veröffentlichungen der Europäischen Gemeinschaften, 1992, S. 183 - 184.

Rat der Europäischen Gemeinschaft (1992): "Protokoll über die Konvergenzkriterien nach Artikel 109 j des Vertrages zur Gründung der Europäischen Gemeinschaft", in: derselbe: "Vertrag über die Europäische Union", Luxemburg: Amt für amtliche Veröffentlichungen der Europäischen Gemeinschaften, 1992, S. 185 - 186.

Reffert-Schönemann, Doris (1984): "Die Welt Währungsordnung - von den festen zu flexiblen Wechselkursen - und wie geht es weiter?", Frankfurt: Fritz Knapp Verlag, 1984.

Remer, Andreas (1989): "Organisationslehre - Eine Einführung", Walter de Gruyter, Berlin, New York, 1989.

Rothschild, Kurt W. (1981): "Einführung in die Ungleichgewichtstheorie", Berlin u.a., Springer Verlag, 1981.

Sargent, Thomas J. (1993): "Bounded Rationality in Macroeconomics", Oxford University Press, New York, 1993.

Savin, N. E.; White, K.J. (1977): The Durbin-Watson Test for Serial Correlation with Extreme Sample Sizes or many Regressors.", Econometrica, Vol. 45, 1977, S. 1989 - 1996.

Schaich, Eberhard (1990): "Schätz- und Testmethoden für Sozialwissenschaftler", 2. Auflage, München, 1990.

Schieber, Helmut (1993): "Wirtschafts- und gelpolitische Probleme im wiedervereinigten Deutschland", in: Deutsche Bundesbank, (Hrsg.), Auszüge aus Presseartikeln, Nr. 60, 1993, S. 1-6.

Schlösser, Hans J. (1992): "Das Menschenbild in der Ökonomie: Die Problematik von Menschenbildern in den Sozialwissenschaften; dargestellt am Beispiel des homo oeconomicus in der Konsumtheorie", Wirtschaftsverlag Bachem, Köln, 1992.

Schlotthauer, Karl-Heinz (1981): "Inflationserwartungen: wirtschaftspolitische Bedeutung, theoretische Erklärungsansätze und theoretische Befunde", Hamburg: Verlag Weltarchiv, 1981.

Schmidtchen, Dieter (1997): "Markt und Wettbewerb in Gottes Welt", in: Jeske, Jürgen; Müller-Vogg, Hugo, Nonnenmacher, Günther; Reißmüller, Johann G.; Schirrmacher, Frank (Hrsg.): Frankfurter Allgemeine Zeitung", vom 01. 11. 1997, S. 17.

Schneeweiß, Hans (1990): "Ökonometrie", 4. Auflage, Heidelberg, 1990.

Scholz, Bernhard (1987): "Internationale Kapitalmobilität aus makroökonomischer Sicht", Volkswirtschaftliche Forschung und Entwicklung, Bd. 31, München, Berlin, 1987.

Schulmeister, Stephan (1989): "Spekulationstechniken im Devisenhandel und Dollarkursschwankungen", Monatsberichte, Österreichisches Institut für Wirtschaftsforschung, Vol. 62, No. 3, S. 145 - 154.

Sievert, Olaf (1986): "Gibt es eine Alternative zu flexiblen Wechselkursen?", in: HWWA-Institut für Wirtschaftsforschung Hamburg (Hrsg.), Wirtschaftsdienst, 66. Jg., H. 7, S. 335 - 345.

Smeets, Heinz-Dieter (1993): "Die Krise des EWS und die Folgen", in: HWWA-Institut für Wirtschaftsforschung Hamburg, (Hrsg.), Wirtschaftsdienst, 73. Jg., H. 9, S. 457-460.

Streit, Manfred E. (1983): "Heterogene Erwartungen, Preisbildung und Informationseffizienz auf spekulativen Märkten", in: Zeitschrift für die gesamte Staatswissenschaft, Bd. 139, 1983, S. 67 - 79.

Streit, Manfred E.; Graw, Ehrentraud (1986): ""Halbstrenge" Effizienz des Terminkontraktmarktes für Währungen", in: Zeitschrift für Wirtschafts- und Sozialwissenschaften, Jg. 106, H. 1, 1986, S. 25 - 39

Streit, Manfred E., Graw Ehrentraud (1989): "Terminkontrakthandel", in: Oberender, Peter (Hrsg.): "Marktökonomie: Marktstruktur und Wettbewerb in ausgewählten Branchen der Bundesrepublik Deutschland", München, Vahlen 1989, S. 531 - 571.

Streit, Manfred E.; Wegner, Gerhard (1989): "Wissensmangel, Wissenserwerb und Wettbewerbsfolgen - Transaktionskosten aus evolutorischer Sicht", in Ordo, Jahrbuch für die Ordnung von Wirtschaft und Gesellschaft, Bd. 40, 1989, S. 183 - 200, S. 187.

Thaler, Richard H. (1991): "Quasi Rational Economics", New York, Russel Sage Foundation, 1991.

Tietmeyer, Hans (1993): "Aktuelle Fragen der Geldpolitik aus deutscher und europäischer Sicht", in: Deutsche Bundesbank, (Hrsg.), Auszüge aus Presseartikeln, Nr. 16, 1993, S. 1-7.

Tobin, James (1984): "On the Efficiency of the Financial System", in: Lloyd´s Bank Review, Vol. 152, 1984, S. 1 - 15.

Uelses, Klaus (1989): "Erwartungen und Wechselkurse", Volkswirtschaftliche Forschung und Entwicklung, Bd. 53, 1989.

Varian, Hal R. (1989): "Grundzüge der Mikroökonomie", München, Oldenbourg, 1989.

Vehrkamp, Robert (1992): "Die Lehren der Währungskrise", in: HWWA-Institut für Wirtschaftsforschung Hamburg, (Hrsg.), Wirtschaftsdienst, 72. Jg., H. 12, S. 639 - 645.

Weber, Max (1917): "Der Sinn der Wertfreiheit der soziologischen und ökonomischen Wissenschaften", in: derselbe (1988): "Gesammelte Aufsätze zur Wissenschaftslehre", Tübingen: Mohr, 7. Auflage, 1988, S. 489 - 540.

Wolter, Stefan C. (1996): "Erwartungsbildung in der Ökonomie: eine theoretisch-empirische Analyse der Erwartungsbildung", Verlag Haupt, Bern, Stuttgart, Wien, 1996.

Working, Holbrook (1949): "The Investigation of Economic Expectations", in: American Economic Review, Papers and Proceedings, Vol. 39, 1949, S. 150 - 160.

Working, Holbrook (1958): "A Theory of Anticipatory Prices", in: American Economic Review, Vol. 48, 1958, Papers and Proceedings, S. 188 - 199.

Working, Holbrook (1974): "Measurement of Cycles in Speculative Prices", in: Food Research Institute , Vol. 8, S 37 - 59.

FSC
www.fsc.org
MIX
Papier | Fördert gute Waldnutzung
FSC® C083411

Kolibri 360 GmbH
Ferdinand-Jühlke-Straße 7
99095 Erfurt, Deutschland
produktsicherheit@kolibri360.de

Druck:
CPI Druckdienstleistungen GmbH
im Auftrag der
Kolibri 360 GmbH
Ferdinand-Jühlke-Str. 7
99095 Erfurt